AF404890

L.-A. BARBET

LES GRANDES
EAUX DE VERSAILLES

INSTALLATIONS MÉCANIQUES ET ÉTANGS ARTIFICIELS

DESCRIPTION DES FONTAINES ET DE LEURS ORIGINES

Avec une Préface de

M. Henri ROUJON

SECRÉTAIRE PERPÉTUEL DE L'ACADÉMIE DES BEAUX-ARTS

PARIS, VIe

H. DUNOD et E. PINAT, ÉDITEURS

49, QUAI DES GRANDS-AUGUSTINS, 49

1907

LES

GRANDES EAUX DE VERSAILLES

Fontaine de la Victoire d'Apollon sur le Serpent Python.

L.-A. BARBET

LES GRANDES
EAUX DE VERSAILLES

INSTALLATIONS MÉCANIQUES ET ÉTANGS ARTIFICIELS
DESCRIPTION DES FONTAINES ET DE LEURS ORIGINES

Avec une Préface de

M. Henri ROUJON
SECRÉTAIRE PERPÉTUEL DE L'ACADÉMIE DES BEAUX-ARTS

PARIS, VIᵉ

H. DUNOD et E. PINAT, Éditeurs

49, QUAI DES GRANDS-AUGUSTINS, 49

1907

Le bassin de la couronne (*Le Brun*).

PRÉFACE

Du lieu ie plus ingrat qui fut dans l'univers
Vous faites aujourd'hui la merveille du monde,

dit un sonnet de l'abbé Cothcrel, dédié à Louis XIV. Versailles est le chef-d'œuvre de la souveraineté. Monument de caprice et d'orgueil, il a aidé, mieux que tous les documents d'archives, à comprendre ce que fut l'âme du Grand Roi. L'égoïsme magnifique d'un prince a transformé on ne sait quel hameau maréca-geux en un domaine de féerie. Tout récemment, M.. Ernest Lavisse, dans son commentaire, aussi savant que nouveau, du règne de Louis XIV, nous montrait dans Versailles le symbole de la royauté hors de pairs : « Louis XIV, dit l'illustre historien, goûta dans cette maison et dans ces jardins les joies de sa vie. Il y fut le créateur. Il y créa à l'encontre de Dieu. »

A l'encontre de Dieu, en effet. Versailles fut un défi à la nature. Les foules qui se pressent dans le parc, les dimanches de grandes eaux, s'abandonnent à leur plaisir en toute innocence. Elles ne songent guère à se demander ce que cet amoncellement de merveilles a coûté d'effort, de souffrances, de sang, de larmes, de folie, de sagesse et de génie.

Louis XIV ordonne de travailler au petit château de cartes de son père, à l'automne de 1661 ; Fouquet vient alors de lui donner, à Vaux-le-Vicomte, une leçon de somptuosité. Jusqu'à la fin de son règne il ne cessa de méditer des embellissements nouveaux. Il lui a fallu un demi-siècle pour créer le domaine de ses rêves. Tout un peuple d'artistes a collaboré à l'œuvre immense ; mais l'auteur véritable de Versailles, c'est le Roi lui-même.

« La subordination de tout à une idée très simple », dit encore M. Lavisse. De tout, de l'énergie des hommes, architectes, peintres, statuaires et jardiniers ; de tout, et de la nature, contrainte elle aussi à obéir. Parmi ces miracles de la volonté, le plus audacieux, le plus incroyable est d'avoir transformé le bourg du val de Galie, lieu sans sources ni rivières, en royaume enchanté des eaux.

C'est l'histoire de ce prodige scientifique et artistique que nous raconte le beau livre de M. Barbet. Le palais lui-même, les terrasses, les peintures, les marbres, toute la lente édification du chef-d'œuvre architectural, n'ont jamais manqué d'historiens. Ceux de jadis firent preuve de plus de zèle que d'érudition. Dussieux eut au moins le mérite d'interroger le premier les documents. Le temps a manqué à Eudore Soulié pour résumer en un travail d'ensemble toute une vie de recherches. L'architecte actuel du palais, M. Marcel Lambert, aidé d'un écrivain charmant, le regretté Philippe Gille, a publié un luxueux ouvrage, précieux pour l'intelligence des travaux de ses glorieux prédécesseurs. Enfin, le château a trouvé en M. Pierre de Nolhac, son historien : un érudit en même temps qu'un poète, assez épris d'un tel sujet pour lui consacrer son existence, assez méthodique dans l'enthousiasme pour remplacer les légendes par des vérités.

L'histoire des eaux n'était pas écrite. C'est un poème aussi, qui demande de l'amour et du savoir. L'œuvre revenait de droit à un ingénieur qui serait un artiste. Il faut croire que ce personnage est rare ; en tout cas, il ne s'était pas rencontré jusqu'ici. M. Barbet, constructeur puissant, aime à se délasser des grands travaux d'utilité publique dans les aimables fonctions de Président des *Amis des arts de Versailles*. Ami de Versailles, dont il est l'hôte, et ami passionné de l'art français, il paie aujourd'hui sa dette de gratitude à sa ville d'adoption, en fixant définitivement un des chapitres les moins connus et les plus merveilleux de son passé.

Jusqu'ici, dans les ouvrages les plus détaillés, l'œuvre des eaux de Versailles se résumait en une ligne et dans la citation d'un nom, celui de Francine. Il était établi par la tradition qu'à l'ingénieur originaire de Florence, aidé de ses frères, appartenait la gloire d'avoir créé les fontaines de Versailles.

M. Barbet, esprit habitué aux enquêtes patientes, a voulu demander tous leurs secrets aux dossiers d'archives. Cette exploration de documents techniques ne pouvait être conduite que par un spécialiste : n'être qu'un technicien ne suffisait pas. Il fallait, pour réussir dans un tel travail, joindre à l'expérience professionnelle, à la compétence, l'intuition de cette prodigieuse entreprise où la science se fit la servante d'une pensée d'art. Après plusieurs années de recherches, aussi minutieuses qu'intelligentes, M. Barbet nous apporte un ouvrage dont l'éloge n'a pas besoin de longues phrases. Ce livre nous manquait : il ne nous manque plus.

Les historiens de Versailles ont établi que ce chantier gigantesque fut le laboratoire du goût français. Dans le domaine spécial qu'il a choisi, M. Barbet démontre que la volonté de Louis XIV, créatrice de génie artistique, suscita aussi de la science. La science moderne de l'hydraulique naquit d'un caprice du Grand Roi.

Ingénieur, M. Barbet a le souci bien légitime de venger sa corporation, trop oubliée sur le livre d'or des ouvriers du prodige versaillais. Vouloir des fontaines dans un parc royal est une idée aussi vieille que la civilisation : « Je me suis construit des palais et des vergers, dit l'Ecclésiaste ; je les ai semés de toutes sortes d'arbres ; je me suis construit des réservoirs et des piscines pour arroser mes arbres florissants. » Nous devons nous résigner à ignorer toujours par quels procédés l'Ecclésiaste obtenait des effets d'eau dans ses jardins. Pour Tivoli, pour Frascati, nous comprenons aisément : ces beaux lieux sont dominés par une rivière dont il suffisait de détourner le cours. Mais Versailles est situé à cent mètres au-dessus du niveau de la Seine. Néanmoins, Louis XIV voulait qu'on lui procurât, coûte que coûte, « le contentement des fontaines ». Cependant la science de l'hydraulique en était encore aux théories de Vitruve et de Frontin.

La création d'une science nouvelle, voilà le phénomène émouvant que M. Barbet analyse et glorifie. Chemin faisant, il fait bonne justice à tous, il redresse les torts et répare les ingratitudes. Retenons le nom de l'abbé Picard, auteur véritable du projet des étangs. M. Barbet ne songe pas à nier que les Francine, Pierre et François Francini, n'aient été consultés au sujet des eaux de Versailles ; il se refuse toutefois à laisser cette famille italienne usurper la gloire des ingénieurs et des savants français. L'abbé Picard créa le niveau à lunettes. Ce fut en effectuant ses nivellements qu'il remarqua que les mares des plateaux de Trappes et de Bois d'Arcy, au-dessus de Saint-Cyr, étaient plus hautes que la superficie des réservoirs de Versailles. Picard conçoit alors le vaste plan des étangs artificiels, recevant les eaux pluviales pour qu'elles soient conduites au parc royal. Longtemps on a fait honneur à Vauban de l'aqueduc contournant, puis traversant le plateau de Satory ; M. Barbet restitue à l'abbé Picard la paternité de cette conception. Vauban n'intervint dans les travaux hydrauliques de Versailles que sous la surintendance de Louvois, après la mort de Colbert. Gobert, intendant des bâtiments du Roi, creusa les étangs inférieurs de Saclay, d'Orsigny, du Trou salé et de Pré clos. A partir de 1683, Louvois, successeur de Colbert, fait encore augmenter les étangs. Le Roi vient de s'installer définitivement à Versailles, non seulement comme dans sa demeure de prédilection, mais comme au siège de la monarchie. Il lui faut plus que jamais « le contentement des fontaines ». Louvois songe alors à détourner l'Eure dans les étangs qu'il vient de faire creuser. L'abbé Picard n'est plus là ; son collègue à l'Académie des sciences, le mathématicien Lahire, fait procéder aux nivellements de 1684 et 1685. Nous n'affaiblirons pas le récit, si tragique dans sa simplicité, que fait M. Barbet, de la grande entreprise avortée de la dérivation de l'Eure. L'inachèvement de l'œuvre de Vauban fut un malheur, dont la ville de Versailles souffre encore.

Ainsi traitée par un écrivain compétent qui sait l'art de replacer les choses dans la vie, l'histoire documentaire nous rend le passé cher et familier. Est-elle d'hier ou d'aujourd'hui cette querelle d'intérêts et de vanités qui, à propos de la machine de Marly, mit aux prises les descendants du gentilhomme liégeois Arnold de Ville et les héritiers du charpentier Rennequin Sualem ?

M. Barbet se divertit, en passant, à nous exposer ce vieux conflit. Louis XIV avait fait tambouriner dans toutes les villes, pour inviter les gens les plus experts dans les choses de l'hydraulique à présenter leurs inventions. Attiré par le bruit du tambour, le chevalier Arnold de Ville, qui venait de terminer ses études de droit, partit pour Versailles avec le charpentier Sualem. Tous deux parcoururent les bords de la Seine ; ils firent choix de l'emplacement de Marly. Les travaux de leur immense machine, commencés en 1681, durèrent sept années. A qui revient la gloire de ce colossal ouvrage dont la dépense atteignit 3.674.864 livres 8 sols et qui éleva moyennement 3.200 mètres cubes d'eau par jour de marche ! Un professeur de l'Université de Liège, M. Dwelshauvers-Déry, pense que le véritable créateur de la machine de Marly ne fut pas Arnold de Ville, mais l'ouvrier Rennequin Sualem. Jusqu'à sa mort, de Ville resta gouverneur de la machine aux appointements de 20.000 livres, avec jouissance du château de Louveciennes. Sualem, avec le titre de « Charpentier liégeois », était attaché à l'entretien et touchait 1.800 livres par an. Son frère et son neveu lui étaient adjoints. Sualem trépassa en 1708. Sa petite-nièce mourut centenaire dans les bâtiments. Les descendants du charpentier liégeois montraient la machine aux visiteurs ; ils croyaient s'acquitter d'un pieux devoir en ne parlant pas d'Arnold de Ville et en ne vantant que leur aïeul. N'est-ce pas très humain ? M. Barbet prononce équitablement : De Ville eut l'idée et le mérite de décider le roi ; quant à Sualem, qui ne savait même pas signer son nom, laissons-lui la gloire du metteur en œuvre.

Des chiffres, des documents, des anecdotes, de quoi s'amuser et s'instruire, en un mot, de la belle histoire, voilà ce qu'on trouvera dans ce livre de gai savoir et de bonne foi. Homme de science, M. Barbet conclut en artiste. C'est avant tout une œuvre d'art qu'il célèbre dans la création des eaux. Avec Denis Jolly, ingénieur du roi, Le Nôtre nous apparaît comme le Le Brun des fontaines. Mais, au bas de cette œuvre gigantesque l'historien des Eaux de Versailles lit surtout la signature royale. Là encore, là surtout, Louis XIV est le créateur. La postérité ne s'y trompe pas. Elle tient pour le roi contre Colbert. Le surintendant, dans sa préférence pour le Louvre, s'inquiétait, dès l'année 1663, de la passion du maître pour Versailles : selon lui cette maison nouvelle « regardait bien davantage le plaisir et le divertissement de S. M. que sa gloire ». Et Colbert s'écriait : « Ah ! quelle pitié que le plus grand roi et le plus vertueux, de la véritable vertu qui fait les plus grands princes, fût mesuré à l'aune de Versailles ! » Nous ne sommes pas sans doutes sur les vertus de Louis XIV, mais il ne lui nuit point, auprès des modernes, d'être mesuré à l'aune de Versailles.

Henry ROUJON.

Bassin de Sylle par *Le Brun*

INTRODUCTION

Je ne crois pas qu'il existe au monde une œuvre humaine qui impose davantage l'admiration que le parc de Versailles, un jour de grandes eaux.

De la terrasse du château le regard embrasse un ensemble de perspectives d'une composition simple et variée, dont les masses de verdure encadrent la percée centrale, l'allée royale, que forment le tapis vert, le grand canal et la large avenue où la vue s'étend jusqu'aux limites de l'horizon.

L'admiration que produit la grandeur tranquille de ce spectacle est retenue par le jeu des grandes eaux, dont les bouillons, habilement distribués, donnent la vie à cet ensemble dont l'immobilité fatiguerait à la longue.

La fraîcheur, le bruit de ces eaux jaillissantes, leurs vives colorations sous les feux du soleil, leur venue sans cesse renouvelée, remplissent la pensée, ravissent l'esprit, provoquent la rêverie et satisfont l'imagination qui semble n'avoir plus rien à désirer.

Certes, les eaux jaillissantes étaient connues avant Versailles ; nous verrons qu'elles ornaient les parcs des empereurs romains et qu'à l'époque de la renaissance les princes de l'église les multipliaient à l'infini dans leurs jardins ; mais ce n'étaient que des curiosités, d'ingénieuses combinaisons de mécanique, souvent même des farces vulgaires sans caractère artistique.

Les créateurs de Versailles réalisèrent pour les effets d'eau ce que, dans un autre ordre d'idées, La Fontaine fit pour les fables d'Esope : ce qui n'était qu'un jeu d'esprit,

1

qu'une amusette d'enfant, fut disposé avec art selon le milieu à embellir ou à décorer, de manière à former un ensemble harmonieux.

L'histoire du château et du Parc de Versailles a été, depuis quelques années, étudiée avec un art, un soin et une précision, jusqu'alors inconnus, par une école de savants à la tête de laquelle se place l'éminent conservateur du palais, M. P. de Nolhac. Pour tout ce qui regarde le château et son histoire nous renvoyons aux ouvrages de cet illustre écrivain.

Nous bornons notre tâche à l'étude des installations hydrauliques qui fournissent l'eau aux fontaines et à la description de ces fontaines.

Le problème de l'alimentation en eau de Versailles était particulièrement difficile : les anciens ne songeaient à créer des eaux jaillissantes que dans les parcs dominés par une rivière de quelque importance dont ils n'avaient qu'à détourner le cours : nous verrons que tels furent les jardins de Tivoli et de Frascati. Au contraire, Versailles est à une centaine de mètres au-dessus de la vallée de la Seine ; il est donc impossible d'y amener une rivière *voisine* et cependant les projets hydrauliques des architectes nécessitaient des volumes d'eau considérables. Pour résoudre le problème, il fallut tout créer, tout inventer : On draina les eaux de pluie des plateaux supérieurs pour les réunir dans des étangs artificiels ; on construisit des machines élévatoires de dimensions encore inconnues, et, pour réaliser ces tours de force, on dut imaginer des instruments de nivellement plus précis, inventer les canalisations de fonte, créer la science de l'hydraulique. Cet immense effort des ingénieurs du dix-septième siècle n'a pas été jusqu'ici suffisamment mis en lumière ; la partie artistique de l'œuvre a seulement occupé les historiens.

Il a été longtemps de mode de reprocher à Louis XIV les dépenses de Versailles. Sans appuyer sur les motifs d'ordre politique qui ont fait décider ce travail, nous rappellerons que c'est grâce à lui que les artistes français purent prouver leur valeur ; que la magnificence de leur création étonna le monde et fit passer aux mains de la France le sceptre tant disputé des arts que l'Italie avait jusqu'alors tenu sans conteste. Les palais copiés sur Versailles, dans les pays où le nom de la France est le plus haï, témoignent de l'admiration qu'il impose. Les immenses travaux de Versailles contribuèrent, d'autre part, au développement de la science et à l'avénement de l'école des ingénieurs français.

Du reste, Versailles n'a pas nécessité un effort financier plus grand que nos expositions universelles, dont l'existence éphémère ne laissera rien aux générations futures. Versailles, au contraire, reste debout, école d'art merveilleuse, monument du génie des artistes et des ingénieurs français, souvenir glorieux du grand siècle dont il rappelle l'histoire.

Bassin de Bacchus

Frise marine par *le Brun*

PREMIÈRE PARTIE

DES DIFFÉRENTES EAUX DE VERSAILLES

L'eau est une des premières conditions de la vie. La prospérité d'une contrée dépend de la quantité d'eau qu'elle peut recevoir et le plus grand bienfait que l'on puisse rendre à une population est de lui offrir une eau abondante et salubre. La santé publique en dépend : partout, la moindre amélioration dans le régime des eaux a toujours eu pour conséquence une diminution dans le chiffre de la mortalité.

La science moderne a parfaitement établi ce dernier point en démontrant que les épidémies et beaucoup de graves maladies ont pour origine certains germes contenus dans les eaux. Il n'est donc pas surprenant qu'une surveillance intelligente des eaux distribuées dans une ville diminue les maladies et augmente la durée de la vie, autrement dit, réduise les souffrances et éloigne la mort.

Autrefois, une eau était jugée « potable » quand elle était limpide, fraîche, sans saveur ni odeur. Puis les progrès de la chimie conduisirent naturellement à l'analyse des eaux : On rechercha les proportions de sels minéraux qu'elles contenaient, carbonates ou sulfates de chaux. Enfin la science moderne a spécialement étudié la présence dans les eaux des petits organismes ou microbes, algues, moisissures, cocci, bactéries, bacilles, vibrions, etc. ; les plus dangereux appartiennent au règne animal et se reproduisent soit par division, soit par spores ou germes qui conservent indéfiniment la faculté de se développer *lorsqu'ils rencontrent un milieu favorable*. Ces mille poussières, qu'un rayon de soleil nous fait apparaître dans la transparence de l'air, ne sont que des germes disséminés par le vent et dont quelques-uns pullulent à l'infini quand ils se trouvent dans certaines natures d'eau. On a démontré que quelques-uns d'entre eux donnent le goître, la dysenterie, les fièvres paludéennes, le choléra, la fièvre typhoïde, etc. Les germes du choléra ou de la fièvre typhoïde paraissent, en particulier, avoir leur origine dans la contamination du sol par les déjections humaines que les eaux de pluie entraînent dans les cours d'eau ou les eaux souterraines.

Toutes ces considérations donnent des indications très précieuses et permettent de dire, presque avec avec certitude, si une eau est bonne et salubre. Pour la sécurité complète, il faut continuer à surveiller les sources de cette eau, voir si une modification des lieux ne donne pas contact avec des égouts mal construits, entretenir les canalisations et les réservoirs pour éviter toute infiltration malsaine, toute introduction d'herbes ou de poissons pouvant entrer en décomposition.

On peut donc dire, avec raison, qu'une eau dont on ne connaît pas l'origine doit être considérée comme suspecte.

L'eau du Parana, qui est servie à la population de Buenos-Ayres, ville d'un million d'habitants environ, est trouble, jaunâtre, sans transparence, même quand on la regarde sous une épaisseur de quelques centimètres, parce qu'elle contient de l'argile à la fois en suspension et en dissolution. Les anciens l'auraient repoussée comme mauvaise et cependant l'expérience a démontré que c'était une eau bonne à boire de premier ordre. On a regardé longtemps les carbonates de chaux comme des substances nuisibles dans les eaux potables, au même titre que le sulfate de chaux dont la présence caractérise les eaux dites « séléniteuses ». Aujourd'hui le bicarbonate de chaux est considéré comme un digestif et la chaux comme aidant la nutrition des enfants. En tout cas, il paraît résulter de l'opinion générale des médecins que la présence dans l'eau de ces sels, en quantités modérées, n'a aucune influence sensible sur la santé publique.

Restent les petits organismes auxquels la science moderne attache avec raison la plus grande attention : l'aspect de l'eau, les résultats de l'analyse chimique sont devenus même d'ordre secondaire par rapport à l'examen bactériologique. Beaucoup de microbes sont, il est vrai, sans influence sur la santé ; on leur accorde même une certaine action bienfaisante dans les réactions qui forment la digestion. Les espèces redoutables, « pathogènes » sont généralement aussi les moins vigoureuses. Il leur faut, pour acquérir de la virulence, pour pulluler, des milieux particulièrement favorables. Une eau légèrement acide, ou encore très impure, est impropre à leur développement. Cette dernière raison explique peut-être l'immunité relative de la région de Versailles dans les épidémies de choléra. Nous verrons que le bacille du choléra existe avec certitude dans l'eau de Seine, prise de Marly, que l'État vendait comme eau potable à la population de Versailles à la fin du XIXᵉ siècle. Nous verrons aussi que le bacille de la fièvre typhoïde se trouve dans les étangs qui continuent à contribuer à l'alimentation en eau de la région. Et cependant, les épidémies ont fait à Versailles peu de victimes. Au contraire, quelques cas de fièvre typhoïde à 100 kilomètres de Paris, dans la région des sources qui alimentent cette ville, déterminent dans la capitale de sérieuses épidémies. Il y a là des faits contradictoires que la science n'est pas encore parvenu à expliquer.

§ 1. — Des différentes eaux ayant alimenté Versailles.

Nous décrirons en détail les premières installations hydrauliques de Versailles : elles étaient basées sur la création de l'étang de Clagny et de pompes élevant l'eau de cet étang à une hauteur suffisante pour le jeu des fontaines du parc. Cette eau ne servit jamais à l'alimentation de Versailles. Les « eaux bonnes à boire » étaient récoltées dans diverses sources situées au Chesnay, à Rocquencourt et surtout au sud de la forêt de Marly, et amenées au château par des aqueducs en maçonnerie presque partout souterrains. Ces eaux avaient été examinées avec soin en 1682, sur l'ordre de Colbert, à l'Académie des Sciences « par trois moyens », dit le rapport : le « thermomètre, la dissolution du savon et la coction des légumes... » On conclut de ces expériences que les eaux de Versailles égalaient en bonté celles que l'on estime les meilleures[1].

1. Mémoires de l'Académie Royale des Sciences, 1666 à 1699, t. Iᵉʳ. page 238.

Ces expériences, que les hygiénistes d'aujourd'hui trouveraient enfantines, ne renseignaient que sur la plus ou moins grande quantité de sels calcaires contenus dans l'eau, qui se trouva, du reste, être excellente. Cette eau fut bientôt distribuée en ville par quelques fontaines où les habitants venaient la chercher. Nous décrirons l'ensemble de ces installations, très intéressantes du reste, où travaillèrent Vauban, Gobert, l'abbé Picard, etc.

Les eaux de la Seine ne vinrent, sous Louis XIV, qu'un instant à Versailles, en 1685. Elles étaient amenées aux réservoirs de Montbauron par l'aqueduc de Picardie et l'aqueduc de Montreuil, ce dernier aujourd'hui détruit. Elles furent presque immédiatement réservées aux fontaines de Marly. Quant aux eaux des étangs, elles étaient considérées comme « marécageuses », c'est-à-dire comme dangereuses pour la santé et uniquement réservées aux besoins du parc.

A la mort de Louis XIV, le Régent ayant fait abandonner Versailles au roi, les inspecteurs des eaux enlevèrent les robinets des fontaines publiques, sous prétexte qu'ils pouvaient être volés, puis, complétant leur œuvre, détournèrent par des canalisations les eaux bonnes à boire dans les maisons des princes ou des bourgeois riches dont ils voulaient se ménager les faveurs. L'eau manquant ainsi aux fontaines publiques, la population de l'intérieur de la ville recourut à l'eau des puits ; les porteurs d'eau allaient même puiser l'eau dans les bassins du parc. En outre, par un laisser-aller blâmable, on permit aux propriétaires de faire communiquer leurs latrines et leurs fosses par de simples pierrés avec les aqueducs de la ville. Il en résulta l'infection de l'eau des puits. De 1730 à 1734 les fièvres paludéennes et typhoïde régnèrent à Versailles et la population se trouva réduite de moitié ; Narbonne nous raconte que, sur vingt-huit prêtres de la Mission qui desservaient la paroisse Notre-Dame et le château, vingt-six durent s'aliter, « par fatigue d'aller jour et nuit administrer les sacrements ».

Cette situation finit par émouvoir le duc d'Antin[1], qui était encore à cette époque surintendant des bâtiments du roi. Pour remédier au manque « d'eau bonne à boire » il restaura les fontaines et fit construire une canalisation pour y amener l'eau de la Seine élevée par la machine de Marly[2].

Enfin, par un édit du vendredi 1er octobre 1734, le surintendant « fit défense aux propriétaires ayant des maisons le long de l'aqueduc de Sa Majesté ou des aqueducs particuliers, de faire à l'avenir aucunes conduites souterraines qui communiquent de leurs fosses latrines aux susdits aqueducs, à peine de mille livres d'amende, qui demeurera encourue à la première contravention. Enjoint aux dits propriétaire de faire faire dans leurs maisons des fosses latrines bien conditionnées, suivant les us et coutumes de la maçonnerie ».

---

1. Les noms des *directeurs généraux des bâtiments du Roi* reviendront souvent dans notre étude. Voici ceux que nous aurons souvent à citer :

Colbert conserva ces fonctions jusqu'à sa mort le 6 septembre 1683. Il avait comme premier commis pour les bâtiments Charles Perrault, qu'il remplaça vers 1681 par son fils Colbert de Blainville (voir renvoi, p. 27).

Louvois fut après Colbert chargé des bâtiments. A sa mort, le 16 juillet 1691, Colbert, marquis de Villacerf, fut nommé surintendant général des bâtiments. Il était déjà titulaire de cet emploi pour le remplir en cas d'absence de Louvois et sous les ordres de Louvois, Mansard lui succéda et mourut le 11 mai 1708.

Le duc d'Antin, fils légitime de Madame de Montespan, fut surintendant général des bâtiments de 1708 jusqu'à sa mort en 1736.

Le ministre Orry occupa ces fonctions de 1736 à 1745, époque où il tomba en disgrâce.

Le Normand de Tournehem, protecteur, puis protégé de Madame de Pompadour, le remplaça et resta à la tête des bâtiments jusqu'à sa mort, arrivée en 1751.

Abel Poisson, marquis de Marigny, frère de Madame de Pompadour, fut directeur général des bâtiments du Roi de 1751 à 1773.

Le comte d'Angivillers occupa les mêmes fonctions pendant le règne de Louis XVI jusqu'à la Révolution.

2. Voir renvoi 4, page 126, la description de la première canalisation posée par le duc d'Antin pour amener l'eau de Seine ; voir également renvoi 1, page 134, la curieuse lettre écrite sur le même sujet par le duc de Noailles au Mis de Marigny.

Ces mesures arrêtèrent presque complètement l'épidémie, démontrant encore, ce que la science moderne devait expliquer complètement que les fièvres paludéennes et la fièvre typhoïde viennent de la contamination des eaux. On remarquera, en outre, que les eaux des étangs étaient, à cette époque, dans les réservoirs de Versailles, et que le duc d'Antin préféra, plutôt que de les employer, construire une canalisation spéciale pour amener aux fontaines publiques l'eau de la Seine, qui fut pour la première fois servie à la population [1].

Les choses restèrent ainsi jusqu'à la Révolution, qui n'entretint ni la canalisation des « eaux bonnes à boire » ni la machine de Marly, et ces deux sources d'eau finirent par manquer presque complètement. Ce ne fut même que sur les réclamations énergiques de la population de Versailles que l'on arrêta la vente commencée du domaine des étangs. Ce domaine réduit continua à fournir de l'eau et, comme l'administration n'en avait presque plus d'autre à sa disposition, la population fut pour la première fois alimentée par l'eau des étangs.

Le Directoire commença le régime des concessions ; sous le premier empire les canalisations des eaux bonnes à boire furent réparées ; sous Louis XVIII une nouvelle machine à vapeur remplaça la machine de Marly et refoula à Versailles un peu d'eau de la Seine. En 1846, il y avait déjà à Versailles 637 concessions, elles étaient de trois sortes et fournies par la liste civile suivant le tarif suivant : 12 francs l'hectolitre pour l'eau de source, 11 francs pour l'eau de Seine et 7 francs pour l'eau blanche ou l'eau d'étang. Le nombre des concessions était ainsi réparti : 19 pour l'eau de source, 281 pour l'eau de Seine et 386 pour l'eau blanche ou d'étang.

Cette extension de l'usage de l'eau des étangs pour l'alimentation souleva des critiques : le Dr Baudin, médecin en chef de l'hôpital militaire, lui attribuait, en 1845, les nombreux cas de dysenterie et de fièvres dont étaient atteints les soldats de la garnison. Quoi qu'il en soit, l'eau des étangs, qui était la seule dont on disposât en grande quantité, continua à être servie à la population. En 1856, la construction de la nouvelle machine de Marly permit d'augmenter la proportion de l'eau de Seine envoyée au service des Eaux.

Nous verrons plus tard comment la contamination de l'eau de la Seine par les eaux des égouts de Paris et l'adoption dans cette ville du système du tout-à-l'égout, forcèrent l'Administration à arrêter le service de l'eau de Seine. En 1894, l'eau de la Seine fut, en totalité, remplacée par de l'eau puisée dans des puits forés dans la plaine de Croissy jusqu'à la craie secondaire, qui se trouve dans cette localité à une trentaine de mètres au-dessous du sol.

La consommation de la région de Versailles est aujourd'hui, en moyenne, de 12.000 mètres cubes d'eau par jour. Les « eaux bonnes à boire » qu'on appelle ordinairement « sources de Colbert » entrent dans ce chiffre pour 100 mètres cubes à peine. Nous n'en parlerons donc pas davantage.

Nous allons étudier successivement, avec détail, la qualité des trois sortes d'eaux qui peuvent être distribuées en grande quantité et qui constituent l'alimentation de Versailles :

---

1. Le tableau suivant indique l'extension du service d'eaux de Seine à Versailles depuis 1732 :

Années	Mètres cubes par jour	Années	Mètres cubes par jour
1733	80	1768-1780	500
1738-1744	160	1780-1789	560
1744-1764	260	1789-1793	640
1764-1768	360	1793-1803	200

Rappelons enfin que pour régulariser le service d'eau de Seine le roi fit construire en 1761, par le contrôleur Pluyette, le réservoir de la butte de Picardie auquel on adjoignit un « épuratoire » en 1785.

Voir IVe partie, § 6.

1° Les eaux puisées dans la Seine, à Port-Marly, et qui semblent devoir être définitivement abandonnées ;

2° L'eau des étangs, qui continue à être distribuée sous le nom d'eau blanche ;

3° L'eau des puits de Croissy, qui a été substituée à l'eau de la Seine.

§ 2. — L'eau de la Seine.

Nous décrirons la célèbre machine hydraulique qui, pendant tout le xviiie siècle, envoya à Versailles et à Marly l'eau pompée dans la Seine. Elle était considérée comme l'une des merveilles du monde et pouvait refouler, à 170 mètres de hauteur, 1.200 mètres cubes d'eau par jour. Cette machine disparut avec l'ancien régime ; après un demi-siècle de tâtonnements et d'essais infructueux, elle fut remplacée par une nouvelle, construite au commencement du second Empire et qui, comme par le passé, refoula dans les canalisations du service des Eaux l'eau pompée dans la Seine. Quinze fois plus puissante que l'ancienne, la nouvelle machine peut refouler 18.000 mètres cubes d'eau par jour. Nous donnerons une description détaillée de cette seconde machine.

Au xviiie siècle, Paris ne comptait que 500.000 habitants ; la population ne recevait d'eau que le strict nécessaire pour sa boisson ou sa cuisine ; les services publics d'arrosage étaient presque nuls, le tout-à-l'égout n'était pas connu et les quelques immondices que rejetait la grande ville dans la Seine avaient le temps de se déposer ou de se brûler au soleil dans le parcours de Paris à Marly.

Aujourd'hui la population du département de là Seine dépasse 3 millions d'habitants et reçoit pour son alimentation plus de 500.000 mètres cubes d'eau par jour, qui retournent à l'égout une fois souillés. Aussi, au-dessous de Paris, la Seine perd sa transparence et prend un aspect plombé ; elle se couvre de matières noirâtres, d'une sorte d'huile grasse et il semble que le fleuve charrie plus péniblement un liquide épais, chargé de détritus dont l'odeur ne peut se soutenir. C'est dans ce milieu que se trouve la machine de Marly.

Le débit de la Seine à Marly n'est, en moyenne, que de 255 mètres cubes à la seconde et descend souvent en été à 25 mètres cubes, en y comprenant l'apport de 5 mètres cubes provenant des égouts du Paris d'aujourd'hui. L'eau pompée à Marly et vendue à l'abonné de Versailles par l'État était donc, à la fin du xixe siècle, composée, pour une fraction importante, d'eau d'égout. Nous verrons plus loin que le docteur Sanarelli y a découvert, dans des recherches faites à l'Institut Pasteur, le bacille du choléra. Nous verrons également que le bacille de la fièvre typhoïde a été trouvé dans les eaux des étangs supérieurs et inférieurs que l'État mêle aux eaux distribuées aujourd'hui encore aux habitants. Ce mélange d'eau de Seine et d'eau d'étang est donc un liquide *dangereux au premier chef*. Or, on a constaté, lors des épidémies de choléra qui ont sévi dans le département de la Seine, que Versailles fut presque épargné par le fléau.

Ces faits sont tellement en contradiction avec les opinions scientifiques, généralement admises sur les qualités que doit avoir une eau bonne à boire, que nous citerons textuellement les travaux des savants sur les eaux de Versailles.

Le premier travail se rapporte à l'eau de Seine. Un an après l'épidémie de choléra qui, en 1892, sévit dans les communes de la banlieue de Paris alimentées par l'eau de Seine et qui tua, dans certaines, jusqu'à un pour cent de la population[1], le docteur Sanarelli, connu par ses travaux sur le choléra et la fièvre jaune, rechercha dans les eaux de la Seine, prises en aval de Paris, le bacille virgule auquel le docteur Koch attribue l'origine

1. Argenteuil 92,2 pour 10.000 habitants.

du choléra asiatique. Le travail du docteur Sanarelli[1], exécuté à l'Institut Pasteur, a été suivi et conseillé par le docteur Metchnikoff ; il mérite donc toute confiance. Nous ne citerons que les passages du mémoire consacrés aux bacilles du choléra, que l'auteur trouve spécialement dans les eaux envoyées autrefois par l'État aux abonnés du service des eaux de Versailles :

L'immunité presque absolue de Versailles pendant toutes les épidémies qui, à diverses époques ont frappé le département de Seine-et-Oise, est très connue, et on peut se demander si un tel privilège n'est pas dû à la qualité et à la provenance de l'eau d'alimentation fournie à la ville.

En effet, les documents officiels signalent dans la dernière épidémie trois décès cholériques à Versailles, mais le dernier de ces cas concerne un individu amené déjà malade de Trappes. Le premier également ne peut pas être considéré comme ayant pris sa maladie à Versailles, parce qu'il arrivait de Bezons, et succomba le 6 septembre, après quelques jours de maladie. Le 6 septembre aussi mourait, après 24 heures de maladie, un soldat des chasseurs. Cet homme avait souffert pendant un mois de troubles intestinaux dont il avait guéri quelques jours avant.

En dehors de ces cas, pas d'autres observations. Cependant la ville de Versailles, en raison de sa position topographique, n'a pas une eau de bonne qualité. Peut-être l'eau est-elle encore pire que dans la banlieue de Paris. La plus grande partie, en effet, est de l'eau de Seine qui, prise à Bougival, est portée par une machine hydraulique jusqu'à la ville ; une petite quantité d'eau provient de certains étangs des environs, dont le contenu, recueilli dans le réservoir de Montbauron, après avoir subi une dépuration sommaire, est distribué à quelques fontaines publiques.

J'ai pris des échantillons aux deux fontaines publiques situées sur la place Hoche. L'une distribue l'eau de la Seine, la seconde l'eau des étangs. J'ai recueilli aussi un autre échantillon du grand canal en croix situé au milieu du parc du château de Versailles.

Dans cette dernière, je n'ai pas pu constater la présence de vibrions, mais dans les autres j'ai isolé deux variétés dont voici les caractères principaux.

Essai XXXI. — Versailles (eau de la Seine). Morphologie : vibrion mobile mince, allongé, élégamment incurvé et uniforme comme celui de Courbevoie.

Culture sur gélatine : développement abondant et liquéfaction le long de la piqûre, avec petite bulle d'air caractéristique à la surface après vingt-quatre heures ; dans les jours suivants, liquéfaction en entonnoir caractéristique.

Culture dans la solution de peptone-gélatine : trouble abondant, uniforme, avec légère pellicule superficielle.

Culture sur gélose : rapide et abondante sur les géloses n° 1 et n° 2.

Culture en bouillon : trouble uniforme et abondant, avec pellicule à la surface.

Culture sur pomme de terre : léger développement sous forme d'un petit dépôt blanchâtre peu étendu.

Réaction indol-nitreuse : assez évidente, même après vingt-quatre heures.

Réaction de l'indol : abondante.

Essai XXXII. — Versailles (eau des étangs).

Morphologie : vibrion mobile, mince, incurvé, uniforme, semblable à celui du drain n° 3.

Culture sur gélatine : développement le long de la piqûre avec liquéfaction en entonnoir à la surface.

Culture dans la solution de peptone-gélatine : développement abondant, avec pellicule épaisse à la surface.

Culture sur gélose : négative après 24 heures, peu développée les jours suivants sur la gélose n° 1, abondante sur la gélose n° 2.

Culture en bouillon : développement abondant, avec pellicules.

Culture sur pomme de terre : peu appréciable.

Réaction indol-nitreuse : négative après vingt-quatre heures, imperceptible après huit jours.

Réaction de l'indol : légère.

1. Annales de l'Institut Pasteur, octobre 1893.

L'auteur ajoute : « Les variétés de vibrions de Versailles se développent sur la gélatine d'une manière si caractéristique qu'on ne peut pas les différencier des vibrions cholériques authentiques ».

Après cette étude chimique, l'auteur étudie la dernière propriété invoquée par M. Koch comme exclusive à la nature cholérique des vibrions, l'action pathologique sur les animaux. « Je m'empresse de déclarer, ajoute-t-il, que les vibrions de Versailles sont pourvus de propriétés extrêmement pathogènes ».

« Les résultats des autopsies des cobayes morts après l'injection intrapéritonéale du vibrion du Point du Jour sont tout à fait identiques à ceux obtenus par tous les vibrions cholériques de provenance intestinale. Nous trouvons le même exsudat hémorrhagique riche en vibrions, la congestion des viscères abdominaux et très souvent l'invasion du sang par les vibrions. On obtient des résultats identiques avec les injections des vibrions pathogènes de Versailles ».

Devant le fait acquis de l'immunité presque absolue de Versailles, l'auteur conclut que « les vibrions qui sont virulents dans les eaux ne conservent pas longtemps cette propriété ; peu à peu elle disparaît.... Bien que les vibrions ne meurent pas, ils s'adaptent à vivre peu à peu dans l'eau dans laquelle on peut les retrouver, et où ils se multiplient à l'état saprophytique ».

Nous avouons que cette explication ne nous tranquillise pas. Si, en effet, les vibrions, sans mourir, étaient d'une virulence atténuée, ils n'auraient plus les réactions indiquées par le docteur Koch comme distinguant et indiquant les vibrions dangereux, et surtout leur injection dans le sang des animaux ne serait pas « mortelle au premier chef ».

Il faut donc trouver une autre raison de l'immunité de Versailles. En voici une bien curieuse, donnée par le célèbre professeur Metchnikoff dans un mémoire « sur l'immunité et la réceptivité vis-à-vis du choléra intestinal »[1].

Nous allons analyser sommairement ce très intéressant mémoire, regrettant que les limites de cet ouvrage nous empêchent de le reproduire en entier :

M. Sanarelli, en 1893, après l'épidémie qui sévit sur Paris et la banlieue, trouva des vibrions cholériques « dans l'eau de Seine qui alimente Versailles, une des localités classiques pour leur immunité contre le choléra ».

M. Metchnikoff rappelle que, pendant les épidémies de 1832, 1865, 1873, 1884, il s'est produit plusieurs cas de choléra, et même quelques décès, mais qui restèrent isolés (3 décès en 1873, pas un en 1884). En 1892, il ne se produit que trois décès. Et cependant Versailles est encore, à cette époque, alimentée par la Seine et l'eau qui approvisionne cette ville « *était souvent infestée par des mollusques qui mouraient dans la conduite et rendaient l'eau parfois si dégoûtante que les consommateurs ne cessaient de s'en plaindre* ».

A voir l'immunité absolue de cette ville, malgré une eau d'alimentation aussi contaminée, il y a lieu de se demander si le vibrion isolé dans cette eau est bien le vibrion cholérique, et, de plus, si ce vibrion, reconnu identique au vibrion cholérique, est cholérigène pour l'homme.

L'auteur a fait plusieurs inoculations, avec des quantités croissantes de culture, et la diarrhée se produisit sur une personne ayant absorbé un quarante-quatrième de culture. Le vibrion de Versailles a donc « la propriété de provoquer la diarrhée liquide chez l'homme ».

Des personnes ayant absorbé des cultures de ce même vibrion, après alcalinisation préalable du suc gastrique, éprouvèrent des diarrhées plus ou moins bénignes. Dans leurs déjections on retrouva le vibrion de Versailles, multiplié en colonies nombreuses.

Une proportion de un douzième de culture a produit sur une personne une diarrhée riziforme cinquante heures après l'absorption. La diarrhée n'était pas accompagnée de crampes ni de vomissement. Elle dura trois jours.

Enfin, « deux gouttes d'une émulsion obtenue en délayant dans du bouillon une culture sur gélose, développée pendant vingt heures à 36°, et maintenue pendant dix jours à la tempé-

1. Annales de l'Institut Pasteur, août 1894.

rature de 15°-17°, ont provoqué une petite attaque de vrai choléra ». Le suc gastrique avait été préalablement neutralisé. La diarrhée commença le lendemain : vomissements, crampes, anurie, hypothermie. La période aiguë ne dura que quelques heures, la diarrhée persista pendant trois jours.

Le doute n'est donc pas possible. Le vibrion de l'eau de Seine de Versailles est le vibrion cholérique, et l'immunité de cette ville ne peut pas être expliquée par l'impossibilité pour le microbe spécifique de vivre dans cet endroit indemne.

Il est à remarquer que Sèvres et Saint-Cloud ne partagent pas l'immunité de Versailles.

De ces faits, l'auteur conclut « que *le vibrion cholérique peut pulluler dans les eaux, y persister plusieurs mois après la cessation de l'épidémie, et conserver dans ce milieu la puissance de donner le choléra* ». De plus, « la présence de ce microbe dans l'eau n'implique nullement l'apparition du choléra ». Comme il est avéré que parfois le vibrion du choléra pullule dans les eaux de localités indemnes, « l'immunité locale ne peut pas être expliquée par l'impossibilité où serait le microbe spécifique de vivre dans ces localités ».

Il faut donc faire jouer le facteur de la prédisposition personnelle. Et, à ce sujet, l'auteur rappelle que l'ingestion de vibrions très nocifs par des personnes bien portantes est quelquefois inoffensive, alors que le choléra se produit chez les mêmes personnes par l'effet des cultures de vibrions des moins virulents. Comment expliquer ces anomalies ?

M. Metchnikoff est amené à se demander si l'intervention des microbes des organes digestifs des personnes ne présente pas ici une grande importance. Ses expériences à ce sujet l'ont amené à conclure à la présence de microbes « favorisant » le développement et d'autres, au contraire, « empêchant ». Parmi les microbes empêchants qui gênent le développement des colonies vibrionniennes du choléra, l'auteur cite le *bacille pyocyanique* et le coccus blanc ayant la forme d'une double massue ressemblant au bacille de la tuberculose aviaire. En présence de ce coccus, le vibrion du choléra — même très virulent — s'enroule au point de se replier en ovale. Ces résultats amènent le docteur Metchnikoff à la conclusion suivante :

« Lorsque le vibrion cholérique pénètre dans le canal digestif renfermant les microbes favorisants, la maladie se développe facilement et donne lieu à une extension épidémique rapide. Lorsqu'au contraire les microbes favorisants sont en petit nombre, ou bien lorsque la flore des organes digestifs est riche en microbes empêchants, le choléra trouve un obstacle plus ou moins infranchissable et ne donne lieu qu'à de petits foyers.

« *L'immunité de certains endroits, comme Versailles, pourrait être expliquée par l'absence, dans la flore du canal digestif des habitants, d'une quantité suffisante de microbes favorisants.* Le vibrion cholérique pénètre bien dans ces localités indemnes et les cas de choléra importé ne font défaut dans aucune épidémie ; mais le microbe spécifique, avalé par des habitants dont la flore stomacale et intestinale lui est défavorable, ne produit pas choléra ». Ainsi donc, l'illustre professeur est bien d'avis que le microbe du choléra se trouve dans l'eau de Seine servie à Versailles par l'administration ; s'il n'en résulte pas une épidémie, c'est que l'habitant de cette ville a une flore stomacale et intestinale défavorable au microbe du choléra.

Il ne nous appartient pas de discuter l'explication que donne le docteur Metchnikoff de l'immunité de la région de Versailles. Retenons de son rapport la confirmation de la découverte du docteur Sanerelli ; oui, le vibrion du choléra existe bien dans l'eau de la Seine à Marly ; le célèbre professeur en a fait la preuve par des expériences exécutées sur lui-même et sur des personnes de bonne volonté ; on reste effrayé, devant cette déclaration, des dangers d'épidémie que l'administration faisait courir à la population en lui vendant de telle eau comme eau bonne à boire.

Eau des étangs.

Après les eaux de la Seine, étudions les eaux dites d'étang. Nous décrirons en détail cette œuvre de nos ingénieurs du XVIIe siècle, l'abbé Picard, Gobert, Huyghens, Vauban, qui eurent l'idée de recueillir, par tout un réseau de rigoles et d'aqueducs, les eaux de pluie tombant sur les plateaux argileux qui dominent Versailles et de les amener au parc pour le jeu des eaux. Rappelons sommairement que ce travail forme deux groupes : « Les étangs supérieurs » dont le projet est de l'abbé Picard et qui s'étendent sur les plateaux compris entre Rambouillet et Trappes ; les retenues de Saint-Hubert et de Trappes ou Saint-Quentin sont les principaux réservoirs de ce premier groupe. Le second groupe, dont le projet et l'exécution sont de Gobert, se tient à un niveau de dix mètres environ inférieur à celui du premier système d'étangs. Les étangs artificiels de Saclay et du Trou-Salé sont les principaux réservoirs de ce groupe, dans lesquels les rigoles déversent les eaux recueillies entre Versailles et Palaiseau, sur le plateau compris entre les vallées de l'Yvette et de la Bièvre.

Rappelons enfin que l'ensemble des terrains ainsi drainés forme une surface de 15.000 hectares. L'épaisseur d'eau de pluie tombant pendant une année dans la région de Versailles représente une couche d'eau de cinquante centimètres d'épaisseur. Si toute cette eau de pluie tombée était recueillie par les rigoles et amenée aux étangs, Versailles aurait donc à sa disposition, chaque année, un volume de 75 millions de mètres cubes ; nous verrons qu'on n'arrive à recueillir aujourd'hui dans les étangs que quatre millions et demi de mètres cubes ; c'est-à-dire six pour cent de l'eau tombée.

Sous l'ancien régime, le volume total des étangs et des réservoirs atteignait 12 millions de mètres cubes, et le réseau des rigoles qui les alimentait ou conduisait leurs eaux dépassait 180 kilomètres, dont 25 en aqueducs. D'après les documents de l'ancien régime, le volume d'eau contenu dans les étangs, à un moment donné, ne paraît jamais avoir dépassé 8 millions. Ce chiffre ne représente évidemment qu'une partie de l'eau reçue pendant l'année, puisque l'eau des étangs était continuellement envoyée à Versailles ; en tout cas, il démontre que les auteurs du projet avaient réussi, pendant certaines années, à recueillir utilement plus du dixième des eaux de pluie tombant sur la surface qu'ils s'étaient proposé de drainer.

Aujourd'hui les rigoles sont peu entretenues, beaucoup ont disparu, plusieurs étangs ont été aliénés ou ne sont plus utilisés. Le volume dont on dispose pour emmagasiner l'eau n'est plus que de 8 millions de mètres cubes, bien suffisant encore puisque, dans les années moyennes, on ne reçoit plus que 4 millions et demi de mètres cubes d'eau.

Sous l'ancien régime, les eaux des étangs étaient considérées comme « marécageuses » et, par suite, mauvaises à boire. Elles n'étaient employées que pour les besoins du jardinage et le jeu des grandes eaux du parc.

L'argile qui forme, avons-nous dit, le sol des plateaux entre en suspension dans l'eau, lui enlève toute transparence et lui communique une teinte grise qui a fait donner aux eaux des étangs le nom bien connu à Versailles « d'eaux blanches ». Encore, pour le jeu des grandes eaux, le marquis de Marigny, qui eut longtemps sous Louis XV dans ses attributions le service des eaux, se plaint souvent dans sa correspondance de l'odeur insupportable de poisson pourri qu'exhalaient, pendant les sécheresses, les eaux du parc. Il invite même son contrôleur Dubois à ne plus tirer profit, pour la couronne, de la location de la pêche et à cesser l'élevage du poisson dans les étangs.

Lors de la création du service des concessions, l'eau des étangs était presque la seule dont pût disposer l'État et ce fut elle que l'on vendit aux habitants. On aurait pu croire que l'administration, tirant un revenu considérable de la vente de ces eaux, chercherait à en améliorer la qualité ; mais il n'en a rien été. Les revenus du service tombent dans les caisses du Ministère des Finances tandis que l'entretien du service des eaux dépend de Ministères différents. Les revenus échappent donc au service qui a l'entretien du domaine des eaux et toute dépense d'amélioration est rendue difficile.

Comme autrefois, l'État tire profit de la pêche des étangs ; il en résulte que, pendant les chaleurs, lorsqu'il y a une épidémie sur les poissons, les eaux prennent un goût et une odeur repoussants. En outre, si on en juge par la vase et les quantités de plantes aquatiques qui se trouvent au fond des rigoles, ou que l'on voit sur les bords des étangs quand le niveau des eaux s'abaisse, on peut affirmer que les nettoyages sont rares ou insuffisants. Dans cette immense végétation marécageuse, que les eaux couvrent et découvrent tour à tour, pullulent les microorganismes ; les parties découvertes des étangs sont, pendant l'été, livrées aux troupeaux de moutons et de bœufs qui en souillent la surface à leur tour. Ajoutons que la culture a envahi de plus en plus les parties laissées autrefois en jachères, et ces cultures exigent, pour leur fumure, les immondices et les gadoues que des trains entiers apportent continuellement de Paris. Les eaux de surface délavant ces ordures entraînent nécessairement dans les rigoles et les étangs beaucoup d'impuretés.

Enfin, sous l'ancien régime, l'eau des étangs n'étant pas utilisée pour la boisson, on laissa les riverains des rigoles et des étangs s'établir le long des bords pour laver leur linge. La tolérance d'autrefois est devenue aujourd'hui un droit, et, quand il y a trois ans, l'administration supérieure voulut imposer aux communes la cessation de ces errements et créer des lavoirs, il y eut dans la contrée une telle opposition que le Gouvernement céda et abandonna le projet.

C'est dans cet état que les eaux des étangs ou « eaux blanches » concourent aujourd'hui à l'alimentation de la région de Versailles pour une fraction importante ; elles méritent donc toute notre attention. Elles ont été l'objet d'une étude approfondie de la part de M. Fluteau, médecin principal de première classe, et de M. Carlier, médecin-major de deuxième classe, alors qu'ils étaient attachés à la garnison de Versailles, et avaient à leur disposition les ressources que renferme le laboratoire clinique de bactériologie de l'hôpital militaire. Ces analyses ont été réunies par leurs auteurs dans un mémoire qui a obtenu une médaille d'or de l'Académie de médecine ; elles méritent donc toute confiance.

Voici l'extrait de ce mémoire concernant l'analyse bactériologique des eaux d'étangs.

Le bacille d'Eberth a été décélé deux fois au cours de nos analyses bactériologiques : la première fois dans l'eau de l'étang de Saclay, le 24 mars ; et la seconde fois dans l'eau recueillie à l'étang de Saint-Hubert le 23 avril.

Il ne sera peut-être pas inutile d'indiquer comment nous avons procédé au cours de ces recherches pour mettre en évidence le bacille spécifique de la fièvre typhoïde.

Il était d'abord indispensable de se procurer un bon milieu d'Elsner. La préparation de ce milieu n'est pas toujours indiquée d'une façon uniforme par les auteurs. On éprouve parfois des difficultés pour obtenir une gélatine iodurée faisant bien prise, restant transparente et à peu près incolore.

Pour notre part, nous nous sommes bien trouvé du *modus faciendi* suivant :

Prendre 500 grammes, par exemple, de pommes de terre, les peler avec un couteau à lame de nickel, les râper avec une râpe en cuivre nickelé ; mettre digérer la pulpe (200 grammes environ) dans un litre d'eau.

Exprimer au bout de 24 heures, très fortement, à l'aide d'une serviette et d'un pilon ; laisser reposer une journée le liquide obtenu, puis décanter et filtrer.

Faire dissoudre dans le liquide, au bain-marie, sans dépasser 60 degrés, 12 p. 100 de gélatine en feuilles coupée en morceaux. Additionner avec une solution normale de soude en ayant soin que le produit garde une légère acidité.

Chauffer à 110 degrés, filtrer à chaud et mettre exactement 9 centimètres cubes par tube. Ajouter au moment de l'ensemencement 1 centimètre cube de solution stérilisée d'iodure de potassium à 10 p. 100.

— 13 —

Pour chaque échantillon d'eau soumise à l'expertise, nous prenons toujours six tubes ainsi préparés, et dont nous faisons couler le contenu en boîtes de Pétri. L'ensemencement a été fait avec une ou plusieurs (1 à 20) gouttes.

Une fois la prise faite, les plaques étaient maintenues à la température de 20 degrés environ.

Au bout de 4 ou 5 jours, des colonies avaient poussé sur le milieu d'Elsner, les unes le liquéfiant, les autres ne le liquéfiant pas. Les premières ne comptaient pas. On prenait au bout d'un fil de platine stérilisé des parcelles de colonies non liquéfiantes et on les portait en bouillon.

Celui-ci, mis à l'étuve à 37 degrés, cultivait en 24 heures, et servait à son tour à ensemencer :

1° du bouillon lactosé carbonaté ;

2° un tube incliné de gélatine ordinaire ;

3° un tube de bouillon additionné dans la proportion de 1/10 de sérum antityphique ;

4° un tube de pomme de terre ;

5° du lait stérilisé.

Nous n'avons considéré, comme colonies de bacille d'Eberth, que les colonies non liquéfiantes, possédant, à un faible grossissement, tous les caractères extérieurs des colonies les plus nettement formées de bacilles typhiques. Ces colonies devaient, en outre, produire des cultures troublant le bouillon, ne se couvrant pas d'un voile épais, et donnant lieu, par le procédé de Widal, au phénomène de l'agglutination rapide et nette sur lamelle, avec glabrification ensuite dans les cultures en bouillon additionnées de sérum antityphique.

Elles ne devaient pas non plus :

1° Donner lieu à un dégagement gazeux dans les bouillons lactosés contenant du carbonate de chaux ;

2° Pousser sur gélatine en tube incliné autrement qu'en couche étroite très mince ;

3° Coaguler le lait ;

4° Produire sur pomme de terre une culture épaisse.

Tel était le bacille isolé des eaux recueillies en mars dernier à l'étang de Saclay et, plus tard, à la fin d'avril, à l'étang de Saint-Hubert.

Trois mois auparavant, nous avons trouvé, dans l'eau provenant de l'étang de Saint-Quentin et ensemencée le 19 décembre, un bacille donnant sur le milieu d'Elsner des colonies non liquéfiantes formées de petites taches, peu épaisses, bleuâtres par transparence, avec contour dentelé, festonné, ayant le centre plus épais que la périphérie.

A la surface, ces colonies, dont l'aspect Eberthioforme était manifeste, présentaient, si on les examinait avec l'objectif n° 2 de Vérick, une fine striation et un reflet nacré très brillant. C'étaient, en somme, tous les caractères apparents des colonies les plus légitimes du bacille d'Eberth. De plus, elles ne donnaient ni fermentation avec la lactose, ni coagulation du lait.

Le bacille dont elles étaient formées possédait une certaine mobilité, et, après addition de sérum antityphique, il donna assez nettement la réaction de Widal. Cependant, sur pommes de terre, les cultures ne manquaient pas d'être abondantes et larges, d'une coloration jaunâtre ; le développement sur gélatine ordinaire en tube incliné fut plus considérable qu'il ne convient.

La virulence n'était pas grande : 1 centimètre cube de culture en bouillon, injecté dans le péritoine d'un cobaye de 180 grammes, amena la mort seulement le cinquième jour. Enfin, par le procédé de Würtz, on put s'assurer que le bacille isolé poussait facilement sur les vieilles cultures du bacille d'Eberth.

On trouvait, en somme, en la circonstance un ensemble de caractères qui rappelait, à la fois, le bacille d'Eberth (aspect des colonies, agglutination, non-coagulation du lait, absence de la fermentation de la lactose) et le coli bacille (cultures larges sur gélatine et sur pomme de terre, virulence faible, etc.).

C'était un bacille analogue, sinon identique aux bacilles paratyphiques que MM. Achard et Bensaude, à la même époque, ont décrit à la Société Médicale des Hôpitaux. Le bacille de Saint-Quentin était aussi un bâtonnet, court, mobile, arrondi aux extrémités, se décolorant par le procédé de Gram.

Depuis, nous ne l'avons rencontré dans aucune de nos analyses. Dans l'eau du même étang il était associé au coli-bacille ordinaire, très peu mobile, qui pousse plus rapidement et plus abondamment sur bouillon, en dégageant une odeur *sui generis* et en produisant un voile épais à la surface, qui donne des cultures abondantes sur pomme de terre et sur gélatine, qui coagule le lait, produit un dégagement gazeux sur la lactose additionnée de carbonate de chaux, et surtout qui n'est pas agglutiné par le sérum antityphique. Les colonies qu'il donne sur gélatine sont non liquéfiantes aussi, également petites, mais n'ont pas la transparence de celles du bacille d'Eberth : leur contour est plus régulier, leur aspect au microscope paraît moins brillant, plus mat.

D'une façon générale, nous n'avons pas essayé de déterminer la nature des espèces saprophytes et des microbes pathogènes autres que le bacille d'Eberth et le coli-bacille.

Les résultats sommaires des diverses analyses que nous avons faites figurent sur le tableau suivant :

ORIGINE DE L'ÉCHANTILLON	DATE de l'ensemen- cement	NOMBRE de COLONIES	ÉPOQUE où la liquéfaction a empêché la numération	ESPÈCES PATHOGÈNES	OBSERVATIONS
Saint-Hubert..........	23 avril	31.820	8e	Bacille d'Eberth. Coli-bacille.	Très nombreuses espèces putrides et chromogènes.
Saint-Quentin	26 mars	6.000	6e	Coli-bacille. Staphylocoque doré Bac^le paratyphique.	Espèces putrides et chromogènes.
	2 avril	8.000	13e	Coli-bacille.	d°
Saclay (étang vieux)....	24 mars	6.500	6e	Bacille d'Eberth. Coli-bacille. Staphylocoque. Bac^le pyocyanique.	Très nombreuses espèces putrides.
Trou-Salé.............	17 mars	6.875	10e	Coli-bacille.	Espèces putrides chromogènes.
	1er mai	5,750	9e	Coli-bacille.	Nombreuses espèces putrides et chromogènes liquéfiantes.

Nous donnons plus loin des tableaux d'analyses cités par M. Gavin, inspecteur principal des eaux de Versailles en retraite. Les échantillons analysés proviennent des étangs de Trappes et de Saclay, mais pris aux réservoirs Gobert, c'est-à-dire à l'arrivée de ces eaux à Versailles.

Ces résultats, obtenus en 1899, confirment ceux de MM. Fluteau et Carlier.

MM. Fluteau et Carlier tirent de leurs analyses les conclusions suivantes relatives aux eaux d'étang :

« L'eau des étangs qui complète les précédentes devrait être rejetée absolument de la consommation.

« C'est un liquide impur, chargé d'un nombre considérable de bactéries diverses, y compris plusieurs espèces pathogènes qui rendent son emploi dangereux, notamment pour les usages domestiques.

SUBSTANCES RECHERCHÉES [1]	EAU DE TRAPPES	EAU DE SACLAY
	en milligrammes	par litre d'eau
Degré hydrométrique	8°, 8	7°, 4
Matière organique évaluée en oxygène { Acide	5, 1	7, 2
absorbé en solution ...... { Basique	6, 2	8, 4
Oxygène dissous	9, 6	5, 2
Ammoniaque et Sels ammoniacaux	1, 0	1, 3
Ammoniaque des albuminoïdes	1, 05	1, 9
Azotites	»	»
Azotates en acier azotique	2, 5	2, 9
Acide sulfurique	13, 8	12, 5
Chlore	17, 7	16
Chaux	45	37, 5
Magnésie	»	»
Soude	11	6, 8
Silice	Traces	Traces
Résidu desséché à + 110°	178	187
Résidu desséché calciné	87	75
Perte au rouge	91	112
COMPOSISION HYPOTHÉTIQUE		
Carbonate de chaux	89	79
Sulfate de chaux	17	16
Chlorure de sodium	27	29
ANALYSE BACTÉRIOLOGIQUE		
Numération par centimètre cube	1700	3600
Date de la liquéfaction complète	9e jour	7e jour
Champignons et moisissures	»	150
Bacterium Termo	1100	450
Bacillius fluorescens liquéfiant	200	2250
Bacillus subtilis	350	300
Bacilles chromogènes	50	450
Coli-bacille	Présence	Présence
Bacille d'Eberth-Gaffky	»	Présence

1. Max Gavin, *Historique de la création de la ville, du château et du parc de Versailles*, Sociétés d'éditions scientifiques, 1899.

« Autrefois, du reste, l'usage de l'eau des étangs était réservé au parc de Versailles et aux jardins de Trianon.

« En se mélangeant à l'eau des puits (Croissy), l'eau des étangs contribue à souiller les réservoirs et la canalisation de la ville ; elle rend plus que médiocre l'eau distribuée partout, soit chez les habitants, soit dans les casernes et autres établissements militaires de la garnison. »

Les auteurs font, du reste, remarquer que seulement à l'hôpital militaire de Versailles il y eut, en 1893, 50 cas de fièvre typhoïde, 13 en 1894, 71 en 1895, 20 en 1896, etc. Il faudrait ajouter à ces chiffres ceux de la population civile. On ne peut donc pas dire que l'immunité de Versailles est absolue.

Dans un travail récent, intitulé « De la nécessité et des moyens d'instituer une protection efficace pour les eaux d'alimentation des villes », M. le docteur Imbeaux formule la règle suivante qui est dictée par le simple bon sens :

Quant aux eaux de ruissellement « le meilleur mode de réaliser leur protection consiste, pour les villes, à acquérir en entier les bassins alimentant les sources, drainages, et à les maintenir déserts et boisés ». Il est bien loin d'en être ainsi pour les étangs dont les eaux sont envoyées à Versailles.

Certaines personnes, tout en reconnaissant le danger des eaux des étangs, pensent que la longueur des rigoles et des aqueducs, la grande superficie des étangs, exposant l'eau aux rayons du soleil pendant un trajet de longue durée, l'améliorent en déterminant comme une oxydation, une combustion des matières organiques contenues dans ces eaux. Cette amélioration par exposition à la lumière, cette autopurification microbienne doivent se faire, mais dans quelles limites ? Le mouvement du liquide, les actions moléculaires qui se passent dans l'eau que l'on agite avec des poudres insolubles, telles que du sable ou de l'argile, le rayonnement direct du soleil ont été l'objet de nombreuses études expérimentales dont on peut lire les exposés dans les *Annales de l'Institut Pasteur*. Mais tout ceci est vague, indécis, et on ne saurait préciser l'étendue, la fixité de ces pouvoirs destructeurs. Il serait donc bien imprudent d'établir la sécurité d'un service public sur des bases si instables, si variables. Nous ne pouvons que rapporter encore la conclusion du mémoire de MM. Fluteau et Carlier au sujet des eaux d'étangs. « Lorsque, dans la composition d'une eau destinée à servir aux usages domestiques, il entre un liquide comme celui que fournissent les étangs des environs de Versailles, cette eau doit être tenue pour mauvaise et n'être absorbée qu'après avoir été stérilisée par un moyen quelconque ».

§ 4. — **Eau des Puits de Croissy.**

Devant les plaintes du public, l'État renonça, en 1893, à vendre aux habitants de la région de Versailles le mélange d'eau d'égout et d'eau de Seine jusqu'alors pompé à Marly; on le remplaça par les eaux pompées dans les puits forés dans la craie. Le bassin de Paris repose sur un banc puissant de craie compacte de l'époque secondaire, dont l'épaisseur atteint plusieurs centaines de mètres. Les parties supérieures de cette craie sont fendillées et poreuses et contiennent parfois de grandes quantités d'eau. Ceci a lieu notamment aux endroits où la partie supérieure présente un point bas où viennent aboutir de grandes surfaces en pente douce; l'eau s'amoncelle au point bas et un puits foré en cet endroit, à travers les couches supérieures qui recouvrent la craie, rencontre des masses d'eau abondantes. Ces eaux proviennent des pluies tombant à la surface du sol; une partie traverse les couches qui recouvrent la craie, se filtre dans ce passage et vient s'accumuler au point bas que nous avons signalé. La plaine de Croissy est un des points où le banc de craie semble remplir les conditions que nous venons d'énumérer, car les puits forés dans cette localité rencontrent dans la craie d'importantes quantités d'eau. Depuis quelque temps déjà la Compagnie du Vésinet pompait dans cette nappe pour fournir l'eau aux habitants de la région. A la recherche d'eau bonne à boire, pouvant remplacer l'eau pompée dans la Seine à Marly, l'État suivit l'exemple de la Compagnie du Vésinet. Nous décrirons les puits de Marly et de Croissy forés pour l'exécution de ce nouveau projet. Rappelons que l'eau, une fois élevée par des pompes électriques, est refoulée par une canalisation étanche jusqu'à la machine de Marly. Celle-ci monte cette eau dans les réservoirs du plateau de Louveciennes, dits de Marly ou des deux portes, par une canalisation en fonte également étanche. De ces réservoirs l'eau descend, par la pesanteur, dans les réservoirs de Versailles en parcourant un aqueduc de plus d'une lieue de longueur, peu entretenu et où, en conséquence, elle peut être souillée par des infiltrations dangereuses. MM. Fluteau et Carlier ont examiné cette eau au point de vue bactériologique, d'abord aux puits, ensuite à la machine, et enfin à

Versailles, à son arrivée dans le réservoir de Picardie. Voici les résultats de ces examens publiés dans le mémoire dont nous avons déjà donné plusieurs fois des extraits :

Eau prise dans les puits.

ORIGINE DE L'EAU	DATE de L'ENSEMENCEMENT	NOMBRE de COLONIES par centimètre cube	ÉPOQUE où la liquéfaction DE LA GÉLATINE a arrêté la numération DES COLONIES	ESPÈCES PATHOGÈNES
Croissy : puits n° 1..............	21 décembre.	440	19e jour.	Aucune [1].
	25 mai.	300	16e jour.	Idem.
— puits n° 2............	»	»	»	» [2]
	»	»	»	»
Marly : puits n° 1..............	21 décembre.	800	15e jour.	Aucune [3].
	23 mai.	625	14e jour.	Idem.
— puits n° 2............	21 décembre.	1225	17e jour.	Idem [4].
	23 mai.	980	20e jour.	Idem

1. Sur le milieu d'Elsner, rien des colonies liquéfiantes.
2. L'eau du puits n° 2 n'a pu être analysée à cause des travaux en cours d'exécution.
3. Le même jour, de l'eau de Seine, prélevée à la machine, a donné, après dilution à 1 p. 10.000 : 360.000 colonies par centimètre cube ; la numération n'a pu être faite au delà du sixième jour à cause de la liquéfaction rapide de la gélatine ensemencée. Dès le troisième jour, la liquéfaction de la gélatine avait été totale pour les boîtes de Pétri ensemencées avec de l'eau diluée au millième.
4. Microbes chromogènes assez nombreux.

Eau recueillie à l'arrivée dans les réservoirs de Louveciennes.

Première analyse. — 21 décembre 1896. Nombre de colonies par centimètre cube : 1210. Liquéfaction des plaques retardée jusqu'au dix-septième jour. — Recherche des bactéries pathogènes absolument négative.

Deuxième analyse. — 24 avril 1897. — 723 colonies par centimètre cube : numération arrêtée au onzième jour par la liquéfaction de la gélatine. — Absence du Bactérium coli et de bacilles d'Eberth.

Troisième analyse. — 23 mai 1897. — 1.025 colonies ; liquéfaction des plaques de gélatine le treizième jour. — Mêmes constatations négatives que précédemment, après recherches des bacilles pathogènes : cette eau ne renferme pas de Bactérium coli ni de bacilles d'Eberth.

Eau recueillie à l'arrivée de l'aqueduc de Picardie dans le bâtiment des filtres.

1° Ensemencement du 30 décembre 1896. — La numération des colonies est poursuivie jusqu'au quinzième jour. On en compte 1.760 par centimètre cube ; les espèces sont plus nombreuses que dans les eaux prises aux puits. Nous attribuons ce résultat, soit aux infiltrations venues de la surface, à travers les parois de l'aqueduc, soit à la persistance des germes apportés antérieurement dans l'aqueduc par les eaux de Seine et l'ayant souillé pour longtemps. Cependant, on ne constate l'existence d'aucun bacille pathogène, notamment du Bactérium coli et du bacille d'Eberth.

2° Ensemencement du 11 juin 1897. — 1.525 colonies. — Numération arrêtée le dixième jour par la liquéfaction des plaques. — Quelques espèces putrides. — Absence certaine du Bactérium coli et de bacilles d'Eberth.

Conclusion. — Bien que plus chargée en bactéries vulgaires, et plus riche en espèces saprophytiques diverses que l'eau de la nappe des puits de Marly-Croissy, l'eau de l'aqueduc de Picardie, qui ne contient pas de germes pathogènes, peut être consommée sans danger.

« Elle possède, au reste, tous les caractères physiques et organoleptiques d'une bonne eau potable : fraîcheur, limpidité, transparence, absence d'odeur, etc. »

Remarquons que l'eau est déjà moins pure que dans les réservoirs de Louveciennes. L'aqueduc qui va de ces réservoirs à Versailles est, avons-nous dit, en mauvais état et reçoit, par des fissures, les infiltrations du sol.

A la suite de ces analyses, nous donnerons celles faites, sur des échantillons prélevés en avril 1898 dans les récipients en verre stérilisés, au laboratoire du comité consultatif d'hygiène de France du ministère de l'Intérieur.

Puits n° 1 de la machine de Marly à Bougival
Échantillons prélevés le 21 mars 1898.

Analyse chimique.
Tous les résultats sont exprimés en milligrammes et par litre d'eau.

Évaluation de la matière organique	1° En oxygène	Solution acide	1,000
		Solution alcaline	0,750
	2° En acide oxalique $C^2O^4H^2 + 2H^2O$.	Solution acide	7,880
		Solution alcaline	5,910
	Oxygène dissous	1° En poids	7,875
		2° En volume	5cc,506

Recherches générales.

Ammoniaque et sels ammoniacaux	0
Azote albuminoïde	0
Nitrites	0
Nitrates en AzO^3H	21,8
Acide phosphorique	0
Acide sulfurique, en SO^3	184,6
Chlorure de sodium en NaCl	54,4
Chlore correspondant en Cl	33,0

Analyse minérale.

Résidu à 110 degrés	754,1
Résidu après calcination	669,1
Perte au rouge	85,0
Silice en SiO^2	16,0
Chaux en CaO	220,6
Magnésie en MgO	53,6
Acide sulfurique en SO^3	184,5
Chlorure de sodium en NaCl	54,4

Composition probable.

Silice en SiO^2	16,0
Sulfate de chaux en SO^4Ca	313,6
Carbonate de chaux en CO^2Ca	146,3

Carbonate de magnésie en CO^3Mg.. 112,5
Chlorure de sodium en NaCl.. 54,4
Nitrate de chaux $(AzO^3)^2Ca$.. 28,3

Hydrotimétrie.

Degré hydrotimétrique total .... $51^3,2$
Degré hydrotimétrique permanent.................... $33^3,0$

Examen bactériologique.

Numération : Cette eau renferme 175 germes aérobies par centimètre cube.
La numération est effectuée vingt-huit jours après les ensemencements.
Spécification : Mucor mucdo ;
   Penicillium glaucum ;
   Micrococcus desidans ;
   Micrococcus ruber ;
   Bacterium termo ;
   Bacillius fluorescens non liquefaciens.

Conclusions.

Eau de bonne qualité malgré les résultats de l'analyse chimique minérale.

Puits n° 1 de Croissy — R. D. — à $27^m 14$ de profondeur.
Échantillons prélevés le 21 mars 1818.

Analyse chimique.
Tous les résultats sont exprimés en milligrammes et par litre d'eau.

Évaluation de la matière organique	1° En oxygène	Solution acide.......... 0,750
		Solution alcaline....... 0,500
	2° En acide oxalique $C^2O^4H^2 + 2H^2O$.	Solution acide.......... 5,910
		Solution alcaline....... 3,940
	Oxygène dissous	1° En poids........... 6,750
		2° En volume........... $4^{cc},710$

Recherches générales.

Ammoniaque et sels ammoniacaux... Très faible
Azote albuminoïde...
Nitrite...
Nitrates, en AzO^3H.. 40,9
Acide phosphorique..
Acide sulfurique, en So^3.. 127,5
Chlorure de sodium, en NaCl... 44,0
Chlore correspondant, en Cl... 26,7

Analyse minérale.

Résidu à 110 degrés... 617,1
Résidu après calcination.. 557,3
Perte au rouge.. 59,8
 Silice en SiO^2.. 16,0
 Chaux en CaO... 195,4
 Magnésie en MgO.. 31,4
 Acide sulfurique en SO^3... 127,5
 Chlorure de sodium en NaCl... 44,0

Composition probable.

Silice en SiO^2... 16,0
Sulfate de chaux en SO^4Ca.. 216,7
Carbonate de chaux en CO^3Ca.. 157,5

Carbonate de magnésie en CO³Mg.. 65,0
Chlorure de sodium en NaCl.. 44,0
Nitrate de chaux (AzO³)²Ca... 53,1

Hydrotimétrie.

Degré hydrotimétrique, total... 40³,0
Degré hydrotimétrique, permanent... 24³,0

Examen bactériologique.

Numération : Cette eau renferme 47 germes aérobies par centimètre cube. La numération est effectuée 53 jours après les ensemencements.
Spécification : Micrococcus luteus.

Conclusions.

Eau de bonne qualité malgré les résultats de l'analyse minérale.

Quelques personnes, frappées par le voisinage de la Seine, ont émis la crainte que la nappe d'eau de Croissy ne fût, par des fissures ou des infiltrations à travers le sol, en communication avec le fleuve. Ceci est peu vraisemblable. L'eau de la Seine est très chargée de matières végétales et son passage laisse à la surface des filtres un léger dépôt, un colmatage, absolument imperméable, qui arrête très rapidement le passage du liquide. Du reste, l'eau arrive dans les puits, toujours du côté opposé à celui de la rivière, ce qui indique qu'elle vient des collines voisines. Enfin, la composition de l'eau des puits est absolument différente de celle de la Seine : les éléments étrangers que l'analyse trouve dans l'une des deux eaux ne se rencontrent pas dans l'autre, ce qui éloigne toute hypothèse d'identité entre elles ou même de mélange.

L'ensemble des analyses que nous avons citées donne, au surplus, toute quiétude sur la salubrité de l'eau des puits de Croissy. Cette eau a, en outre, l'avantage de provenir d'une nappe suffisamment profonde pour que les terrains qui la surmontent lui assurent une bonne filtration naturelle. On ne peut donc qu'appuyer le vœu des hygiénistes de voir cette eau employée exclusivement à l'alimentation de Versailles.

Toute la région de Versailles dépendant ainsi, pour son alimentation d'eau, de la nappe de Croissy, il y aurait peut-être lieu de la protéger, au nom de l'intérêt public, contre des exploitations étrangères s'appliquant à l'industrie et pouvant en altérer la qualité ou en diminuer l'abondance.

En résumé, Versailles est actuellement alimenté par deux sortes d'eau : l'eau des puits de Croissy et l'eau des étangs. Nous ne parlons pas des eaux des sources, dites de Colbert, dont la quantité est presque nulle.

L'eau des puits de Croissy, à la suite d'analyses répétées, a été déclarée excellente par les hygiénistes. Il n'en est pas de même pour l'eau des étangs dans laquelle les recherches ont constamment indiqué la présence de bacilles dangereux.

Néanmoins, l'eau des étangs est toujours servie à la population parce que l'on a foi dans une soi-disant « immunité » des habitants de Versailles vis-à-vis du choléra et des maladies contagieuses. Nous avons cité tout ce qui a été dit au sujet de cette immunité.

L'immunité est un sujet de conversation intéressant, l'origine de discussions originales ou savantes, mais s'appuyer sur une base si fragile pour négliger les résultats des analyses, les avertissements des spécialistes et continuer à servir à une population de l'eau que l'on sait contenir les germes de maladies dangereuses, c'est encourir de graves responsabilités.

À une époque où le moindre accident, même involontaire, arrivant à un ouvrier, entraîne pour son employeur des pénalités et des indemnités énormes et souvent même la prison, que ne devrait-on pas faire — s'il y avait égalité dans la distribution des châtiments — à ceux qui, le sachant, vendent à toute une population une eau pouvant donner des maladies graves, souvent mortelles! Aussi l'administration a fait l'impossible pour obtenir du parlement les crédits nécessaires à la transformation de cette situation : elle a déjà pu arrêter le service des eaux de Seine et il en sera bientôt de même pour les eaux d'étangs.

Cette curieuse immunité des Versaillais vis-à-vis des maladies est, du reste, bien relative. Tout le monde connaît la lettre de Mme de Sévigné lors de l'épidémie d'octobre 1678 : « Le roi veut aller samedi à Versailles ; mais il semble que Dieu ne le veuille pas par l'impossibilité que les bâtiments soient en état de le recevoir et par la mortalité prodigieuse des ouvriers dont on remporte toutes les nuits, comme de l'hôtel-Dieu, des charrettes pleines de morts : on cache cette triste marche pour ne pas effrayer les ateliers et pour ne pas décrier l'air de ce *favori sans mérite*. Vous savez ce bon mot sur Versailles. » Bussy répond : « Les rois peuvent, à force d'argent, donner à la terre une autre forme que celle qu'elle avait de la nature ; mais la qualité de l'eau et celle de l'air ne sont pas en leur pouvoir. » Ceci montre que l'*air* de Versailles ne suffit pas pour préserver des maladies quand on néglige les lois fondamentales de l'hygiène : nous avons vu que, de 1732 à 1734, la population de la ville fut à nouveau réduite de moitié par les fièvres résultant justement de l'infection des eaux. Nous avons aussi rappelé les statistiques citées par les médecins militaires montrant que les maladies des intestins et de l'appendice, la cholérine, la fièvre typhoïde, font aussi des victimes dans Versailles, et ces maladies n'ont pas d'autre origine que les microbes signalés dans les eaux.

La salubrité incontestée de l'air de Versailles, l'hypothèse de microbes spéciaux à ses eaux et s'attaquant aux colonies de bacilles, la grande étendue des réservoirs qui donnerait le temps aux rayons du soleil de brûler les microbes pathogènes, enfin la flore intestinale particulière aux Versaillais qui, suivant le docteur Metchnikoff, arrêterait les bacilles dangereux, ne suffisent donc pas toujours pour éloigner la maladie et la mort. Il est, par suite, impossible de ne pas être de l'avis des hygiénistes dont nous avons cité les conclusions et de ne pas recommander, comme eux, l'abandon des eaux des étangs pour l'alimentation et leur emploi exclusif pour l'arrosage et le jeu des grandes eaux, comme, du reste, les choses se passaient sous l'ancien régime.

L'alimentation de la population se faisant presque uniquement par l'eau des puits de Croissy, il y aurait peut-être lieu de prendre certaines dispositions d'administration publique pour en assurer l'emploi exclusif pour l'alimentation de la région.

Bassin de Vénus

Frise marine par *Le Brun*

DEUXIÈME PARTIE

INSTALLATIONS MÉCANIQUES DES RIVIÈRES DE CLAGNY ET DE LA BIÈVRE

Il ne reste plus aucune trace des premières installations hydrauliques qui fournirent l'eau aux fontaines du parc de Versailles jusqu'en 1684. La rue de la Pompe rappelait encore par son nom ces choses du passé, mais ce nom vient d'être changé. Cependant l'œuvre de nos anciens ingénieurs était intéressante, attachante même. Nous essaierons d'en reconstituer la description et l'histoire d'après les documents conservés aux Archives nationales dans les cartons de la Couronne.

§ 1. — État des eaux de Paris au commencement du règne de Louis XIV.

On peut dire qu'au moment où allait naître le service des eaux de Versailles, la science de l'hydraulique était restée au point où les livres de Vitruve et de Frontin l'avaient laissée dans l'antiquité. Il n'existait aucun niveau de précision pour le tracé des aqueducs et des canalisations[1]. Il appartenait à l'abbé Picard, l'auteur véritable du projet des étangs de Versailles, de créer le niveau à lunettes. Pour les canalisations elles-mêmes, on ne connaissait que les tuyaux de poterie ou les tuyaux en bois forés dans des troncs d'arbres ou encore les tuyaux de plomb formés à l'aide d'une feuille de plomb dont on rapprochait et soudait plus ou moins solidement les bords[2]. Ce fut pour les eaux

---

1. Voir la description des niveaux, avant le milieu du xviie siècle, dans Vitruve, traduction de Perrault. Les Romains disposaient entre le point de départ des aqueducs aux sources et leur point d'arrivée dans Rome d'une différence de niveau de 150 à 200 mètres. Pour des distances beaucoup plus grandes, les ingénieurs de Versailles n'avaient qu'une trentaine de mètres. Il s'ensuit que l'ingénieur romain pouvait se tromper même grossièrement dans son nivellement et arriver encore à Rome avec une hauteur suffisante; effectivement les profils des aqueducs antiques présentent des irrégularités considérables. On ne se servait pas, au xvie siècle, d'instruments de nivellement plus perfectionnés que ceux des Romains, et l'on connaît l'échec célèbre des ingénieurs italiens de la Renaissance qui voulurent ramener à Rome les sources voisines de Frascati. Une erreur de nivellement obligea de tout recommencer. Voir septième partie, paragraphe 2.

2. La composition normale de la soudure d'étain paraît avoir été inconnue des Romains. Ils se servaient généralement, pour opérer la jonction des deux bords de la feuille de plomb, de métal fondu. Aussi le joint était-il très peu solide, et les ingénieurs se trouvaient obligés de créer des bassins ou lacs tous les 4 ou 5 mètres de hauteur, de façon à n'avoir que de très faibles pressions dans les canalisations de distribution qui partaient de ces bassins.

de Versailles que les forges de Normandie créèrent, vers 1672, les premières canalisations de fonte aujourd'hui universellement employées. Enfin l'usage même des robinets était peu répandu, et, malgré la rareté de l'eau dans Paris, on continuait à copier les installations des fontaines romaines dans lesquelles l'eau coulait nuit et jour sans arrêter jamais.

Paris, qui, au commencement du xviie siècle, avait déjà un demi-million d'habitants, ne recevait encore que l'eau amenée par les anciens aqueducs du pré Saint-Gervais et de Belleville. Quand ces aqueducs étaient en bon état, ils pouvaient fournir le volume insignifiant de 500 mètres cubes par jour. Marie de Médicis, voulant orner d'effets d'eau son jardin du Luxembourg, fit construire par Jacques de Brosse l'aqueduc d'Arcueil, destiné à amener les eaux de Rungis. Ce travail, une fois terminé et complété, put fournir 1.600 mètres cubes d'eau par jour, dont le quart seulement fut abandonné aux Parisiens. C'était peu de chose, et cependant on ne pouvait pas faire beaucoup mieux, puisqu'il n'existe pas, dans le voisinage de Paris, une source coulant à une hauteur suffisante pour être amenée à l'aide d'aqueducs.

Fig. 1.

On se résigna à élever l'eau de la Seine à l'aide de pompes mues par des roues hydrauliques plongeant dans le fleuve. La première fut la célèbre Samaritaine, construite contre le Pont-Neuf par Lintler, vers 1605. Sa direction, au commencement du règne de Louis XIV, était confiée à Denis Jolly, ingénieur du roi, que nous retrouverons à Versailles, où il fut chargé de la construction de la grande pompe et des premières canalisations de plomb [1]. Ce même ingénieur proposa et obtint, en 1669, la construction d'une seconde pompe au pont Notre-Dame. L'année suivante, un sieur Foudrinier, que nous retrouverons aussi à Versailles, obtint la concession d'une nouvelle pompe à établir également au pont Notre-Dame. L'ensemble de toutes ces pompes pouvait élever jusqu'à 1.600 mètres cubes d'eau de Seine par jour, quand tout allait bien, et les mémoires de l'époque disent que bien souvent il n'en était pas ainsi. En fait, le véritable service d'eau qui alimentait la population parisienne était fait par la puissante corporation des porteurs d'eau à la bretelle, femmes ou hommes, qui allaient chercher l'eau à la Seine, dans des puits ou aux rares fontaines. Nous avons reproduit (fig. 1) le charmant dessin qu'a fait Poisson

1. Voir page 31 et la note 1 de la page 34.

de l'une de ces porteuses, au bas duquel on lit le cri : « A l'eau — eau » qu'elle jetait en promenant ses seaux dans les ruelles du vieux Paris. Aujourd'hui que les machines refoulent l'eau dans tout un réseau de canalisations et l'amènent jusque dans les salles de bains ou sur les éviers des cuisines, on a peine à croire qu'il y a seulement cinquante ans, ce travail s'effectuait généralement à la main. L'eau se vendait 2 sols la voie de 30 pintes ou 28 litres, laquelle, en pratique, se réduisait à 18 ; le mètre cube revenait au consommateur à 5 francs environ.

§ 2. — Les eaux de Versailles depuis l'origine jusqu'en 1664.

Versailles domine la plaine de Paris d'une centaine de mètres ; si le problème de l'adduction d'eau de rivière était difficile pour Paris, il était donc pour Versailles bien plus difficile encore. Et pourtant, dès le début, le service des fontaines du parc exigea plus d'eau que n'en aurait pu fournir l'ensemble des aqueducs et des pompes de Paris, lorsque tout allait parfaitement.

La première solution à laquelle s'arrêtèrent les conseillers du roi consista à barrer le rû de Clagny et la rivière de Bièvre[1] par des levées de terre et à établir, dans leur voisinage, des pompes élévatoires recevant le mouvement de manèges, de moulins à vent ou de roues hydrauliques. Comme l'ensemble de ces engins épuisait trop vite les faibles quantités d'eau fournies, notamment par le rû de Clagny, les ingénieurs établirent des canalisations de retour avec pompes ou chaînes à godets actionnées par des moulins à vent ou des manèges, lesquelles ramenaient les eaux à leur point de départ. Nous décrirons ces installations.

On sait que, sous Louis XIII, le château de Versailles n'avait guère plus d'étendue qu'une villa bourgeoise de notre époque. Le jardin se composait de quelques parterres de broderie. Le service des eaux consistait en *une pompe qui était dans l'un des angles du parc, vers l'étang*, dit un compte de réparations de 1639. Nous avons retrouvé aux Archives nationales la pièce suivante, qui s'applique au paiement de cette pompe :

Il est dû à Claude Denis, ingénieur fontainier du Roi, la somme de 3.000 livres pour son paiement d'avoir, par le commandement du Roi et de l'ordonnance de messire Fr. Sublot, seigneur des Noyers, baron de Dangu, conseiller de S. M. en ses conseils, secrétaire d'État et de ses commandements, surintendant général de ses bâtiments, fait et construit une pompe dans le jardin du château de Versailles et avoir fourni de toutes sortes de mouvements, tant de fer que de fonte, et autres choses nécessaires pour cet effet, moyennant la somme de 3.000 livres à lui octroyée par mondit sieur. Fait le 18e jour de mai 1642. Signé : Donon.

Ainsi donc, au début de Versailles, l'étang de Clagny était déjà la nappe dans laquelle on puisait l'eau nécessaire au nouveau parc. Cet étang fut comblé sous Louis XV, mais il est facile de se rendre compte aujourd'hui de son ancien emplacement.

Lorsqu'on se trouve à la grille du château qui donne sur la rue des Réservoirs, on voit le terrain s'abaisser rapidement pour remonter vers la butte où se construit la nouvelle église de Saint-Antoine de Padoue. C'est dans ce fond que s'étendait autrefois l'étang de Clagny. De forme triangulaire, il occupait l'espace aujourd'hui compris entre la gare de la rive droite et la rue de Maurepas. Cette dernière rue est établie sur la levée de terre qui barrait le petit rû de Clagny, détourné aujourd'hui de son cours par la tranchée du

---

1. Voir la carte, plan n° 2. Cette carte est la reproduction de la carte de du Vivier dont le manuscrit se trouve aux Archives nationales. Voir également le plan n° 3, carte de de la Pointe (chalcographie du Louvre).

Un état du 3 juillet 1663 parle des travaux exécutés pour « former un parapet à la chaussée de Clagny sur 163 toises de longueur ».

chemin de fer de l'Ouest, et qui, à cette époque, venait de l'ancienne terre de Clagny, ainsi qu'on le voit sur la très curieuse carte de *du Vivier* (fig. 2).

La pompe, puisant l'eau dans l'étang de Clagny, forma le service des eaux au temps de Louis XIII et même jusqu'en 1664, date où commencèrent les travaux hydrauliques que devait entreprendre Louis XIV. Les installations de la Bièvre, que tous les écrivains placent à cette époque, n'ont été exécutées que vers 1668, ainsi que nous le démontrerons plus loin.

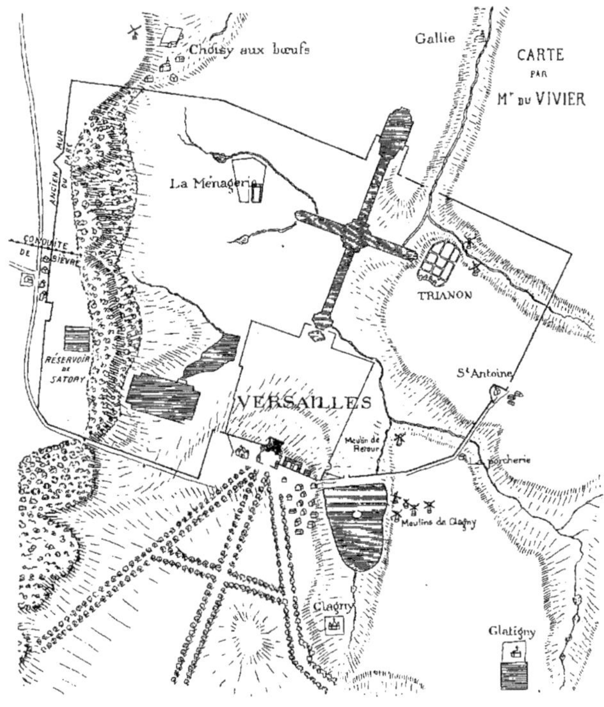

FIG. 2.

§ 3. — Les installations hydrauliques de Clagny de 1664 à 1668.

On sait qu'après les fêtes données en son honneur par le surintendant Fouquet, dans sa résidence de Vaux, près Melun, le roi chargea les créateurs de ce château : l'architecte Le Vau, le peintre Le Brun, et Le Nôtre, dessinateur des jardins, d'embellir l'ancienne résidence de Versailles et d'y créer un parc royal.

De 1661 à 1666, Le Nôtre exécuta les travaux des jardins, et sa création, souvent embellie, ne fut jamais modifiée dans ses grandes lignes. Le plan de de la Pointe, « levé et dessiné sur les lieux », avant 1668, nous montre ce premier état du parc.

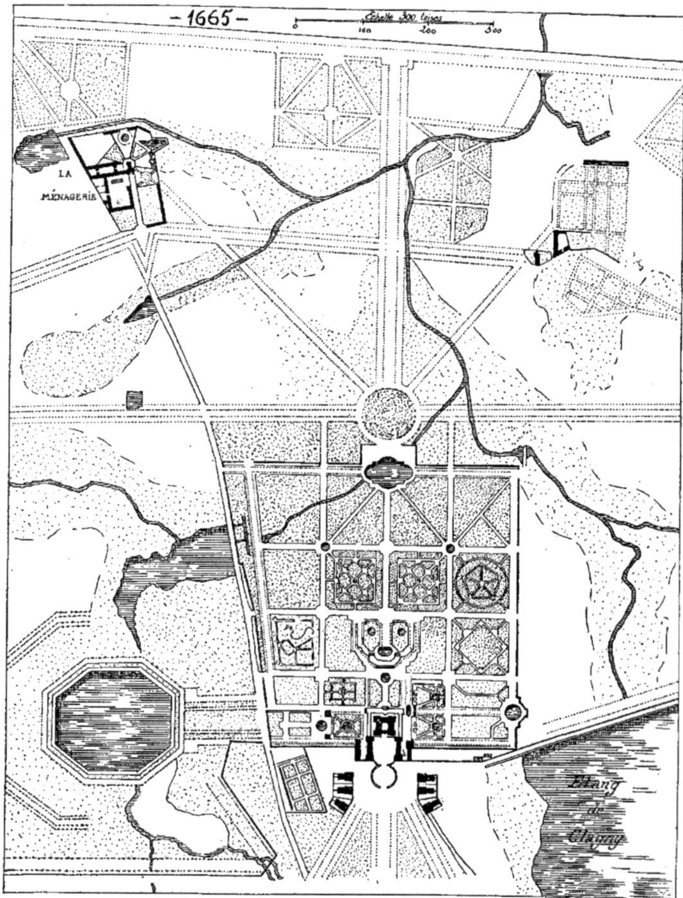

Fig. 3. — Étang de Clagny (Plan de de la Pointe).

Sur la fig. 3, reproduisant ce plan, remarquons, au sud-ouest du parc, la ménagerie. Le respect des dates nous oblige à en parler tout d'abord, car c'est là que furent établis les premiers bassins et aussi la première grotte de rocaille de Versailles. Cette installation hydraulique était alimentée par une simple pompe à piston que Denis Jolly avait installée dans un puits. Le roi avait fait réunir en cet endroit un grand nombre d'animaux rares, répartis dans les secteurs d'un octogone, au centre duquel était un pavillon également à huit côtés. Le tout était orné de petits bassins et de fontaines ; le premier étage du pavillon central était entouré d'un balcon de fer forgé, d'où l'on pouvait regarder les animaux, et le rez-de-chaussée était occupé par une grotte qui existait encore il y a deux ans[1]. Les murs étaient incrustés de coquillages et de pierres précieuses, premier travail de de Launay à Versailles. Le plancher de mosaïque était rempli de petits trous d'où pouvaient sortir, à la volonté des fontainiers, un grand nombre de jets. Au centre était un bassin avec un jet d'eau tournant.

Le roi visita ces travaux le 14 août 1664, et voici comment l'événement fut rapporté à Colbert :

Le roi, entrant à la ménagerie avant que de voir le salon, me demanda en quel état était le réservoir ; et incontinent que Sa Majesté fut sur le balcon dudit salon, on fit jouer les jets d'eau des bassins des cours, et ensuite Sa Majesté fut dans la laiterie où elle-même prenait plaisir à ouvrir et fermer les robinets, sans pouvoir s'exempter d'être un petit peu mouillée. Elle s'approcha ensuite des bassins pour considérer lesdits jets d'eau, qui lui semblèrent trop petits, ainsi que les jets d'eau dans leur hauteur, moins agréables qu'un petit bouillon de quatre à cinq pieds de haut..... Sa Majesté s'étant divertie dans toutes les cours fut au réservoir, vit l'effet de la pompe et la quantité d'eau qu'elle élevait. Toute l'eau du puits se peut tirer en une demi-journée ; après quoi il faut attendre que les sources le remplissent.

Le roi vint encore à la ménagerie en avril 1666, et *Elle eut bien du divertissement*, dit le narrateur, *des eaux de la grotte*[2].

Après cette visite de la ménagerie, revenons au parc et rappelons qu'en cette année 1666, Le Nôtre avait déjà fait creuser bien des bassins qui n'attendaient plus que leurs jets d'eau. C'étaient, en suivant le plan de la Pointe (fig. 3), les bassins de la Terrasse, de l'Ovale, des Cygnes, tous trois en face du château. Rappelons encore que le bassin de la *Terrasse* avait un jet ; celui de l'*Ovale* (futur Latone) en avait sept, dont un central ; enfin le bassin des *Cygnes* (futur Apollon) *était orné d'une infinité de jets qui, réunis ensemble, forment une gerbe d'une hauteur et d'une grosseur infinies.* En dehors de ces bassins principaux, il y avait, au midi, les bassins du *Bois vert* et du *Jardin à fleurs* qui recevra l'Amour lançant une flèche ; au nord, les bassins de la *Sirène*, ceux des *Couronnes*, du *Grand Jet* (futur Dragon), et enfin, du même côté, sur la terrasse même du château, la fameuse *grotte de Téthys*, réminiscence des jardins d'Italie, laquelle devait être ornée d'une grande quantité d'effets d'eau : jets, nappes, ajutages dans les mosaïques des planchers et jusque dans les pavages extérieurs, orgues hydrauliques, etc.

Pour donner l'eau à ces premiers bassins, Le Nôtre fit construire, au milieu de la rampe, qui allait de l'étang de Clagny au château, une nouvelle pompe dont la puissance, considérable pour l'époque, devait permettre d'élever 600 mètres cubes d'eau par jour. Le contrat signé avec Denis Jolly, pour la fourniture de cette pompe en donne la descrip-

---

1. Cette grotte, qui fut la première création hydraulique exécutée à Versailles, vient d'être détruite.

2. Ces rapports sont de Petit que Ch. Perrault avait placé à Versailles pour surveiller les travaux. Pierre Perrault avocat eut quatre fils : le second, Claude (1612-1688), fut médecin mais est connu comme architecte de la colonnade du-Louvre ; à Versailles il omposa la décoration de la grotte, fit les dessins de la cascade et de l'allée d'eau ; le quatrième fils, Charles (1628-1703), fut pris par Colbert en 1662 comme historiographe des fêtes du roi et devint, en 1664, premier commis des Bâtiments ; c'est à l'occasion de cet emploi que nous verrons son nom souvent revenir. Vers 1681 Colbert le remplaça par son fils Colbert de Blainville. Dans sa retraite, C. Perrault composa ses contes célèbres. Voir première partie, paragraphe 1, renvoi (page 5).

tion détaillée. Nous allons citer les principaux passages de ce document, dont la minute se trouve aux Archives nationales[1].

Par devant..... fut présent Denis Jolly, ingénieur ordinaire du Roy, ayant l'entretènement de la pompe du Pont-Neuf de cette ville de Paris.... . lequel a fait marché..... de faire et mettre en place une grande machine de *nouvelle* construction qui élèvera, par la force de *deux chevaux* attachés à deux mouvements séparés, et qui travailleront circulairement, l'un à droite et l'autre à gauche, la quantité de pouces d'eau ci-après déclarée *à prendre au fond d'un puits* que l'on construit présentement de neuf, tenant au mur du parc du château de Versailles, au-dessus de l'étang de Clagny, pour la verser dans le réservoir qui sera au-dessus dudit puits, pour la construction de laquelle machine sera premièrement fait deux roues de bois d'orme cintrées et dentelées de cormier (A) au milieu desquelles passera à chacun un gros arbre de bois de chêne (B), où seront attachés les mouvements des chevaux; deux lanternes (C) de bois de chêne cintrées de bandes de fer en leur circonférence et garnies de fuseaux de cormier, au milieu desquelles passera aussi à chacun un gros arbre de bois de chêne (D) et au bout desquels seront attachées les manivelles (E); deux grosses manivelles de bronze pour faire mouver tous les ressorts de ladite machine; huit gros corps de pompe (F) de cuivre jaune fondu[2], garnis de vis, brides et rondelles;

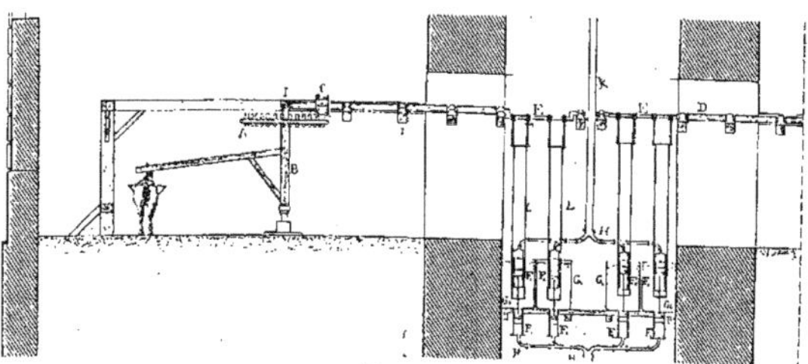

Fig. 4.

vingt tambours aussi de cuivre jaune fondu où seront enfermées vingt soupapes de même étoffe; vingt-quatre gros coudes (H) avec leurs fourches et tuyaux de communication, le tout de cuivre jaune; seize gros paliers (I) de cuivre jaune fondu pour porter les tourillons des manivelles et arbres des lanternes; seize roulettes de cuivre jaune pour guider et faire descendre à plomb les verges des pistons; quatre grandes cuvettes de plomb forgé (G) pour entretenir les corps de pompe pleins d'eau et empêcher que leur mouvement ne fasse échauffer les pistons; un gros tuyau de cuivre rouge (K) forgé, de dix pouces de diamètre et d'épaisseur nécessaire pour tirer l'eau du fond du puits et la porter et verser jusque dans le réservoir, lequel tuyau se démontera de distance en distance, avec brides, vis et rondelles; huit grosses cordes (L) de laiton tortillé servant à faire mouvoir les pistons dans lesdits corps avec de bons cuirs attachés à huit grandes barres de fer pour servir aux aspirations et compressions de l'eau..... En sorte que lesdites machines soient capables d'élever, par la force de *deux chevaux*, la quantité de *trente pouces d'eau*, au moins, coulant dans ledit réservoir. Ce marché ainsi fait moyennant la somme de vingt mil livres tournois..... Ce, fait en la présence de noble homme André Le Nostre, conseiller du Roy, contrôleur général desdits bâtiments.

Fait et passé audit château de Versailles, le Roy y étant, l'an 1664 le 19e jour de mars, après midi[3].

1. Les lettres entre parenthèses se rapportent aux diverses parties de la machine que reproduit le plan nᵒ 4.

2. Dans un état de tuyauteries, ces corps de pompe sont indiqués comme ayant cinq pouces de diamètre.

3. Ce marché contenait, en outre, des pénalités au cas où le débit des pompes serait inférieur à l'engagement de 30 pouces. La retenue était de 500 livres pour chaque pouce en moins; mais, en compensation, il était stipulé une rémunération égale pour chaque pouce débité en plus. A la suite du même marché, se trouve celui relatif à une pompe analogue destinée à élever les eaux de la Bièvre.

Ce devis détaillé nous éclaire parfaitement sur la disposition de la fameuse pompe. Elle était établie dans un puits construit au-dessus d'une galerie souterraine allant à l'étang de Clagny. Dès l'année 1663, l'architecte Le Vau avait commencé les travaux de l'édifice qui devait abriter cette *grande Pompe*. Il le construisit, comme le château, de briques et pierres. En plan, il était formé de deux grandes salles octogones, où étaient placés les manèges, et, entre ces deux salles, s'élevait une tour centrale portant à son sommet le réservoir de plomb, dans lequel la pompe de Denis Jolly devait refouler l'eau. (Voir fig. 5 et 6.)

Le bassin placé au-dessus de cette *tour d'eau* devait nécessairement être à un niveau supérieur à celui de tous les bassins du parc ; aussi voyait-on cette tour de tous côtés, dominant le pays où il n'y avait encore que quelques constructions. On la reconnaît dans tous les panoramas de Versailles antérieurs à 1684. Elle s'élevait sur le prolongement de la *rue de la Pompe*, là où se trouve aujourd'hui l'hôtel des Réservoirs.

Le 17 juillet 1665, le *sieur Francine*[1] fit placer sur la terrasse de la tour le mastic et les toiles dont il avait le secret. C'était un enduit imperméable, par-dessus lequel Denis Jolly

Fig. 5. — La tour d'eau, l'étang de Clagny et les moulins.

devait poser le réservoir de plomb. Le 17 décembre suivant, la pompe fonctionnait et, le 21 décembre, le roi vint la visiter. *Sa Majesté parut satisfaite; elle eût monté au haut de la pyramide, n'eût été qu'elle est un peu indisposée à la jambe.*

Denis Jolly fit les canalisations, *uniquement de plomb*, qui amenaient l'eau de la pompe aux bassins. Il s'y était engagé comme suite à son contrat de décembre 1664, relatif à la grande pompe. Voici les extraits de ce contrat, concernant le réservoir de plomb placé au haut de la tour d'eau et les canalisations des fontaines :

A promis et s'est obligé ledit Jolly envers Sa Majesté, ce acceptant comme dessus par ledit sieur Colbert, de faire bien et dûment comme il appartient, tous les ouvrages de plomberie qui dépendront desdites machines, savoir : le grand réservoir de plomb forgé et soudé, en telle sorte

---

1. François Francini (1617 à 1688) et Pierre Francini (né en 1621) étaient fils du florentin Thomas Francini, venu en France à la fin du xvi⁰ siècle. Ils furent consultés pour les eaux de Versailles, mais beaucoup moins qu'on ne l'a dit généralement.

*qu'il puisse tenir eau comme en verre ; la conduite qui amènera dans les puits ladite eau nouvel-
lement recherchée ; les tuyaux qui feront jouer les fontaines et cascades et autant que Sa Majesté
désirera et ce, à raison de quatre sols quatre deniers pour chacune livre de plomb, fabriqué et
mis en place, et quatorze sols pour chacune livre de soudure qui y sera employée.*

Les archives contiennent de nombreuses lettres de plaintes au sujet de la lenteur
avec laquelle le travail de canalisation fut exécuté. Charles Perrault, le conteur, que

Fig. 6. — Tour d'eau et étang de Clagny.

Colbert s'était attaché dès 1662 et qui, en qualité de commis des bâtiments, suivait les
travaux, lui reproche souvent, en plus de ses lenteurs, son peu d'honnêteté dans
le compte du plomb et de la soudure. Les Archives nationales conservent douze cahiers
de mémoires des fournitures de Jolly, s'étendant de 1665 à 1669 et effectuées en suite de
son marché de 1664. Il y en eut pour 100.000 livres en 1665, pour 92.500 en 1666. En
lisant ces cahiers, on a exactement la date de la création de chaque bassin, ainsi que la
nature, toujours bien simple, du reste, des jets d'eau dont ils étaient ornés. Ce sont ces

dates que nous avons suivies dans notre description des bassins ; elles diffèrent souvent de celles généralement admises[1].

Pour que le roi prît patience, on remplissait les rondeaux, au fur et à mesure de leur exécution, à l'aide de pompes portatives. En septembre 1665, les comptes des bâtiments mentionnent des paiements à un nommé Chevillard pour ce travail, et, le 10 décembre de la même année, il est payé une location pour les *deux pompes qui ont servi à remplir le rondeau qui est proche de l'étang de Versailles.* Il s'agit du futur bassin du Dragon.

Enfin, nous lisons, dans un rapport fait à Colbert, que le 27 avril 1666, *le Roi, visitant les travaux, passa par le bosquet vert pour voir l'effet du jet d'eau, qui fut aussitôt arrêté que Sa Majesté fut passée. S. M. remarqua dans le jardin fruitier le jet d'eau du bassin qui est au bas d'icelui, qui ne va qu'à cinq pieds de haut. Je crois qu'il était trop battu du vent et que l'ajutage était trop gros. Je dis à S. M. que Monseigneur (Colbert) faisait changer les ajutages et que les ouvertures d'iceux seraient proportionnées suivant la distribution de l'eau qui sera donnée à chaque bassin. Après qu'elle eut fait voir à M. de Lian-*

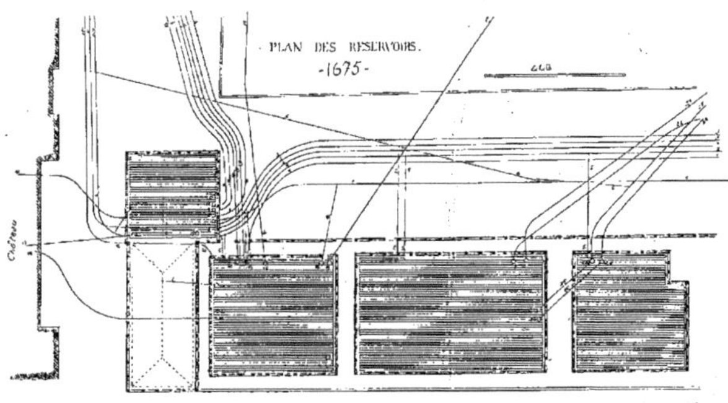

FIG. 7.

court son orangerie, elle fit un tour dans les allées du petit Parc et aussitôt fut au Jeu de Paume, à la sortie duquel S. M. fut à la Ménagerie, où elle eut bien du divertissement des eaux de la grotte et des Dragons. Au retour elle se promena une heure et demie dans le petit Parc et considéra nos ouvrages, particulièrement les bassins et fontaines du jardin en terrasse que je ferai finir le plus tôt possible ; je ne crains que la lenteur de M. Jolly pour les tuyaux et conduites.

Cette visite du roi, en avril 1666, doit être retenue, car elle marque l'inauguration des premiers effets d'eau, bien modestes encore, des fontaines du parc de Versailles.

On remarquera que les jets ne marchaient que successivement, à cause de la petite capacité du réservoir de la tour d'eau qui ne permettait pas d'emmagasiner à l'avance l'eau

1. A la suite du total des mémoires arrêté par *Monsieur Perrault* on lit : *Il y a apparence que ce sont les mémoires pour lesquels il paraît rester dû par le Roy audit Jolly environ 25.000 livres dont la compensation sera faite, de concert avec lui, pour les malversations dont il est accusé au sujet du poids de ses ouvrages, ce qui le fit chasser encore de la pompe du Pont Neuf dont il avait l'entretien.*

Dans le carton O, 1887 des archives se trouve un rapport manuscrit de Perrault, intitulé « Preuves de la tromperie du sieur Jolly dans les fournitures de plomb et de soudure qu'il a faites à Vincennes et à Versailles depuis 1664 jusqu'au 6 avril 1667 ». La tromperie, d'après le rapport, porterait sur les poids et s'élèverait à 50.589 livres.

nécessaire pour le service de plusieurs bassins. Une grande amélioration fut la construction, au-dessus de la grotte de Téthys, d'un réservoir[1] de plomb de 580 mètres cubes de capacité, ce qui permettait d'approvisionner pendant la nuit un important volume d'eau. Le niveau de ce second réservoir était[2] à 32 m. 32 au-dessus de l'étang de Clagny, ce qui, avec le débit indiqué au marché de la pompe de Jolly, nous fixe sur la puissance de cette machine. Le niveau de l'eau, dans le réservoir de la grotte, était à 8 m. 60 environ au-dessus de celui du sol de la Cour de marbre, ce qui permettait de produire des effets d'eau dans les bassins les plus élevés. Nous avons insisté sur le niveau du réservoir de la grotte, par rapport à l'étang de Clagny et aux bassins du parc, parce qu'il servit de point de départ aux ingénieurs du XVIIe siècle pour tous leurs projets d'adduction d'eau dans le parc de Versailles. Nous y ferons donc souvent allusion.

L'année suivante, en 1667, on construisit, en contre-bas et au nord du réservoir de la grotte de Téthys, trois réservoirs destinés aux bassins se trouvant plus bas que la terrasse. Le niveau de ces réservoirs était 10 m. 90 au-dessous de celui de la grotte. Leurs

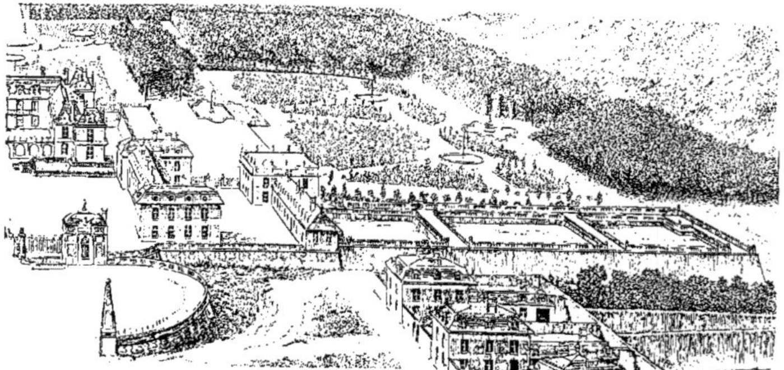

Fig. 8. — Vue du réservoir de la Grotte et des trois réservoirs de glaise (1668).

parois étaient en maçonnerie, avec un couronnement en balustres, ainsi que cela se voit sur les fig. 7 et 8, mais leur fond était simplement garni d'un corroi de glaise. La capacité totale de ces réservoirs était de 5.000 mètres cubes environ et permettait, en conséquence, d'approvisionner, à l'avance, une grande quantité d'eau pour une marche simultanée et prolongée d'un certain nombre de fontaines.

La fig. 9 montre la disposition des réservoirs avec les départs des canalisations et l'on peut y suivre les noms des bassins alimentés par chacun d'eux. La vue perspective que reproduit la fig. 8 est partie extraite d'un tableau attribué à Patel, partie formée à l'aide d'une estampe d'Israël Sylvestre ; elle donne bien exactement la vue d'ensemble de ce coin du château vers 1668.

---

1. Ce réservoir avait 17 m. 21 de longueur, 17 m. 07 de largeur et 2 mètres de profondeur.

2. Ces cotes se trouvent dans les nivellements de l'abbé Picard conservés aux Archives nationales; nous les avons transformées en mètres. Si on rapproche cette hauteur de 32 m. 32 de la promesse faite par D. Jolly, dans son marché, d'élever 30 pouces d'eau par jour à l'aide de deux chevaux attelés à un manège, on se rendra facilement compte que l'engagement ne dut pas être tenu.

Un état, de 1667, des canalisations du château nous dit comment la pompe refoulait à volonté l'eau dans le *réservoir de la grotte de Téthys* ou dans les *réservoirs de glaise* :

La pompe élève l'eau dans trois réservoirs, l'un de plomb et les autres de glaise. Pour porter l'eau dans celui de plomb il faut que l'eau monte jusqu'au haut de la tour. Pour la porter dans ceux de glaise, elle ne monte qu'à la moitié de la tour, où il y a un tuyau enté (branché) sur le

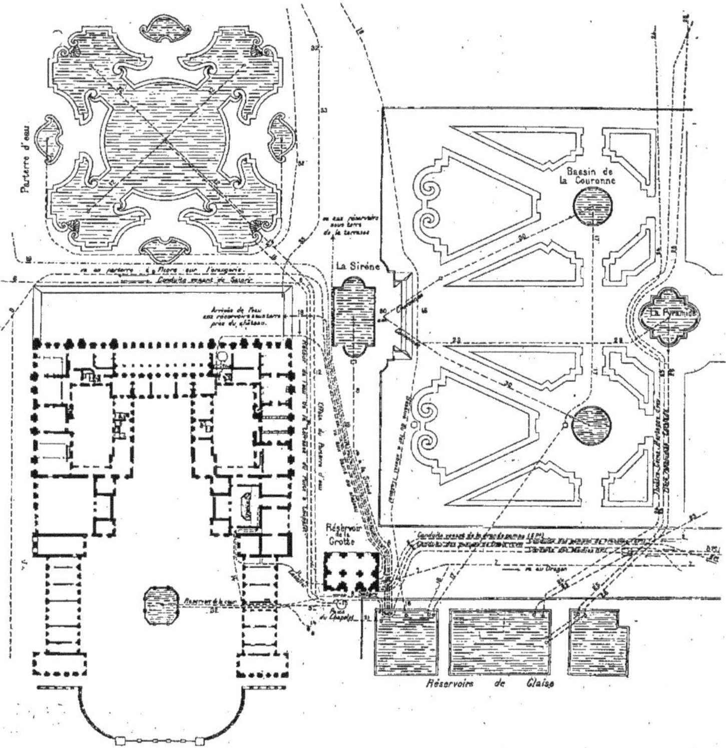

Fig. 9. — Les réservoirs de Versailles en 1675.

gros tuyau montant, qui le reçoit par un robinet qui s'ouvre pour la laisser passer et qui se ferme pour la faire monter jusqu'au haut de la tour.

Cette citation nous éclaire sur la canalisation entre la pompe et les réservoirs.

Bientôt la pompe refoula directement l'eau dans les réservoirs sans la faire passer par le réservoir de la tour. La construction de la tour d'eau fut donc ainsi rendue inutile.

Charles Perrault raconte ainsi dans ses mémoires l'observation que fit à ce sujet le célèbre Huyghens :

M. Colbert mena un jour M. Huyghens à Versailles pour le lui faire voir. Ce savant admira tout ; mais, ayant vu une tour fort haute sur la chaussée de l'étang : « Est-ce, reprit-il, qu'on veut faire une fontaine sur cette tour ? » Nullement, lui répondis-je, c'est pour la faire aller de là dans les réservoirs, et des réservoirs à toutes les fontaines. « Il n'était point nécessaire, me dit-il, de faire monter l'eau sur cette tour ; la pompe l'aurait portée aussi aisément de l'étang dans les

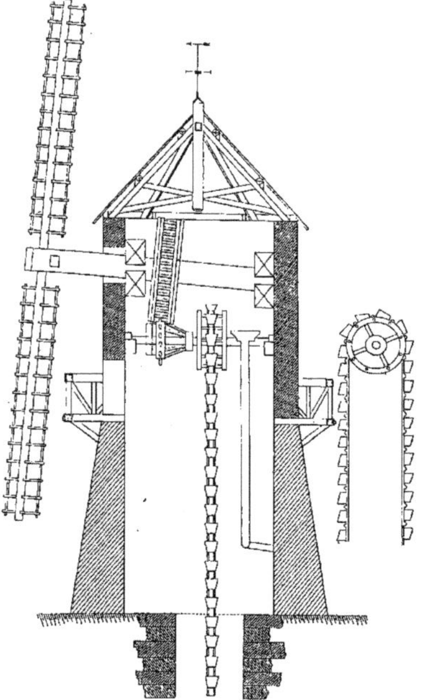

Fig. 10. — Moulin de Clagny.

réservoirs, sans aucun entrepôt, et la dépense de la tour est assurément très inutile. » Je compris la chose dans le moment même et je le dis à M. Colbert, qui en demeura d'accord sans hésiter, en ajoutant : « Que voulez-vous, il faut bien payer son apprentissage. »

Le curieux, c'est que quelques années plus tard on fit à Marly précisément la même inutile dépense, ce qui montre que l'expérience ne sert pas toujours, même aux esprits les plus distingués.

La grosse pompe fut presque immédiatement aidée par des moulins à vent que Le Vau fit construire de l'autre côté de l'étang de Clagny, sur les plans de Francine[1]. La fig. 10 donne le détail d'un de ces moulins. Ils portaient sur l'arbre de leurs ailes des

1. Au sujet de Francine, voir le renvoi du paragraphe 3 de la huitième partie.

chaînes à godets[1]; trois de ces moulins, étagés sur la colline où se trouvent aujourd'hui les abattoirs[2], étaient combinés de telle sorte que le plus bas élevait l'eau jusqu'au puits creusé au pied du moulin intermédiaire, qui lui-même relevait l'eau avec sa chaîne à godets jusqu'au puits du moulin supérieur. Une conduite de plomb en siphon amenait l'eau de ce dernier moulin jusqu'aux réservoirs de glaise[3]. Nous verrons plus tard établir une installation identique dans le but d'élever l'eau de la Bièvre.

Pour terminer ce que nous avons à dire des moulins de Clagny, citons la machine que *le sieur Foudrinier* fit établir sur le bord de l'étang de Clagny pour en refouler l'eau au troisième moulin, de façon à aider les deux moulins inférieurs, moins bien exposés à l'action du vent.

Enfin, pour compléter toutes ces installations, les ingénieurs eurent l'idée de ramener dans l'étang de Clagny les eaux qui retombaient dans le bassin des Cygnes (aujourd'hui d'Apollon) après avoir joué dans les divers bassins étagés les uns au-dessus des autres. A cet effet, un aqueduc de retour conduisait ces eaux à mi-chemin, entre ce bassin et l'étang; là, un moulin à vent, appelé *moulin de retour*, actionnait une chaîne à godets qui élevait ces eaux dans un réservoir établi à sa partie supérieure, d'où quatre tuyaux de fer les ramenaient jusqu'à l'étang[4]. Le plan de du Vivier (fig. 2 et 12) indique la position de ce moulin de retour et de ses canalisations.

Résumons en quelques mots l'ensemble des documents que nous avons cru devoir citer, parce qu'ils contredisent des idées généralement admises sur la nature et surtout l'étendue des premières installations hydrauliques de Versailles. En 1668, il n'y avait encore dans les bassins du parc que quelques jets d'eau sans intérêt. Le service de ces jets était assuré par une pompe, mue par un manège à deux chevaux et par trois moulins à vent dont les arbres faisaient tourner des chaînes à godets. Ces machines élevaient l'eau de l'étang de Clagny dans des réservoirs voisins du château. Un moulin de retour relevait partie des eaux qui avaient joué dans les bassins pour les renvoyer dans l'étang de Clagny. C'était là tout le service des eaux du parc en 1668.

Mlle de Scudéry[5], dans la *Promenade à Versailles*, publiée en 1669, mentionne quelques-unes de ces installations mécaniques. Dans son récit on retrouvera la description que nous avons reconstituée de toutes pièces à l'aide des documents réunis dans les cartons des Archives de la Couronne. L'écrivain suppose qu'il guide une *belle étrangère* au milieu du nouveau parc de Versailles et lui explique les merveilles qu'elle lui fait contempler.

1. Dans le carton O, 1735 des Archives de la Couronne se trouve une requête d'un sieur Duchiron, qui demande le remboursement de 90 livres pour le transport de tuyaux de plomb de 8 pouces, pesant 17.281 livres, qu'il fait sortir des moulins de Clagny, ainsi que d'un poids de 12.000 livres de ferrailles, *chaînes* et 108 *godets*, provenant aussi desdits moulins. Les moulins restant inutilisés, il demande l'autorisation d'y habiter quand les meuniers en seront partis. Cette pièce nous dit le système employé pour l'élévation de l'eau ; elle n'est pas datée, mais elle doit être de l'époque où les moulins cessèrent de fonctionner, c'est-à-dire de 1678 à 1680.

2. Voir le plan de la fig. 2 et la vue de la fig. 5.

3. Pour justifier cette description, voici un extrait du tableau des canalisations s'appliquant aux moulins (O, 1742 des Archives de la Couronne) :

« 21) *Aqueduc qui conduit l'eau de l'étang de Clagny dans le puits du premier moulin.*

22) *Conduite de huit pouces qui conduit l'eau du premier moulin dans le puits du second (35 toises).*

23) *Conduite de huit pouces qui conduit l'eau du second moulin dans le puits du troisième (95 toises).*

24) *Conduite de quatre pouces qui porte l'eau de la machine du sieur Foudrinier dans la cuvette du troisième moulin (150 toises).*

Une conduite part du moulin d'en haut et va au réservoir proche de la grotte. Elle est d'un pied, depuis la prise dudit moulin jusqu'au regard du premier moulin, et, depuis ledit regard jusqu'au regard proche l'allée de la pyramide, elle est séparée en deux tuyaux de chacun 8 pouces et, depuis ledit regard jusqu'aux réservoirs, elle est d'un pied; il y a quatre robinets de 8 pouces qui séparent les conduites d'un pied avec celles de 8 pouces. »

D'après les nivellements de l'abbé Picard, l'ensemble des trois moulins élevait l'eau de 21 m. 42.

4. L'étang de Clagny était à 9 mètres au-dessus du bassin des Cygnes ou d'Apollon. Mémoire des conduites, art. 19 : aqueduc qui conduit l'eau de la décharge du canal au moulin de retour ; art. 20 : quatre tuyaux de fer de 6 pouces qui conduisent l'eau du moulin dans l'étang de Clagny. (Carton O, 1742 des Archives de la Couronne.)

5. Mlle Madeleine de Scudéry (1607 à 1701). La citation est extraite de la *Promenade à Versailles* dédiée au Roi, mars 1669.

Cette belle personne, dit Madeleine de Scudéry, demandant d'où pouvait venir une si grande abondance d'eau : Vous souvient-il, Madame, lui dis-je, que je vous ai priée en arrivant de regarder ce paisible étang (Clagny) qu'on voit à la droite de cette hauteur d'où l'on découvre Versailles; c'est de là que viennent ces torrents que l'art a entrepris d'élever pour le divertissement d'un grand roi ; et afin que vous n'en puissiez douter, il faut que vous voyïez vous-même ce que je vous dis. *En effet, on lui fit voir ces tuyaux d'une grosseur prodigieuse par où l'eau s'élève d'une manière qui paraît surnaturelle à ceux qui ne savent pas jusques où s'étend la force de ces machines qu'on a inventées pour l'élévation des eaux et à qui il semble qu'on doive savoir gré de laisser les rivières dans leur lit, tant il est vrai que l'art sait présentement surmonter la nature. Télamon fut ravi de voir tous ces divers réservoirs revêtus de balustrades* [1], *qui constituent des fleuves entiers, pour ainsi dire, et qui vont de l'un à l'autre jusques aux glacières et à un petit château où est la merveilleuse machine* [2] *qui sert à tant de belles choses. Télamon admira la manière avec laquelle cette eau, après s'être élevée par de gros tuyaux, se répand dans la grotte par plusieurs ; et surtout la grande économie de toutes ces eaux, qui fait qu'il ne s'en perd point du tout et que la même eau, qui a fait tant de miracles, s'en retourne paisiblement d'où elle est venue et paraît aussi modeste et aussi tranquille qu'auparavant.*

Cette dernière phrase de Mlle de Scudéry fait allusion au moulin de retour.

Les eaux nouvelles furent l'un des principaux attraits de la grande fête que Louis XIV donna à la Cour pendant la nuit du 18 juillet 1668, deux mois après la paix d'Aix-la-Chapelle [3].

§ 4. — Les installations hydrauliques de Clagny de 1668 à 1684.

La grande fête de 1668 fut comme un adieu à l'œuvre première de Le Vau et de Le Nôtre. Le château, qui venait de s'achever, fut de nouveau livré aux ouvriers, qui de trois côtés l'enveloppent de constructions : seul le côté de la Cour de marbre n'est pas modifié, suivant la volonté du roi qui tient à ne pas détruire le château de son père. Le parc aussi est embelli, mais suivant l'ancien plan ; tous les motifs de sculpture commandés depuis plus d'un an aux artistes vont être placés dans les bassins. Au moment de la fête de 1668, le *rondeau du grand jet* avait déjà reçu le dragon doré, vomissant de l'eau, auquel il devait son nom nouveau.

L'année 1669 vit s'orner de statues le bassin de la Pyramide. Les rondeaux, de part et d'autre, reçurent aussi une décoration dont le motif principal était une couronne qui leur donna son nom.

En 1670, on plaça dans l'*Ovale* le fameux groupe de Latone et de ses jumeaux ; le bassin des Cygnes reçut le char d'Apollon. Au nord du château, le bassin de la Terrasse était déjà orné d'une Sirène et d'un Triton. Sur l'allée qui va du bassin de la Pyramide à celui du Dragon, on compléta la cascade avec les bas-reliefs représentant les bains de Diane et on plaça, dans les bassins construits depuis l'année précédente, huit groupes d'enfants portant des coupes que le public appellera les *Marmousets* [4]. A droite et à gauche de cette *allée d'eau* on éleva, dans les bosquets, le *Berceau d'eau* et le *Pavillon*.

1. Voir fig. 8.
2. La tour d'eau où était la pompe.
3. C'est dans le mois qui suivit cette fête que La Fontaine vint voir le parc, avec Racine, Boileau et Molière. Mais la description que cette visite lui inspira ne peut pas être suivie avec certitude, parce que, de l'aveu même de l'auteur, elle n'est pas *tout à fait conforme à l'état présent des lieux. Je les ai décrits,* dit-il, *en celui où dans deux ans on les pourra voir.* De même, la description que Félibien donna de la même fête est de dix ans postérieure et contient de nombreux anachronismes.
4. En 1669, on fit fonctionner les bassins de la cascade et de l'allée d'eau ; pour ce premier essai, on se servit des canalisations du bassin du Dragon, qui fut momentanément sans eau ; mais les groupes ne furent placés que l'année suivante. (Voir l'état de 1669, page 42.)

L'année suivante, on aménagea le *Marais*, l'*Étoile* ou *Montagne d'eau* et le *Théâtre d'eau* ; on pouvait faire varier à volonté, comme les décors d'un théâtre, les effets d'eau de ce dernier bassin par la manœuvre de robinets.

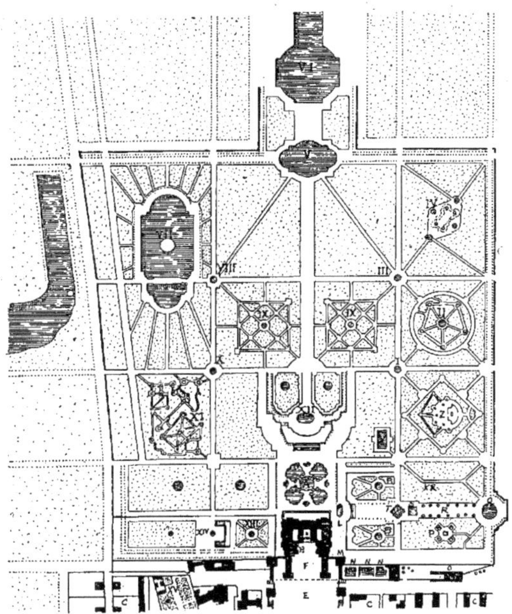

FIG. 11. — Bassins du parc de Versailles en 1674.

LES BASSINS DE VERSAILLES EN 1674.

A	Parterre d'eau.		I	Fontaine de Cérès.
B	Les Couronnes.		II	Montagne d'eau.
C	La Ville.		III	Fontaine de Flore.
E	Avant-cour.		IV	Salle du Conseil.
F	Cour.		V	Fontaine d'Apollon.
H	Le Palais.		VI	Le Grand Canal.
L	Fontaine des Sirènes.		VII	L'Isle royale.
M	Grotte de Téthys.		VIII	Fontaine de Saturne.
N	Réservoir de glaise.		IX	Fontaine des Bosquets.
P	Pavillon d'eau.		X	Fontaine de Bacchus.
Q	Fontaine du Dragon.		XI	Le Labyrinthe.
R	L'Allée d'eau.		XII	Fontaine de Latone.
S	La Nappe d'eau.		XIII	Fontaine du Parterre à fleurs.
T	Fontaine de la Pyramide.		XIV	L'Orangerie.
Y	Le Marais.		XV	Potager.
Z	Le Théâtre.		XX	Les Berceaux d'eau.

Les magnifiques groupes de Girardon sont placés dans la grotte de Téthys en 1672. La même année, on installe le bassin de la Cour de marbre et les effets d'eau du Labyrinthe ;

on construisit également la salle du Conseil ou salle des Festins. Enfin, au simple rondeau qui était sur la terrasse, en avant du château, succéda le fameux *Parterre d'eau* (fig. 9 et 11) semblable à un parterre de broderie, où le gazon du centre serait remplacé par un miroir. Ce parterre d'eau était orné de cinq gros jets qui, dans la pensée du roi, devaient marcher tout le jour, ainsi que les bassins voisins de la Cour de marbre, de la Sirène et du parterre sud, placés au même niveau (voir fig. 11).

Cette simple énumération montre l'étendue des nouveaux besoins d'eau qui préoccupèrent les ingénieurs. Dès 1668 on commença les travaux qui devaient amener dans les réservoirs du château l'eau de la rivière de Bièvre[1]. En même temps on augmenta la

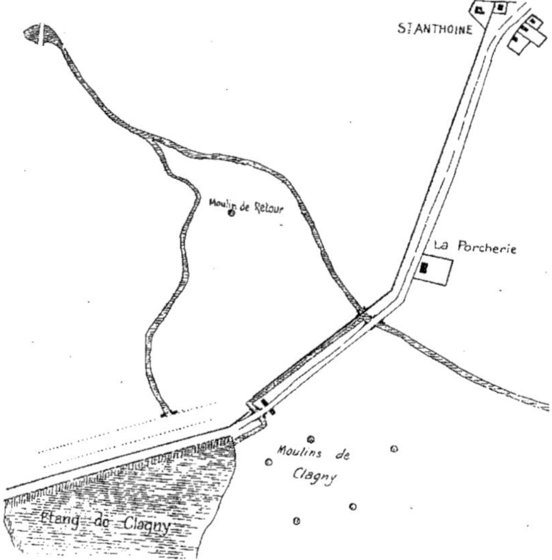

Fig. 12. — Ce plan se raccorde à droite de la fig. 11.

puissance ou plutôt le nombre des machines qui puisaient l'eau dans l'étang de Clagny. Francine établit, à dix mètres de la tour d'eau, une machine à seize corps de pompe de trois pouces de diamètre chacun, disposés circulairement et refoulant l'eau à volonté dans le réservoir de la grotte ou dans les réservoirs de glaise.

D'autre part, le désir du roi de voir jouer pendant tout le jour les bassins voisins du château, à savoir, les cinq jets du parterre d'eau, ceux de la Sirène, de la Cour de marbre et du parterre du midi, obligea à créer une installation nouvelle. Ces bassins, étant situés au niveau le plus élevé, ne pouvaient être alimentés que par le réservoir de la grotte de Téthys, qui se trouva être insuffisant. Francine proposa alors de créer, sous la terrasse même, trois grands réservoirs recevant l'eau qui venait de jouer dans ces bassins supé-

1. Voir plus loin, page 48.

rieurs. Cette eau, ainsi mise en réserve, pouvait être utilisée au jeu des bassins inférieurs ou bien être ramenée par une canalisation dans un puisard creusé dans le voisinage de la grotte de Téthys. En ce point, deux *chapelets* ou deux chaînes à godets, mues par des manèges à chevaux établis au-dessus du puisard, en relevaient l'eau dans le réservoir de la grotte.

Les trois réservoirs sous la terrasse furent exécutés en 1672 et coûtèrent 200.000 livres. Ils sont entièrement en maçonnerie, recouverts de voûtes en arc de cloître[1] ; leur capacité était de 3.400 mètres cubes. C'est par une conduite en plomb d'un pied de diamètre que l'eau se rendait de là au *puits du chapelet*, contre la grotte. En 1673, la correspondance de Colbert avec le roi, qui se trouvait alors en Alsace, parle de ces travaux : *Toutes les pompes vont bien*, écrit Colbert, *le sieur Francine double le chapelet de la pompe qui reporte l'eau du parterre dans le réservoir haut, en sorte que j'espère qu'elle portera plus de 120 pouces d'eau*[2]. Le roi répond : *Il faut faire en sorte que les pompes de Versailles aillent bien, surtout celles du réservoir d'en haut ; que, lorsque j'arriverai, je les trouve en état de ne pas me donner de chagrin en se rompant à tout moment.* Le roi ajoute encore : *Je serai très aise, en arrivant, de trouver Versailles en l'état que vous me mandez. Songez surtout aux pompes ; si la nouvelle jette 120 pouces d'eau, cela sera admirable. Quand toutes ces pompes seront achevées, vous ferez une épreuve des huit fontaines que vous avez déjà éprouvées et vous y joindrez les deux dernières du parterre, car elles doivent toujours aller aussi afin que je règle là-dessus le temps qu'elles devront aller et la grosseur des jets*[3].

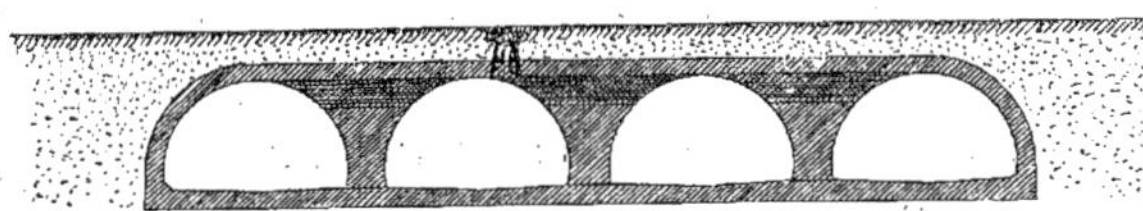

Fig. 13. — Réservoirs sous terre de la Terrasse, échelle 1/200.

Mais cet étang de Clagny, ressource unique de tout le service des eaux, n'était alimenté que par un ruisseau de peu d'importance. Malgré toutes les précautions prises pour économiser l'eau : moulin de retour, ramenant à l'étang de Clagny l'eau retombée dans le canal après le jeu des eaux ; chapelets relevant dans le réservoir de la grotte les eaux des bassins de la terrasse pour les faire servir indéfiniment, le niveau de l'étang baissait rapidement. En décembre 1672, Colbert passe marché avec trois entrepreneurs : J. Petit, G. Payen et La Feuillade, pour *rehausser et rélargir la chaussée de l'étang de Clagny tenant au parc de Versailles, savoir : de six pieds plus haut qu'elle n'est, et la rélargir de six pieds aussi plus qu'elle n'est.*

A peu près dans le même temps, pour augmenter le volume d'eau que recevait l'étang, Colbert faisait créer, sur les territoires de Chesnay et de Glatigny, tout un système de drainages pour ramener les eaux superficielles dans l'étang de Clagny[4].

1. Voir fig. 13 et 16. Au début, ces réservoirs étaient recouverts de tuiles mastiquées ; leur fond était formé d'un corroi d'argile. Le troisième réservoir, qui ne se voit pas sur les plans 16 et 17, était le long de la façade du château.

2. C'est-à-dire 2.400 mètres cubes d'eau par jour.

3. Septembre 1673. Le détail de ces chaînes à godets est analogue à celui des moulins ; Le bâtiment qui renfermait cette machinerie est celui que l'on voit en plan sur la fig. 7 à la suite de la grotte de Téthys. La porte d'entrée du local de ces pompes était la première, du côté de la grotte, sur le passage compris entre le bâtiment et le château.

4. Carton O 1747 des Archives. État des rigoles qui conduisaient l'eau des prés du Chesnay et de Glatigny dans l'étang de Clagny. (Voir fig. 14.)

En 1674, on ajoute encore aux pompes existantes la *Grande Pompe* ; elle était, comme les anciennes, formée de deux groupes séparés, actionnés chacun par un manège de trois chevaux.

Les Archives nationales [1] contiennent la relation des essais qui furent faits en 1677 de toutes ces pompes. Ce mémoire est très intéressant au point de vue technique. Nous allons le citer en partie :

Par l'épreuve [2] faite aujourd'hui (26 mai 1677), les douze corps de pompe élèvent en une demi-heure la hauteur de 7 pouces 8 lignes (0 m. 207) dans le réservoir (de dessus la grotte de Téthys). Sur ce pied, le réservoir ayant 6 pieds de profondeur, il faut 4 heures trois quarts pour remplir ce réservoir [3].

Par la même épreuve, les cinq jets du parterre, la Sirène, la Terrasse et la Cour [4] vident le réservoir en une demi-heure de 8 pouces 9 lignes (0 m. 237) et, par conséquent, le réservoir entier en quatre heures et un demi-quart.

L'auteur du mémoire en conclut que si le réservoir est plein le matin, les pompes continuant à marcher tout le jour, les bassins précédents pourront aller d'une manière continue douze heures par jour. Il ne sera pas même nécessaire que les pompes fonctionnent la nuit entière ; on aura tout le temps pour atteler et dételer les chevaux de leur manège et même pour y faire de petites réparations.

Les essais furent renouvelés le 28 mai deux fois et donnèrent les mêmes résultats.

La grande pompe à six chevaux fut le dernier ouvrage de cette installation hydraulique qui devait bientôt disparaître pour jamais.

Gobert qui, nous le verrons, sera le créateur du réseau des étangs inférieurs, parle ainsi de cette grande pompe [5] :

En juin 1677, j'observai que les deux pompes à trois chevaux chacune élevaient 30 pouces d'eau sur la grotte, qui était 99 pieds et demi plus élevée que la surface de l'étang d'où elle était tirée, et que les chevaux faisaient 155 à 160 tours par heure, de onze toises chaque tour..., les 30 pouces produisaient 90 muids d'eau dans le même temps, qui étaient 15 muids par cheval en une heure.

L'auteur analyse ces chiffres et établit que si la machine était parfaite et sans frottement, un cheval produirait le travail effectué par six chevaux. Le rendement des pompes n'est donc que d'un sixième, c'est-à-dire tout à fait insuffisant. Gobert ajoute qu'il avait imaginé et fait construire un modèle de pompe qu'il essaya devant Colbert et

1. Carton O 1742 des Archives de la Couronne.

2. Ce procès-verbal est intitulé : *Mémoire de la quantité d'eau que les douze corps de pompes élèvent dans le réservoir de la grotte, et de celle que les jets du parterre d'eau, de la Sirène, de la Terrasse et de la Cour consomment allant tons ensemble.* Dans ce titre, le mot douze corps de pompe doit être entendu dans le sens de douze pompes.

3. Le réservoir de la grotte avait 8 toises, 4 pieds, 6 pouces et demi de largeur sur 8 toises, 5 pouces, 1 pied de longueur, soit, en mètres, 17 m. 05 sur 17 m. 94 ou 293 m² 24 de superficie. La hauteur de 0 m. 207 répond donc à une capacité de 60 mètres 846 par demi-heure, ou 2920 mètres cubes en une journée de 24 heures, ou encore à environ 146 pouces d'eau.

4. Les 5 jets du parterre d'eau étaient, sur la terrasse, à l'emplacement des deux bassins du parterre d'eau actuel. Le bassin de la Terrasse était au milieu du parterre sud qui domine l'Orangerie ; le bassin de la Sirène était sur la terrasse nord qui domine le parterre nord, et enfin le bassin de la Cour était au milieu de la Cour de marbre. Les jets de ces bassins, qui étaient les plus élevés du parc, marchaient avec l'eau provenant du réservoir de la grotte de Téthys, qui, nous l'avons déjà dit, était de 10 m. 90 plus haut que les réservoirs de glaise. Ils devaient marcher tout le jour et c'est pour eux que Francine avait fait construire les réservoirs sous la terrasse et le chapelet avec son puisard contre la grotte de Téthys.

5. *Traité pour la pratique des forces mouvantes*, par M. Gobert, ci-devant intendant des bâtiments du roi. 1702, Paris, chez J.-B. Delespine, rue Saint-Jacques.

dont le rendement était de la moitié au lieu d'un sixième[1]. On voit que les inventeurs de pompes ne manquaient pas déjà à cette époque éloignée.

Puisque nous en sommes aux essais, reproduisons encore un mémoire du 28 février 1675 qui donne la consommation d'eau des fontaines placées à un niveau inférieur et qui étaient alimentées par les réservoirs de glaise et ceux de la terrasse, dont le niveau était à 10 m. 90 au-dessous de celui du réservoir de la grotte[2] :

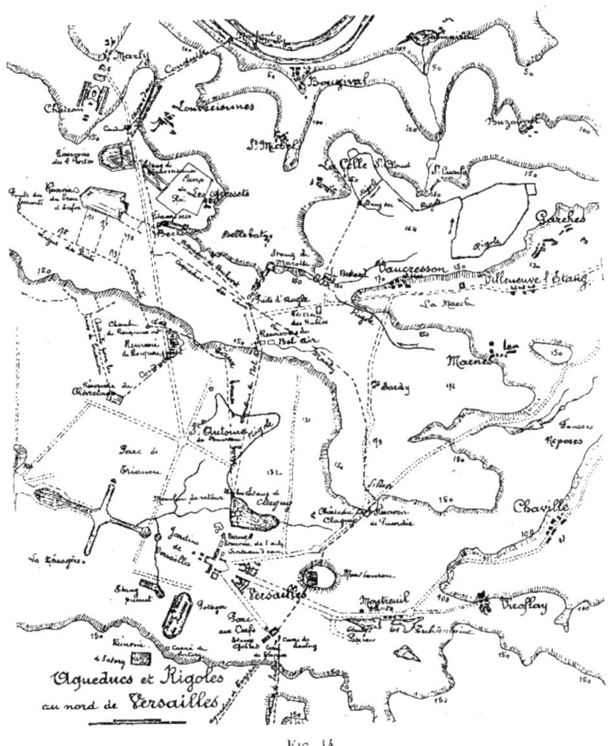

Fig. 14.

Calcul pour savoir combien les fontaines des Couronnes, de la Pyramide, de l'Allée d'eau, du Dragon, de la Cérès, de Flore, d'Appolon, de l'île Royale, de Saturne, et de Bacchus débitent d'eau en une heure.

1. Les observations de Gobert, que nous citons pour mémoire, ne sont pas justes. Aujourd'hui les machines que nous employons n'ont pas un rendement très supérieur. Il est certain qu'en une demi-heure un cheval peut fournir un effort six fois plus grand, mais l'effet *moyen* pendant une journée de travail est bien différent.

2. Nous avons donné p. 42 la consommation des bassins supérieurs.

Pendant une heure que les fontaines ont joué, le réservoir le plus proche de la grotte qui a 13 toises 6 pouces de long sur 15 toises de large, s'est vidé de 7 pouces, ce qui fait 19 toises cubes d'eau.

Le réservoir ensuite, qui a 20 toises de long sur 15 toises de large, s'est vidé de 16 pouces, ce qui fait 62 toises et demie cubes d'eau.

Le réservoir de Latone (1er réservoir de la Terrasse) le long du château, qui a 49 toises 4 pieds de long sur 3 toises 4 pieds de large, s'est vidé de 10 pouces, ce qui fait 25 toises cubes.

Le réservoir du Labyrinthe (2e réservoir de la Terrasse), qui a 33 toises 2 pieds de long sur 8 toises 2 pouces 1/2 de large, s'est vidé de 16 pouces, ce qui fait 61 toises cubes.

Soit, au total, 166 toises et demie par heure ou, en mesures modernes, 1.264 mètres cubes [1].

Un mois après, les ajutages ayant été modifiés, conformément à d'anciennes observations de Huyghens, on refit ces essais. La consommation des fontaines se trouva réduite de moitié : reste à savoir si l'effet produit était aussi satisfaisant qu'auparavant.

§ 5. — Marche des jets.

Nous avons trouvé aux Archives un état de novembre 1669 indiquant la marche des jets. Ce document est très intéressant au point de vue historique, puisqu'il fixe exactement le nombre et l'état des jets qui fonctionnaient à cette date. Remarquons qu'il n'y avait encore que la pompe de la tour d'eau et les chapelets des moulins à vent.

D'après l'état de novembre 1669 (voir fig. 15), le réservoir de la grotte de Téthys donnait l'eau au Dragon [2] qui est dans le grand bassin, au bout de l'allée d'eau ; au jet du bassin où sont le Triton et la Sirène qui s'embrassent [3] ; au grand jet du parterre [4] ; au bassin du parterre à fleurs [5] ; à celui du bois vert [6] ; aux jets du bassin de l'Ovale [7] ; savoir les six qui sont autour de celui du milieu, lequel vient de la décharge du grand parterre ; ceux des Grenouilles du même bassin et les aigrettes des bassins au-dessous de celui de l'Ovale [8] ; les lézards de ces deux bassins vont de la décharge de celui de l'Ovale. Est à noter que, sur cette conduite qui fait jouer tant de jets, il y a un tuyau qui fait jouer un des bassins où il doit y avoir une couronne [9] et que, lorsqu'on fait jouer cette couronne, cela altère extrêmement le jet de l'Ovale et les autres. Le même réservoir fournit l'eau à la grotte.

Les réservoirs de glaise font jouer la gerbe du bassin des Cygnes [10] et, en passant, la petite fontaine dernière faite dans les bosquets, au temps que le prince de Toscane y alla [11], et aussi le bassin de la Pyramide.

1. Voici la transformation de ces mesures en mètres cubes :

   Réservoir bas près de la grotte.............. 25 m. 50 $\times$ 29,25 $\times$ 0,19 = 142 mètres cubes
   2e réservoir bas........................... 39 00 $\times$ 29,25 $\times$ 0,43 = 495 —
   1er réservoir de la Terrasse................. 96 80 $\times$ 7,15 $\times$ 0,27 = 187 —
   2e réservoir de la Terrasse................. 61 97 $\times$ 15,66 $\times$ 0,43 = 440 —

   Total 1.264 —

2. Bassin du Dragon.
3. Bassin de la Sirène.
4. Bassin en avant de la façade.
5. Bassin de l'Amour lançant une flèche (disparu).
6. Disparu.
7. Bassin de Latone.
8. Bassin des Lézards.
9. Bassin des Couronnes.
10. Bassin d'Apollon.
11. La visite du grand-duc de Toscane eut lieu le 11 août 1669.

Les autres fontaines vont de la décharge les unes des autres, savoir celle de l'Orangerie de celle du jardin à fleurs; celle du Labyrinthe de celle du Bois vert; le jet du milieu de l'Ovale de celui du grand parterre; celle des bosquets du bassin de l'Ovale; celle des grandes allées de celles où sont les aigrettes; la couronne du parterre en gazons à main gauche, en allant vers l'allée d'eau, vient du bassin de la Sirène.

À l'égard de l'allée d'eau, la Pyramide joue de l'eau des réservoirs de glaise; cette eau fait la nappe du bassin au-dessous[1] et fait jouer les deux premiers bassins de l'allée et, pour ce qui est des quatre Termes qui sont au côté de la nappe, ils jouent de la décharge des couronnes... Est à noter que les deux bassins, ensuite des deux premiers dans l'allée d'eau, joueront de l'eau du bassin de la nappe, les deux ensuite de l'eau des deux premiers et ainsi de suite alternativement jusqu'aux derniers de l'eau, desquels on pourra faire quelque chose dans le bassin du Dragon[2].

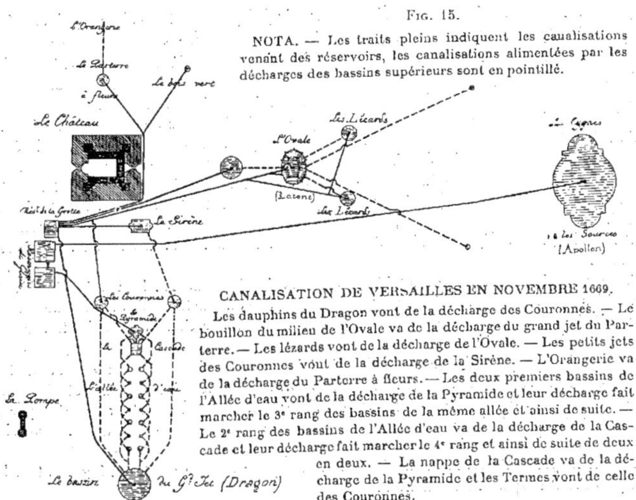

Fig. 15.

NOTA. — Les traits pleins indiquent les canalisations venant des réservoirs, les canalisations alimentées par les décharges des bassins supérieurs sont en pointillé.

CANALISATION DE VERSAILLES EN NOVEMBRE 1669.

Les dauphins du Dragon vont de la décharge des Couronnes. — Le bouillon du milieu de l'Ovale va de la décharge du grand jet du Parterre. — Les lézards vont de la décharge de l'Ovale. — Les petits jets des Couronnes vont de la décharge de la Sirène. — L'Orangerie va de la décharge du Parterre à fleurs. — Les deux premiers bassins de l'Allée d'eau vont de la décharge de la Pyramide et leur décharge fait marcher le 3ᵉ rang des bassins de la même allée et ainsi de suite. — Le 2ᵉ rang des bassins de l'Allée d'eau va de la décharge de la Cascade et leur décharge fait marcher le 4ᵉ rang et ainsi de suite de deux en deux. — La nappe de la Cascade va de la décharge de la Pyramide et les Termes vont de celle des Couronnes.

Pour faire jouer les fontaines et la grotte, lorsque le Roi est à Versailles, il faut du moins cinq à six personnes pour cela. Il faut remarquer qu'il y a des fontaines qui jouent toujours quand le Roi est à Versailles et d'autres qui ne jouent que quand Sa Majesté passe aux endroits où elles sont. Ces dernières sont le Dragon, la gerbe de l'Ovale, et la Pyramide vers l'allée d'eau, de sorte qu'étant nécessaire de les ouvrir et fermer à propos, il faut avoir des gens pour cela[3].

L'installation des canalisations fut légèrement modifiée après la création des réservoirs de la Terrasse et des nouveaux bassins; en 1675, elle était à peu près dans l'état où nous la voyons aujourd'hui (voir fig. 7, 9, 16 17 et 72).

---

1. La Cascade. On remarquera que, contrairement à ce qui a été dit souvent, les bassins de la Cascade et des Marmousets ont été essayés en 1669.

2. Suivent des propositions de modifications des conduites.

3. Suit une proposition de donner au sieur Marquet, pour 1.000 livres, l'entretien des fontaines, grottes, pompes.

§ 6. — Entretien des fontaines du parc et de la pompe.

Il n'est pas sans intérêt de connaître les dépenses annuelles que nécessitait autrefois l'entretien des fontaines du parc et des machines qui leur fournissaient l'eau. Le marché de Denis Jolly, de 1664, nous apprend que cet ingénieur s'était chargé de l'entretien de la pompe aux conditions suivantes :

Lesquelles machines, la pompe, icelui Jolly s'est, par ces présentes, obligé entretenir bien et dûment de tout ce qui sera nécessaire concernant les mouvements tournants et travaillants d'icelle, en sorte qu'elle travaille incessamment, moyennant la somme de *cent livres tournois* par chacun an.

Quand on dut se priver des services de Denis Jolly, pour les raisons qui ont été indiquées plus haut, Le Nôtre passa un marché d'entretien avec Claude Denis[1], fontainier, demeurant au château royal de Versailles. Voici un extrait de ce contrat, en date du 1er octobre 1670, par lequel Claude Denis s'engageait d'abord à entretenir la grande pompe, la faire aller en tous les temps qu'il sera nécessaire, en lui fournissant des chevaux et des hommes suffisants pour ce travail, en sorte que ladite pompe soit toujours en état de travailler..... à faire de même à l'égard de la pompe de la Ménagerie et de celle du potager. Sera obligé de tenir toutes les conduites des fontaines en bon état et les dégorger et ressouder toutes les crevasses qui s'y feront; et, pour cet effet, faire les fouilles nécessaires, fournir la soudure et la peine des ouvriers. Sera obligé de tenir les réservoirs et les bassins de toutes les fontaines toujours nets, entretenir les couvertures des regards, avoir soin que tous les robinets ouvrent et ferment bien... Durant la gelée, sera obligé de faire casser la glace dans les réservoirs et dans les bassins où besoin sera.

Comme aussi de ressouder les tables des réservoirs de plomb... les bassins de plomb, tant de Versailles que de la Ménagerie, lorsque, par la chaleur ou par le froid, ou quelque autre cause que ce soit, ils se trouveront dessoudés ; pour lesquelles réparations il fournira la soudure et la peine des ouvriers.

Sera obligé de faire jouer toutes les fontaines et tous les effets d'eau de la grotte quand Sa Majesté sera à Versailles, ou quand il lui sera ordonné de le faire et, pour cet effet, sera tenu d'avoir, en tout temps, deux compagnons plombiers qui seront nommés ou agréés par Mgr le Surintendant et auxquels il sera obligé de donner mille livres de gages chacun, comme aussi d'avoir trois garçons fontainiers à qui il donnera trente sols par jour...

Le tout moyennant la somme de six mille livres pour chacun an et son logement au logis de la pompe, durant l'espace de six années.

Il faut croire que le fontainier Claude Denis apportait quelque négligence dans son service, car nous avons retrouvé aux Archives un ordre de 24 septembre 1672, signé Colbert, rappelant *au maître fontainier Denis qu'il est obligé d'avoir toujours le nombre de trois compagnons plombiers et six garçons, ainsi qu'il est porté dans son marché.* Un règlement postérieur lui impose une amende de cinquante-cinq sols quand il manquera un garçon, et une amende d'un *écu* quand un compagnon ne sera pas trouvé à son poste, devant le roi, pour l'ouverture d'un robinet. Ces petits règlements nous disent les ennuis qu'avait souvent le roi quand il voulait avoir *le contentement des fontaines.*

1. Remarquons que le fournisseur de la pompe de Versailles, à l'époque de Louis XIII, portait déjà ce nom. Les Denis restèrent, de père en fils, au service des fontaines du château presque jusqu'à la fin du règne de Louis XV. En 1764, Jacques Denis, vieux, propose pour lui succéder un sieur Lucas, descendant d'un fontainier qui travaillait sous les ordres de son bisaïeul. Il rappelle, à ce sujet, la protection que le duc d'Antin lui accorda quand il succéda à son père. Le titulaire du marché d'entretien des fontaines est l'auteur d'une description des fontaines de Versailles en vers français. Il céda sa charge à son fils en 1687. Ce fils mourut en 1726, laissant encore son emploi à son fils Etienne Denis, lequel mourut en mars 1741. C'est le fils de ce dernier qui se retira en 1764.

Néanmoins, le marché de Denis fut porté à 10.000 livres en 1672, par suite de l'augmentation du nombre des fontaines, puis à 13.420 livres en 1676, avec l'autorisation de

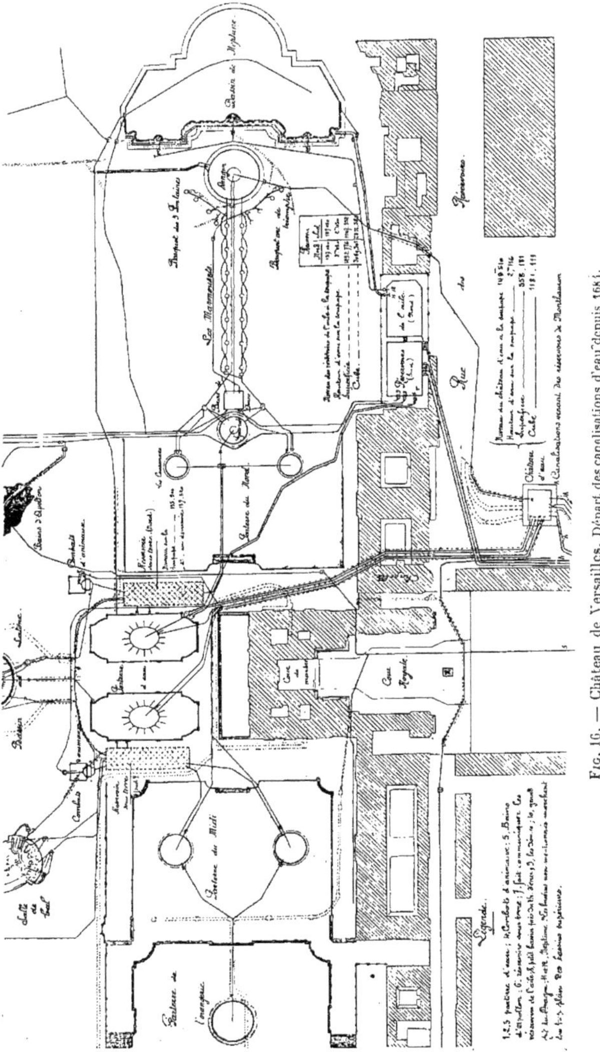

Fig. 16. — Château de Versailles. Départ des canalisations d'eau depuis 1684.

prendre son fils pour l'aider, moyennant l'engagement d'entretenir, par surcroît, les moulins de Clagny et les conduites de Satory dont il sera parlé plus loin. Ce dernier marché dura jusqu'en 1684, époque où il ne fut pas renouvelé.

La Coste, bourgeois de Versailles, entrepreneur des conduites en fer, fut le nouveau titulaire du marché d'entretien, qui comprenait toutes les fontaines de Versailles, de Trianon, de la Ménagerie, les conduites de Trappes, de Saclay, de Launay, de Satory. Le prix annuel s'élevait à 10.000 livres et le traité fut fait pour six ans. La réduction du

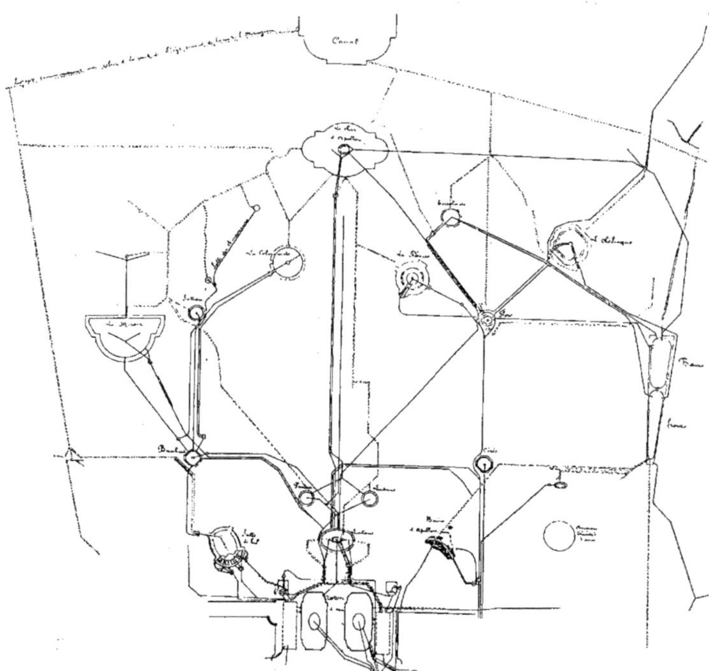

Fig. 17. — Jardins de Versailles. Canalisations reliant les bassins.

prix d'entretien devait tenir à deux causes : la première est la disparition des pompes de l'étang de Clagny, lesquelles employaient des hommes et des chevaux ; la seconde, c'est que le marché ne comprenait plus la manœuvre des effets d'eau des fontaines du Parc qui fut laissée aux Denis.

§ 7. — Destruction des installations de Clagny.

En 1680, l'eau des étangs arriva à Versailles et les pompes cessèrent leur service. Tous les réservoirs dont nous avons parlé, sauf ceux sous la terrasse du château, disparaissaient à leur tour, en 1684, pour laisser la place à l'aile du nord du château dont le roi ordonne la construction. Le réservoir de la grotte est remplacé par un autre, également de plomb, porté d'abord par une charpente en bois, qui. sera remplacée par une tour en maçonnerie. Ce réservoir, appelé le *Château d'eau*, existe dans les bâtiments de la rue Colbert et alimente les bassins qui dépendaient du réservoir de la grotte. Les trois réservoirs de glaise sont remplacés par deux autres construits à la suite de l'aile du nord. Leur niveau est à 14 mètres au-dessous de celui du Château d'eau et ils alimentent les bassins inférieurs. Les plans 16 et 17 indiquent les canalisations ; leurs légendes expliquent suffisamment la marche des eaux à travers les bassins. On comparera ces plans avec celui de la fig. 15 (1669) et ceux des fig. 7, 8 et 9 (1675).

Jusqu'en août 1693, l'étang de Clagny continue cependant d'alimenter, par une conduite de décharge, les jets de deux chevaux marins que l'on plaça, vers 1680, à la tête du

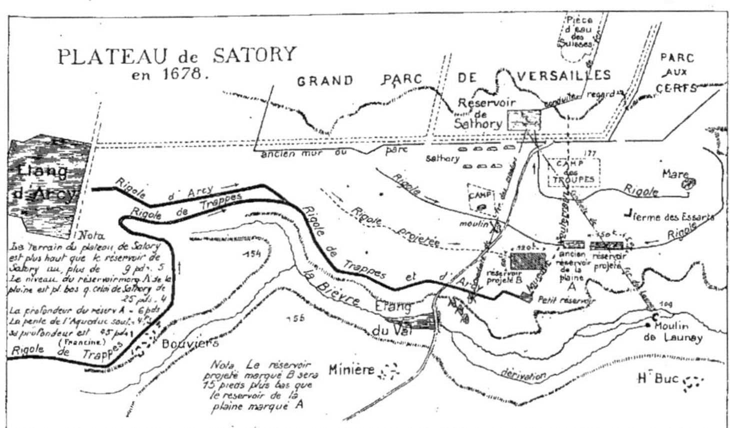

Fig. 18.

grand canal. Rappelons que l'étang de Clagny était de 10 mètres environ au-dessus du niveau du grand canal.

L'étang de Clagny lui-même était condamné à disparaître. Servant de débouché aux égouts du nouveau quartier de la Paroisse, il devint une source de mauvaises odeurs. Après avoir longtemps reculé devant la dépense, on se décida à le combler. L'aqueduc, drainant les eaux de l'étang et les conduisant au ru de Gally, fut construit avec les matériaux provenant de la démolition du grand mur de Montreuil. Ce travail fut exécuté, pendant le règne de Louis XV, en 1736, sous la direction de l'architecte Gabriel, par les entrepreneurs Léger, Pinson et Conners. Gabriel traça ensuite un nouveau quartier sur l'emplacement de l'étang : la dépense fut de 200.000 livres[1].

1. Le carton O 1736 des Archives nationales contient tous les plans et la description avec devis de ce travail, dont l'exécution donna lieu à de nombreux procès. Les terres qui servirent à combler l'étang furent prises sur la butte où étaient autrefois les moulins de Clagny. Les travaux ne s'effectuant pas assez rapidement, le duc d'Antin, qui était encore surintendant des bâtiments du roi, fit venir d'Alsace deux bataillons suisses, forts de plus de douze cents hommes, qui terminèrent le travail en juin 1736.

§ 8. — **Installations pour amener l'eau de la Bièvre à Versailles.**

Le ru de Clagny ne fut pas l'unique source où puisa le premier service des eaux de Versailles. En même temps que se dressait, le long de l'étang de Clagny, toute une série de pompes, Colbert se préoccupait d'amener au palais les eaux de la Bièvre, qui coule à une lieue et demie de distance, de l'autre côté du plateau de Satory. Dussieux, dans son bel ouvrage sur le château de Versailles, dit quelques mots de ces travaux, dont il fixe la date au règne de Louis XIII ; J.-A. Leroy, l'ancien bibliothécaire de la ville, partage cette opinion : nous n'avons cependant trouvé aucun document qui vienne la confirmer. Au

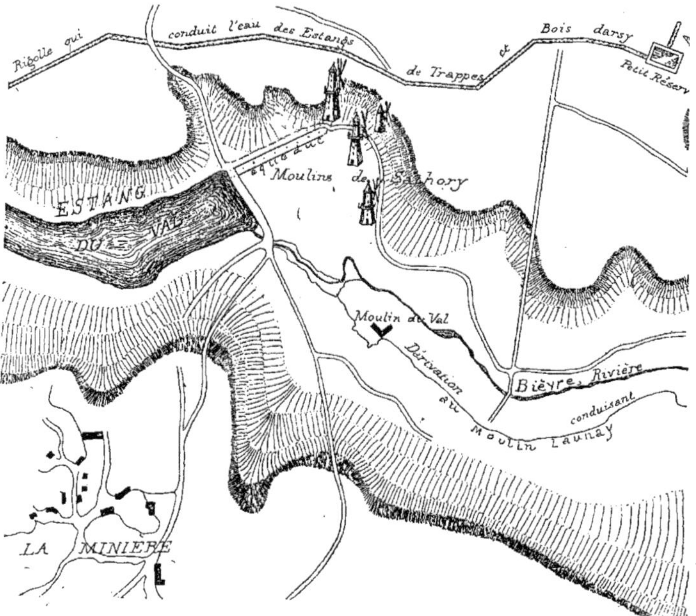

Fig. 19.

contraire, toutes les pièces des archives que nous citerons indiquent l'année 1668 comme date du commencement des travaux.

A l'ouest du plateau de Trappes, vers les anciens hameaux de Saint-Quentin et bois d'Arcy, les eaux de pluie ont creusé plusieurs ravines qui se réunissent au pied du petit pays de Bouviers[1], en un lieu où jaillissent des sources nombreuses. La charmante rivière, née de ces eaux réunies, coule dans une vallée boisée, dirigée vers l'est et que peuplaient autrefois des colonies de castors, — bièvres en vieux français. — C'est à Paris, vers le

---

1. On lit sur certaines vieilles cartes : Bonniers, Boissiers, Boissière. Sur la carte de Caron, arpenteur du roi, conservée aux archives de Seine-et-Oise, on lit Bonnières. Dans la commande d'une pompe dont il est parlé plus loin, Bouviers est désigné sous le nom de Boissières.

Jardin des plantes, qu'elle va tomber dans la Seine. L'usine établie par les frères Gobelin, à moins d'un quart de lieue de son embouchure et transformée par Colbert en une manufacture royale, fit rejaillir un peu de sa célébrité sur la rivière qui lui fournissait son eau.

Les anciennes cartes indiquent que les propriétaires riverains avaient déjà, à cette époque éloignée, créé sur le cours supérieur de la Bièvre, soit pour y élever du poisson, soit pour actionner des moulins, des étangs artificiels à l'aide de barrages, retenues ou chaussées. Tels sont, sur la carte de du Vivier, les étangs de Bouviers, du Renard, du Val, etc. (fig. 18 et 19).

Nous avons trouvé aux Archives nationales une commande de pompe, faite en 1664 pour l'étang de Bouviers, une allusion à un autre projet remontant à 1665 pour amener à Versailles l'eau du même étang *en traversant la montagne*, une variante où l'étang de Bouviers est remplacé par l'étang du Renard. Les Archives de la Couronne renferment également plusieurs croquis grossiers, relatifs au projet auquel on s'arrêta enfin. Ce projet exhaussait la digue de retenue de l'étang du Val et en amenait les eaux, par un aqueduc de dérivation, au pied d'un groupe de quatre moulins à vent étagés sur le flanc de la vallée, du côté de Versailles (fig. 19). Ces moulins, d'un dessin identique à celui des moulins de Clagny, portaient des chaînes à godets, chacun d'eux élevant l'eau que le moulin inférieur amenait dans son puits : une note manuscrite du plan nous apprend, en effet, que le premier moulin puise l'eau dans le canal de dérivation de l'étang du Val et la porte 15 mètres plus haut, dans le puits du second moulin, et ainsi de suite jusqu'au quatrième, qui élève l'eau jusqu'à deux pieds au-dessus du point culminant du plateau de Satory. Là une canalisation *de fer* conduit l'eau dans un réservoir rectangulaire de 120 toises sur 60 et de 8 pieds 2 pouces de profondeur, à construire sur la crête du plateau regardant Versailles [1]. Les nivellements de l'abbé Picard [2] nous enseignent que ce réservoir était à 24 mètres au-dessus de celui de la grotte de Téthys; enfin, l'état des tuyaux, que nous avons déjà cité plusieurs fois, nous apprend qu'une canalisation de fer, passant en siphon dans le fond où devait être creusée plus tard la pièce d'eau des Suisses, conduisait les eaux du réservoir de Satory jusqu'aux réservoirs proches de la grotte, avec branchements sur les réservoirs du parterre d'eau [3]. La signature *Francini* se trouve au bas du croquis grossier dont nous venons de parler.

1. Ce réservoir, placé contre une porte de l'ancien parc (voir le plan nº 18), s'appelait réservoir de la porte de Satory; il a été détruit sous le règne de Louis XVI.

2. Voici, convertis en mètres, les nivellements, relevés par l'abbé Picard, des divers points intéressants de ce projet.

Niveau de l'eau dans l'étang du Val : 120 mètres.
Niveau auquel l'eau est élevée par le 4ᵉ moulin : 180 m. 34.
Niveau du réservoir du désert dont il est parlé plus loin : 165 m. 51.
Niveau du réservoir de Satory (côté Versailles) : 174 m. 60.
Niveau de la pièce d'eau des Suisses : 118 mètres.
Niveau du réservoir de la grotte de Téthys : 150 m. 57.
Niveau de l'étang de Clagny : 118 m. 25.

Les niveaux indiqués dans le croquis grossier de Francine sont contradictoires ; c'est pourquoi nous ne les reproduisons pas. — On remarquera que l'étang de Clagny se trouvait, à 2 mètres près, au même niveau que l'étang du Val et que la pièce d'eau des Suisses. On remarquera également que, pour amener l'eau de l'étang du Val (cote 120) jusqu'au réservoir de la grotte (cote 150, 67), il eût suffi de l'élever de 30 m. 67. La nécessité de franchir le plateau élevé de Satory forçait à élever l'eau jusqu'à la cote 180,34, c'est-à-dire 29 m. 67 plus haut qu'il n'était nécessaire. On eût évité cet inconvénient en ouvrant un tunnel à travers la montagne de Satory. Ce projet est le premier auquel on s'était d'abord arrêté.

3. *Conduite de Satory : elle est, à la prise du réservoir de Satory, d'un pied jusqu'au grand regard où elle est séparée en deux tuyaux de 8 pouces jusqu'à la porte de l'Orangerie, et, depuis ladite porte jusqu'aux réservoirs, elle est d'un pied; il y a 6 robinets de 8 pouces sur ladite conduite, et 8 robinets de 3 et 4 pouces pour décharger ces tuyaux. Il y a trois branches sur ladite conduite de 6 pouces chacun qui entrent dans les trois réservoirs sous terre et une branche de 8 pouces qui fait l'effet d'eau du parterre d'eau.*

On voit que, comme pour la conduite des moulins de Clagny, la canalisation est divisée en plusieurs plus petites, là où elle forme siphon. Cela tient à l'ignorance, où l'on était à cette époque, de la confection de joints

Cette installation n'est pas la seule que Colbert fit exécuter pour conduire les eaux de la Bièvre à Versailles. Ayant acquis, à la même époque, le moulin de Launay, à quelque distance en dessous de l'étang du Val, il y fit arriver, par un canal tracé à flanc de coteau, des eaux dérivées de cet étang, lesquelles mettaient en mouvement une grande roue de 60 pieds de diamètre. Cette roue commandait un système de pompes qui refoulaient l'eau de la rivière dans le réservoir de Satory, par une canalisation en fer traversant le plateau. La fig. 18, qui reproduit un plan des Archives, indique tous ces ouvrages.

Nous avons également retrouvé aux Archives un état de 1700 donnant l'*estimation faite du fond et des non-jouissances des moulins de Launay et du Val appartenant à Madame de Buc et dont le Roi s'est mis en possession en l'année 1668 pour faire construire une machine pour élever les eaux de la rivière de Bièvre et les conduire à Versailles* [1]. Cette estimation, faite par Matis, conseiller ordinaire du roi, est très détaillée ; elle décrit minutieusement, et avec leurs dates d'exécution, tous les travaux dont nous venons de parler, et fixe, de la façon la plus explicite, à l'année 1668 la date du commencement de leur exécution.

Ces installations paraissent être les seules qui aient été réalisées pour amener à Versailles les eaux de la Bièvre ; mais les cartons des Archives de la Couronne contiennent encore plusieurs projets qui furent soumis dans le même temps à Colbert.

L'un propose de créer un canal de niveau avec aqueducs, depuis l'étang du Renard jusqu'au moulin de Launay, de façon à porter de 30 à 55 pieds la chute à utiliser. Au moulin de Launay, il serait installé une échelle de quatre roues hydrauliques superposé et qui remplaceraient la grande. En outre, un canal de 1.550 toises de longueur reprendrais l'eau au pied de ces roues pour la conduire au moulin de Jouy, de façon à créer, en cet endroit, une nouvelle chute de 57 pieds qui serait utilisée par une échelle de quatre nouvelles roues. Toutes ces huit roues actionneraient chacune deux pompes refoulant, par des tuyaux en plomb, l'eau de la Bièvre dans le réservoir de Satory.

Un autre projet, de beaucoup postérieur, puisqu'il porte la date de 1680, propose de rétablir au moulin du Val une roue hydraulique et d'acheter le moulin de Buc, où serait également installée une roue. Ces roues actionneraient deux pompes à quatre corps refoulant l'eau, elles aussi, dans le réservoir de Satory. L'auteur anonyme fixe son devis à 35.000 livres, auxquelles il faudrait ajouter la valeur du moulin de Buc. *Pour le moulin du Val, qui est abandonné depuis que l'étang est établi et que les moulins à vent ont été construits, il y aurait peu de chose à compter.*

Ces projets n'ont pas eu de suite ; mais on en adopta un autre, présenté en 1674 par M. *Franchine Grand Maison*, dans lequel l'auteur propose de recueillir, par des rigoles,

étanches et solides reliant les tuyaux de grandes dimensions. Pour tourner la difficulté, on remplaçait le tuyau unique de grand diamètre par une série de petits tuyaux donnant la même section d'ouverture et dont les joints, plus faciles à faire, permettaient de mieux supporter la pression de l'eau.

[1]. Voici les principaux extraits de cette pièce importante :

Dégâts et non-jouissances de terres et prés occupés par une rigole faite dans le fond de Buc pour conduire les eaux de l'étang du Val audit moulin de Launay — des prés inondés par le rehaussement dudit étang du Val — des bois occupés par 4 grands moulins faits pour élever les eaux de ladite rivière de Bièvre..... A Madame de Buc pour le fond d'un moulin appelé moulin de Launay, situé dans le fond de Buc, sur la rivière de Bièvre dite des Gobelins, dont Sa Majesté s'est mise en possession en l'année 1668 pour y faire une machine pour élever les eaux de ladite rivière et les conduire à Versailles..... Pour le fond du moulin du Val, situé dans le fond de Buc, dont Sa Majesté s'est mise en possession en l'année 1668 qu'on a pris les eaux dudit moulin et conduites par un aqueduc à l'endroit des grands moulins à vent, faits du côté de Satory pour élever les eaux pour Versailles..... En 1668, on voulut établir une roue de 60 pieds de diamètre pour élever les eaux pour Versailles dans une pièce de bois appartenant à Madame de Buc, tenant au pré de Launay ; le bois fut ruiné..... les arbres arrachés dès 1668 pour la construction de ladite roue.....

Le même document énumère encore, entre autres dégâts, la construction d'une écluse au moulin de Launay, la pose d'une conduite en fer, la construction d'un aqueduc et le tracé d'une rigole à travers les prés, la perte du poisson qui peuplait l'étang du Val, les fouilles faites dans le bois pour en extraire la terre employée à la surélévation de la chaussée, etc.

les eaux de pluie tombant sur le plateau de Satory. La fig. 18 reproduit deux croquis grossiers de Francine : les rigoles, drainant les eaux des parties élevées du plateau, les conduiraient dans le réservoir existant du côté de Versailles. Pour les points les plus bas du plateau, leurs eaux se rendraient dans un autre réservoir que l'on construirait sur le plateau, du côté de la Bièvre, 25 pieds 4 pouces plus bas que le réservoir précédent et qui aurait 80 toises de long sur 40 de large, avec une profondeur de 6 pieds. Ce réservoir est indiqué sur notre plan par les mots : *réservoir projeté*. Sur un angle du croquis, Francine a écrit que les surfaces des terrains qui déverseront ainsi leurs eaux *dans les deux réservoirs de Satory ont 366 arpents de superficie et qu'une ligne d'eau, dans l'étendue de ces 366 arpents, ferait 13.828 muids.* En tête du plan, il ajoute qu'*il n'y aurait que 2.400 toises d'aqueducs à faire qui pourraient revenir à 80.000 livres.*

Ainsi, après la construction des moulins du Val et l'aménagement du moulin de Launay, le drainage des eaux superficielles du plateau de Satory compléta cette première installation qui dura un peu plus de temps que celle de Clagny. Les marchés d'entretien de 1684 nous montrent qu'elle fonctionnait encore à cette date, mais elle dut cesser d'être utilisée vers 1688[1]. Le moulin du Val fut transformé pour être employé à d'autres usages. Aujourd'hui, on voit encore, près de la Minière, sur le coteau du côté de Versailles, quelques débris des fondations des quatre moulins à vent et de l'aqueduc qui leur amenait l'eau. Le moulin de Launay n'existait plus au xviiie siècle. Des deux réservoirs de Satory, le plus voisin de Versailles a été démoli sous Louis XVI ; le second existe encore ; on le nomme réservoir du désert.

1. Carton O, 1887 des archives : État du 9 novembre 1686 des tuyaux de fer de 8 pouces qui restent posés et qui sont inutiles « 700 toises d'une conduite de Satory, depuis le regard de l'aqueduc de Trappes jusque derrière la pièce d'eau des Suisses ».

Bassin de Cérès.

Frise marine par *Le Brun*.

TROISIÈME PARTIE

LES ÉTANGS ARTIFICIELS

§ 1. — Projet d'adduction de la Loire.

On conçoit que la solution qui consistait à puiser, dans la mare de Clagny, à l'aide de machines qui se dérangeaient continuellement, l'eau nécessaire aux besoins du parc de Versailles, ne pouvait pas satisfaire le rêve de Louis XIV. Aussi Colbert accordait-il volontiers son attention aux projets des ingénieurs qui promettaient d'amener sur le plateau de Satory d'importantes quantités d'eau. Parmi ces propositions, la principale était celle de Riquet[1], le créateur du canal du Midi.

« Riquet[1] avait vu que la rivière de Loire avait beaucoup plus de pente que la Seine, d'où il avait conclu que le lit de la Seine était plus bas que celui de la Loire, et, sur ce fondement, il s'était persuadé que l'on pourrait conduire un canal depuis la rivière de Loire jusqu'au château de Versailles. Il n'avait même pas fait de difficulté d'avancer qu'il pourrait conduire cette eau sur le haut de la montagne de Satory qui est plus haute de 23 toises que le rez-de-chaussée du château, ce qui aurait pu fournir un ample réservoir pour l'embellissement de ce lieu. Une proposition si avantageuse ne manqua pas d'être écoutée favorablement. »

Le contrat de construction de cette œuvre gigantesque était même, en 1674, prêt à être signé et s'élevait à la somme de 2.400.000 livres.

Avant de prendre une résolution définitive, le prudent ministre consulta l'abbé Picard[2] qui venait de créer, pour la mesure des hauteurs du sol, un niveau de précision (fig. 20) « muni d'une lunette d'approche au lieu de pinnules. Cet instrument a de si grands avantages par-dessus ceux dont on s'était servi jusqu'alors, que les corrections dont on ne tenait aucun compte dans les nivellements sont très utilement employées dans

1. *Mémoires de l'Académie royale des sciences depuis 1666 jusqu'à 1699.*

2. L'abbé Jean Picard, né à La Flèche en 1620, mort à Paris en 1682, fut le plus grand astronome de son temps; il appliqua les lunettes aux instruments destinés à la mesure des angles et aux niveaux, et créa ainsi le premier des instruments de précision permettant des observations astronomiques et géodosiques d'une exactitude inconnue avant lui. C'est sur ces observations précises que tous les astronomes du XVIII° siècle, et en particulier Newton, s'appuyèrent dans leurs études astronomiques. Dans le niveau que nous décrivons plus loin, l'horizontalité de la lunette est obtenue à l'aide d'un fil à plomb). A la même époque on appliqua la lunette aux niveaux à bulle d'air. (Voir la géométrie pratique de Manesson Mallet, publiée à Paris en 1702 : on y trouvera la description et les plans complets d'un niveau à bulle d'air et à lunette; voir également, fig. 24, l'application de la lunette à un niveau d'eau.)

l'usage de celui-ci, pour parvenir à une précision que l'on n'avait encore osé se promettre dans ces sortes d'opérations[1] ». Picard répondit à la consultation de Colbert en émettant l'avis que les nivellements de Riquet étaient faits avec des instruments d'une exactitude insuffisante pour de longues distances et que le niveau de la Loire, au-dessus de Briare, où Riquet pensait la dériver, était plus bas que celui du parc de Versailles. Le ministre, quelques jours après, désigna l'abbé Picard pour aller de nouveau niveler la pente qu'il pouvait y avoir de la rivière de Loire jusqu'à Versailles. Les opérations eurent lieu en septembre 1674 et démontrèrent l'exactitude des observations de l'abbé Picard. Il ne fut donc plus question du projet de Riquet[2].

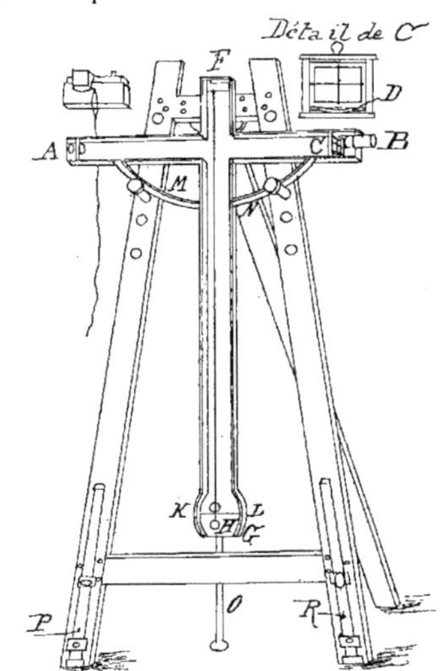

Fig. 20. — Niveau à lunette de l'abbé *Picard*.

Après l'abandon du projet de détourner une partie des eaux de la Loire pour les conduire sur le plateau de Satory, Francine proposa d'amener à Versailles la rivière de

1. Ce niveau (fig. 20) se compose d'une lunette AB à l'extrémité B de laquelle est monté un châssis C muni de deux fils de cocon à angle droit dont on peut rectifier la position à l'aide d'une vis. Perpendiculairement à la lunette est solidement fixé un tube FG contenant un fil à plomb FH dont le poids peut se déplacer sur un arc de cercle gradué KL. Les deux arcs-boutants M et N appuient la lunette sur son support tout en permettant de régler son horizontalité. La verge O qui coulisse le long du tube s'appuie sur le sol et fixe le niveau. Le support lui-même est formé par un chevalet analogue à celui des peintres. Le niveau se règle par des visées successives en agissant sur la vis C qui relève le châssis portant les fils croisés (*Mémoires de l'Académie des sciences*, 1666-1699, t. VI, p. 631).

2. Voici comment Perrault raconte cette histoire :

Vers ce temps-là (1674), on proposa d'amener à Versailles une portion de la rivière de Loire. M. Riquet, qui a fait le canal de la communication des deux mers, était l'entrepreneur de ce travail et devait l'exécuter, moyennant la somme de 2.400.000 livres. Le traité allait être signé, lorsque, ayant par hasard parlé de cette proposition à M. l'abbé Picard, de l'Académie des sciences, celui-ci me dit que la chose était impossible ; qu'il avait nivelé le terrain, fort légèrement à la vérité, mais suffisamment pour pouvoir assurer qu'il n'y avait pas assez de pente pour l'amener sur la montagne de Satory, vis-à-vis de Versailles, où on devait la conduire. J'en parlai à M. Colbert, qui marqua du chagrin de ce que je lui disais ; il m'ordonna cependant de faire venir M. l'abbé Picard, qui lui dit positivement les mêmes choses. M. Colbert, fâché de voir de l'obstacle à la satisfaction qu'il espérait donner au roi, poussa un peu M. l'abbé Picard, en lui disant qu'il devait bien prendre garde à ce qu'il avançait ; que M. Riquet n'était pas un homme ordinaire et que la réussite du canal de la communication des deux mers était

Juine qui coule du côté de Pluviers, sur les bords de la forêt d'Orléans. Colbert chargea encore l'abbé Picard d'examiner la possibilité d'exécution de ce projet, et celui-ci trouva, en vérifiant les nivellements, que la rivière de Juine, à l'endroit où Francine pensait la détourner, était encore de 6 toises plus bas que le rez-de-chaussée du château de Versailles.

un préjugé, qu'il ne se trompait pas aussi lourdement qu'on voulait le faire entendre. M. l'abbé Picard, sans répondre un seul mot à M. Colbert, fit une révérence et se retira. Ce procédé me surprit un peu, et il me parut que ce ministre ne s'y attendait pas.

Ceci se passa au bout de la bibliothèque de M. Colbert. Comme il retournait gagner son cabinet, je lui dis que, s'il le jugeait à propos, je mettrais aux mains M. Riquet et M. l'abbé Picard, sans que ni l'un ni l'autre s'aperçût que ce fût à dessein, et que je lui rapporterais le plus fidèlement qu'il me serait possible la conversation qu'ils auraient ensemble ; que je prierais M. Riquet de vouloir bien m'instruire de son dessein, et que M. l'abbé Picard, que j'aurais mandé, survenant là-dessus, je les ferais entrer facilement en une dispute qui pourrait éclaircir bien des choses. M. Colbert approuva ma pensée, et le lendemain matin, je les envoyai prier tous de me venir trouver.

Quand M. Riquet fut venu, car je l'avais mandé le premier, je lui dis : « M. Colbert m'a ordonné, Monsieur, de prendre connaissance de la belle entreprise que vous allez commencer pour faire venir une partie de la rivière de Loire, parce qu'il veut que je lui en rende compte et que j'entre dans le détail de cette affaire pour en régler les paiements avec vous. Je vous avoue, Monsieur, poursuivis-je, que la chose me paraît bien difficile ; car Versailles est sur une éminence, et la rivière de Loire est assurément dans le plus bas des plaines où elle passe. » — « Cela est vrai, Monsieur, reprit-il, mais le niveau est plus juste que tous les raisonnements que l'on peut faire à la boule-vue et sur de simples apparences. J'ai fait jeter des niveaux depuis la Loire, où je la veux prendre, jusqu'à l'endroit où je la dois mener, et je suis sûr de mon affaire. J'ai de la pente au delà de ce qu'il m'en faut. » — « On m'a dit, repris-je, que vous promettiez de rendre l'eau de la Loire sur le haut de la montagne de Satory. » — « Je ne sais ce qu'ils me content, m'interrompit-il, de la montagne de Saint-Satory. » — « Il n'y a point, lui dis-je, de Saint à cette montagne elle se nomme simplement la montagne de Satory, et vous avez apparemment fait espérer que vous conduiriez là l'eau que vous promettez ; car M. Le Nôtre dit, il y a deux jours, au roi, en l'accompagnant sur les bords du canal de Versailles, que ce serait une belle chose de voir descendre les vaisseaux de la rivière de Loire avec leurs voiles le long de la montagne, en manière de ramasse, et s'en venir flotter sur le canal. M. Le Nôtre n'a pu parler ainsi, que le roi ne lui eût dit que vous améneriez l'eau de la Loire sur la montagne de Satory ; le roi n'a pu le dire qu'après M. Colbert, ni M. Colbert qu'il ne l'ait appris de votre bouche. » — « Ce que j'ai promis, répondit M. Riquet, je le ferai en galant homme. »

Dans ce moment, M. l'abbé Picard entra dans son cabinet. « Monsieur, lui dis-je, vous aimez les belles choses et surtout celles qui ont du merveilleux. On va faire à Versailles ce qu'on n'a jamais cru possible. M. Riquet s'engage d'amener une partie de la rivière de Loire sur le haut de la montagne de Satory : jugez quel jet d'eau l'on pourra faire, ayant une rivière en ce lieu-là. » — « Il ne faut plus de pompes ni de moulins, répondit M. l'abbé Picard, mais je tiens la chose pour bien difficile, et Monsieur me pardonnera, s'il lui plaît, si je doute que l'eau de la Loire puisse monter à la hauteur du rez-de-chaussée du château de Versailles, bien loin de pouvoir s'élever sur la montagne. Tout le monde sait que la Seine, à l'endroit de Saint-Germain-en-Laye, est plus basse en été de 80 pieds que le rez-de-chaussée de Versailles. Or, de croire que la Loire, en quelque endroit qu'on la prenne, soit plus haute que la Seine de 80 pieds, il n'est pas aisé de se l'imaginer. » — « Les imaginations, dit M. Riquet, doivent le céder à des mesures justes que l'on a prises. » — « Ces mesures, reprit M. l'abbé Picard, ne sont par aisées à prendre, et je doute que les niveaux ordinaires soient suffisamment bons pour des distances aussi longues que celles-là. » Ils se dirent encore plusieurs choses où je vis que M. Riquet n'était pas bien sûr de son affaire.

Je fis le rapport fidèlement de cette conversation à M. Colbert qui, quelques jours après, nomma M. l'abbé Picard et plusieurs autres de l'Académie des sciences pour aller tout de nouveau niveler la pente qu'il pouvait y avoir de la rivière de Loire à Versailles. On leur donna des ordres du roi pour entrer dans tous les lieux où ils auraient besoin de faire passer leur niveau, avec un exempt de la prévôté pour les faire exécuter, en cas qu'il s'y trouvât quelque résistance. Le nivellement fut fait avec toute l'exactitude possible et avec des niveaux d'une justesse infiniment plus grande que celle des gens de M. Riquet, la plupart maçons de village ; et il fut trouvé que l'eau viendrait plus bas que le pied du château de Versailles, et qu'ainsi elle ne produirait pas les effets pour lesquels on avait désiré de l'avoir. Cette précaution n'épargna pas seulement au roi 2.400.000 livres et peut-être beaucoup davantage (car ces sortes de dépenses excèdent toujours de beaucoup les projets qu'on dresse), mais le trouble, l'inquiétude et le dommage qu'on aurait faits dans le pays où l'on aurait passsé en leur faisant acheter très cher la grâce de ne pas traverser leurs terres, sans compter la honte d'avoir bouleversé tant de bois, de villages et de maisons inutilement. Ce fut une grande satisfaction pour moi d'avoir contribué à détourner cette folle entreprise.

On trouvera aux Archives nationales, carton O, 1785, les pièces suivantes sur cette affaire :

1° Lettre de l'abbé Picard à M. Perrault, contrôleur des bâtiments, disant que M. Riquet s'est entièrement rendu, mais qu'il persiste à dire qu'il n'a jamais fait la proposition de faire venir l'eau que dans le réservoir du château...

2° Procès-verbal signé Riquet et Picard certifiant les cotes de l'abbé Picard.

3° Une étude pour prendre la Loire au-dessus de Briare, vers la Charité, où elle se trouve à un niveau suffisant pour être conduite à Versailles.

§ 2. — Les étangs de Trappes et de Bois-d'Arcy.

Il fallut se résigner à des projets moins grandioses. En effectuant ses nivellements, l'abbé Picard avait remarqué que les mares qui se trouvaient sur les plateaux de Trappes et de Bois-d'Arcy, aù-dessus de Saint-Cyr, étaient plus hautes que la superficie des réservoirs de Versailles. A partir de ces mares, les eaux de pluie s'écoulaient alors par deux gorges dans la vallée de la Bièvre. L'abbé Picard forma le projet de barrer les deux gorges en question par des levées de terre [1], de façon à former deux étangs considérables recevant les eaux de pluie de la région, que l'on pourrait conduire à Versailles par un aqueduc contournant, puis traversant le plateau de Satory (fig. 21 et 22).

Dans la région de Versailles, la quantité de pluie qui tombe sur le sol, dans une année moyenne, est représentée par une épaisseur d'eau de 50 centimètres, ce qui donne 5.000 mètres cubes par hectare. Le bassin pouvant déverser ses eaux dans les étangs de Trappes et de Bois-d'Arcy est d'une surface de 3.600 hectares, et, en conséquence, peut recevoir 18 millions de mètres cubes.

L'idée de réunir les eaux de pluie pour créer un service d'eau est, on peut le dire, aussi ancienne que la civilisation. Beaucoup de villes, même de nos jours, sont alimentées par des citernes dans lesquelles on conduit, par des canaux ou des tuyaux, les eaux de pluie tombant dans les cours ou sur les toitures ; on emploie également ce procédé pour l'alimentation des biefs de partage des canaux ; mais je ne pense pas que ce système ait jamais été appliqué aussi en grand qu'à Versailles, car nous verrons que, quelques années plus tard, l'installation des étangs de Trappes et Bois-d'Arcy fut développée par Louvois et s'étendit, sur près de 15.000 hectares, par la création de retenues et de rivières recevant, comme affluents, tout un réseau de rigoles allant au loin drainer l'eau sur les plateaux d'alentour.

La fig. 22 donne l'état des travaux exécutés sur les indications de l'abbé Picard, tels qu'ils étaient au commencement du XIXᵉ siècle. On se reportera également aux fig. 18 et 19, qui donnent les plans du plateau de Satory, en 1678, et sur lesquels on voit figurer le parcours que suivaient alors les eaux de Trappes pour se rendre au réservoir de la grotte de Téthys.

De nombreux changements ont été apportés à cette première installation.

L'étang de Trappes n'avait pas, à la mort de l'abbé Picard, l'étendue qu'il a aujourd'hui. Louvois en fit plus tard relever la retenue pour augmenter son importance. Tout un système de rigoles venant des environs de Plaisir, de Trappes, de Clayes, amenait les eaux superficielles dans ces étangs [2]. Contre la levée de l'étang de Trappes, on voit d'abord le commencement de l'aqueduc se rendant à Satory et une rigole de décharge ramenant dans la vallée de la Bièvre, vers Bouviers, les eaux trop abondantes. La rigole de Guyancourt, que l'on voit sortir au sud de l'étang de Trappes, est aussi une rigole de décharge qui fut construite postérieurement et qui a pour but d'amener dans les étangs inférieurs les eaux en excès. Enfin, autrefois, deux rigoles sortaient de la levée de l'étang de Bois-d'Arcy : la première allait rejoindre celle qui, sortant de l'étang de Trappes, se dirige sur Satory ; la seconde avait pour but de conduire les eaux dans un réservoir spécial. En effet, dans le projet primitif, les eaux de Bois-d'Arcy étant à un niveau plus élevé que celles de Trappes, on pensa leur donner une canalisation spéciale pour les réserver à

1. On attribue ces travaux au maréchal de Vauban ; c'est une erreur : Vauban ne s'occupa des travaux hydrauliques de Versailles que sous la direction de Louvois, c'est-à-dire après la mort de Colbert. Les documents et dates que nous citons plus loin prouvent bien que c'est à l'abbé Picard que l'on doit la création des premiers étangs artificiels. Vauban compléta ces étangs par le réseau qui va de Trappes jusqu'à l'étang de la Tour, dans la forêt de Rambouillet.

2. La plus grande partie de ces rigoles a été aliénée sous la Révolution.

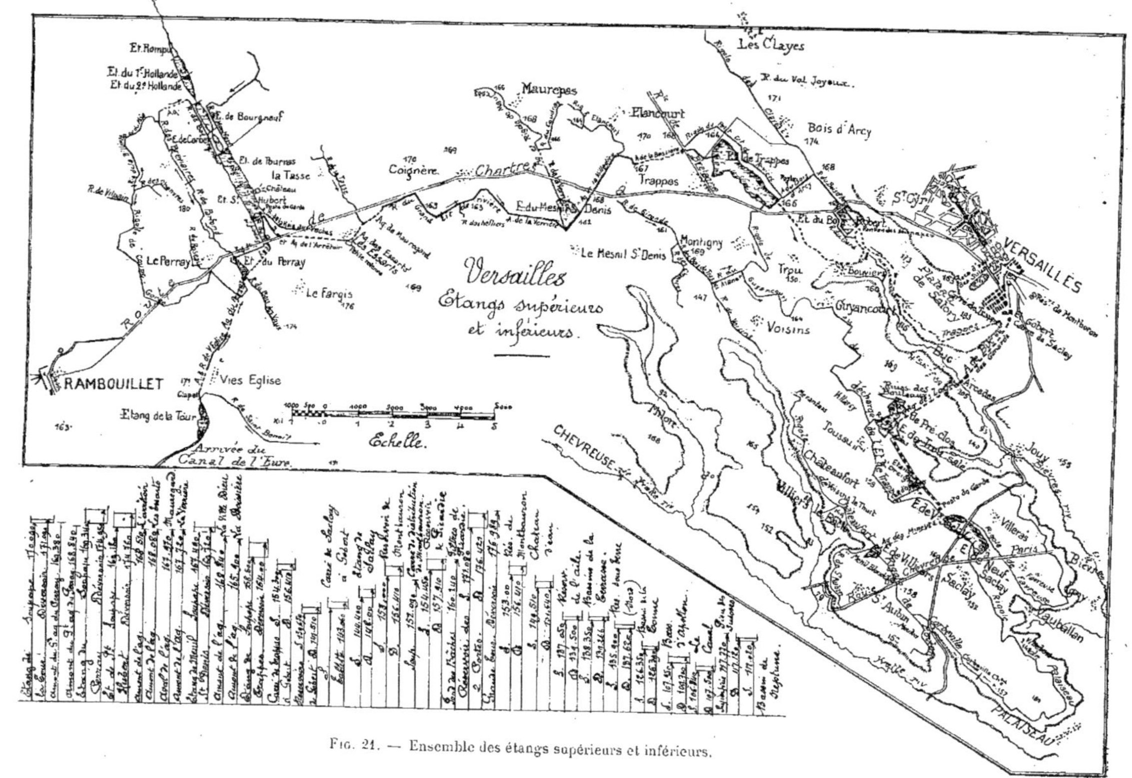

Fig. 21. — Ensemble des étangs supérieurs et inférieurs.

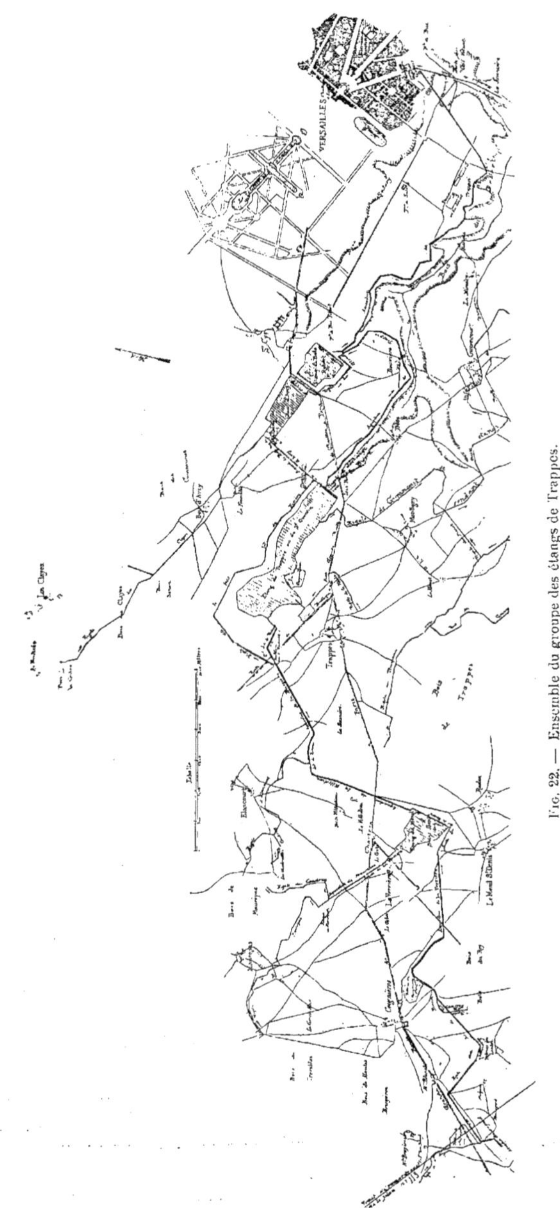

Fig. 22. — Ensemble du groupe des étangs de Trappes.

certains jets plus puissants, mais, dès le début de l'exécution, on réunit toutes les eaux
dans un seul canal qui, en contournant le plateau de Satory, arrivait à un regard que l'on
voit fig. 18. De là, les eaux passaient dans un tunnel traversant le plateau et étaient conduites par des canalisations de fer en siphon passant dans le voisinage de la pièce d'eau
des Suisses et remontaient ensuite jusqu'au réservoir de la grotte de Thétis.

Les Archives nationales renferment plusieurs pièces curieuses au sujet du tunnel de
Satory. La première est une consultation de l'abbé Picard déterminant la section à donner
au tunnel, la manière de le percer, à l'aide de puits écartés de 30 toises et que l'on
réunirait par des souterrains creusés en galeries à la boussole ; enfin, la pente à donner aux
aqueducs. A cette consultation est annexée une petite note de Francini, datée du 21 octobre
1677. La seconde est le marché conclu avec les entrepreneurs : les puits et les galeries

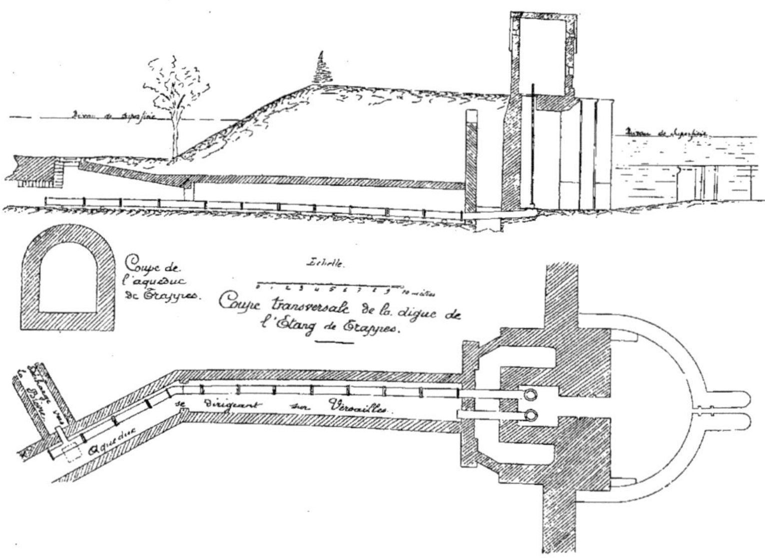

Fig. 23.

devaient être exécutés à forfait, à savoir, les puits à raison de 92 livres pour chaque toise
de profondeur et les galeries moyennant 105 livres la toise courante, y compris la maçonnerie. La troisième, du 1er octobre 1677, est le devis de la digue de Bois-d'Arcy. Enfin
la dernière pièce est un devis détaillé du travail.

Quand on démolit la grotte de Thétis et que Gobert établit dans le parc aux cerfs les
réservoirs qui portent son nom, on supprima les canalisations en siphon qui perdaient
continuellement et on amena les eaux jusqu'à ces réservoirs par un aqueduc en maçonnerie contournant la montagne. Le tunnel traversant la montagne[1] fut donc abandonné et

1. Dans le carton 0,1854 des Archives, on trouve une correspondance de 1772, où le contrôleur Trouard parle
de cet aqueduc qu'il a retrouvé et que, dans son ignorance, il attribue à l'époque de Louis XIII.

remplacé par l'aqueduc couvert qui existe encore aujourd'hui. On en voit le tracé fig. 22 ; sa coupe est donnée fig. 23[1].

Sur les plans, fig. 21 et 22, on voit également l'arrivée dans l'étang de Trappes de l'aqueduc de la Boissière qui y amène les eaux des étangs supérieurs construits plus tard sous la direction de Vauban.

Le plan 23 donne une coupe de la digue qui retient les eaux de l'étang de Trappes ; on voit qu'elle a 7 m. 50 de hauteur, 17 mètres d'épaisseur à la partie supérieure et 28 mètres à la base. Contre la digue, du côté de l'étang, est une coquille en maçonnerie, munie de vannes, le tout submersible. Cette construction est destinée à arrêter les vases. L'eau, pour sortir, passe par un canal muni de vannes, pénètre dans une chambre continuée par deux tuyaux qui peuvent être ouverts ou fermés par des soupapes actionnées d'une guérite de manœuvre bâtie sur la crête de la digue. On a placé sur le tuyau de droite une prise d'eau pour envoyer, en cas de besoin, de l'eau dans la vallée de la Bièvre.

Ces travaux furent exécutés pendant les années de 1675 à 1678[2]. Voici leur historique, tel qu'il se trouve dans les *Mémoires de l'Académie royale des sciences* :

A la tête de la rivière de Bièvre[3], que l'on appelle autrement des Gobelins, il y a deux grandes plaines, l'une au-dessous de Trappes et l'autre au-dessus de Bois-d'Arcy, dont les eaux s'écoulent par deux gorges assez étroites, que l'on pouvait fermer pour faire deux étangs considérables ; mais il s'agissait de savoir si les eaux de ces deux étangs auraient assez de hauteur pour être conduites au château de Versailles, ce qu'il importait d'autant plus de bien connaître qu'il fallait percer la montagne de Satory pour les faire passer.

Les endroits des bondes ayant été marqués, M. Picard trouva que le fond de l'étang de Trappes aurait environ 15 pieds de hauteur par-dessus la superficie du réservoir du dessus de la grotte de Versailles, et que l'étang de Bois-d'Arcy serait plus haut que celui de Trappes de 9 pieds.

Après avoir fait ces nivellements par plusieurs fois et en diverses manières, on lui ordonna de marquer avec des piquets la conduite des eaux de Trappes, qui se devait faire à découvert jusqu'à l'endroit où il fallait percer la montagne de Satory ; et, pour toute la longueur du chemin,

---

1. « Depuis l'étang de Bois-Robert jusqu'au Parc aux cerfs, il y a 3.600 toises d'aqueduc. Il y a sur cette longueur 3 pieds de pente, ce qui fait un pouce par 100 toises. L'eau met 12 heures à arriver au regard des soupapes quand l'étang est plein. Ledit aqueduc est voûté dans toute sa largeur, tant dans le roc que dans le terre-plein. Il a été fait en sous-œuvre et conduit avec la boussole de puits en puits. Les puits sont espacés de 120 toises. Ledit aqueduc a 6 pieds de hauteur commune et 4 pieds de largeur. Il est, dans la partie la plus haute de la montagne, à 100 pieds de bas... Le fond est construit en forme de gouttière par deux revers un peu roides... Il y a beaucoup de contrepente dans ledit aqueduc, et, lorsque l'eau monte en superficie dans le regard des soupapes au Parc aux cerfs, il y a dans les parties jusqu'à 3 et 4 pieds de hauteur d'eau, ce qui fatigue beaucoup l'aqueduc... Ledit aqueduc a beaucoup de sinuosités, même à angle droit, et ce pour éviter le roc trop difficile à percer. Lorsqu'une soupape est levée de quatre filets dans le regard de l'étang pour envoyer l'eau à Versailles, il passe dans l'aqueduc 26 muids 1/3 par minute. » Archives, carton 0,1837.

2. Ces dates se trouvent justifiées par les actes des achats de terre faits à M°° de Buc et conservés aux Archives.

« Pour la non-jouissance..... à commencer de 1675..... de 3 arpents occupés par la grande rigole de l'aqueduc de Trappes qui traverse ladite pièce..... Pour la non-jouissance de 92 arpents dont Sa Majesté s'est mise en possession dès l'année 1678 pour faire les travaux de l'étang de Bois-Robert..... et pour faire camper les troupes qui ont travaillé à la grande pièce d'eau des Suisses. »

Voici d'autres pièces des Archives relatant les travaux de l'abbé Picard et qui se trouvent dans le carton 0,1735 ; leur lecture confirmera ce que nous avons dit sur la date des travaux et sur l'auteur des projets :

1° Lettre du 6 mai 1678, de Perrault à Colbert : « J'envoie à Monseigneur le mémoire de l'abbé Picard touchant les réservoirs de la plaine de Satory pour recevoir les eaux des étangs de Bois-d'Arcy et de Trappes. » Perrault demande si on devra faire des canalisations séparées pour Trappes et Bois-d'Arcy. En marge, Colbert répond qu'on ne fera qu'une rigole et qu'un réservoir.

2° Une consultation, signée de Francini, qui propose de donner à la tranchée qui portera l'eau de l'étang de Trappes 6 pieds par le fond dans toute sa longueur (21 octobre 1677).

3° Un dessin du 1er octobre 1677 qui demande de faire une tranchée « dans le milieu de la chaussée de l'estang de Bois-d'Arcy et d'un bout à l'autre de 5 pieds de large et creusée jusqu'au bas-fond, dans laquelle sera construit deux petits murs d'un pied d'épaisseur chacun..... » et entre les deux un remplissage d'un corroi de glaise.

4° Un rapport du 21 août 1677 sur le tracé à donner à l'aqueduc de Trappes.

3. *Mémoires de l'Académie royale des sciences*, depuis 1666 jusqu'à 1699, t. VI, 1re partie, p. 284.

qui devait être d'environ 4.000 toises, à cause des vallons qu'il fallait côtoyer, on voulut qu'il ne prît que 3 pieds de pente afin de conserver l'eau dans la plus grande hauteur qu'il serait possible. Il avait aussi marqué séparément la conduite des eaux de l'étang de Bois-d'Arcy, qui était plus courte que l'autre de près de moitié. Mais on trouva à propos de les joindre toutes deux ensemble.

On éleva les chaussées des étangs, on travailla à la conduite et l'on fit, en même temps, un aqueduc de 750 toises au travers de la montagne de Satory, à 14 toises au-dessous du plus haut terrain, le tout sur la bonne foi des nivellements, qui se sont enfin trouvés si justes qu'après avoir mis de l'eau dans l'étang de Trappes et qu'elle a été lâchée dans la conduite ou rigole, il est arrivé

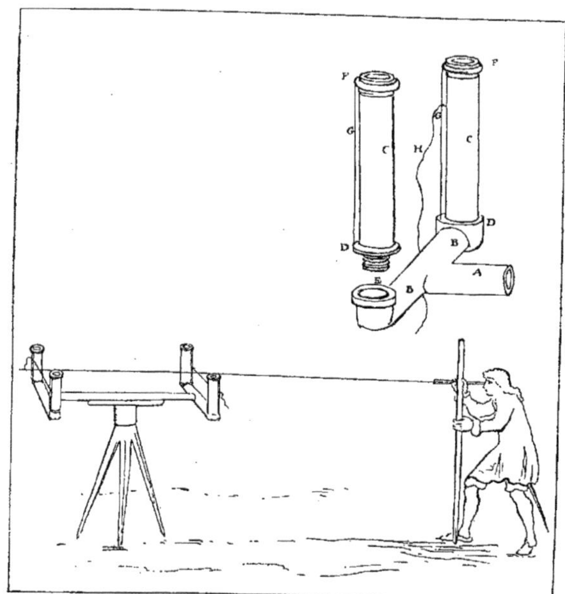

Fig. 24. — Niveau de Gobert.

A Grand tuyau.
B Traverse d'un pied.
C Cylindres de verre blanc.
D Viroles de cuivre se montant en E avec interposition d'une rondelle de cuir.
F Viroles en haut où sont attachées les tiges G où on peut nouer le crin HHH qui est blanc.

que cette eau, étant en repos, s'est trouvée, à l'entrée de la montagne de Satory, haute de 3 pieds lorsqu'elle était à fleur du seuil de l'étang de Trappes, comme on avait déterminé par les nivellements.

Il ne sera pas hors de propos de remarquer ici que l'eau de l'étang de Trappes étant lâchée avec une charge de 3 pieds, emploie 4 heures de temps à faire 4.000 toises de chemin avec 3 pieds de pente. Mais ce qui est encore plus considérable, c'est qu'après que les tuyaux de conduites eurent été placés depuis l'entrée de la montagne de Satory jusqu'au-dessus de la grotte de Versailles, Sa Majesté, faisant faire le premier essai de ces eaux, eut le plaisir de voir qu'elles sortaient avec tant de force qu'il n'y avait pas lieu de douter qu'elles n'eussent pu monter beaucoup plus haut, conformément aux nivellements qui avaient été faits ; et, en descendant de dessus la grotte, elle témoigna à M. Picard qu'elle était fort contente.

On ne doit pas oublier d'avertir que M. Romer a eu beaucoup de part aux nivellements qui ont été faits aux environs de Versailles, ayant assez souvent tenu la place de M. Picard lorsqu'il était malade ou qu'il était obligé de s'absenter pour quelque autre empêchement.

L'étang de Trappes ou de Saint-Quentin a 216 hectares 38 ares de superficie et 2.969.796 mètres cubes de capacité. Les étangs de Bois-d'Arcy et de Bois-Robert ont, au total, 68 hectares de superficie et 850.000 mètres cubes de capacité.

La surface de l'étang de Trappes est à 164 mètres au-dessus du niveau de la mer ; les soupapes de sortie d'eau sont à la cote 158 m. 50. A l'arrivée aux étangs Gobert, le niveau de l'eau est, dans le carré de Trappes, à 156 m. 41 au-dessus du niveau de la mer ; les soupapes sont à la cote 154 m. 30.

On voit donc que la pente, entre l'étang et le point d'arrivée des eaux, est de 5 mètres environ pour une longueur d'aqueduc de 8 kilomètres environ.

Les étangs de Bois-d'Arcy et de Bois-Robert, situés dans le voisinage immédiat de Saint-Cyr-l'École, ont été desséchés en 1807 parce qu'ils apportaient dans cette petite ville les fièvres paludéennes et la fièvre typhoïde. Dès le desséchement de ces étangs, la mortalité totale s'abaissa. De 1700 à 1709 elle avait été de 554 ; de 1808 à 1817, après le desséchement, elle ne fut plus que de 212[1].

L'administration de la liste civile voulut remettre en 1816 l'eau dans ces étangs, mais on y renonça devant l'opposition de la population et du général commandant l'école militaire.

§ 3. — Les étangs inférieurs.

Quelques mètres au-dessous des plaines de Trappes et de Bois-Robert s'étend, jusqu'à la petite ville de Palaiseau, un plateau autrefois inculte, borné au nord et au sud par les vallées profondes de la Bièvre et de l'Yvette. Le niveau de ce plateau se tient à une vingtaine de mètres au-dessus de la cour du palais de Versailles et présente vers son centre une dénivellation accentuée se prêtant à la création d'un chapelet de réservoirs. C'est là, en effet, que furent creusés les étangs de Saclay, d'Orsigny, du Trou-salé et de Pré-clos, dans lesquels tout un réseau de rigoles amène les eaux de pluie tombant dans la région.

Le travail de captation des eaux de pluie tombant sur ce plateau fut exécuté par Gobert, intendant des bâtiments du roi. Cet ingénieur nous a laissé dans un ouvrage publié en 1702[2] l'historique de son œuvre ; nous avons, en outre, retrouvé aux Archives nationales[3] le devis de ces travaux qu'il remit au fils de Colbert, M. de Blainville, qui avait pris la place de Charles Perrault aux bâtiments du roi. Dans ces conditions, nous croyons n'avoir rien de mieux à faire que de reproduire ce que dit Gobert :

En 1680[4] M. Colbert me proposa d'examiner les hauteurs des plaines de Saclay et d'en prendre les niveaux exactement, disant qu'il avait dans l'idée qu'elles étaient plus élevées que le terrain du château de Versailles.

1. Nous avons reproduit les chiffres du général commandant Saint-Cyr. On peut lui reprocher d'avoir pris des périodes décennales trop éloignées, peut-être pour les besoins de sa cause. Si on prenait la période décennale 1793-1802, qui précéda le desséchement de l'étang, on ne trouverait que 274 décès.

2. *Traité pour la pratique des forces mouvantes, etc.*, publié chez Delespine, 1 vol. in-8, p. 64 et suiv.

3. Carton O,1731.

4. Il doit y avoir erreur de date, car dans le carton O, 1733 des Archives nationales se trouvent deux pièces de 1679 ; l'une est un toisé par Gobert de l'étang du pré clos, l'autre est une commande faite à Rouen de 2.000 brouettes pour travaux à exécuter à Saclay.

Quelque rapport qu'on lui eût fait du contraire, il ne pouvait s'en dissuader et me pria d'y travailler et de lui en rendre compte.

Je fis faire un niveau d'eau... [1] et suivis par diagonales les hauteurs des plaines pour choisir les endroits à pouvoir rassembler les eaux pluviales. Il s'en trouva quatre ; le plus considérable est entre Saclay et Vilras. Par les sondes que je fis faire, j'en trouvai le fond admirable pour tenir l'eau, mais il n'était que de 10 pieds au-dessus du parterre et il s'y trouvait plusieurs marnières.

C'était une entreprise fort hardie de vouloir amasser de l'eau dans une plaine très aride, la conduire près de 5 lieues, à cause des sinuosités, percer cinq montagnes par des aqueducs sous terre, dont il y en avait à plus de 100 pieds de bas, n'avoir que 10 pieds de pente et vouloir commencer son travail par la tête [2].

Après avoir fait un projet général, j'en fis mon rapport à M. Colbert ; et, sur l'étendue du pays que je projetai d'enceindre, j'avais fait une supputation de l'eau qui se pouvait recueillir par rapport aux années plus ou moins pluvieuses, ce qui lui plut extrêmement, à quoi j'ose dire que l'événement a répondu juste.

M. Colbert me dit qu'il ne fallait pas perdre un moment à y travailler. Mais lui ayant représenté la conséquence de cette affaire et que, m'honorant de sa confiance, je croyais qu'il était à propos d'en faire une vérification par une autre route avec une carte du pays, il l'approuva.

Je recommençai un second travail par un autre chemin en côtoyant le fond d'If qui va d'Orsay à Palaiseau. J'observai de mettre partout des piquets à la hauteur du parterre de Versailles. Je fis le circuit de toutes les côtes pour remarquer les gorges où s'écoulaient les eaux, pour diriger les pentes des rigoles, leur profondeur et largeur à proportion de leur étendue, de ce qu'elles avaient à en recevoir et à conduire chacune dans les lieux où je destinais de les amener, particulièrement dans la grande pièce de Saclay, dont le terrain était le plus bas, où toutes les autres se devaient rendre, à la réserve de celles de l'étang qu'on appelle le Pré-clos, que j'aurais mis sur la grotte de Versailles [3].

Après mon retour, je confirmais M. Colbert de la possibilité de cette entreprise avec assurance, ayant trouvé juste mon premier travail. En chemin faisant, j'avais fait une carte en gros que je fis mettre au net. J'eus ordre de faire un mémoire de tous les ouvrages à faire pour l'exécution de ce projet, tant pour la maçonnerie des ponts, regards, aqueducs, retenue à chaussée, transport de terres et rigoles, dont l'étendue était de plus de 24 lieues à cause des détours et traverses. Ce projet montait à sept cent quelques mille livres [4]. Le roy me fit l'honneur de me demander deux ou trois fois si je ne pourrais pas lui donner de ces eaux jaillissantes sur son parterre et qu'il serait content quand elles ne seraient qu'à 18 ou 20 pieds de haut. Il m'ordonna de faire incessamment des devis en forme de chaque nature d'ouvrages, de les publier au rabais et de les distribuer à des entrepreneurs [5]. A quoi je ne crus pas pouvoir m'engager, ayant conservé, sans en parler à Sa Majesté ni à M. Colbert, un secret plaisir de les surprendre agréablement, en donnant la plus grande partie de ces eaux à l'étang du Pré-clos pour le réservoir sur la grotte dont le fond du réservoir était à 30 pieds au-dessus du parterre [6].

Je commençai mon travail par traverser la plaine entre Saclay et Vilras d'une chaussée d'environ 400 toises de long et à faire des rigoles. Il y a eu à ce travail jusques à près de 3.000 personnes à cause de sa grande étendue. La chaussée étant élevée de 14 ou 15 pieds, et plusieurs rigoles en état, je jugeai qu'il pouvait venir des pluies dont il fallait profiter et faire épreuve des

1. Suit ici la description du niveau d'eau dont la fig. 24 donne l'élévation. La bouteille placée aux extrémités du tube de communication est double de façon à pouvoir tendre deux fils déterminant le plan horizontal. Comme l'abbé Picard, Gobert se sert d'une lunette pour les visées, ainsi que cela se voit sur la figure.

2. Les travaux furent entièrement exécutés dans la plaine de Saclay avant qu'on ne réunît les étangs aux réservoirs de Versailles. L'eau, en arrivant dans les réservoirs, démontra que les nivellements étaient exacts et que tout avait été bien exécuté.

3. Le projet de mettre le fond du Pré-clos à un niveau supérieur, de façon à lui permettre de donner des eaux au réservoir de la grotte, alors que les autres bassins ne pouvaient, à cause de leur niveau trop bas, envoyer l'eau que dans les réservoirs inférieurs, n'a pas eu de suite. Il eût nécessité une double canalisation jusqu'à Versailles pour un résultat qui n'en valait pas la peine. On remarquera que l'abbé Picard avait eu une pensée analogue pour Trappes et Bois-d'Arcy.

4. Ce devis se trouve dans le carton 0,1732 des Archives ; nous en donnons plus bas un résumé.

5. C'est sous cette forme que l'administration fait encore l'adjudication des travaux ; les adjudicataires furent Coste, Lépine, Follard, etc.

6. Nous avons déjà dit que ce projet n'eut pas de suite ; toutes les eaux furent conduites aux réservoirs inférieurs.

rigoles. Après en avoir fait faire les toisés et les avoir vérifiés moi-même, j'ordonnai à chaque entrepreneur d'abattre les séparations de leurs ateliers, raser leurs témoins et régaler chacun leur portion.

Ce que j'avais prévu arriva : peu de temps après une pluie d'environ trois heures, pendant une nuit, couvrit la superficie de l'étang de plus de 4 pieds d'eau, les rigoles coulant en plein de 4 toises de large et 5 à 6 pieds de profondeur à l'entrée de l'étang. Les eaux étant écoulées, les rigoles se trouvèrent à sec et il n'y eut que peu de régalement à faire.

Cette première épreuve fit un très grand plaisir à M. Colbert, qui était l'auteur de cette entreprise, parce que ceux qui n'étaient pas de son parti le blâmaient extrêmement d'avoir engagé le Roy à une si grande dépense, dont ils faisaient passer l'idée pour une vision et l'exécution pour impossible. Lorsqu'on y vit une si grande quantité d'eau, on se restreignit à dire qu'elle ne pourrait jamais être conduite à Versailles. Cependant elle y est actuellement et y fournit la plus grande partie des fontaines. J'espère, de la manière que les ouvrages en sont construits, qu'elles dureront autant que la gloire du Maître, c'est-à-dire autant que le monde.

On fut obligé de discontinuer le travail du dedans de l'étang à cause de l'eau dont l'abondance, venue en si peu de temps, fit juger que la chaussée était trop basse : elle a été relevée à 24 pieds. Comme on travaillait de tous côtés, les aqueducs se trouvant faits, et les retenues en état, l'eau pouvait couler par-dessous les montagnes et se rendre dans un canal dont la tête était soutenue par une chaussée et un regard sur le penchant de la montagne du côté de Buc. J'étais fort impatient d'en voir la réussite : Ayant fait lever les soupapes de Saclay, je puis dire avec vérité, puisqu'elle existe actuellement, que l'eau ayant coulé près de deux lieues et demi, tant par les rigoles que par les aqueducs sous terre, elle se rendit dans le canal de Buc précisément à la hauteur où elle avait été déterminée sous le cordon du regard, comme si ce cordon y avait été déposé depuis l'arrivée de l'eau.

Je fis en diligence poser deux conduites de fer de huit pouces, qui prenaient l'eau de ce regard et la conduisaient dans le fond de Buc, qui peut être de 16 ou 17 toises de profondeur dans la longueur de 400 toises, et reportaient l'eau de l'autre côté de la montagne, d'où elle était conduite, par une rigole sur terre revêtue de maçonnerie à chaux et ciment, le long de la côte appelée la Geurmier [1] et, continuant par un aqueduc sous la montagne, venait se rendre au Parc aux Cerfs [2].

M. Colbert n'eut pas moins de joie de savoir l'eau au haut de la montagne, du côté de Versailles, qu'il en avait eu à voir les étangs remplis. Il donna l'ordre pour faire mettre des tuyaux du Parc aux Cerfs jusqu'aux réservoirs du parterre. La Cour partit dans ce temps-là pour Fontainebleau..... [3].

Trois semaines ensuite on mit l'eau dans les conduites; elle monta à la hauteur des réservoirs où elle fournit actuellement la plus grande partie des fontaines au-dessous du Parterre.

On remarquera que dans cette première installation, l'eau traverse la vallée de la Bièvre non sur un aqueduc, mais à l'aide d'un siphon formé de tuyaux en fonte.

Dans le premier mémoire donné à Colbert le 1er août 1680, touchant les dépenses de Saclay, Gobert estimait les travaux à 980.000 livres, mais il notait qu'une économie de 200.000 livres pourrait être faite sur les terrassements [4].

1. Actuellement Bois des Gouards.

2. Actuellement ces eaux se rendent dans des réservoirs auxquels on a donné le nom de Gobert.

3. Ici, Gobert rappelle qu'il a fait l'estimation des terres que le roi avait pris des particuliers pour l'augmentation de son parc de Versailles. C'était une affaire de cinq millions.

4. Carton O, 1732 des Archives. Voici l'extrait de ce mémoire très intéressant pour les prix unitaires :

Aqueduc de Corbeville à Saint-Aubin	450 toises	
— d'Orsigny	900 —	
— sous Saclay	450 —	
— d'Orsigny-Pré-clos	800 —	
— Pré-clos au réservoir	600 —	
— Buc au Parc aux Cerfs	600 —	
Total	3.800 toises à 100 livres....	380.000 livres.
700 toises depuis à 60 livres		42.000 —
Soupapes, ponts, retenues		58.000 —
25.000 toises de rigoles à 4 livres		100.000 —
100.000 toises cubes de déblais à 4 livres		400.000 —
Total		980.000 livres.

Ce sont les 400.000 livres de déblais comptés dans ce devis qui ont été réduits de moitié.

Dans un second mémoire du 2 novembre 1682 remis à Colbert et annoté par de Blainville, Gobert, en donnant l'état d'avancement des travaux, fait remarquer que, d'après les résultats déjà acquis, il compte pouvoir fournir 500.000 toises cubes d'eau par an. Avec des réservoirs placés à Versailles et suffisants pour approvisionner la nuit l'eau qui coulera continuellement, on pourra ainsi faire aller les bassins du parc pendant 250 jours par an.

Dans le même mémoire, Gobert[1] insiste sur l'avantage qu'il y aurait à remplacer le siphon de Buc par un aqueduc. Effectivement les fuites des tuyaux amenèrent à construire une immense estacade en bois sur laquelle on les plaça et on se décida immédiatement à en revenir à la construction de l'aqueduc en maçonnerie qui fut élevé pendant les années 1683 et 1684, ainsi que l'attestent les notes des entrepreneurs conservées aux Archives nationales.

Le remblai de 24 mètres de hauteur qui enterre toute la partie inférieure de l'aqueduc a été exécuté à la même époque.

L'aqueduc (fig. 30) ou plutôt, comme on l'appelle, les arcades de Buc coupent la vallée de la Bièvre qui a, en cet endroit, 580 mètres de largeur; elles sont à deux étages; chacune des arcades a 9 mètres d'ouverture, laissant pour les piédroits une épaisseur de 12 mètres. Du fond de la vallée jusqu'au dallage qui en couronne la partie supérieure, l'aqueduc a 45 mètres de hauteur; il est enterré dans un remblai de 24 mètres de hauteur, qui cache entièrement la rangée des arcades inférieures; sur ce remblai, et contre l'aqueduc, passe la route de Versailles à Châteaufort.

Beaucoup, parmi les ingénieurs qui ont parlé de cet aqueduc, disent qu'il a été fondé sur le remblai lui-même. Le remblai, du côté de Versailles, s'est, il y a vingt ans, écroulé dans la vallée, ce qui a permis de relever la partie pointillée du dessin. On y voit le tracé de la rangée inférieure d'arcades. La fig. 28 donne la coupe de la partie supérieure de l'aqueduc; l'eau passe dans un canal de 1 mètre de largeur sur 1 m. 91 de hauteur, couvert par des dalles en pierres de 1 m. 18. La largeur de la partie supérieure de l'aqueduc est de 2 m. 40.

Revenons sur la description des étangs inférieurs dont Gobert nous a donné seulement l'historique. La fig. 25 donne la reproduction d'un plan manuscrit fait par Bourgault et Matis en 1684[2]; il donne la situation des travaux quand Gobert quitta le service. En le comparant au plan 29, qui donne l'état des mêmes étangs, tel qu'il était à la fin du règne de Louis XIV, on reconnaîtra combien les travaux de Gobert furent modifiés par Louvois. Gobert fit l'étang de Saclay (depuis vieux Saclay), l'étang d'Orsigny, l'étang du Pré-clos (depuis abandonné) et commença l'étang du Trou-salé. Les étangs étaient réunis par un aqueduc souterrain (aqueducs de Villedombe et du Plessis sur les anciens plans, aujourd'hui aqueduc de Saclay). A partir du Trou-salé, un aqueduc également en souter-

---

1. Carton O, 1735 des Archives nationales. Extrait du mémoire.

« Supposé qu'une conduite de 8 pouces passant dans le fond de Buc, produise 30 à 35 pouces d'eau, il faudra vingt et une conduites. Je me réduis à vingt conduites de 150 toises chacune :

Soit 9.000 toises à 27 livres	243.000	livres.
Soupapes, robinets, plomb, raccords	67.000	—
Massifs, ponts, pavillon des soupapes	10.000	—
Total	320.000	livres.

« Je ne crois pas qu'il en coûte 100.000 livres de plus pour un projet que j'en ai fait pour faire un aqueduc en maçonnerie qui ne serait sujet à aucun entretien dont la magnificence marquerait à la postérité, autant qu'aucun autre édifice, la grandeur du règne du Roy. »

Gobert fit également des nivellements pour le canal de l'Eure dont il sera parlé plus loin; on trouve dans le carton O. 1872 des Archives, un projet de cet ingénieur pour ce canal, montant à 5.200.000 livres. Cette pièce n'est pas datée.

2. Archives nationales, carton O, 1741.

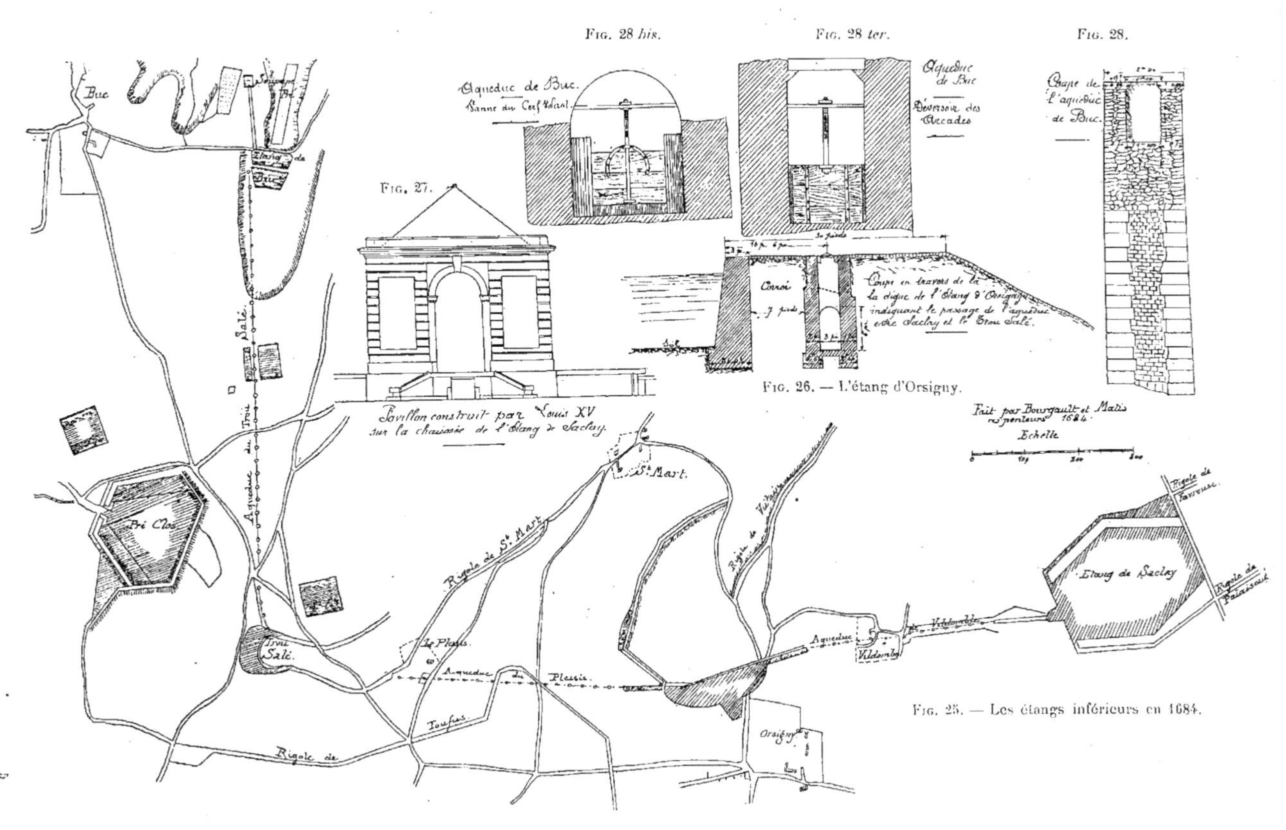

Fig. 28 bis.
Fig. 28 ter.
Fig. 28.
Aqueduc de Buc.
Panne du Cerf Volant
Aqueduc de Buc
Déversoir des Arcades
Coupe de l'aqueduc de Buc.
Fig. 27.
Corroi
Coupe en travers de la la digue de l'Étang d'Orsigny indiquant le passage de l'aqueduc entre Saclay et le Trou Salé.
Fig. 26. — L'étang d'Orsigny.
Pavillon construit par Louis XV sur la chaussée de l'Étang de Saclay.
Fait par Bourgault et Matis arpenteurs 1684
Échelle
Buc
Étang de Buc
Salé
Aqueduc du Trou
Pré Clos
Trou Salé
Rigole de St Mart.
St Mart.
Le Plessis
Aqueduc du Plessis
Toussus
Rigole de
Orsigny
Rigole de Vilgénis
Aqueduc
Vildambre
Étang de Saclay
Rigole de Favreuse
Rigole de Palaiseau
Fig. 25. — Les étangs inférieurs en 1684.

rain conduisait les eaux au regard placé du côté de Versailles et d'où partaient les canalisations.

Dans les étangs aboutissaient les rigoles de Favreuse et de Palaiseau qui contournaient les crêtes Est du plateau, la première en remontant vers le Nord, la seconde en descendant vers le Sud. D'autres rigoles moins importantes allaient dans les autres directions.

On remarque, sur le plan de 1684. les rigoles de Villain et de Saint-Marc qui furent presque immédiatement abandonnées.

Dès 1685, on construisit l'étang de Villiers qui fut réuni à l'étang de Saclay par un aqueduc souterrain et reçut, à droite, la rigole de Corbeville, à gauche, celle de Chateau-fort, bordant le côté sud du plateau. La même année, Louvois fit agrandir l'étang du Trou-salé, relever la chaussée de Saclay et construire l'étang neuf de Saclay.

La grande rigole de Guyancourt, dont nous avons déjà parlé et qui relie les étangs supérieurs de Trappes et Bois-d'Arcy aux étangs inférieurs de Saclay et du Trou-salé, fut construite après l'abandon des travaux de l'Eure, et sert, à la fois, de trop plein aux étangs supérieurs et de collecteur pour des rigoles secondaires allant drainer les eaux vers Voisins et les granges de Port-Royal.

Louis XV fit entretenir les étangs avec soin ; il chassait souvent dans la plaine et fit construire par Gabriel le pavillon qui est sur la chaussée de Saclay et dont la fig. 27 donne une vue. Nous donnons également (fig. 26) la coupe de la digue de l'étang d'Orsigny, montrant la disposition du corroi de glaise et l'aqueduc qui va de Saclay au Trou-salé. Cet aqueduc était autrefois dallé et a été refait voûté en 1788. Les fermes du Trou-salé, ou du Plessis, et de Saclay étaient louées par le roi. Le poisson des étangs était également vendu à son profit[1].

Il était expressément défendu de pêcher dans les étangs et les contraventions étaient sévèrement punies. Les dossiers des archives sont remplis de correspondances relatives à ces pêches. On y voit que la famille Coquelin, qui fut fermière du Trou-salé pendant presque tout le xviiie siècle et dont un des membres fut l'entrepreneur du château de Saint-Hubert, se fit souvent punir pour s'être livrée à cet exercice défendu et les filles Coquelin furent même signalées au marquis de Marigny comme attirant les officiers de la maison du roi et les faisant pêcher sur les bords des étangs. Aujourd'hui cette pêche est louée, de même que la chasse.

A sa sortie des arcades de Buc, l'aqueduc qui conduit à Versailles les eaux des étangs inférieurs suit la lisière du bois des Gonards, traverse la route de Buc pour pénétrer dans l'enceinte de l'ancien Parc aux Cerfs, où arrive également l'aqueduc qui amène les eaux de Trappes et de Bois-d'Arcy. Les eaux, dans les aqueducs de Saclay et de Trappes, étant à un niveau différent, arrivent dans des regards séparés appelés carrés de Trappes et de Saclay. Auprès de ces carrés sont les deux grands réservoirs de Gobert pouvant contenir l'un 20.475 mètres cubes, le second 26178 [2].

---

1. Archives, O, 1856. Rapport à M. le marquis de Marigny : « L'origine de l'empoissonnement qui subsiste aujourd'hui a pour époque la minorité du Roy. M. le duc d'Antin l'obtint à son profit et le donna à bail. A sa mort, l'empoissonnement fut supprimé, puis rétabli par M. de Tournehem ».

2. Le grand réservoir a été commencé en 1685. Voici, du reste, un état des ouvrages « que le roy a ordonné être faits pendant l'année 1686 » et qui renseigne exactement sur l'état d'avancement des travaux à la fin de 1685 (carton O. 1887 des Archives). Cet état est signé de la main du roi : « **j'ai ordonné ce que dessus, Louis** ».

Recherches d'eau à la Magdeleine	
Achèvement de la machine de Marly	5.292
Réservoir du bout de l'aile	117.700
Réservoir de Trianon	6 000
Aqueduc pour amener les eaux de Ville-d'Avray	34.800
Parachèvement des 3 réservoirs de Marly	13.640
Achèvement de l'aqueduc de Buc	7.769
	76.300

(*Voir la suite de ce renvoi p. 68.*)

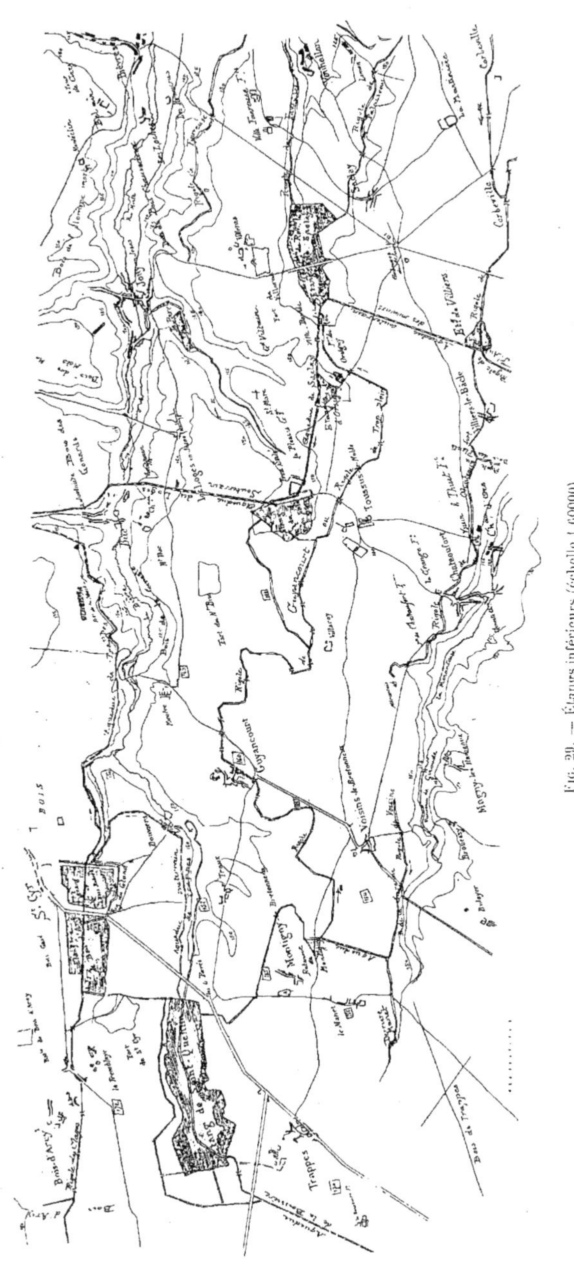

Fig. 20. — Étangs inférieurs (échelle 1,60000).

La fig. 31 donne le détail complet de cette arrivée à Versailles des aqueducs de Trappes et de Saclay. Il y a environ 11 mètres de différence de niveau entre les carrés de Trappes et de Saclay. Le carré de Trappes est muni d'une surface filtrante (fig. 32) de forme trapézoïdale ayant 32 m. 86 de superficie. Le filtre est composé d'une couche de gravier fin reposant sur du gros gravier renfermé dans des boîtes en tôle perforées. La filtration a lieu de haut en bas ; l'épaisseur de la couche filtrante varie de 1 m. 30 à 1 m. 75. Après avoir traversé ce filtre sommaire, les eaux du carré de Trappes peuvent se rendre directement aux réservoirs de Montbauron par une canalisation en siphon traversant l'avenue de Paris ; celles du carré de Saclay alimentent particulièrement les réservoirs Gobert.

Le même plan indique les départs des canalisations se rendant au château et dans Versailles.

Pour le service de Buc et de certains plateaux trop élevés, ainsi que pour le service d'eau d'incendie, on a joint à cette installation un petit réservoir surélevé qui est alimenté à l'aide d'une pompe à vapeur. La fig. 33 est un diagramme montrant les canalisations qui relient les réservoirs Gobert avec les réservoirs de Montbauron, du château d'eau et de l'aile du château.

Les surfaces et cubes des principaux étangs formant le groupe de Saclay sont les suivantes :

Trou-salé	surface 66 h.	47 a.	87 c.	cube 657.270 mètres cubes.		
Vieux Saclay	—	52	35	33	—	603.035 —
Neuf Saclay	—	53	23	39	—	438.162 —

formant un total de près de 1.700.000 mètres cubes.

Le niveau de l'eau dans l'étang de Saclay, d'où part l'aqueduc se dirigeant sur Versailles, est à 148 mètres au-dessus du niveau de la mer ; le niveau de la soupape du fond est à la cote 144 m. 40. A l'arrivée à Versailles, le niveau de l'eau dans le carré de Saclay est à la cote 143 m. 06 ; la pente totale de l'aqueduc est donc de 5 mètres environ pour une longueur de 7 kilomètres et demi.

Nous avons dit, dans la première partie de notre étude, que l'eau des étangs était malsaine : les étangs eux-mêmes sont pour les pays voisins des causes d'épidémie. Voici, à ce sujet, ce que dit le docteur Morère, de Palaiseau, qui exerçait dans les villages environnant les étangs de Saclay, Trou-salé, etc. :

« Aussitôt que, par le fait de la chaleur, les eaux se retirent et laissent à découvert le limon fangeux produit par la décomposition de substances végétales et animales, il s'exhale de ces terrains des miasmes éminemment délétères. Chaque année, vers le mois d'août ou septembre, tous les villages, et surtout Saclay, voient des épidémies de fièvre typhoïde ».

§ 4. — Achèvement des étangs supérieurs.

Après la mort de Colbert, arrivée en septembre 1683, Louvois ajouta à ses fonctions la surintendance des bâtiments du roi. Il s'occupa de suite de parachever les étangs infé-

(Suite du renvoi de la page 66.)

Terres le long de l'aqueduc de Buc	
Maçonneries du deuxième réservoir de Montbauron	18.900
Glaises de Montbauron	67.730
Travaux divers de parachèvement à Saclay	43.030
Travaux à l'étang de Villaroy	6.350
Parachèvement de l'aqueduc de la Guérinière (Buc)	7.750
Maçonnerie du réservoir du Parc aux Cerfs	9.075
La conduite de 18 pouces	17.020
	71.500

Les autres travaux ne se rapportent pas aux eaux. Le montant de cet état s'élève à 2.703.752 livres.

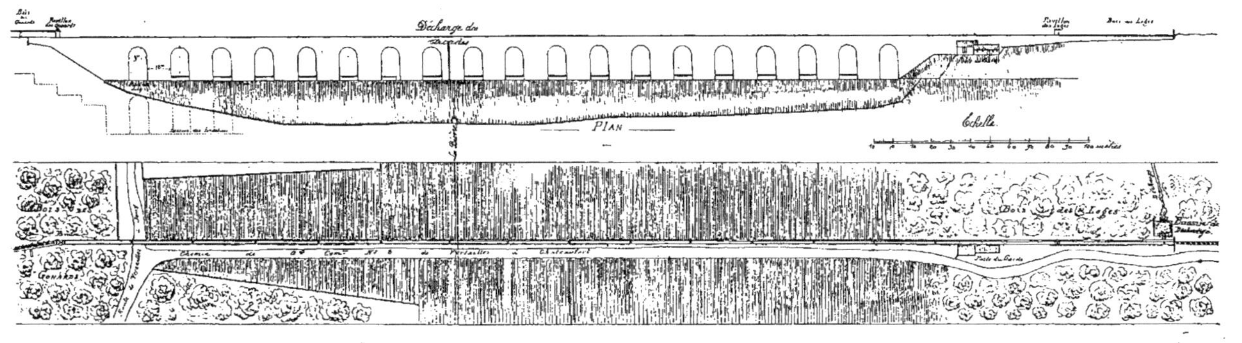

Fig. 30. — Aquéduc de Buc et remblai servant au passage de la route.

rieurs, ainsi que nous l'avons déjà dit, et d'augmenter considérablement le département des étangs supérieurs de Trappes et de Bois-d'Arcy.

Le plateau de Trappes se poursuit effectivement jusqu'à la vallée de l'Eure, à Maintenon, montant en pente douce depuis Trappes jusqu'à Rambouillet et descendant ensuite de Rambouillet jusqu'à Maintenon. Il était donc tout naturel de poursuivre les projets de l'abbé Picard jusqu'à Rambouillet et de drainer les eaux de pluie tombant sur cette vaste superficie, de manière à les ramener, dans l'étang de Trappes et de là à Versailles, par l'aqueduc déjà construit.

L'abbé Picard étant mort, son collègue de l'académie, le mathématicien de Lahire, qui avait publié son ouvrage sur les nivellements, fut chargé par Louvois des relevés relatifs aux nouveaux travaux qui furent de suite exécutés.

Dès 1684 (fig. 34 pour les détails et 21 pour l'ensemble) on construisit, en amont de Trappes, l'étang du Ménil Saint-Denis où se déversent les rigoles de Maurepas et d'Elancourt drainant les eaux des bois du Tremblai et de Maurepas ainsi que celles de la plaine au-dessus d'Elancourt.

Les eaux de l'étang du Ménil, aussi appelé de la Verrière, furent amenées dans l'étang de Trappes par les aqueducs de la Ville-Dieu et de la Boissière et par la rigole dite *lit de rivière* : Ce dernier nom rappelle l'idée générale du projet qui était de créer une rivière artificielle suivant les points bas du plateau, recevant comme affluents les rigoles de drainage et alimentée, pendant les périodes de sécheresse, par les eaux emmagasinées dans les étangs et les retenues artificielles.

Pendant la même année 1684, on commença les travaux des retenues de Coignières, des hautes Bruyères, des étangs de Pourras (plus tard Saint-Hubert), alimentés par les rigoles des Neflliers, des hautes Bruyères, de la Tapa, de la Haie aux vaches, de Montfort, des Bréviaires, de Parfard, du Mas, du Coupe gorge, du Roseau, drainant les eaux de la forêt de Rambouillet. Pendant l'année 1685, on compléta les installations qui précèdent et on construisit l'étang de la Tour, près de Rambouillet, recevant la rigole de Saint-Benoît qui draine les eaux de la forêt des Yvelines.

Les eaux de l'étang de la Tour, les plus élevées de tout le réseau, furent ramenées dans l'étang du Perray par les aqueducs de Vieille-Église et du Perray. Celles de l'étang du Perray furent conduites dans l'étang de Saint-Hubert ou de Pourras par la continuation de l'aqueduc du Perray. Les aqueducs de l'Arétoir, de Mauregard, de la Verrière et la grande rigole dite *Lit de Rivière* conduisent les eaux de Saint-Hubert jusqu'à l'étang du Ménil Saint-Denis.

En résumé, les *aqueducs* et *lits de rivière* forment, depuis l'étang de la Tour, près de Rambouillet, jusqu'à Trappes et Versailles, un cours d'eau continu de 34 kilomètres environ de longueur dont près des deux tiers en aqueducs maçonnés. Ce cours d'eau reçoit comme affluents une série de rigoles de drainage d'un développement total de 70 kilomètres et est alimenté, pendant la saison sèche, par des retenues et étangs artificiels d'une contenance totale de 7.700.000 mètres cubes environ, se décomposant ainsi qu'il suit[1] :

1. Les cubes correspondent à l'hypothèse où les eaux sont au niveau des déversoirs, ce qui est bien rare. Les astérisques marquent les étangs aujourd'hui desséchés. Dans un état de l'inspecteur Gravois, envoyé à M. d'Angivilliers en 1784, l'ensemble des étangs est marqué comme ayant 1.266.242 toises de superficie et 1.722,466 toises cubes de capacité. La longueur des rigoles est marquée de 93.447, à savoir :

Celles de 9 pieds de large pour le lit de rivière.	
Celles de 6 pieds de large.	13.548 toises
Celles de 4 pieds de large.	36.976 —
Celles de 3 pieds de large.	1.911 —
Les aqueducs sous terre sont marqués pour 12.524 toises, à savoir :	41.009 —
Aqueducs de 9 pieds de large.	
— de 6 pieds de large.	677 toises
— de 3 pieds de large.	6.946 —
	4.901 —

Quelques étangs et nombre de rigoles ont été aliénés pendant la Révolution, aussi les chiffres que nous donnons sont bien inférieurs à ceux de Gravois.

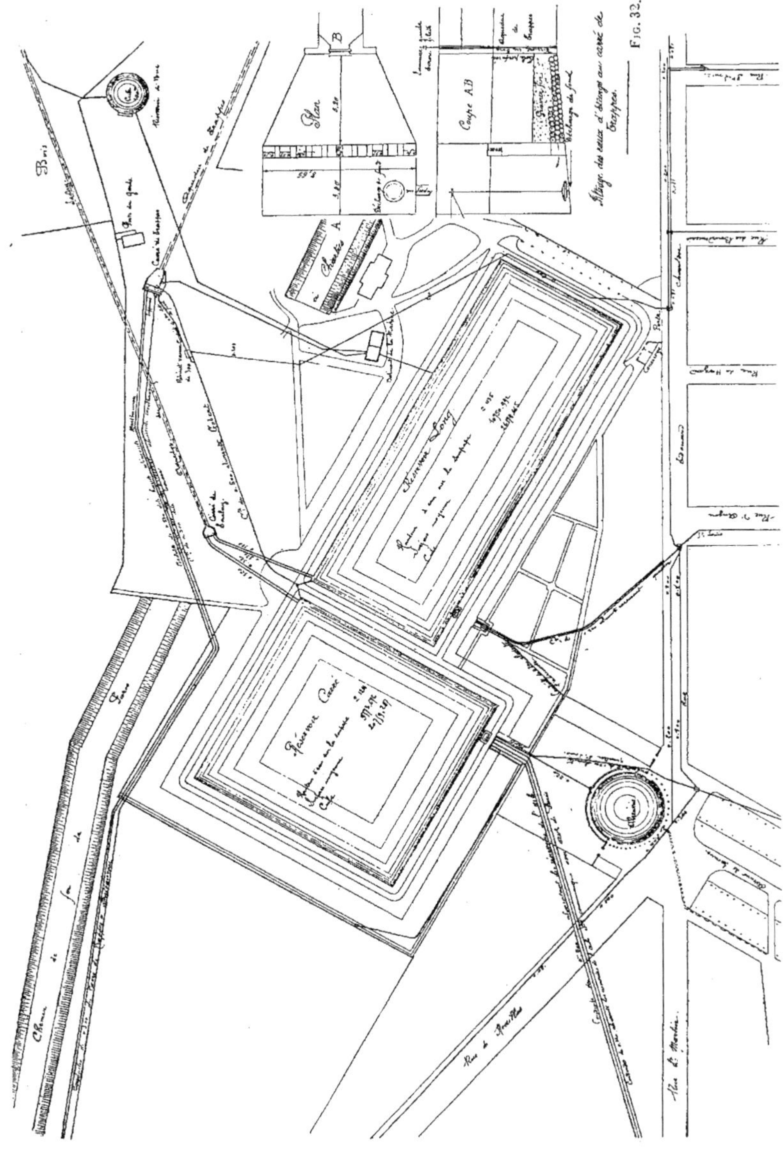

FIG. 32.

FIG. 31. — Réservoirs de Gobert.

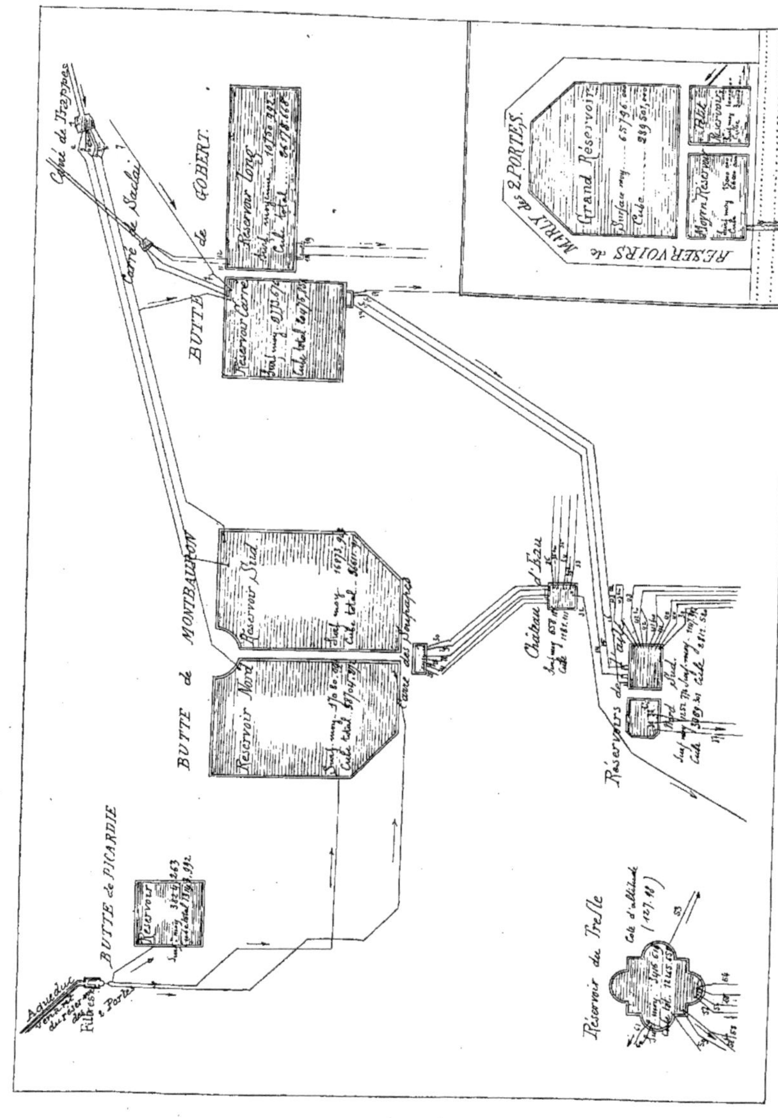

Fig. 33. — Diagramme montrant les liaisons des réservoirs. Voir la légende renvoi 1 de la 11e partie.

DÉSIGNATION	SURFACE		CUBE
Étang de la Tour	29 h. 49 a.		420.358
Étang du Perray	18	73	593.683
Étangs de Pourras, Saint-Hubert	203	79	2.261.569
*Retenue de Galet	9	15	110.000
*Retenue des Hautes Bruyères	9	80	130.000
*Retenue de Coignères	12	95	141.000
Étang du Ménil Saint-Denis	44	64	227.352
Étang de Trappes	216	38	2.969.796
*Étangs de Bois-d'Arcy	67	65	850.000

Voici, d'autre part, les hauteurs au-dessus du niveau de la mer, des eaux de ce système d'alimentation :

Étang de la Tour	soupape	170.090
	déversoir	171.090
Aqueduc et étang du Perray	amont du grand aqueduc	169.380
	amont du petit aqueduc	168.840
	soupape de l'étang	169.340
	déversoir —	174.930
Étang de Saint-Hubert	soupapes	169.180
	déversoirs	174.760
L'arêtoir, les Essarts et Mauregard	amont de l'aqueduc	168.310
	amont du second aqueduc	168.080
	aval de l'aqueduc	167.970
Aqueduc de la Verrière, amont		167.720
Étang du Mesnil Saint-Denis	soupape	167.490
	déversoir	169.720
Aqueduc de la Villedieu, amont		168.840
Aqueduc de la Boissière		165.700
Étang de Trappes	soupape	158.500
	déversoir	164.000
Carré de Trappes	soupape	154.300
	déversoir	156.410

Les fig. 35 et 36 donnent les détails particuliers des deux principaux étangs, ceux de Saint-Hubert et du Perray : on voit que l'étang Saint-Hubert est partagé par des retenues en six sections auxquelles on donne les noms de premier et second Hollande, Bourgneuf, Corbet, Pourras ou Port-Royal et enfin Saint-Hubert [1]. La digue qui limite à l'amont l'étang de Saint-Hubert est percée de trois arcades en maçonnerie. Sur la rive gauche de cet étang, Louis XV, qui chassait volontiers dans cette contrée, fit construire en 1759 par Gabriel, sous la direction de la marquise de Pompadour, un immense château et tracer les avenues d'une ville que l'on pensa un instant devoir remplacer Versailles. Ce château a été démoli par Louis XVI.

1. Voici les capacités de chacune de ces six sections :

Premier étang de Hollande	381.345	mètres cubes
Deuxième étang de Hollande	323.796	—
Étang de Bourgneuf	212.920	—
Étang de Corbet	131.845	—
Étang de Pourras ou Port-Royal	412.889	—
Étang de Saint-Hubert	811.858	—

La fig. 35 donne la coupe de la digue de retenue de l'étang, de la coquille de sortie des eaux, du pavillon des soupapes avec la distribution des eaux, tant à la sortie qu'à l'entrée de l'étang.

§ 5. — Travaux de dérivation de l'Eure.

L'ensemble des travaux hydrauliques dont nous venons de parler s'étend, avons-nous dit, jusqu'au sommet du plateau qui va de Trappes jusqu'à Maintenon, dans la vallée de l'Eure, et Louvois eut la pensée de détourner cette rivière dans les étangs qu'il venait de faire creuser ; il chargea en conséquence de Lahire de voir s'il était possible de réaliser ce projet.

« M. de Lahire[1] partit de Versailles au mois d'octobre 1684, et en nivelant toujours jusqu'à Maintenon, il y trouva la rivière d'Eure plus basse que le dessus du château de Versailles d'environ 150 pieds, et remontant cette rivière, il trouva enfin qu'à Pont-Gouin, qui est sept lieues au-dessus de Chartres, elle était plus haute que ce château de près de 80 pieds. Cette découverte lui donna d'abord beaucoup de joie, mais aussi beaucoup de crainte de quelque erreur qui pouvait s'être insensiblement glissée dans les opérations qui sont très difficiles dans des nivellements de plus de 30 lieues. Il vérifia toutes ses observations, autant que la saison le lui pût permettre, à cause du mauvais temps et surtout des grands vents, qui nuisent fort au nivellement, et il trouva qu'il ne pouvait y avoir que très peu d'erreurs. Le roi étant alors à Fontainebleau, il apporta cette nouvelle à M. de Louvois, qui témoigna en être fort satisfait... »

De Lahire vérifia ses nivellements au printemps de 1685, et ceux-ci s'étant encore trouvés exacts, le ministre chargea le maréchal de Vauban des plans et de l'exécution de ce vaste travail qui fut attaqué dès la fin du printemps de l'année de 1685[2].

Le profil en travers adopté par le maréchal de Vauban pour le canal de l'Eure avait 15 pieds de largeur au fond et 47 à la surface entre les banquettes ; sa profondeur était de 8 pieds, ainsi que l'indique la fig. 38 extraite des plans de Vauban ; le canal pouvait donc porter des bateaux ; il devait être en pente régulière, sans ressauts ni écluses depuis son origine jusqu'à Trappes et même jusqu'à Versailles si on avait remplacé les aqueducs souterrains en maçonnerie par des canaux à découvert. Le tracé prenait l'Eure à la cote 182, au point qui avait été indiqué par de Lahire, en amont de Pontgouin, en face du château de la Rivière appartenant à la famille d'Aligre.

En cet endroit la rivière fut barrée par une digue, dite de Boizard, percée de deux ouvertures en maçonnerie de pierre de taille munies de vannes, de façon à n'admettre dans le canal que l'eau nécessaire à son alimentation, le surplus s'emmagasinant en amont de la digue ou s'écoulant à volonté par l'ancien lit (fig. 37). Le canal suit d'abord les flancs du coteau qui borde la rive gauche de l'Eure, passe près de Pontgouin, Landelles. Courville, puis s'éloigne de l'Eure en se tenant sur le plateau. Le tracé passe près de Fontaine la Guyon, Saint-Aubin des Bois, Bricouville, Saint-Germain en Gatine, Berchères le Maingot. Les travaux, dans toute cette première section, longue de 39.678 mètres, ne présentèrent que peu de difficultés : remblais ne dépassant pas 15 mètres de hauteur, ponts en maçonnerie à la traversée des routes ou pour l'écoulement des ruisseaux. Après Berchères, le canal devait traverser la vallée des Larris qui creuse dans le plateau une tranchée d'un kilomètre de largeur et d'une quarantaine de mètres de profondeur et où Vauban

1. Voyage des embassadeurs de Siam, 1686.
2. Les marchés des terrassements se trouvent dans le carton O, 1872 des Archives : marchés avec Ch. Tréhoux, P. Leclerc dit Pitre, Jean Orry, Le Duc ; pour les fouilles de l'aqueduc, Magnan, Math. Petit ; tous ces marchés sont de 1685 ; la toise cube est généralement comptée quarante sols. Les toisés sont approuvées par Robelin, ingénieur ordinaire du Roy.

projeta un aqueduc de maçonnerie qui ne fut pas construit. Au delà de cette vallée, le canal fut continué sur un immense remblai de près de 20 mètres de hauteur qui passe près de Théléville et rejoint la vallée de l'Eure, légèrement en amont de Maintenon.

Fig. 34. — Étangs supérieurs construits par Vauban.
(Nota. — Cette figure se raccorde avec le plan n° 22.)

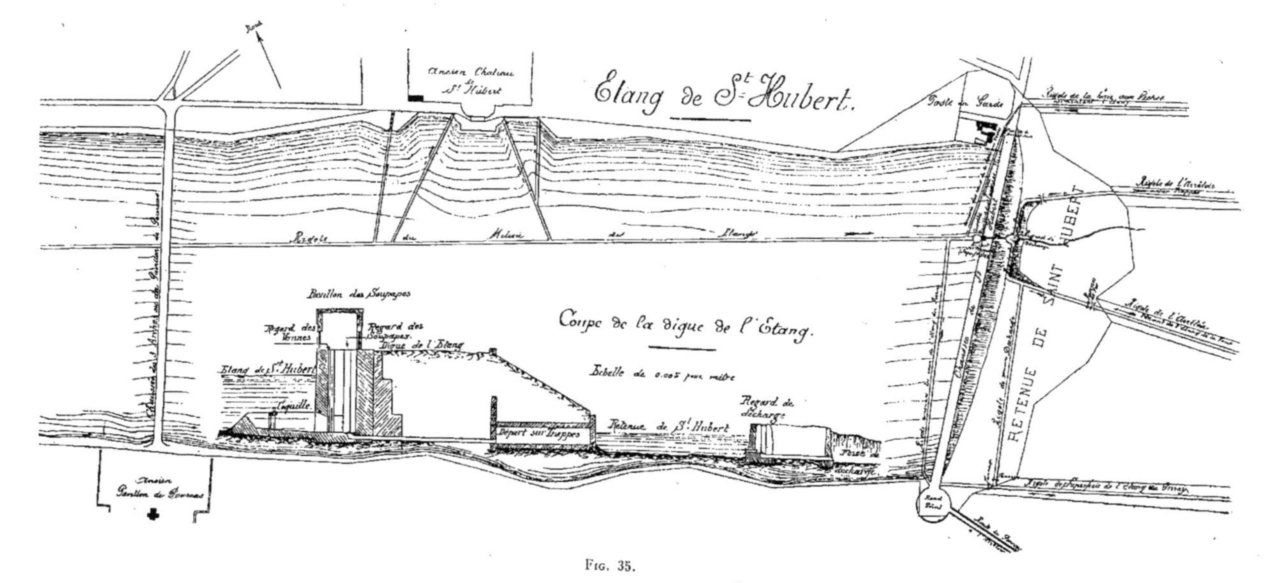

Etang de St Hubert.
Ancien Château de St Hubert
Poste de Garde
Règle de la boue aux Pierres
RETENUE DE SAINT HUBERT
Règle de l'Aërôloir
Règle de l'Aubôir
Pavillon des Soupapes
Coupe de la digue de l'Etang.
Regard des Vannes
Regard des Soupapes
Digue de l'Etang
Etang de St Hubert
Echelle de 0.005 pour mètre
Aiguille
Départ sur Trappes
Retenue de St Hubert
Regard de décharge
Fosse de décharge
Rond Point
Ancien Pavillon de Gonesse
Règle des Papeteries de l'Etang de Trivey

Fig. 35.

Cette seconde partie du tracé, de Berchères à Maintenon, fut entièrement exécutée et existe encore ; elle a 8 kilomètres de longueur.

La traversée de la vallée de l'Eure devait se faire à Maintenon sur un aqueduc gigantesque à trois étages de 5.047 mètres de longueur, ayant jusqu'à 73 m. 32 de hauteur et

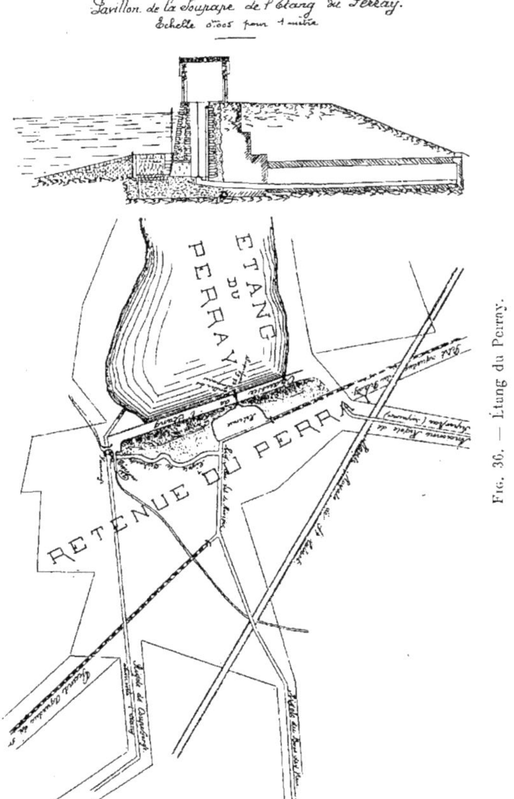

Fig. 36. — Étang du Perray.

portant à sa partie supérieure le canal projeté de 2 m. 48 de largeur sur 1 m. 89 de profondeur. Nous reproduisons (fig. 39) les plans de cet ouvrage d'après les dessins dressés par Vauban. Il n'y eut de construit que le premier étage de l'aqueduc[1].

1. Dans le carton O, 1872 des Archives, on trouvera les marchés et règlements faits avec Lemaistre, entrepreneur du grand aqueduc de 1685 à 1693. Cube général 33.846 toises, sommes payées 2.359.176 livres.

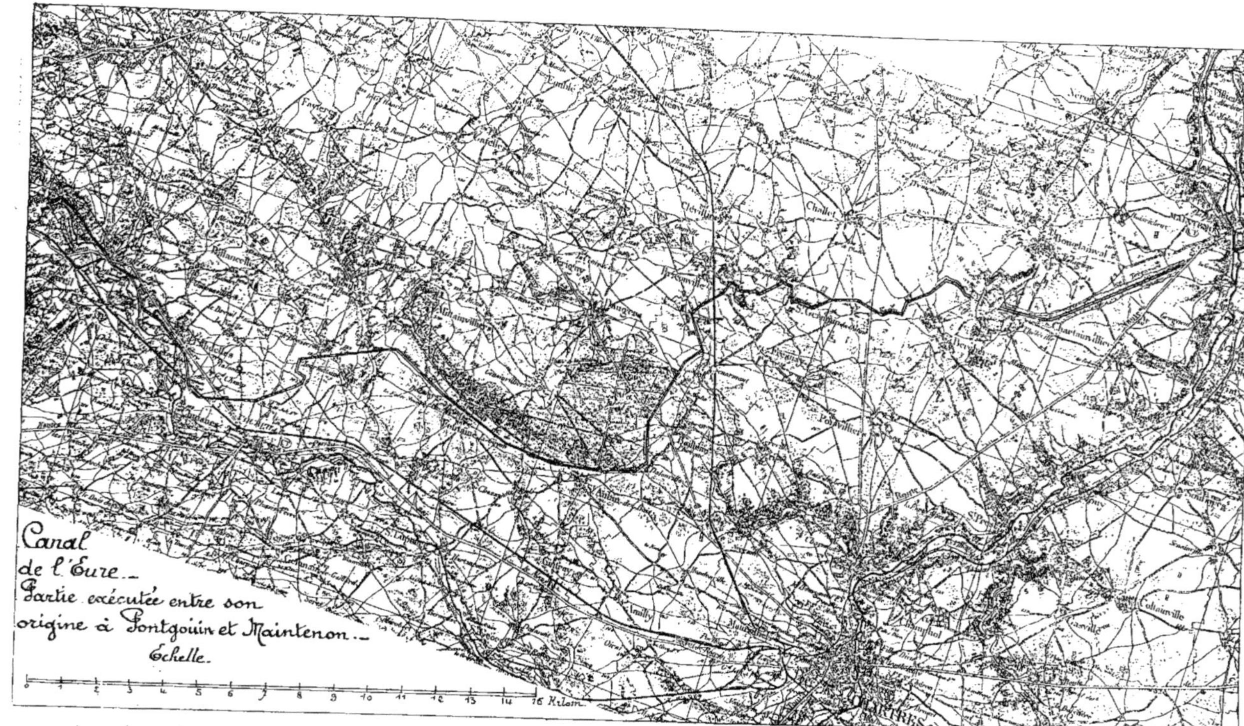

Canal
de l'Eure.
Partie exécutée entre son
origine à Pontgouin et Maintenon.
Echelle.

Fig. 37.

Le tracé reprenait sur la rive droite de l'Eure en remblais de faibles hauteurs, passait dans le voisinage de Fourches, Houdreville, Craches, l'Épinay et se tenait ensuite dans la forêt d'Yvelines jusqu'à l'étang de la Tour. A l'étang de la Tour se terminait le canal [1] puisque, de ce point jusqu'à Versailles, les travaux étaient déjà achevés. La dernière section, de Maintenon jusqu'à l'étang de la Tour, avait 29 kilomètres de longueur et ne présentait aucune difficulté ; les travaux furent exécutés entre Craches et Houdreville.

En résumé, les travaux étaient faciles et furent presque terminés, sauf pour les traversées des vallées de Berchères et surtout de Maintenon, où l'aqueduc projeté dépassait comme grandeur tout ce qui avait été fait autrefois et fut, en définitive, la cause de l'abandon de l'entreprise.

L'exécution des travaux fut menée par Louvois avec une remarquable énergie ; pour aller plus vite encore, Vauban obtint du roi, dès le commencement de l'année 1686, l'autorisation d'employer l'armée. Trente mille hommes [1], réunis sous le commandement du maréchal d'Uxelles, y travaillèrent jusqu'à la fin du printemps de l'année 1688. Louvois venait deux fois par mois visiter les travaux ; le roi lui-même les parcourut à plusieurs reprises.

Au commencement de 1688, plus de huit millions de livres étaient déjà dépensées, l'eau de l'Eure arrivait jusqu'à Berchères ; il restait à faire le grand remblai ou l'aqueduc de la vallée voisine [2] et aussi les deux étages supérieurs de l'aqueduc de Maintenon pour lesquels Vauban demandait encore deux années de travail [3].

Pour achever plus rapidement l'œuvre commencée, on renonça à l'idée du canal de niveau et on recourut à l'usage de siphons formés de tuyaux de fonte pour traverser les vallées de Berchères et de Maintenon. De part et d'autre de ces vallées on termina le remblai portant le canal par une culée en maçonnerie dans laquelle était construit un puits vertical au fond duquel pénétrait une galerie horizontale. Cette galerie devait être fermée par une forte maçonnerie dans laquelle entrait les canalisations de fonte formant siphons. La fig. 40 montre la disposition du siphon dans le fond de Berchères, telle qu'on peut la voir encore aujourd'hui. Arrivée à l'extrémité du canal, l'eau pénétrait dans le puits, traversait les canalisations de fonte et remontait dans le puits de la rive opposée pour continuer son chemin dans le canal.

Dans la vallée de Maintenon, les canalisations devaient être posées sur le premier étage de l'aqueduc déjà construit [4].

1. C'étaient les régiments Picardie, Champagne, Languedoc, Royal des Vaisseaux, Navarre, Penquières, Crussol, Lafare. Fusilliers du Roi, Alsace, Vaubecourt, Lyonnais, Dauphin, la Reine, Anjou, Vermandois et trois escadrons de dragons. La consigne sur les travaux était des plus sévères, dit le duc de Saint-Simon, « les officiers.... n'avaient pas, quels qu'ils fussent, la liberté de s'en absenter un quart d'heure, ni de manquer un quart d'heure... » Les fièvres paludéennes se mirent dans le camp et enlevèrent, dit-on, 6.000 hommes en 1687.

2. Au dernier moment on décida de remplacer par des remblais en terre toutes les parties d'aqueducs « qui seraient au-dessous de 66 pieds de haut », dit une note de Vauban.

3. On peut se procurer tous les plans de détail de l'aqueduc à la chalcographie du Musée du Louvre ; le devis descriptif des travaux est aux Archives, il a été publié in extenso dans le journal du *Génie civil* de Corréard, année 1846, 31 août. Les plans de détail des terrassements, profils en long et en travers, se trouvent aux Archives nationales et aux Archives départementales de Seine-et-Oise à la préfecture de Versailles. Enfin on trouvera à la chalcographie du Louvre un plan des environs de Maintenon, dressé par Vauban, où sont indiqués les carrières les dépôts de pierre et les canaux que le maréchal fit construire pour amener, au pied même de l'aqueduc de Maintenon, les pierres d'Épernon, et la chaux de Germonval. Ces canaux étaient au nombre de deux ; le premier, d'Épernon à Maintenon par la vallée de la Guesle avait neuf écluses et 17 kilomètres, dont 5 sur l'Eure ; le second, de Germonval au-dessus de Gallardon jusqu'à Maintenon, par la vallée de la Noise, avait quatre écluses et 12 kilomètres de développement. L'étude de ces pièces est intéressante au point de vue historique parce qu'elles ont servi de modèles aux devis, cahiers des charges, plans tels qu'ils sont dressés aujourd'hui par l'administration des ponts et chaussées.

4. Ces canalisations de fonte sont mentionnées dans les pièces suivantes :
Archives O, 1854, marché du 1er septembre avec le sieur Coullon, maître de forges de Champagne, pour fournir aux environs de Maintenon 10.000 toises de tuyaux de 18 pouces de diamètre, savoir : 7.000 toises de 16 lignes d'épaisseur à 112 livres la toise et 3.000 toises de 11 lignes à 130 livres la toise. Dans ce marché il est dit : « en

(*Voir la suite du renvoi p. 80.*)

Les canalisations de fonte destinées aux siphons furent approvisionnées à pied d'œuvre et en partie posées, mais je ne pense pas que ces siphons aient été terminés.

Au printemps de 1688, les travaux furent subitement abandonnés.

« La ligue d'Augsbourg [1], qui se signa à Venise pendant le carnaval de 1688, obligea le Roi à mettre ses troupes en campagne et le marquis d'Uxelles ayant pris Neustadt, en septembre 1688, avec les mêmes troupes qui avaient formé le camp de Maintenon, il est vraisemblable que ce fut vers la fin du printemps de cette année que les travaux de l'Eure furent abandonnés [2]. »

A la paix de Ryswick qui termina cette guerre et se signa en 1697, les finances étaient tout à fait épuisées. En outre, le promoteur du projet de canal, Louvois, était mort, et Madame de Maintenon paraissait vouloir s'approprier une partie des terres occupées dans son domaine par le canal. On ne se pressa donc pas de reprendre les travaux, et bientôt la guerre de la succession d'Espagne ôta toute idée de faire pour les eaux de Versailles des dépenses nouvelles.

Des lettres patentes, enregistrées au Parlement en 1704 parlent de l'abandon du projet du canal de l'Eure et donnent à Madame de Maintenon, en échange d'un travail qu'elle n'exécuta pas, « la propriété du fond des terres qui ont servi à la levée de terre des travaux de Maintenon ». Louis XV oublia tellement la possibilité de terminer ce grand ouvrage qu'il donna à Maurice de Noailles, qui avait épousé la nièce de Madame de Maintenon, la propriété de l'aqueduc et celle des canaux, terrains et matériaux relatifs aux travaux de la rivière d'Eure, situés dans son domaine de Maintenon.

« Les particuliers riverains et les seigneurs locaux s'emparèrent des terrains et des ouvrages à leur proximité, sans aucun titre que ceux de la convenance ; plusieurs mêmes démolirent les ponts et comblèrent le canal ; la dégradation et l'usurpation ont surtout augmenté depuis que le maréchal de Noailles, cédant à la demande de Madame la marquise de Pompadour, a consenti de lui laisser démolir les tablettes et les bahuts qui formaient le dessus de l'aqueduc pour la construction du château de Crécy [2]. »

Dans la suite la destruction de l'œuvre de Vauban s'est continuée ; cependant, encore aujourd'hui, de Maintenon jusqu'à la digue de Boizard à Pontgonin, nous avons pu suivre la plus grande partie des travaux exécutés et relever plusieurs des plans qui accompagnent cette étude.

L'Eure, à Pontgonin, peut fournir facilement par jour cent mille mètres cubes d'excellente eau qui eussent puissamment contribué à la prospérité de Versailles.

C'est donc un grand malheur pour cette ville que le canal de l'Eure n'ait pas été terminé. Louis XVI fit étudier très sérieusement en 1684 la reprise du travail ; la Révolution

considération dudit marché et en cas que le sieur Coullon l'exécute de point en point dans les temps spécifiés, sa Majesté lui donnera des lettres de noblesse ».

28 décembre 1696, compte de tuyaux de 18 pouces posés à Maintenon par le sieur Coullon.

Archives O, 1684 marché de tuyaux en date du 1er octobre 1686 pour 1.000 toises de tuyaux de 18 pouces et 14 lignes d'épaisseur passé avec le sieur Valence, maître de forges de la Brette en Normandie, à poser à Maintenon à raison de 130 livres la toise.

Autre marché avec le même pour 600 toises de tuyaux de 6 pouces.

Autre mémoire non daté où il est dit : « il a été posé, au fond de Berchères, 318 toises et demi de tuyaux de 18 pouces à 130 livres fait 41.405 livres. Il reste à poser audit Berchères, 184 tuyaux de 18 pouces rendus par voitures au dit Berchères. »

Carton O, 1498. Autre marché, avec Vaugoin, de poser près de Maintenon 3.000 toises de tuyaux de 18 pouces à 130 livres la toise.

1. Heurtier et Coulaub, rapport déjà cité, 1784.

2. Rapport adressé à M. d'Angeviller par Heurtier et Coulaub en 1784. Ce rapport est accompagné de plans détaillés destinés au projet d'achèvement du canal de l'Eure.

3. Dans le carton O, 1872 des Archives se trouve un mémoire en faveur de l'entrepreneur Leduc expliquant comment « les travaux furent interrompus en août 1688, le Roy ayant eu besoin de ses troupes ». Dans le même carton se trouve un devis du 22 janvier 1691 montant à 78.815 livres pour l'achèvement de l'aqueduc de Maintenon.

arrêta la réalisation de ce projet qui était cependant encore à cette époque d'un achèvement relativement facile.

Une nouvelle enquête, faite en août 1877 par la direction générale de l'enregistrement des domaines et du timbre, démontra que les riverains, à défaut de titres authentiques, possédaient le canal de l'Eure en vertu d'une possession plus que trentenaire et qu'il était, dans ces conditions, impossible de leur adresser aucune réclamation. Quant à l'aqueduc de Maintenon proprement dit, je me suis assuré, dit le rapporteur, qu'il est compris tout entier dans la propriété de Maintenon, laquelle appartient au duc de Noailles en vertu de titres incontestables.

§ 6. — Considérations générales sur les étangs.

En résumé, l'échec de la construction du canal de dérivation de l'Eure borne l'œuvre de Louis XIV à la création des deux systèmes d'étangs dits supérieurs et inférieurs.

Ces étangs ont au total 9.400.000 mètres cubes de capacité [1]. Ils servent de réservoirs aux eaux de pluies qui tombent sur des surfaces dont l'étendue atteint quinze mille hectares [2].

La tranche annuelle de pluie tombant dans la région de Paris varie de 0 m. 40 à 0 m. 60 environ [3]; soit une moyenne de 0 m. 50 que nous prendrons pour base de nos évaluations ; cette tranche, pour 15.000 hectares, représente 75 millions de mètres cubes d'eau.

Si on fait un calcul analogue pour déterminer la quantité d'eau qui tombe en amont de Paris sur tout le bassin de la Seine, on trouve qu'elle représente trois fois le cube d'eau que débite annuellement cette rivière à la traversée de la capitale. Un tiers des eaux de pluie est donc recueilli par le fleuve : si on applique la même proportion aux étangs et rivières artificielles créés par Louis XIV, on trouve qu'ils devraient recevoir 25 millions de mètres cubes pendant une année moyenne.

Or, il est loin d'en être ainsi : une observation de quinze ans, faite alors que les étangs étaient en bon état, indique que le cube d'eau qu'ils recueillent est annuellement de 4.500.000 mètres cubes seulement.

Ceci tient, en majeure partie, à ce que, dans les points bas d'une vallée, on retrouve, par la voie des sources, une partie des eaux absorbées par les terrains supérieurs, tandis

1. Cette capacité est réduite aujourd'hui à 8 millions environ.

2. Cette surface se décompose ainsi qu'il suit :

NOMS DES ÉTANGS	SURFACES VERSANTES HECTARES
Étangs de la Tour.	600
Étangs du Perray et Saint-Hubert	3.400
Étangs de Trappes	3.700
Étangs de Bois-d'Arcy et Bois-Robert	1.200
Étangs inférieurs (Saclay)	6.100
Total	15.000

3. Il semble qu'autrefois il tombait un peu moins d'eau : les moyennes du xviiie siècle donnent une tranche annuelle de 0 m. 456, alors que, pendant le dernier siècle, l'épaisseur de la tranche d'eau a été, en moyenne, de 0 m. 502.

que sur les plateaux les eaux d'infiltration sont irrévocablement perdues pour l'approvisionnement, mais il doit y avoir d'autres causes encore.

On compte, en effet, que la proportion d'eau qui s'infiltre jusqu'à un mètre de profondeur varie, suivant les terrains [1], de 21 à 45 p. cent.

Prenons le plus fort de ces nombres pour l'appliquer à la tranche annuelle de 0 m. 50 ; nous aurons, pour l'absorption par le sol, une tranche de 0 m. 235.

On compte également, pour l'évaporation à la surface du sol, un millimètre d'épaisseur d'eau pour chaque jour de pluie : pour une moyenne de 148 jours de pluie, par an, cette perte donne une tranche de 0 m. 148.

Enfin, on estime que les végétaux absorbent pour leurs besoins une tranche d'eau de 0 m. 055.

En totalisant ces pertes et les retranchant de l'épaisseur de la tranche d'eau moyenne de 0 m. 50, il reste encore une épaisseur de 0 m. 062 qui, pour les quinze mille hectares de surfaces versantes, représente encore 9.300.000 mètres cubes, chiffre double de la moyenne observée.

Nous pensons donc que les observations qui précèdent ne tiennent pas compte de tous les éléments du problème. Si, en effet, la masse d'eau recueillie est fonction de la quantité d'eau de pluie tombée, elle l'est bien plus encore de la manière dont cette pluie est tombée. Des pluies successives tombant à intervalles éloignés sur des terres labourées ne donnent rien dans les étangs, toute l'eau s'évapore ou s'infiltre. La même quantité de pluie tombant sans arrêt glisse en grande partie sur le sol jusqu'aux réservoirs, par suite de la saturation de l'air et du sol qui n'a plus le temps d'absorber l'eau au fur et à mesure de sa venue. Certaines années, il se produit des pluies de 48 heures donnant une tranche d'eau journalière de 0 m. 05. Alors les réservoirs se trouveraient remplis en deux jours. Un phénomène analogue peut se produire en hiver : si, la terre étant gelée, il tombe des quantités importantes de neige, dès le dégel l'eau, ne pouvant pas pénétrer dans le sol, se rendra presque en totalité aux étangs. Et, en effet, si on lit les registres du xviiie siècle conservés aux Archives, on voit que, certaines années, les étangs recevaient des quantités d'eau insignifiantes, tandis que pendant d'autres les étangs, malgré leur grande capacité, débordaient sur les contrées avoisinantes, entraînant des dégâts considérables. Le remplissage des étangs est donc un phénomène capricieux qui ne peut pas être prévu à l'avance par des calculs établis sur des moyennes.

Ajoutons enfin que toute l'eau recueillie dans les étangs ne contribue pas à l'alimentation. Il faut compter sur les filtrations lentes par les fonds et les parois des réservoirs, sur l'évaporation superficielle [2] et surtout sur les fuites des aqueducs qui amènent l'eau. On compte que l'aqueduc de Trappes, dans l'état actuel, laisse filtrer le tiers des eaux qu'il transporte.

Indépendamment de l'insécurité du régime des étangs, nous devons rappeler l'insalubrité qu'ils apportent dans les régions avoisinantes [3] et aussi la mauvaise qualité de leurs eaux, qui n'arrivent qu'après avoir ruisselé sur des surfaces couvertes de fumiers ou de

1. Cette quantité dépend de l'inclinaison du terrain, de la nature du sol et de sa culture. Les terres labourées de Saclay ou de Trappes laissent filtrer plus d'eau que les terres boisées de Saint-Hubert. D'après des expériences, peut-être un peu sommaires, on admet que si on prend comme unité la puissance d'alimentation des surfaces versantes de Saclay, celle de Saint-Hubert sera de 1,33.

2. Cette évaporation est d'autant plus importante que l'épaisseur de la couche d'eau est faible. Pour les réservoirs profonds de Marly, on attribue une hauteur de 0 m. 20 à la tranche d'eau qui représente la différence entre les eaux directement versées par la pluie sur la surface des réservoirs et celles évaporées. Les réservoirs de Marly ayant 9 hectares de superficie, la quantité d'eau évaporée annuellement représente 18.000 mètres cubes.

3. On compte qu'à l'étang de Trappes une baisse d'un mètre du niveau des eaux découvre une surface de 60 hectares de marécages. On a pensé bien des fois à substituer aux bords plats des étangs des digues à talus, mais on a toujours reculé devant la dépense.

détritus[1]. On ne doit donc pas conseiller l'application de ce système quand il existe d'autres moyens de se procurer de l'eau. Du reste, sous l'ancien régime, on n'eut jamais la pensée de servir l'eau des étangs comme eau bonne à boire à la population de Versailles.

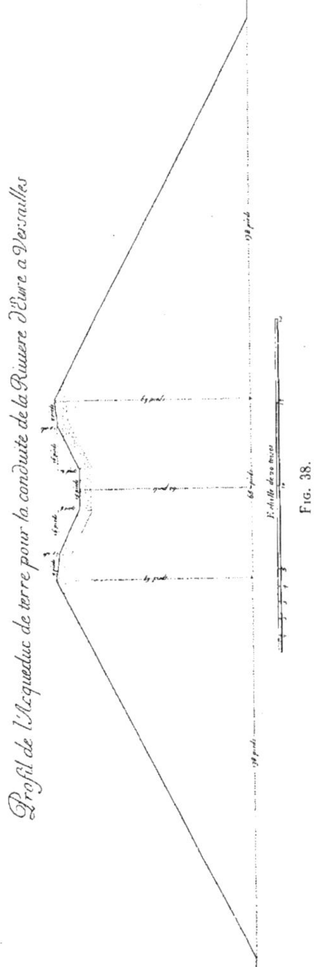

Fig. 38.

1. Pour compléter le danger de ces eaux on a laissé établir sur le bord des étangs de nombreux lavoirs qu'il est aujourd'hui impossible d'expulser.

Voici les quantités d'eau d'étangs envoyées sur Versailles pendant les cinq dernières années[1] :

1901	1.010.847 m³	1904	515.338 m³
1902	218.747	1905	308.179
1903	26.538	1906	370.072 (1ᵉʳ semestre).

Lors de ces envois l'administration recommande, avec raison, à la population de faire bouillir l'eau destinée à être bue.

§ 7. — Les eaux bonnes à boire. Drainage des eaux de pluie sur les plateaux du nord de Versailles.

Jamais, sous l'ancien régime, on n'eut la pensée d'utiliser, pour la table, les eaux des étangs de Clagny, de Trappes ou de Saclay.

Dès 1664, nous voyons, dans le marché pour la grosse pompe de Versailles conclu avec Denis Jolly : « En outre, le dit Jolly promet et s'oblige de faire poser dans le puits (la Tour d'eau) une seconde machine, aussi toute de cuivre, pour élever dans un tuyau particulier l'eau qu'il a recherchée de nouveau proche la fontaine aux crapauds, laquelle Sa Majesté fera conduire séparément par un tuyau de plomb. » L'état des tuyaux nous apprend que cette eau venait de la plaine de Bailly et était conduite, par une canalisation de plomb, à Saint-Antoine du Buisson, puis, à travers le parc, jusqu'au puits de la Tour d'eau où la petite pompe de Jolly la reprenait pour la refouler dans la cour du château. Ces sources de Bailly, placées au pied de la montagne de Rocquencourt, sont aujourd'hui réunies par un aqueduc à plusieurs rameaux courant sous le sol à une profondeur de 5 à 7 mètres. Le sol se trouvant à une cote moyenne de 138 mètres, on voit que ces eaux ne pouvaient arriver, par leur pente naturelle, qu'au pied de la rampe du château.

Plus tard on réunit à ces eaux de Bailly celles de la plaine de Chèvreloup et de Vauluceaux, puis, plus à l'est, celles de Rocquencourt, du Chesnay, du Bel-Air et des Fonds Maréchaux qui sont à peu près aux mêmes niveaux. La figure 41 donne l'emplacement de ces sources et la direction des conduites qui les amènent à Versailles. On voit qu'autrefois les sources de Bailly étaient dirigées, soit sur le réservoir de Chèvreloup, aujourd'hui à sec, soit sur un regard où elles se réunissaient avec celles du Chesnay. Les eaux des Fonds Maréchaux avaient, comme aujourd'hui, une canalisation spéciale sur Versailles.

Nous avons dit que la faible hauteur des sources de Bailly obligeait d'avoir recours à une pompe pour être amenées au château. On remarqua que sur la montagne de Rocquencourt, qui est à la cote 178 et, en conséquence, domine la plaine de Bailly, se trouvait un puits, dit des Essarts, dans lequel l'eau se tenait à une dizaine de mètres au-dessus des puits de Bailly. Les mémoires de l'Académie des Sciences en parlent dans les termes qui suivent :

« Sa Majesté ayant résolu de faire conduire à Versailles la meilleure eau à boire que l'on pourrait trouver dans les lieux circonvoisins, on proposa celle de la montagne de Rocquencourt comme une des plus proches et des plus saines de tout le pays ; mais, quoique cette proposition parût inadmissible, à cause que cette eau était à plus de 19 toises de profondeur sous le terrain de la montagne, comme il était facile à connaître par le puits des Essarts qui est entre Rocquencourt, Bailly et Marly, on ordonna pourtant à M. Picard de la niveler, pour savoir à quelle hauteur elle pouvait être à l'égard de

1. Ces quantités, mesurées à l'entrée des aqueducs, doivent être réduites pour tenir compte des fuites de ces aqueducs.

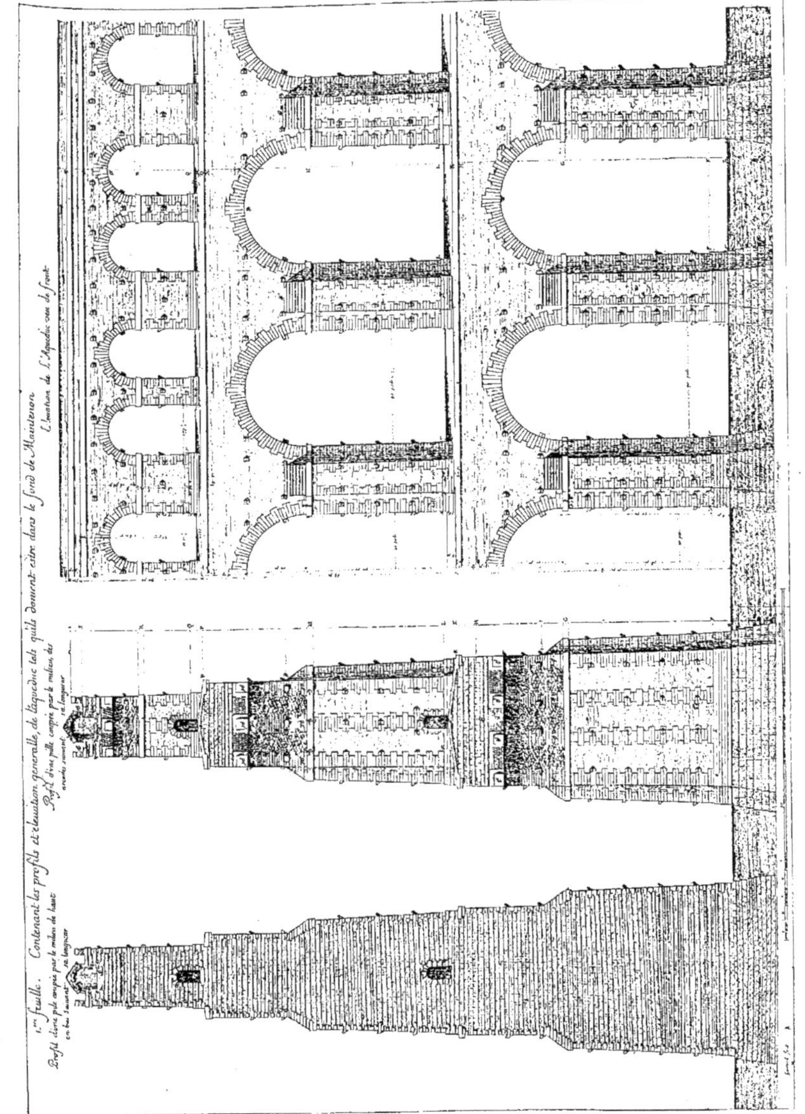

Fig. 30. — Aqueduc de Maintenon dont le premier rang d'arcades est seul exécuté.

Versailles, et, après plusieurs nivellements qu'il fit à diverses fois, il trouva que la superficie de l'eau de ce puits, qui est éloigné de Versailles d'environ 3.000 toises, était à peu
près de niveau avec le rez-de-chaussée du château.

« On donna ordre ensuite au sieur Jongleur de ramasser toutes les eaux de cette montagne et de les faire conduire à Versailles. Il fit, pour cet effet, sous terre, un long aqueduc, dont la sortie est proche de Rocquencourt, environ 3 pieds plus bas que la superficie
de l'eau des Essarts..... »[1].

L'aqueduc qui réunit les eaux de Rocquencourt a une longueur de trois kilomètres et
demi ; il fut d'abord simplement boisé ; la pourriture des bois ayant donné aux eaux un
goût désagréable, les boisages furent enlevés et remplacés en 1684 par des voûtes en maçonnerie qui existent encore aujourd'hui[2].

Dès le début on constata que les sources de la montagne de Rocquencourt avaient
un débit très variable ; un journal exact, tenu par Vieillard, montra que ce débit oscillait
entre 2 et 6 pouces. Plus tard, Louvois fit construire en 1685, au nord et tout contre la
ligne de puits, le réservoir du Trou d'enfer, sorte d'étang de 51.700 toises carrées de
superficie et servant à recueillir les eaux de pluie tombant sur le plateau ; il en résulta
pour les sources un débit plus régulier.

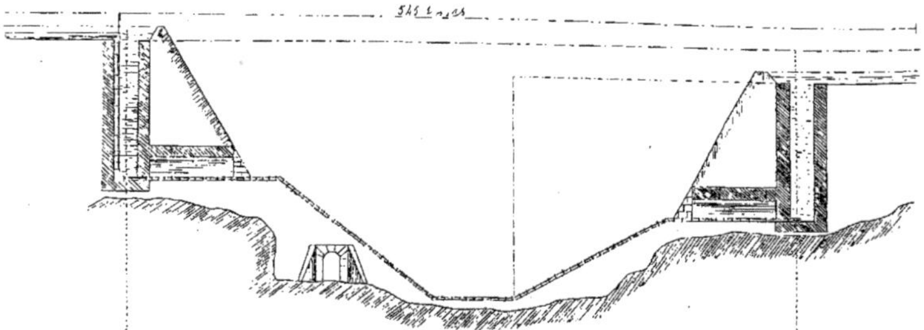

Fig. 40. — Canal de l'Eure ; siphon dans la vallée, près Berchères.

L'aqueduc principal de réunion des eaux des puits de Rocquencourt se rend dans la
chambre dite du Trou d'enfer, située sur la lisière de la forêt de Marly, près du poste des
fontainiers. De ce regard l'aqueduc des eaux bonnes à boire se rend à la chambre de
Rocquencourt, et de là à Versailles, ainsi qu'on le voit sur la figure 41. Cette eau est
distribuée dans les fontaines des rues Berthier, des réservoirs, du boulevard de la Reine,
de la place Hoche, des rues Gravelle et des quatre bornes et de la place Saint-Louis.

Les sources des fonds maréchaux dont nous avons parlé plus haut entrent dans Versailles par une conduite spéciale de 2.250 mètres de longueur qui alimente la fontaine de
la rue Beauvau.

L'ensemble de ces eaux bonnes à boire ne donne pas, par jour, plus de cent mètres
cubes ; ce n'est donc pas le centième de la consommation de la ville. Ces chiffres montrent
le peu d'importance qu'elles jouent dans l'alimentation. Il est incontestable que des réfec-

1. On trouvera aux archives nationales, carton O,1741, le devis de Jongleur, 16 janvier 1676 ; les nivellements de
l'abbé Picard, 18 juin 1676.

2. Les détails se trouvent dans les mémoires de l'Académie des Sciences (1666 à 1699) ; la date est prise
dans un rapport de Vieillard conservé aux archives. L'aqueduc principal est chaîné en pierres de taille avec une
hauteur sous clef variant de 1 m. 60 à 2 m. 60.

tions d'aqueducs pourraient doubler cette production, mais les dépenses occasionnées par ces travaux seraient hors de proportion avec le cube d'eau qu'elles permettraient d'obtenir.

Indépendamment de ces travaux, Louis XIV avait couvert les plateaux nord de Versailles d'un réseau de rigoles et d'aqueducs destinés à recueillir les eaux superficielles. La figure 14 donne l'ensemble de ces travaux qui ont aujourd'hui disparu. On voit que le plateau compris entre la Celle, Garches, Vaucresson, Jardy, Marnes, fut sillonné de rigoles se rendant à l'*étang sec*, puis, par un aqueduc, à l'*étang du Butard* qui recevait également d'autres rigoles venant de Marnes et de Vaucresson. De l'*étang du Butard* les eaux se rendaient à l'*étang Marotte* et de là, par un aqueduc, au *puits d'angle*.

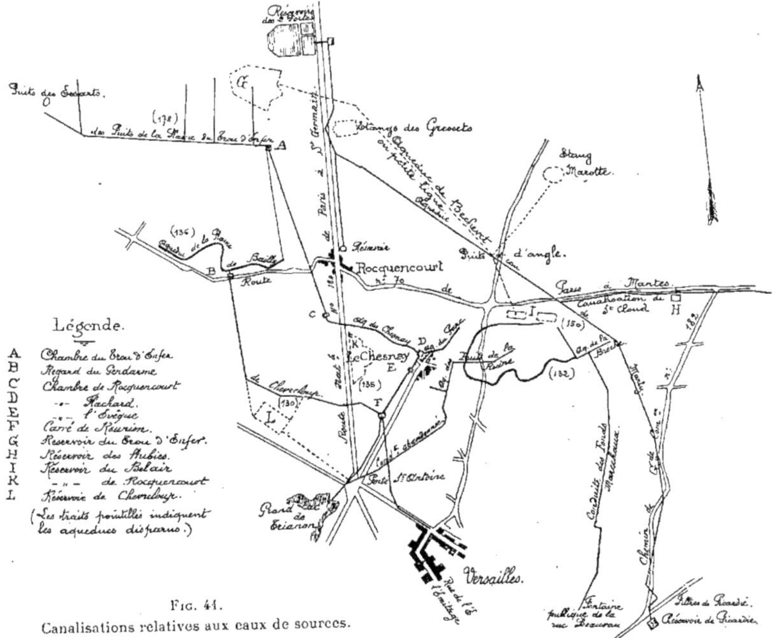

Fɪɢ. 44.
Canalisations relatives aux eaux de sources.

Au *puits d'angle* aboutissait également l'*aqueduc de Béchevet, ou petite ligne*, qui amenait les eaux superficielles de la plaine du *Trou d'enfer*, du puits des Essarts et des étangs de Béchevet [1].

Enfin, les eaux réunies ainsi au *puits d'angle* étaient conduites par un aqueduc aux réservoirs du *Bel air*, d'où elles pouvaient être dirigées sur le réservoir de *Rocquencourt* et, de là, au réservoir de *Chèvreloup* qui alimentait Trianon.

1. 19 mars 1676. L'eau dans le puits des Essarts est 2 pieds 8 pouces plus haut que dans le puits d'angle et, dans ce puits, l'eau est 4 pouces plus haut que la superficie des réservoirs de glaise derrière la grotte (note de Perrault, carton O,1855 des archives).

Toute cette installation a disparu ; les réservoirs de Rocquencourt et de Chèvreloup existent encore mais ne servent plus.

Le *puits d'angle*, où se réunissaient les eaux, est encore partiellement utilisé (fig. 42) parce que la partie supérieure de son escalier sert pour la visite de l'aqueduc, dit *grande ligne*, qui conduit les eaux de Marly à Versailles, lequel passe dans son voisinage. Gobert nous donne, dans l'ouvrage que nous avons déjà cité, quelques détails sur la construction du puits d'angle et des aqueducs qui y aboutissaient.

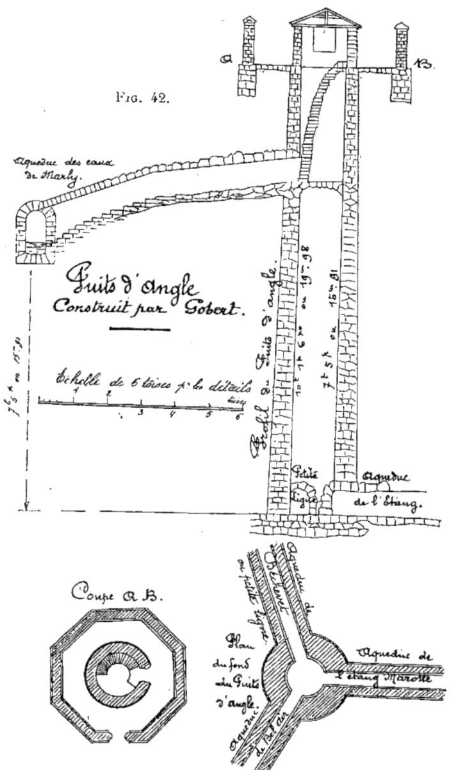

« Entre les travaux que j'ai eu l'honneur de conduire pour le Roy, avant la mort de Colbert, il y a trois aqueducs proches du Chesnay qui répondent à un point où je fis un escalier ; une des branches a 950 toises, une 350 toises, une autre 200 toises ; au bas de ce degré on voit le jour, au travers de ces trois aqueducs, par le dessous des montagnes... M. Colbert, ayant de la peine à croire qu'on eût pu conduire ces ouvrages si droits au travers d'un terrain si irrégulier, se donna la peine d'y descendre ; ayant été aussi satisfait que surpris, il eut la bonté d'en rendre compte au Roy. »

§8. — Eaux de Saint-Cloud et de Meudon.

Saint-Cloud est, en partie, dans les quartiers bas, alimenté par l'eau des deux étangs de Ville-d'Avray qui recueillent les eaux des bois de Fausses Reposes amenées au petit étang (le plus élevé) par une série de rigoles, ainsi que par le produit (environ 100 mètres cubes par jour) d'un aqueduc de 480 mètres de long, de 0 m. 70 de large et 1 m. 20 de haut, drainant, à 3 mètres de profondeur, le vallon des Fonds Verts (sables de Fontaine-bleau). Les étangs de Ville-d'Avray sont formés par des retenues artificielles[1], au moyen

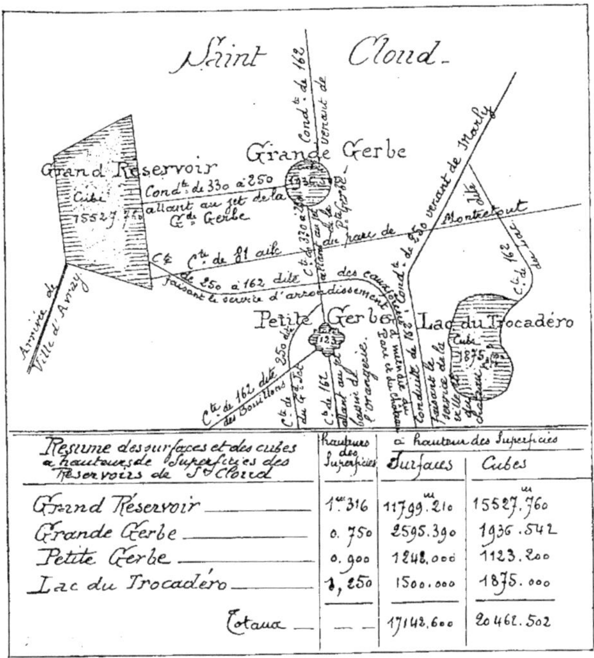

Resume des surfaces et des cubes à hauteurs de Superficies des Réservoirs de S.t Cloud	Hauteurs des Superficies	à hauteur des Superficies	
		Surfaces	Cubes
Grand Réservoir	1.m 316	11799.210	15527.760
Grande Gerbe	0. 750	2595.390	1936.542
Petite Gerbe	0. 900	1248.000	1123.200
Lac du Trocadéro	1, 250	1500.000	1875.000
Totaux	— —	17148.600	20462.502

Fig. 43.

de levées en terre rendues étanches par un corroi d'argile de 0,60 d'épaisseur, maintenu entre deux murs en maçonnerie; le petit a 1 hectare 80 de surface, 3 m. 27 de hauteur maximum et 48.000 mètres cubes de capacité avec une digue de 80 mètres de longueur; le grand a 2 hectares 99 de surface, 5 m. 03 de hauteur et 90.000 mètres cubes de capa-cité avec une digue de 100 mètres de long. Les eaux se décantent dans le petit étang et

1. Ces travaux ont été exécutés de 1685 à 1687 ; ils étaient destinés à Versailles. L'aqueduc qui va de ces étangs à Versailles a été construit par l'entrepreneur Sanson en 1686; il avait 2.600 toises de longueur. Il a été détruit en 1787 (rapport Devienne, archives O,1855).

passent dans le grand, d'où elles sortent, à la cote de 112 m. 90, pour suivre d'abord une
rigole perreyée sur 300 mètres, puis un aqueduc en maçonnerie (de 0 m. 70 de large sur

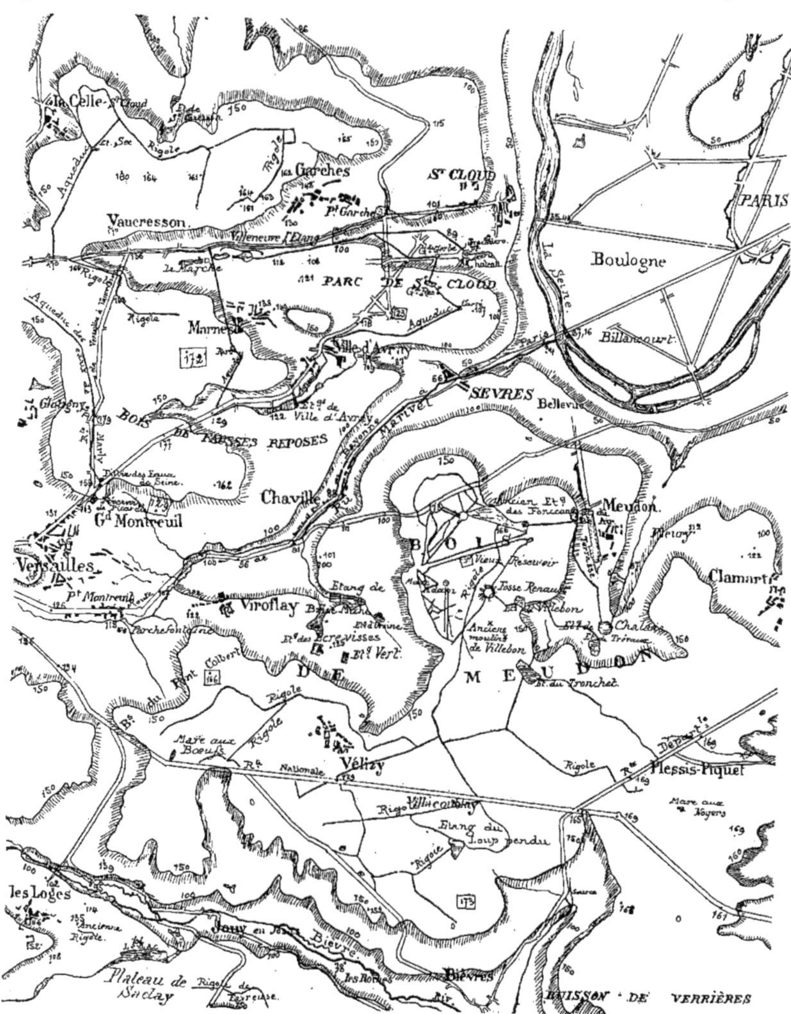

FIG. 44. — Rigoles de Meudon et de Saint-Cloud.

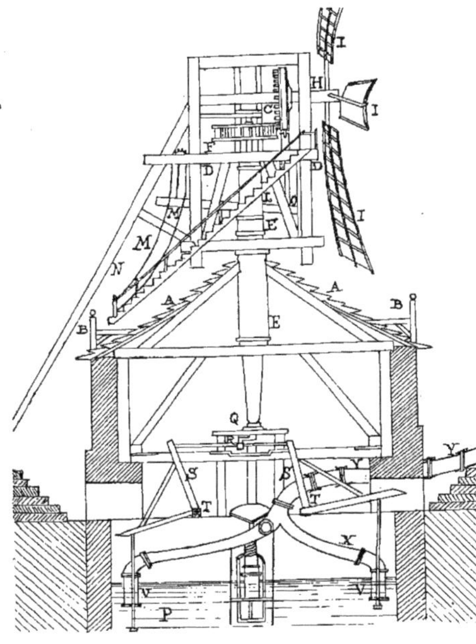

Légende.

A et B bâtiment et balustrade;
L, echelle tournante ; C rouet ;
D, charpente ; E arbre ;
F, lanterne ; H arbre des ailes;
I, ailes ; N gouvernail actionné
par le vent ; O bascule d'arrêt;
M, chaînette qui serre le frein
fixé au rouet ; P, citerne ; Q, plateau
R manivelle ; S chevalets
T tourillons des chevalets
V Corps de pompes.
X et Y tuyaux conduisant
les eaux dans le réservoir qui
distribue l'eau aux fontaines
et fournit le parc.

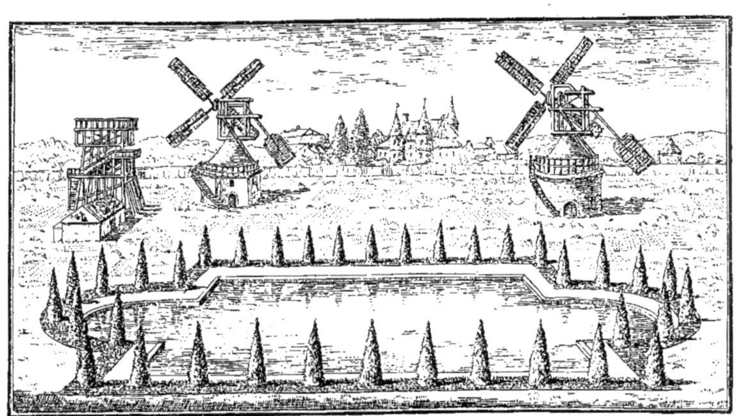

Le Château de Villebon et les moulins à vent qui fournissent les eaux du Chau de Meudon

Fig. 45.

1 m. 30 de haut) sur 2.300 mètres, qui aboutit aux filtres, et enfin, à 400 mètres au delà des filtres, au grand réservoir de 23.600 mètres cubes de capacité.

Du grand réservoir (cote 103,60) part une conduite en fonte de 850 mètres de long, aboutissant au réservoir dit lac du Trocadéro, dont la capacité est de 3.600 mètres cubes : c'est à ce réservoir que vient aboutir le produit des sources des coteaux de Garches et de Montretout, trop calcaires pour être utilisées seules. Ce réservoir est la tête de la distrition dans les zones moyennes et basses de Saint-Cloud ; cote de départ 37 m. 40. Le service du parc est assuré par le lac de Villeneuve et l'étang de la Marche, ainsi que par une canalisation spéciale.

Les quartiers hauts de Saint-Cloud sont, depuis Napoléon III, alimentés par l'eau de Marly :

A cet effet, une conduite de fonte, de 0 m. 60 sur 100 mètres, part du réservoir moyen des deux portes ; elle est continuée par une conduite de 0 m. 400 sur 3.700 mètres qui aboutit au réservoir des Hubies (cote 169, fig. 41), tête de la distribution sur Saint-Cloud.

De ce réservoir part une conduite de 0 m. 400 sur 700 mètres, puis de 0,250 sur 4.100 mètres, puis de 0,162 sur 300 mètres, qui alimente Montretout (fig. 43 et 44).

Meudon est également en grande partie alimenté par un réseau de rigoles[1], construit de 1682 à 1686 et en principe destiné à Versailles[2]. On voit, sur la fig. 44, que l'ensemble de ces rigoles draine les eaux d'un plateau étroit placé au nord de la vallée de la Bièvre et qui se tient à 150 mètres environ au-dessus du niveau de la mer.

Les étangs alimentés par ces rigoles ont peu d'importance : ce sont l'étang des Fonceaux, où aboutissent les rigoles de la plaine de Vélizy ; l'étang du Tronchet, qui reçoit les rigoles du Loup pendu et de Plessis-Piquet ; l'étang de Villebon, qui sert de réservoir à une série de sources voisines ; l'étang de Trivaux, également alimenté par des sources. Ces derniers étangs envoient leurs eaux dans l'étang de Chalais d'où partent les canalisations. Une machine à vapeur refoule l'eau de ce dernier étang dans le réservoir, ou étang du Bel Air, établi sur la seconde terrasse du château et destiné à l'alimentation des plateaux supérieurs. Au commencement du xviiie siècle ce relèvement s'effectuait à l'aide d'un moulin à vent actionnant des pompes et construit contre l'étang de Villebon ; ce moulin fournissait les eaux destinées aux grandes gerbes des bassins du parc. La figure 45 donne son aspect et le détail de ses mécanismes.

1. La compagnie générale des eaux de Paris alimente l'autre partie de Meudon.
2. Bien que toutes les rigoles de la plaine de Vélizy aient été construites avant 1686, je ne pense pas qu'elles fournirent jamais d'eau à Versailles. L'ensemble de ce réseau ne fut utilisé que vers 1696, quand le roi acquit Meudon pour le Dauphin.

Bassin de Saturne.

Frise marine par *Le Brun*.

QUATRIÈME PARTIE

PREMIÈRE MACHINE DE MARLY
(XVIIᵉ ET XVIIIᵉ SIÈCLES)

§ 1. — Description générale.

Les Archives nationales conservent plusieurs projets du xviiᵉ siècle, relatifs à des machines destinées à élever l'eau pour le service du parc de Versailles. Certains de leurs auteurs expliquent leurs propositions en rappelant que le roi fit tambouriner dans toutes les villes pour inviter ceux qui se jugeaient experts dans les choses de l'hydraulique à présenter à Colbert leurs inventions[1].

Le chevalier Arnold de Ville, gentilhomme liégeois[2], fut peut-être un de ceux qu'attira cette annonce. Il connaissait, dans le domaine de Modave, voisin de Liège, une machine qui élevait l'eau du Hoyoux à une cinquantaine de mètres et dont le constructeur était un charpentier du pays, nommé Rennequin Sualem[3]. Ce praticien, presque illettré, était

1. Voir Archives nationales, proposition Demange.

2. Arnold de Ville, né le 15 mai 1653, était fils d'un maître de forges du pays de Liège. A l'époque de la construction de la machine, c'était un jeune homme qui venait de terminer ses études de droit. De Ville fréquenta par la suite la cour de Louis XIV qui l'employa dans plusieurs négociations auprès de l'évêque de Liège. A la suite de manœuvres habiles, de Ville devint, vers 1706, propriétaire de la seigneurie de Modaves et baron du Saint Empire. Néanmoins il conserva toujours le titre et les appointements de gouverneur de la machine. Il mourut à Modaves le 22 février 1722, laissant un testament dont une des clauses porte : « J'ordonne que tous les ouvrages que j'ai composés concernant la machine de Marly soient imprimés suivant mes desseins en grand. » M. Dwelshauvers-Dery, professeur émérite de l'Université de Liège, qui a étudié la vie de ce gentilhomme, m'a dit avoir acquis la conviction que le créateur de la machine ne fut pas de Ville, mais l'ouvrier Rennekin Sualem. M. Dwelshauvers-Dery vient de publier un remarquable travail sur « quelques antiquités mécaniques de la Belgique » dans lequel il décrit complètement la machine de Modaves. Nous reviendrons à plusieurs reprises sur la question relative à l'auteur du projet de la machine de Marly. De Ville n'eut comme héritier qu'une fille qui épousa Anne-Léon de Montmorency et mourut en couches à l'âge de 18 ans, le 13 août 1731, laissant un fils qui prit plus tard le titre de duc de Montmorency.

3. Rennequin Sualem ou René Sualem, né en janvier 1645, mort le 29 juillet 1708, était maître charpentier à Liège et amena à Marly tout son atelier, qui comprenait son frère Paul et plusieurs autres parents. Voici ce qu'en disait Fred. Weidler en 1728 : « *Erat interim Rennequin fere analphabetos sed manuaria arte excellens... Ii autem, qui initiis fabricæ interfuerunt, affirmarunt mihi, ad unum omnes, Rennequium illius verum auctorem, et fabricatorem, et Villaneum commendatorem apud aulam et veluti ergodioctem extitisse.* »

De la Jonchère, dans sa notice sur la machine de Marly, publiée à Paris en 1718, dit la même chose.

Voir encore p. 135, note 1.

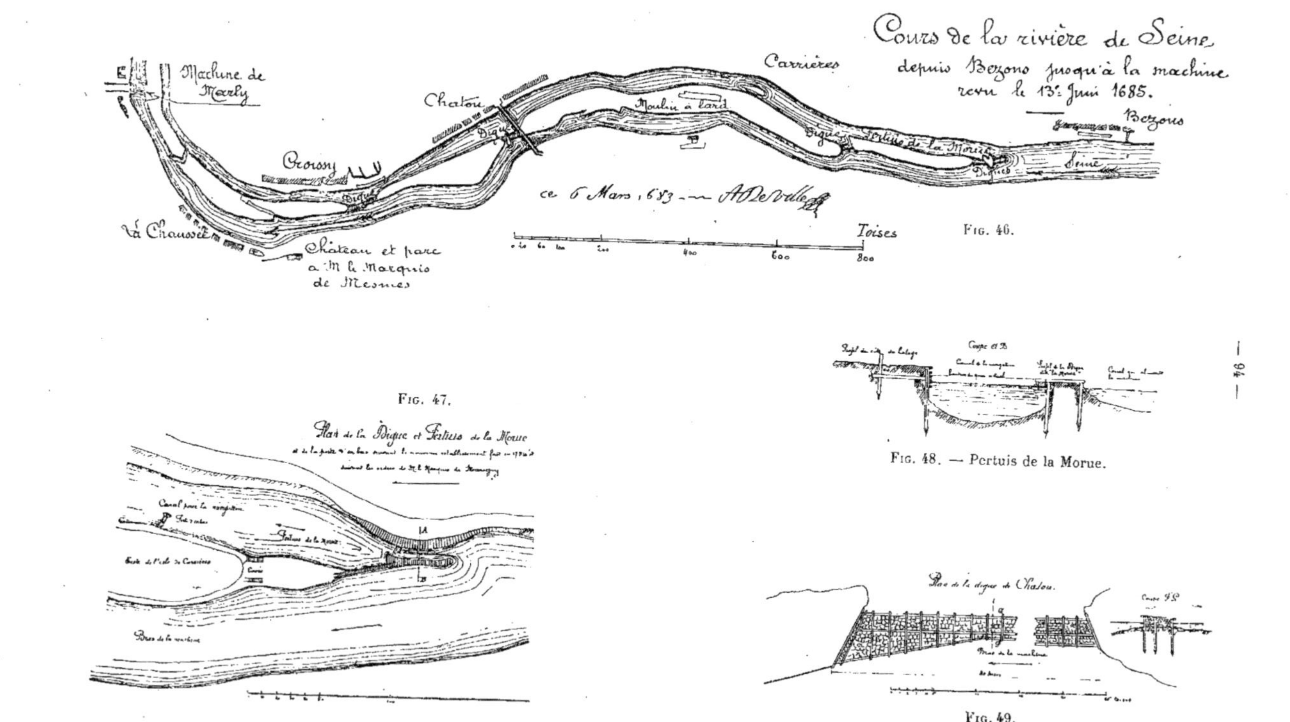

Fig. 47.

Fig. 48. — Pertuis de la Morue.

Fig. 49.

lui-même fils de charpentier et avait été, dès son enfance, employé dans la construction
des machines, bois et fer, alors en usage dans les mines du pays liégeois pour l'épuise-
ment des eaux souterraines et qui étaient, du reste, toutes du même type. De Ville fit
venir R. Sualem à Paris; ils parcoururent les bords de la Seine qui avoisinent Versailles
et tous deux s'arrêtèrent au projet de tirer de cette rivière d'abord les eaux destinées à
Versailles et aussi la force nécessaire pour les amener à une hauteur suffisante. Un plan
grossier, conservé aux Archives, paraît être un premier avant-projet de cette
installation.

Entre Port-Marly et Bezons, la Seine est, sur sa longueur, divisée en deux bras par
une suite d'îles et d'atterrissements que l'auteur propose de réunir par des digues de
charpente, de façon à former comme deux lits de rivière parallèles, sans communication,
sur plus de dix kilomètres de longueur (fig. 46). En travers du bras de gauche, un peu au-
dessous du petit village de la Chaussée, en aval de Bougival, est établie une pompe avec
machine hydraulique, refoulant l'eau de la rivière jusqu'au sommet du coteau qui borde
la Seine. De là, l'eau élevée se rend, par un canal découvert, jusqu'à l'étang des Gressets.

Suivant l'usage de l'époque, de Ville fit un modèle à petite échelle de la machine
elle-même qu'il établit sur la Seine au moulin Palfour, au pied du coteau de Saint-Germain et, devant le roi et la Cour, il put amener l'eau de la rivière jusque sur la terrasse
du château [1]. Cette expérience ayant satisfait les spectateurs, l'immense installation
hydraulique connue dans le monde entier, sous le nom de machine de Marly, fut
décidée.

Les travaux commencèrent en 1681.

La machine se composait de quatorze roues de 12 mètres de diamètre chacune, mues
par la chute de la Seine, créée ainsi qu'il a été dit plus haut.

Ces quatorze roues (fig. 50) actionnaient trois séries de mécanismes : d'abord directement, 64 pompes puisant l'eau dans la rivière et la refoulant dans un premier réservoir,
placé sur le coteau à 48 m. 45 au-dessus du niveau de la Seine. Les roues transmettaient,
en second lieu, à l'aide de bielles et de manivelles, un mouvement de va-et-vient à deux
séries de tringles, sortes de mouvements à sonnettes. La première série de tringles, dite
des petits chevalets, longue de 200 mètres environ, arrivait jusqu'au premier réservoir
pour donner le mouvement à 49 pompes puisant l'eau de ce réservoir pour l'élever
56 m. 53 plus haut, dans un second réservoir creusé sur la crête du coteau. A ce
second réservoir aboutissait la seconde série de triangles dite des grands chevalets,
longue de 650 mètres, animée, de même que la première série, d'un mouvement
de va-et-vient et le transmettant, par des balanciers, d'abord à mi-côte aux tiges de
30 pompes qui, comme les 49 précédentes, relevaient l'eau du puisard de mi-côte dans le

1. Les comptes de l'année 1681 portent en février et en mars deux ordonnances de 2.845 livres chacune au
sieur Deville pour paiement des fers corroyés qu'il a fait venir de Liège pour servir à la machine du moulin Palfour; à Georges de Spa, 190 livres pour la manivelle de ce moulin; à Lambotte, charpentier liégeois, et à d'autres
ouvriers, environ 2.800 livres pour ce même travail.

« En résumé, dit M. Dwelshauvers-Dery dans l'ouvrage que nous avons déjà cité, la machine d'épreuve au
moulin Palfour a été commencée en juin 1679, éprouvée fin 1680, entretenue par Lambotte jusqu'au 1er octobre
1683 et démolie en 1685. »

Le roi suivait avec intérêt les travaux de la machine : dans la *Gazette de France*, 1682, p. 358, on lit : « Versailles, le 25 juin 1682. Ces jours passés, le Roy alla voir les travaux que le sieur Deville, gentilhomme et éche-
vin de Liège, fait faire sur la Seine afin d'élever l'eau de cette rivière 470 pieds de haut pour estre conduite ici et
la preuve fut faite en présence de sa Majesté avec beaucoup de succès. » Le mesurage des terrains acquis par le roy
pour l'établissement de la machine a été fait par Claude Caron, arpenteur du roy, les 11 mai 1681 et jours suivants
(Archives nationales). Le même Caron revint le 20 octobre, le *canal étant fini*, pour faire l'arpentage final de ce
qui avait été pris. Dans son procès-verbal, Caron ajoute : « Et le 12e jour de janvier 1682 et jours suivants, je me
suis pareillement transporté suivant l'ordre de mon dit Seigneur (Colbert) à la machine qui a été faite depuis le
dit temps..... où étant j'avais trouvé M. de Ville ingénieur de la dite machine..... ». Ces citations indiquent nettement les dates de construction de la machine et aussi que de Ville en suivait et commandait l'exécution.

puisard supérieur, puis, à leur arrivée à ce dernier puisard, aux tiges de 78 pompes qui remontaient encore l'eau 57 m. 17 plus haut, jusqu'au sommet du célèbre aqueduc de Louveciennes. De l'aqueduc, par une pente naturelle, l'eau se rendait dans les vastes réservoirs de Louveciennes et de Marly, dont le niveau est à 37 mètres au-dessus de celui des bassins de la terrasse du château de Versailles.

L'eau se trouvait ainsi, à l'aide de 221 pompes de même course et de même diamètre, et par trois montées successives[1], amenée à 162 m. 15 au-dessus du niveau de la Seine.

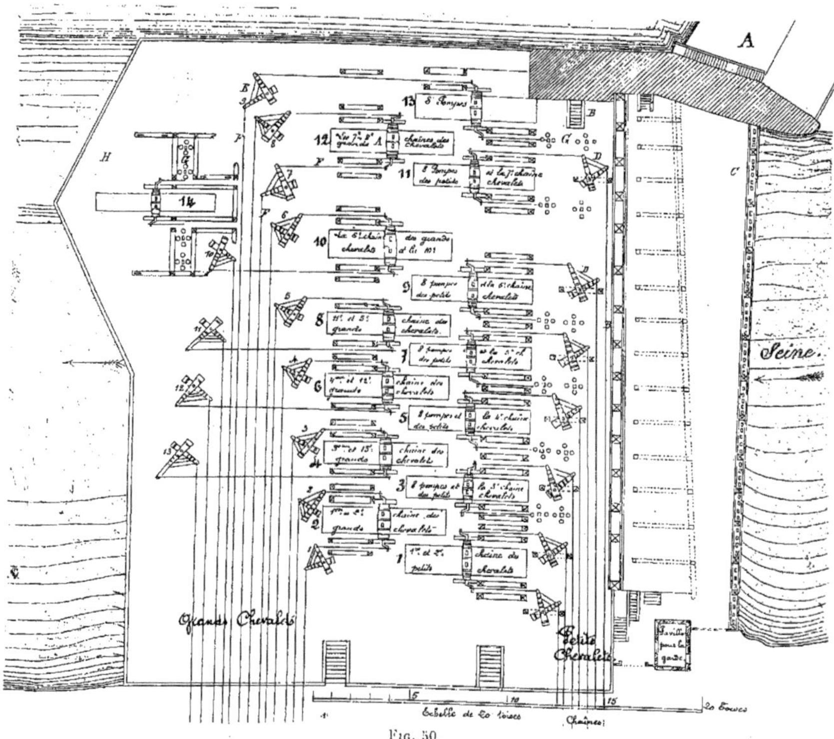

Fig. 50.

Il eût été évidemment préférable d'avoir un plus petit nombre de pompes et surtout d'élever en une seule fois l'eau à son niveau final. Mais, à ce moment, la construction des canalisations en fonte était dans l'enfance ; on ne fondait que des tuyaux de faible diamètre et de petite longueur ; les brides qui servaient à les assembler n'étaient pas dressées. Pour obtenir l'étanchéité du joint, on était forcé de chasser entre les deux brides des

---

1. Voir, p. 140, la raison pour laquelle le nombre des pompes de chaque étage était différent.

coins en bois; il en résultait des assemblages qui ne pouvaient pas résister à une pression de quelque importance. Enfin et surtout, on ne s'était pas encore rendu compte de la nécessité de donner un mouvement continu à l'eau circulant dans les conduites et, en conséquence, d'équiper les pompes de façon à ce que toujours le même nombre refoulât ou aspirât à la fois. Il résultait de l'oubli de cette condition de nombreux coups de bélier dont l'importance augmentait avec la hauteur à laquelle on devait élever l'eau et forçait ainsi à limiter cette hauteur.

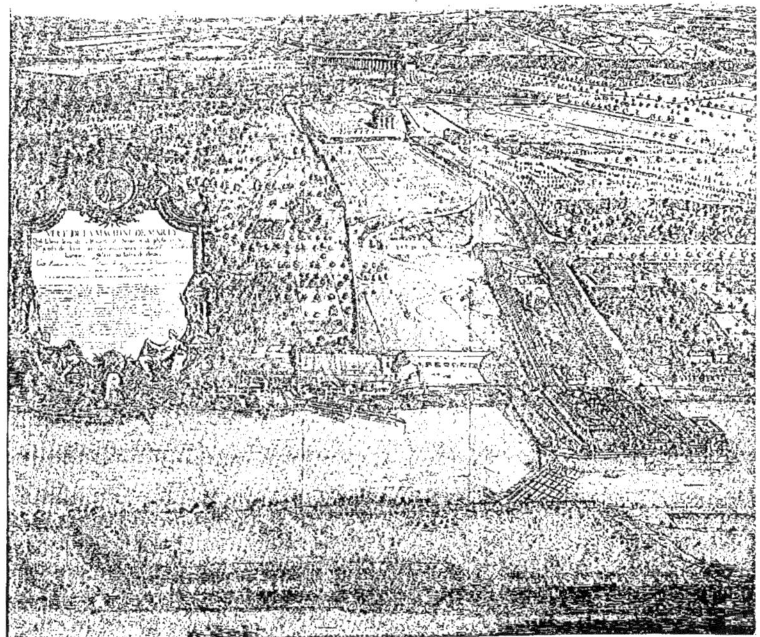

Fig. 51.

§ 2. — Description détaillée des mécanismes.

Les documents principaux qui nous ont été laissés pour reconstituer les détails de la machine de Marly sont les suivants :

a) D'abord les nombreux plans et une description sans plan conservés aux Archives nationales. C'est à cette source que nous avons puisé les plans, presque tous inédits, qui accompagnent cette étude.

b) Le grand plan dessiné par Liévin Creuil en 1688 et gravé, de 1708 à 1716, par P. Giffart. Il a 1 m. 66 de long sur 1 m. 80 de large. Nous en donnons une photographie

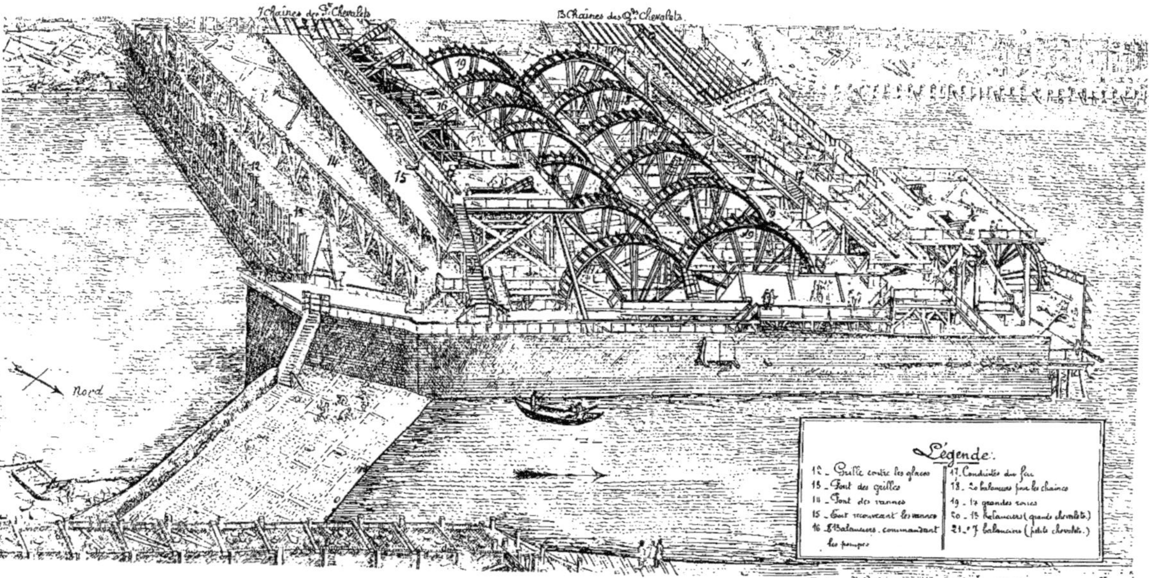

Fig. 52. — La machine.

(fig. 51) et trois extraits, à plus grande échelle et se faisant suite, de ses principales parties (fig. 52, 53 et 54)[1].

    c) Une description, avec plans et souvent citée, de Fred Weidler publiée à Wittemberg en 1728[2].

    d) Une étude bien faite et terminée par des calculs intéressants par de la Jonchère et publiée en 1718. L'auteur paraît avoir puisé aux mêmes sources que Weidler ; les fig. 55 et 56 reproduisent les plans contenus dans cette notice[3].

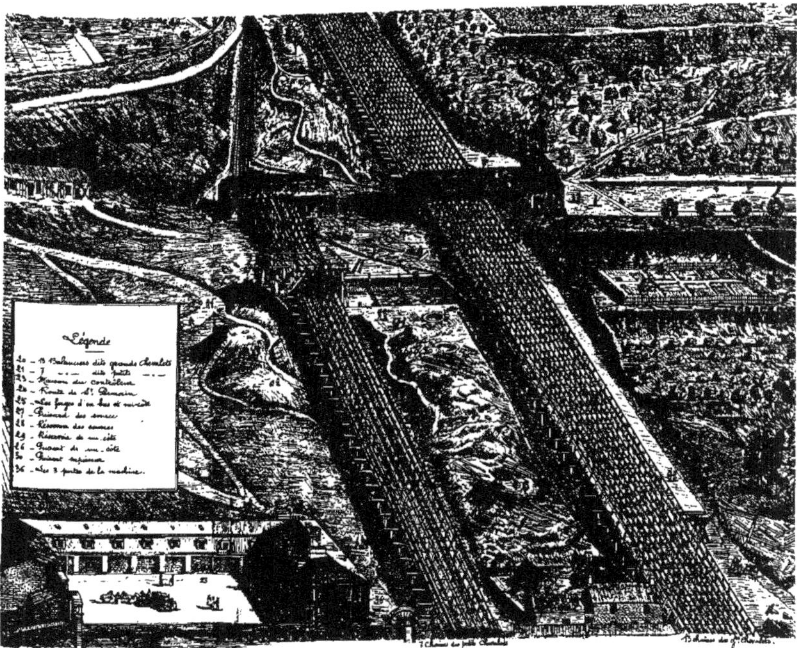

F&IG. 53. — Les chevalets.

1. Vue de la machine de Marly qui élève l'eau de la rivière [de Seine et de plusieurs sources, 535 pieds de haut par des mouvements continus, 530 toises de longueur pendant 700 toises de chemin. Cette machine sert à embellir les maisons royales de Versailles, de Trianon, de Marly et peut servir à Saint-Germain. Elle a été construite par ordre du roi sur les projets et par la direction de M. le baron de Ville.

Après la légende, le plan porte la mention : Cette machine a été exécutée et inventée par M. le baron de Ville, dessinée par Liévin Creuil en 1688, gravée en 1708 et finie par Pierre Giffart, graveur du roi.

2. *Tractatus de machinis hydraulicis toto terrarum orbis maximis, Marliensis. Londimensi et aliis rarioribus*, par Fred Weidler, professeur à Wittemberg, 1728. Cet auteur vint à Marly en 1714.

3. *Nouvelle méthode de fortifier..... suivie de dissertations sur la machine de Marly.....* par de la Jonchère. Paris, 1718. Nous avons, dans les parties critiques de notre description, fait de nombreux emprunts à cet ouvrage.

c) Les plans assez confus de de Fer[1] publiés avec une notice en 1716. Les fig. 62 et 63, reproduisant des planches conservées aux Archives, sont celles d'après lesquelles Weidler et de Fer ont fait le petit extrait qu'ils donnent dans leurs ouvrages.

f) Bélidor, dans son *Traité d'hydraulique* de 1739[2], donne aussi une description bien faite de la machine de Marly dont nous avons extrait les fig. 57 et 58.

Abords de la machine. — La fig. 59 donne le plan général de la Seine entre Bezons et la machine de Marly, tel qu'il est aujourd'hui; on voit que les îles Saint-Martin, la

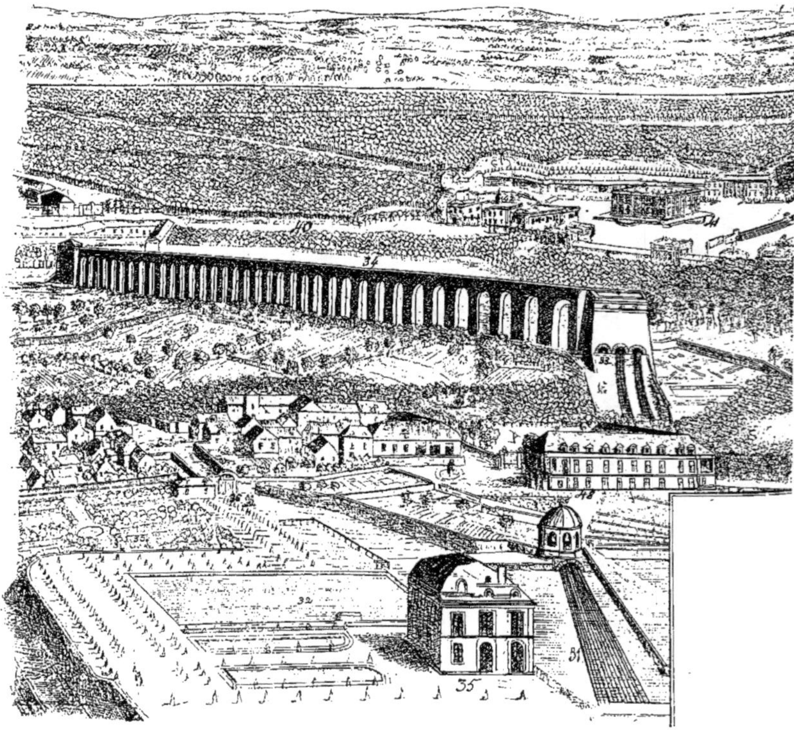

Fig. 54. — L'aqueduc.

31 Conduites ascendantes.	36 Portes.	42 Chapelle.
32 Réservoir du grand puisard.	40 Route de Versailles.	43 Les 12 pavillons.
33 et 34 Tour et aqueduc.	41 Château de Marly.	48 Maison Cavois.
35 Pavillon de Ville.		

1. *Plan général de la machine de Marly*, par de Fer, 1716. Plusieurs figures avec description.

2. *Architecture hydraulique ou l'art de conduire, d'élever et de ménager les eaux...*, par Bélidor. Paris, 1739, t. 2, p. 196, avec nombreuses planches.

Grande, du Chard, de la Chaussée, Gautier et de la Loge sont réunies par des digues, de façon à former deux bras parallèles. Sur le bras de gauche, en aval de la chaussée, la rivière est barrée par la machine de Marly. Le bras de droite est aujourd'hui fermé par le barrage de Bezons qui force les eaux à passer par le bras de gauche.

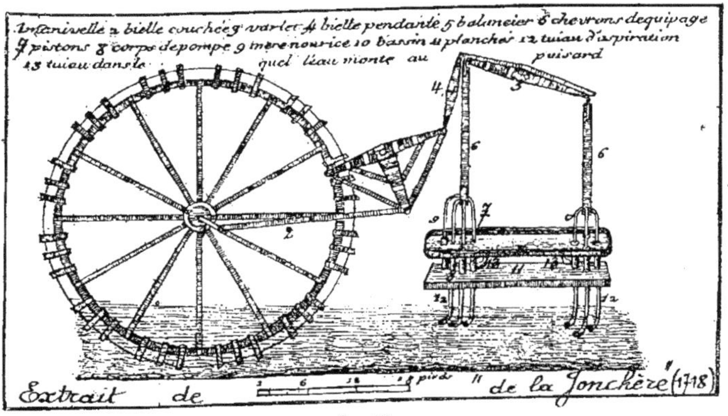

Fig. 55.

Le barrage de Bezons et la machine ont ainsi créé sur la rivière une chute de 3 m. 10 qui est utilisée par les roues hydrauliques. La navigation, ne pouvant plus se faire par le bras de droite, on a créé, près de la machine, entre les îles Gautier et de la Loge, des écluses dont la fig. 60 donne la disposition.

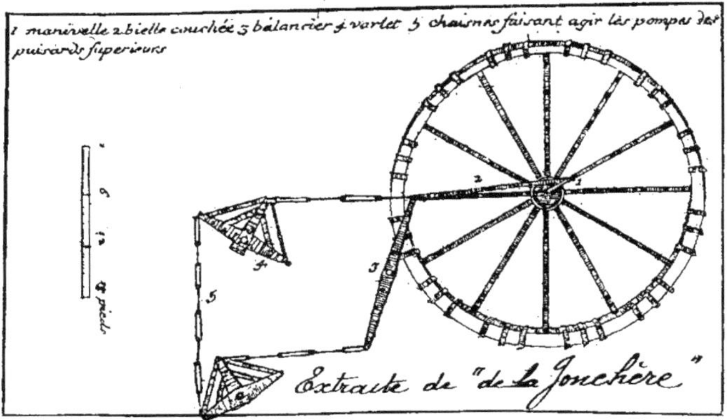

Fig. 56.

Les projets faits en 1683 par Mansart et revus en 1684 par Vauban diffèrent peu, comme ensemble, de l'état actuel dont nous venons de dire quelques mots. A la place du barrage de Bezons, les ingénieurs du XVIIe siècle avaient établi un étranglement laissant

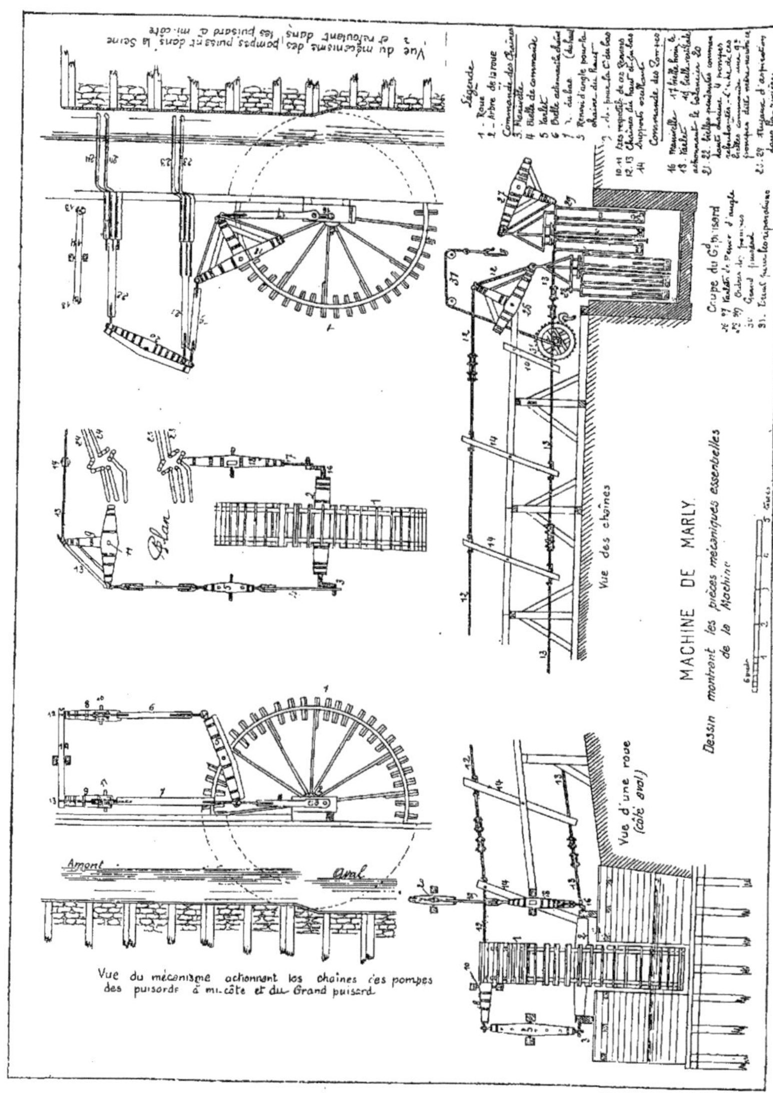

Vue du mécanisme des pompes puisant dans la Seine
et refoulant dans les puisard à mi-côte
MACHINE DE MARLY.
Dessin montrant les pièces mécaniques essentielles
de la Machine
Vue des chaînes
Vue d'une roue
(côté aval)
Vue du mécanisme actionnant les chaines des pompes
des puisards à mi-côte et du Grand puisard
Amont
Aval
Plan
Légende

Fig. 57. et 58.

une ouverture de 12 à 15 mètres, appelée pertuis de la Morue, par lequel les eaux de la Seine qui n'allaient pas à la machine étaient obligées de passer en formant une cataracte très sensible. Les fig. 47 et 48 donnent le détail de ce pertuis. De même, les îles étaient réunies par des digues formées de pilotis moisés ; la fig. 49 donne la disposition de l'un de ces barrages. Comme les îles sont peu élevées et auraient été submergées par suite de l'éléva-

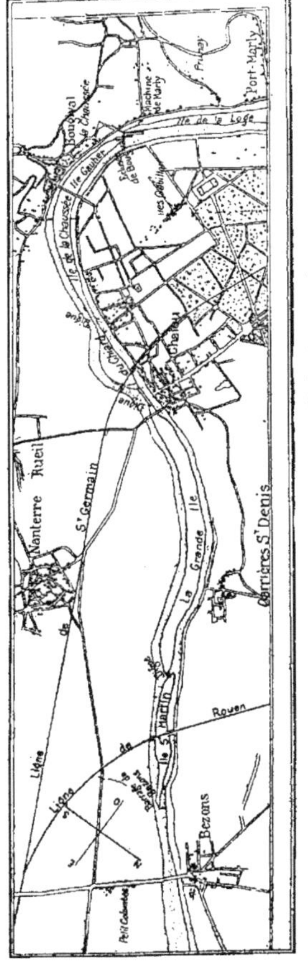

Fig. 50. — La Seine de Bezons à Marly, état actuel.

tion du niveau de l'eau créée par les barrages, on les protégea, dans beaucoup de leurs parties, par des digues maintenues par des files de pieux dont on retrouve encore aujourd'hui beaucoup de vestiges.

Le plan 46 donne un ensemble des travaux, tels qu'ils étaient en 1685 ; on y voit la signature de de Ville. La fig. 48 est une coupe du fameux pertuis de la Morue, tristement

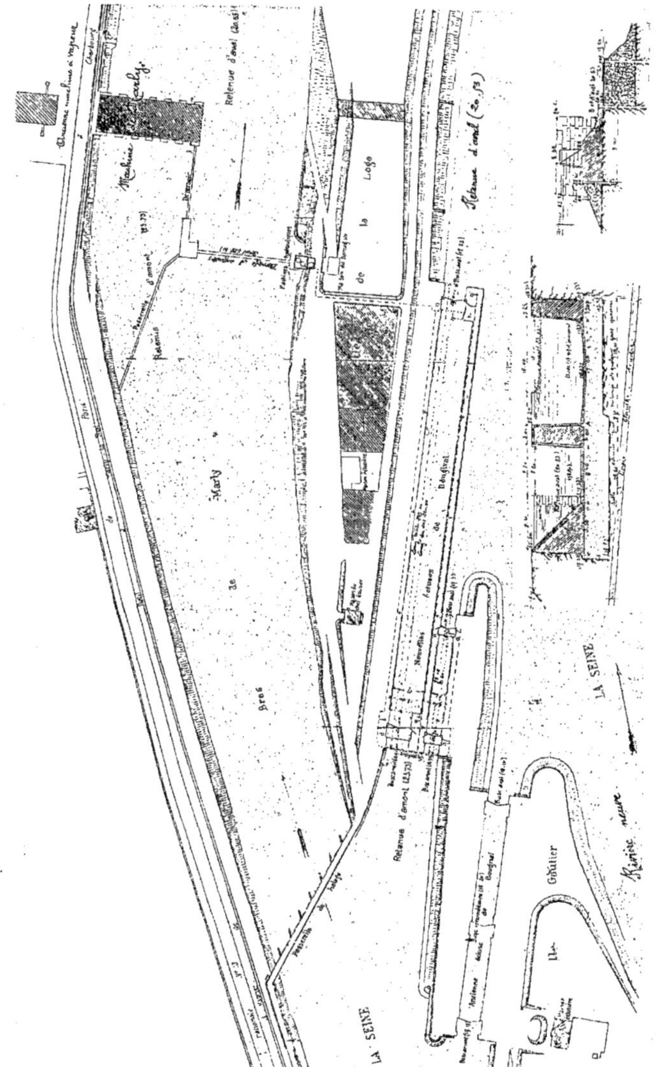

Fig. 60. — Abords de la machine, état actuel.

célèbre par les naufrages de bateaux ; le plan 49 donne les détails des digues de Chatou ; ainsi, grâce à ces documents, relevés aux Archives, on peut reconstituer l'état de la Seine aux xvıı⁰ et xvııı⁰ siècles.

« Au moyen de ces différents ouvrages [1], on obtint une chute variable suivant les divers états de la rivière et dont le maximum était d'environ 1 m. 65 (5 pieds). Lorsque les vannes de la machine étaient fermées, la différence des niveaux, entre les biefs supérieur et inférieur, atteignait 2 mètres ou 6 pieds. »

En l'absence d'écluses, la navigation se faisait par le bras de droite en passant par le *pertuis de la Morue*.

« Il résultait de cet état de choses trois inconvénients graves pour la navigation :

« Le premier et le plus affligeant, en raison des accidents dont il a été la cause, était le passage très dangereux de la Morue. Lorsque les eaux étaient hautes, les bateaux éprou-

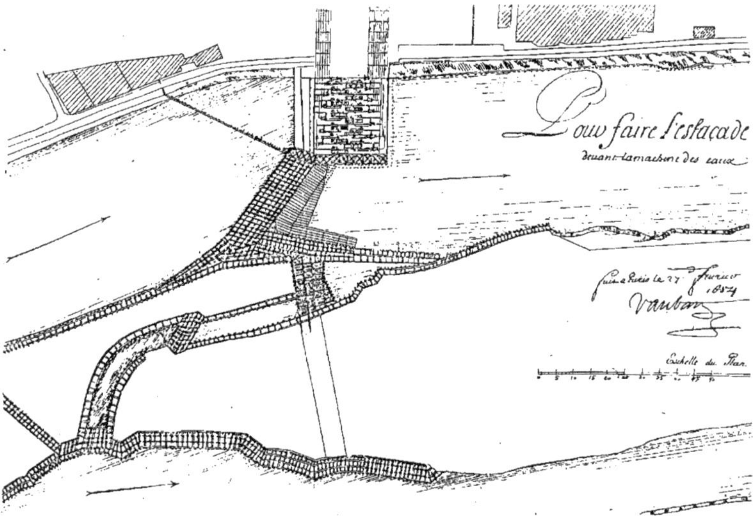

Fig. 61. — Abords de la machine par Vauban.

vaient, tant à la montée qu'à la descente, les plus grandes difficultés au passage de cet étranglement ; pour franchir la cataracte, il fallait prendre au Pecq souvent 20 à 30 chevaux de renfort. En outre, après cet étranglement, il s'était formé, en face Carrières, un banc de sable de 600 mètres de longueur où les bateaux venaient s'échouer et, pour rendre possible la navigation en cet endroit, on était obligé d'arrêter la machine un jour ou deux par semaine [2]. »

1. Ces passages sont extraits du mémoire présenté en 1811 au ministre de l'Intérieur, par MM. Prony, Heurtier, Rondelet, Girard, Norry et Bruyère.

2. Il se trouve aux Archives nationales un plan d'écluse sur lequel est écrit : « Le présent plan est celuy que j'ay fait pour l'escluze que désire faire M. Deville proche la machine de Marly, faict le 11 aoust 1683 signé : Mansart. » Cette écluse est projetée entre les îles Gautier et de la Loge, c'est-à-dire à l'endroit où sont aujourd'hui les écluses. Nous avons donc pu dire avec exactitude que le plan d'ensemble de la Seine, en amont de Marly, est tel que les ingénieurs du xvıı⁰ siècle l'avaient projeté.

Tout cet ensemble de travaux fut revu par Vauban, sur l'ordre de Louvois, et le maréchal dressa, ensuite de sa visite en février 1684, un plan d'ensemble des abords de la machine, dans lequel il demande l'addition, en amont des roues hydrauliques, d'une estacade destinée à éloigner les glaces. La fig. 61 reproduit ce plan [1].

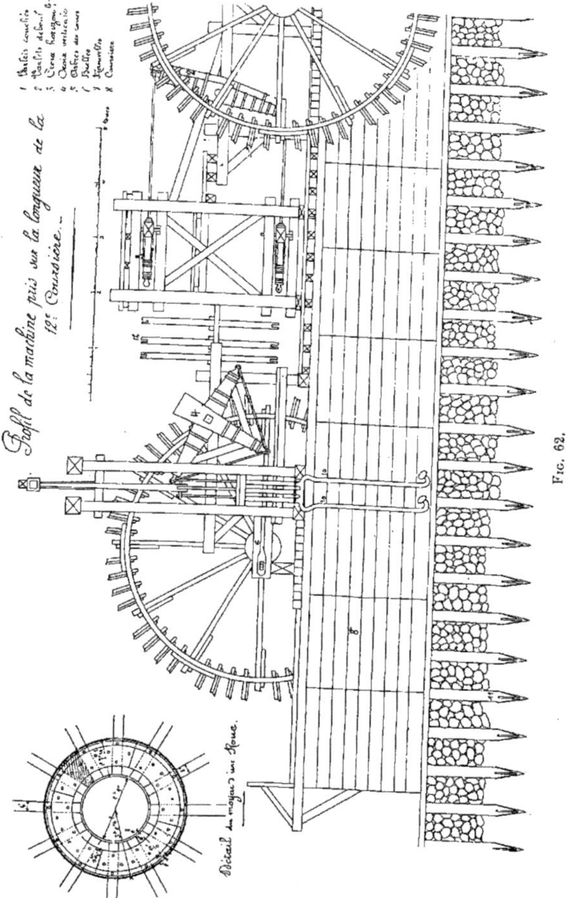

Fig. 62.

1. Ce plan est accompagné d'une notice sur laquelle nous avons relevé la signature de Vauban. On remarquera que ce plan, dressé avec soin, n'a que 13 roues. Il est probable qu'à la fin de 1684 ou dédoubla une des roues, ce qui expliquerait que la largeur des roues 13 et 14 (fig. 65) est moitié de celle des autres roues.

Voici, du reste, d'après une description du xvii° siècle conservée aux Archives, le détail des fondations de la machine :

« La machine a 34 toises 2 pieds en travers de la rivière (suivre le plan 64 de Vauban), sur 33 toises de long.

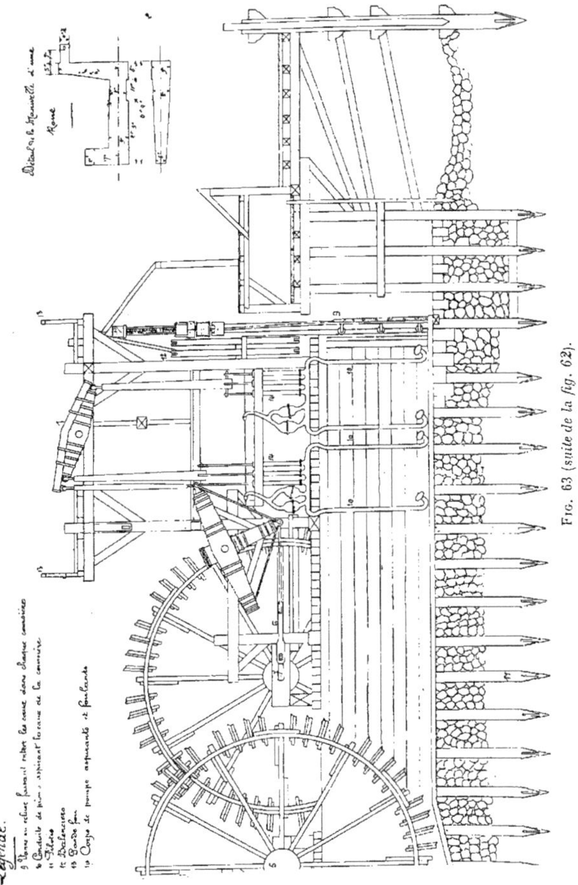

Fig. 63 (suite de la fig. 62).

« Le fond de ladite machine est construit de bons pilotis, entre lesquels sont des moellons à pierres sèches. Sur ces pilotis, sont des seuils de charpente, sur lesquels sont chevillés, avec clous barbus de 9 lignes de gros, les madriers des fonds des coursières, qui ont 4 pouces d'épaisseur ; tous les ans, il faut visiter lesdits fonds pour rétablir ce qui y manque, soit de seuils, soit de moellons, soit de madriers qui s'emportent par le courant de l'eau ou s'usent, de manière qu'au bout de peu d'années, ils deviennent de demi-pouce d'épaisseur au plus. (Voir les fig. 62, 63 64 et 65.)

« Tout le corps de la machine est partagé en 14 coursières ou canaux, séparés chacun par deux *pallées* de pieux, reliés par des chapeaux dessus qui soutiennent tous les *brains* qui forment les planchers sur lesquels sont les madriers du rez-de-chaussée de la machine; lesdits planchers contiennent 974 toises de superficie et, comme ils sont exposés à être mouillés et séchés successivement, sont sujets souvent à être dégradés et réparés, d'autant plus que l'on est obligé de faire passer tous les jours de lourds fardeaux dessus.

« Chaque côté de coursière, qui a 13 pieds de hauteur, est garni, depuis le bas jusques en haut, de madriers de 3 pouces depuis la vanne jusqu'au bout d'en bas des coursières (voir fig. 64 et 65), chaque madrier attaché aux pieux des côtés par de fortes chevilles barbues et relié, outre cela, par de forts boulons, d'un madrier d'un côté d'une coursière aux madriers du côté opposé d'une autre coursière, étant de très grande conséquence que lesdits madriers de côté, aussi bien que ceux du fond des coursières soient bien arrêtés parce que l'eau, par son courant, pouvant les faire lever, cela pourrait causer beaucoup de dommage aux roues.

« Chaque devant des coursières a une vanne qui se hausse et se baisse par le moyen d'une queue qui est prise entre deux moises, où sont deux écrous ; pour relever lesdites vannes, qui sont composées par le bas d'une pièce de bois de 10 pouces et successivement en diminuant jusqu'en haut où elle finit par des madriers de trois pouces, il faut quatre hommes qui barrent dans lesdits écrous avec des barres de fer d'un pouce et demi et de 6 pieds de long. (Voir pl. 63, n° 9.)

« Derrière lesdites vannes, il y a un poteau dans le milieu pour empêcher que la grande charge de la rivière ne les fasse ployer dans leur milieu et il y a trois rouleaux attachés à chaque vanne pour limiter le frottement qu'elles feraient contre lesdits poteaux.

« Il y a devant lesdites vannes des pilotis reliés ensemble par des moises pour soutenir l'effort de l'eau dans 34 toises de longueur sur 24 pieds de large.

« A 18 pieds au-dessus de la machine est une rangée de pieux dont une bonne partie se lève et baisse quand on veut et qui servent, lorsqu'ils sont baissés, à empêcher les immondices et les glaces de pouvoir donner contre le corps de la machine pendant l'hiver. (Voir fig. 50 et 63.)

« Il y a, outre tout cela, à 60 toises ou environ au-dessus, une estacade plantée en biais dans la rivière, ouvrage de M. de Vauban (voir fig. 61), composé de trois rangées de pieux reliés ensemble par des chapeaux et entretoises et soutenus, de l'une à l'autre pallée, par doubles contrefiches pour empêcher que les débacles ne puissent jamais endommager le corps de la machine; cette estacade est composée de 25 pieux à chaque rangée, ce qui fait 75, de 50 contrefiches, de 350 toises de chapeaux et entretoises, et rejette les glaçons par-dessus un déchargeoir [1] qui est entre le corps de la machine et l'Ile, qui a 40 toises de long sur 12 toises de large.

« Ledit déchargeoir ou digue sert à contenir toute l'eau de l'ancien bras de la rivière pour la machine et est construit à hauteur pour que l'eau, lorsqu'il y en a trop pour la machine, puisse passer par-dessus.

« Il est construit avec bons pilotis en grillage, reliés d'un pieu à l'autre par de fortes entretoises et chapeaux et recouverts de madriers de 3 pouces et qui sert à recevoir le gros bouillon que forme la rivière au-dessous de la digue, lorsqu'elle passe par-dessus, et qui, sans cela, creuserait le derrière de la digue et l'emporterait en peu de temps. Ces madriers se trouvent souvent emportés en partie par la violence dudit bouillon, quoiqu'ils soient bien chevillés dans les charpentes de dessous avec de grosses chevilles barbues de 9 à 10 lignes.

1. On remarquera en A, fig. 50, l'amorce de ce déchargeoir qui se voit dans son ensemble en perspective fig. 52.

« Le côté de la machine sur le chemin et le côté de l'Ile sont soutenus par de bons massifs de pilotage entre lesquels est une maçonnerie composée de bon moëllon et pierre de taille. » (Voir fig. 52.)

Roues et transmissions. — Les fig. 50, 62 et 63 donnent respectivement le plan de la machine hydraulique et sa coupe longitudinale suivant l'une des coursières ou canaux d'amenée d'eau aux roues.

Nous avons dit que la machine se composait de quatorze roues de 36 pieds de diamètre et de largeurs inégales[1]. Ces roues étaient disposées sur trois lignes : la première, en amont, comprenait sept roues, la seconde six et la troisième une seule, de largeur réduite ; cette dernière n'actionnait que des pompes. Cette disposition avait été prise, ainsi que le montre le plan fig. 50, pour réserver la place nécessaire au passage des transmissions qui, partant de la machine, allaient actionner les pompes des premier et second puisards.

L'eau arrivait à chacune des quatorze roues par autant de coursières ou canaux parallèles formés, ainsi qu'il a été dit, par des files de pieux contre lesquels étaient clouées des planches longitudinales, en sorte que les canaux étaient totalement en bois. En tête de chacun de ces canaux étaient les vannes que nous avons déjà décrites. « Chacune des roues avait 36 pieds de diamètre et était composée d'un arbre de roue de 36 pouces de diamètre (fig. 62, détail A)[2] relié de douze grosses frettes de fer de 3 pouces de large et de 16 lignes d'épaisseur, de 24 embrassures de 36 pieds de long et de 113 pieds de courbes qui forment le cintre de ladite roue ; le dedans desdites courbes est garni de 24 aubes de bois de hêtre et, dans l'été, lorsque les eaux sont basses, chaque roue est garnie en dehors des cintres, de 36 aubes aussi de bois de hêtre de 18 pouces de large et d'un pouce et demi d'épaisseur, attachés sur des coyaux et reliés de l'une à l'autre par trois rangées de chantelles.

« Chaque arbre de roue a une manivelle de chaque bout, de fer corroyé (fig. 63, détail B), pesant chacune 2.400 ou 2.500, qui ont par le corps 9 pouces quarrés, qui cependant ne laisse pas que de casser par le grand effort que fait la machine. »

La fig. 62 donne le détail de ces roues et de leurs essieux, d'après les croquis relevés en 1776 et conservés aux Archives.

Nous avons dit que les quatorze roues motrices de la machine portaient chacune deux manivelles et transmettaient leur mouvement à trois séries de mécanismes :

D'abord, directement aux soixante-quatre pompes en rivière ;

En second lieu aux tringles dites des petits chevalets s'arrêtant à mi-côte et commandant quarante-neuf pompes ;

Enfin, aux tringles dites de grands chevalets, actionnant à mi-côte trente pompes et à la partie supérieure du coteau soixante-dix-huit pompes.

Nous allons étudier chacune de ces transmissions.

Le mouvement était donné aux pompes par huit manivelles, à savoir (voir fig. 50), les deux de la quatorzième roue d'aval et une manivelle, celle de gauche, des six roues de la première rangée d'amont portant les nos 3, 5, 7, 9, 11 et 13. (Voir fig. 55, 56, 57, 58 62, 63 et 64-65.)

Chacune de ces huit manivelles menait deux équipages, de chacun quatre pompes, à l'aide de la transmission, représentée dans son ensemble par les fig. 57 et 58 et dans ses détails par les fig. 62, 63, 64 et 65.

« Le mouvement pour faire agir les pistons est composé d'une bielle attelée dans le bouton de la manivelle, qui est relié par une fourchette de fer à un bras de croix verticale

1. La fig. 64-65 montre que les roues n'étaient pas toutes construites de la même manière. Les largeurs d'aubes différaient également : Les aubes des douze premières roues avaient 8 à 9 pieds de largeur sans qu'il y en eut deux exactement semblables ; les aubes des treizième et quatorzième roues avaient quatre pieds et demi de largeur, soit environ moitié des douze premières. (Voir renvoi 1, p. 106.)

2. Ce détail se voit à gauche du plan.

par un gros boulon qui passe dans un œillet de fer ; et ladite croix, par un autre de ses bras, est attachée à une bielle pendante par un pareil œillet qui, par le haut, est attachée à un varlet de plat où est attachée, à chaque bout, une bielle pendante où l'on attelle à chacune, dans des pieds de fer, quatre pistons [1]. »

Passons à la transmission actionnant les sept doubles chaînes s'arrêtant à mi-côte et appelée transmission des petits chevalets. Le mouvement était donné (fig. 50) par six roues

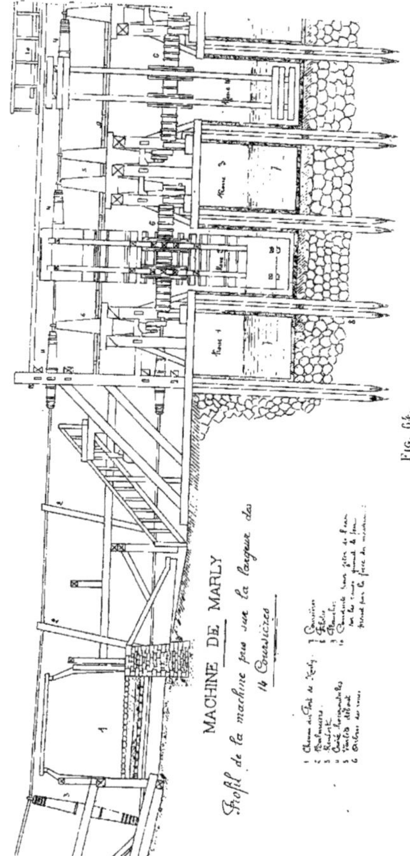

FIG. 64.

du premier rang, à savoir les deux manivelles de la première roue et les manivelles de droite des roues 3, 5, 7, 9 et 11, soit sept manivelles. Cette transmission se voit, pour l'ensemble, en fig. 57 et 58, et pour les détails, en fig. 62 à 65.

1. Description conservée aux Archives, 1686.

« Chacune de ces manivelles[1] mène le varlet vertical qui communique par les deux extrémités à deux croix horizontales à plomb l'une de l'autre, et qui conduisent autant de chaînes de fer jusqu'au puisard des petits chevalets à mi-côte. A la traversée du chemin de Saint-Germain longeant la Seine, les chaînes inférieures passaient par-dessous la route et les chaînes supérieures par-dessus, ainsi que cela se voit sur la fig. 64 et 65[2]. »

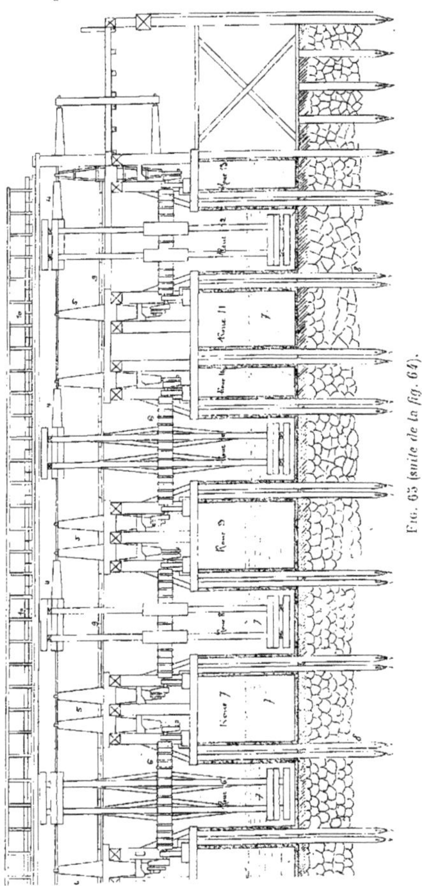

Fig. 65 (suite de la fig. 64).

« Les sept doubles chaînes donnent le mouvement à quatorze croix placées dans le puisard des petits chevalets à mi-côte ; ces croix qui sont à plomb, de deux en deux, l'une

1. Extrait d'une description écrite par Brunel en 1806 (Archives).
2. Ce détail n'a pas été toujours bien compris dans les descriptions de la machine ; la coupe longitudinale du chemin, fig. 75, fixe bien la disposition des lieux.

étant supérieure et l'autre inférieure (voir fig. 67 à 71), se trouvent aussi de deux en deux à plomb d'une bâche de 14 pieds de profondeur, qui contient dans le même alignement sept pompes, en sorte que les sept croix supérieures et inférieures mènent, dans ces sept bâches, 49 pompes à mi-côte qui montent l'eau dans le puisard supérieur dit des grands chevalets. Comme les puisards sont voisins des réservoirs, on peut, par des communications séparées, donner ou retirer l'eau des bâches à volonté, ce qui permet de faire les réparations des chaînes et de leurs accessoires ou de la bâche elle-même. »

Les planches 67 à 71 donnent le détail de ces bâches et les légendes permettent de suivre aisément la marche de l'eau.

Passons à la transmission dite des grands chevalets qui montait jusqu'au puisard supérieur.

Le mouvement aux treize couples de chaînes qui la composaient était donné par les deux manivelles des six roues composant le second rang, et par la manivelle de droite de la dernière roue du premier rang. La transmission était, du reste, du même genre que celle déjà décrite pour les petits chevalets. Cette transmission montait jusqu'au puisard supérieur; en passant à la hauteur des puisards de mi-côte, cinq des treize couples de

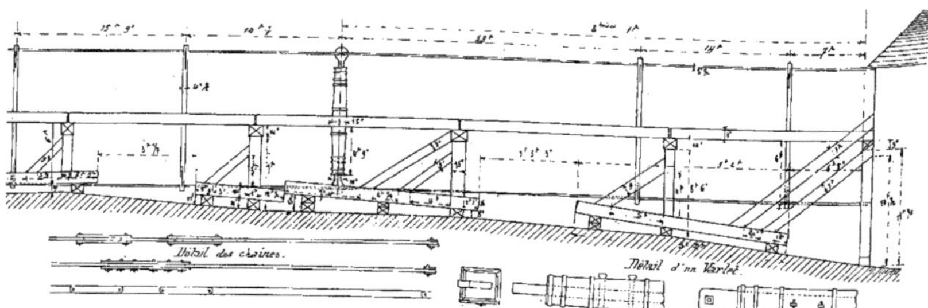

Fig. 66. — Détail des chevalets et des chaînes.

chaînes actionnaient autant de groupes de six pompes, soit trente pompes qui, comme les 49 autres des petits chevalets, relevaient l'eau de mi-côte dans le réservoir supérieur. Arrivées à l'étage supérieur, les treize couples de chaînes actionnaient, dans les puisards, fig. 73 de ce dernier étage, autant de groupes de six pompes, soit soixante-dix-huit pompes, ainsi que cela se voit dans les plans des puisards.

La fig. 66 donne le croquis détaillé des chaînes avec les chevalets qui les portaient et les bielles qui les reliaient, d'après un dessin de 1715, conservé aux Archives. Les mêmes figures donnent les détails des tringles de fer formant les chaînes ; elles avaient 3 pouces de largeur et 1 pouce et demi d'épaisseur.

« Comme il pourrait arriver qu'une des barres de fer qui composent les chaînes cassât et en fît ainsi casser d'autres, par le grand effort de la manivelle qui les fait agir, il y a, de 12 toises en 12 toises, une chaîne brisée, qui obéit, et qu'on a représentée par la fig. 66[1].

« Autour de chaque coursière, est une balustrade de fer pour la sûreté des ouvriers[2] qui sont continuellement obligés d'y passer pour aller dételer une bielle ou pour d'autres réparations qui se font sans arrêter les roues.

1. Bélidor.
2. Ancienne description conservée aux Archives.

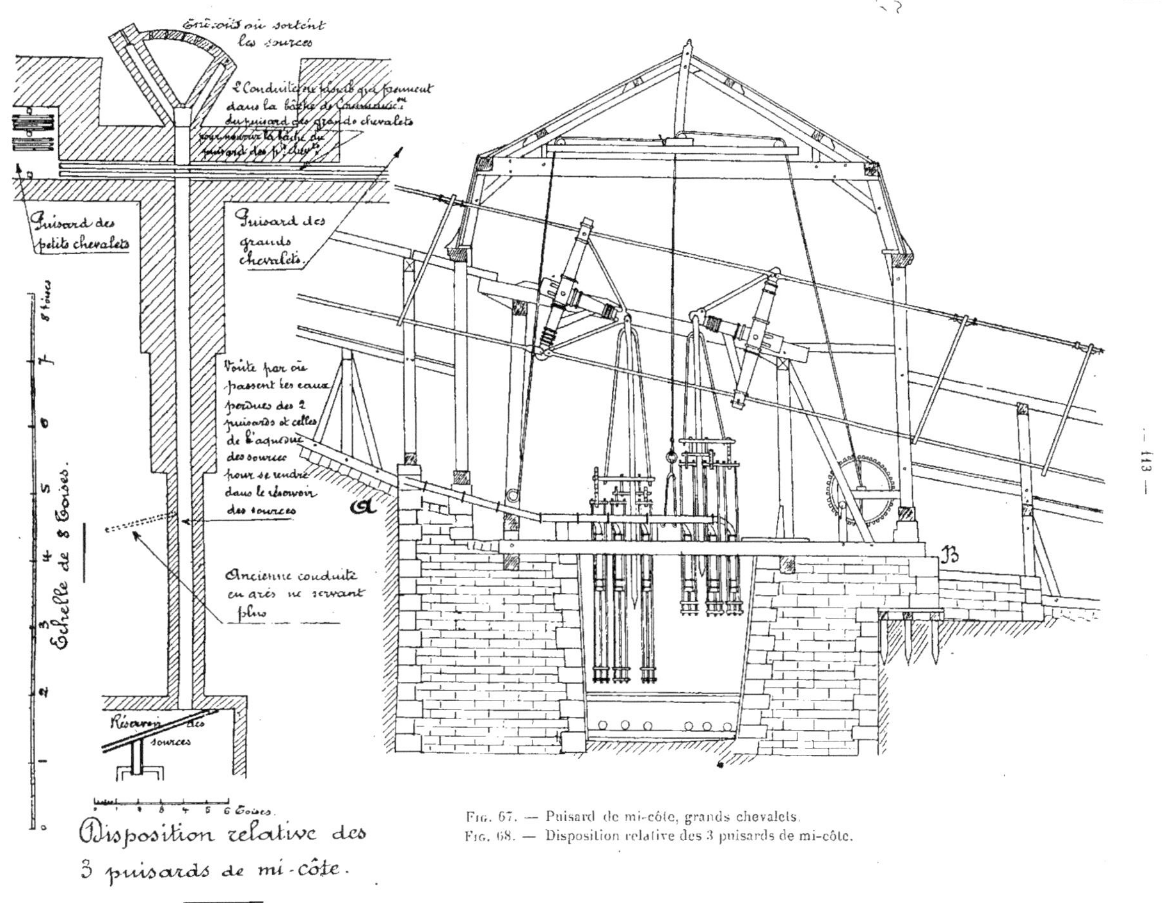

Fig. 67. — Puisard de mi-côte, grands chevalets.
Fig. 68. — Disposition relative des 3 puisards de mi-côte.

« Chaque manivelle porte sur un palier de cuivre. De même, chaque tête de bielle a un palier de cuivre dans lequel roule le bouton de la manivelle. A chaque œillet, où passe un boulon, est un palier de cuivre. Chaque croix roule sur des paliers de cuivre ne faisant jamais rouler fer sur fer, mais par tous les mouvements le fer roule sur le cuivre[1]. »

Malgré cette précaution, les imperfections grossières du montage amenaient dans les parties tournantes des frottements considérables qui échauffaient les tourillons et causaient

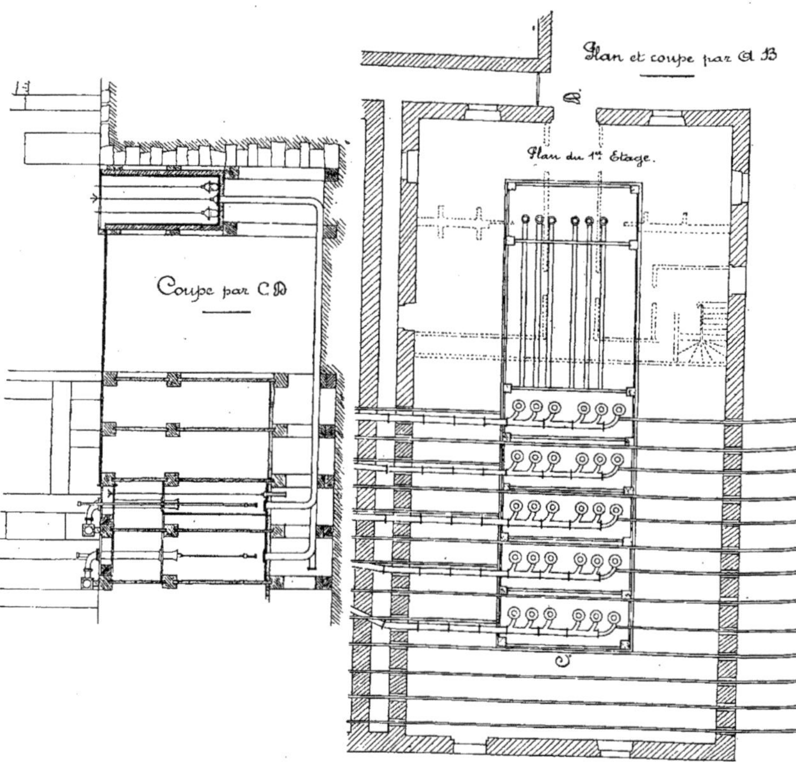

Fig. 69. — Puisard de mi-côte des grands chevalets.

souvent des incendies; pour y remédier, on plaça sur les planchers supérieurs de la machine, des canalisations d'eau. On les voit marquées en 10 sur la fig. 64-65, en 17 sur la fig. 52.

1. On remarquera que les plans contemporains de la description n'indiquent pas ce détail très intéressant.

« Ainsi, il y a, dans la machine, huit croix verticales, quarante croix horizontales, vingt varlets debout, vingt-huit bielles, vingt-huit manivelles, vingt-quatre bielles pendantes pour les équipages, quarante bielles couchées pour les chaînes.

« Il est nécessaire d'avoir toujours vingt-huit bielles de provision : une pour chacune de celles qui marchent, parce que, quoique la tête en soit bien ferrée d'un fer de 6 pouces de large et de 9 pieds de long, elles ne laissent pas de casser très souvent, recevant le premier cahot et le premier effort du mouvement.

« Il y a, dans le corps de la machine, 412 paliers de cuivre qui servent journellement et il en faut toujours avoir plusieurs de chaque espèce de rechange ; ces paliers pèsent depuis 200 livres jusqu'à 12 livres chacun. »

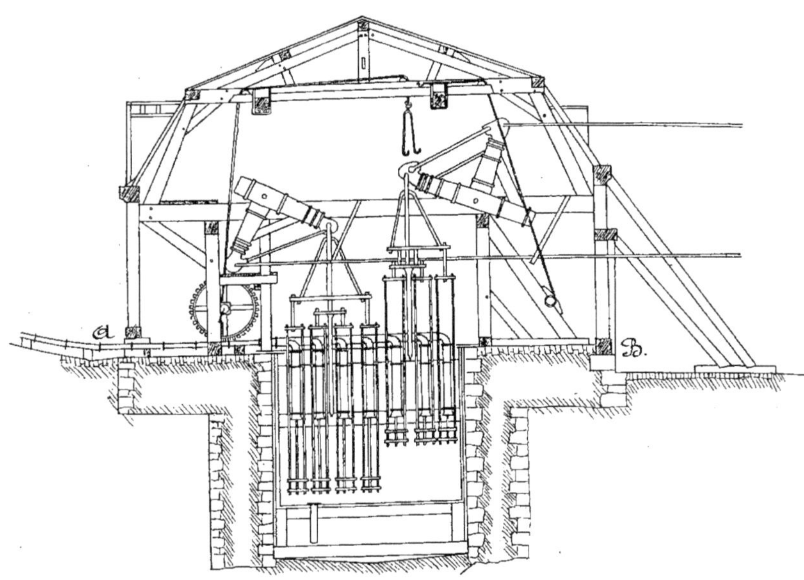

FIG. 70. — Puisard de mi-côte, petits chevalets.

§ 3. — Réservoirs de mi-côte et supérieur. Eaux des sources. Pompes.

L'eau élevée par les 64 pompes de la rivière se réunissait dans cinq conduites de 8 pouces et se déversait à mi-côte, c'est-à-dire 148 pieds environ au-dessus du fond des coursières, dans une bâche[1], d'où elle se rendait dans un réservoir[2] qui existe

1. Voir les fig. 67 jusqu'à 74, que nous avons composées à l'aide de croquis relevés de 1765 et conservés aux Archives.
2. Ce réservoir se voit en (29) sur la figure perspective 53 ; il fut réduit de moitié de longueur quand on le répara en 1770.

encore et qui a 40 toises de longueur sur 12 de largeur. De ce réservoir, l'eau se rendait, par deux conduites d'un pied, placées dans un acqueduc, aux *bâches de communication* des deux puisards de mi-côte, l'un des petits chevalets, l'autre des grands chevalets.

Chacun de ces puisards était partagé en autant de compartiments qu'il y avait de groupes de pompes, plus un servant de bâche de communication.

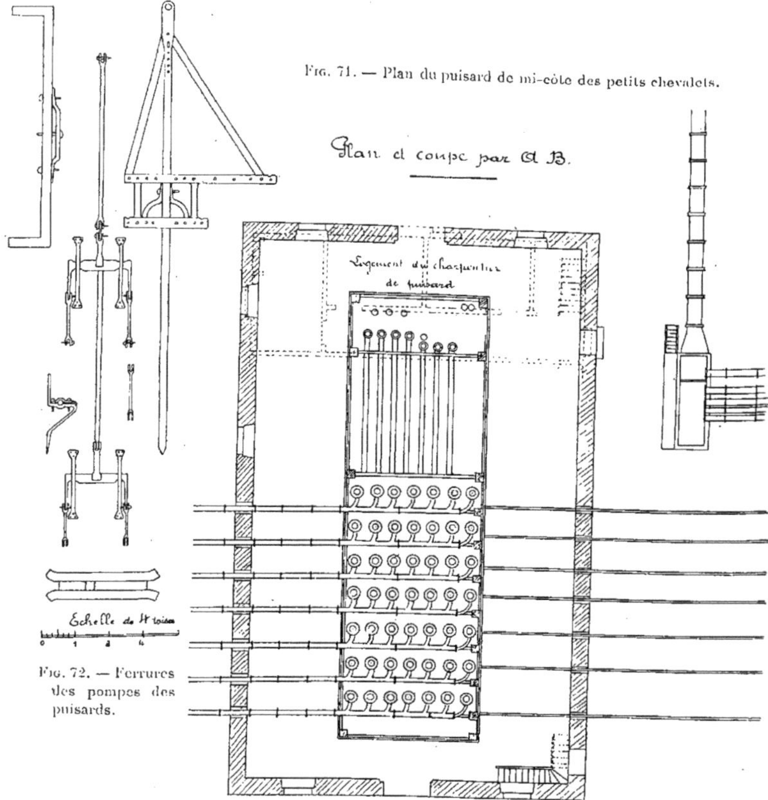

Fig. 71. — Plan du puisard de mi-côte des petits chevalets.

Fig. 72. — Ferrures des pompes des puisards.

Il y avait donc 7 + 1 ou huit compartiments au puisard des petits chevalets, et 5 + 1 ou six au puisard des grands chevalets; chacun des compartiments des pompes était relié, par un tuyau spécial et une soupape, avec la bâche de communication; — Ainsi, quand il y avait une réparation à faire, on laissait le compartiment se vider et on détclait le groupe des pompes à retoucher sans arrêter les autres.

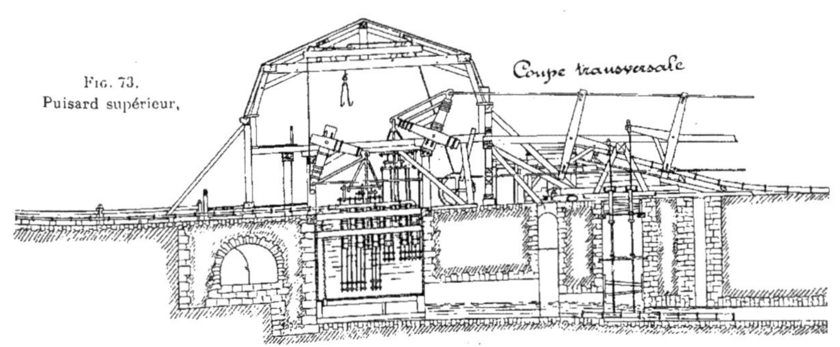
Fig. 73.
Puisard supérieur.
Coupe transversale
Détails en plan de la Bâche A.

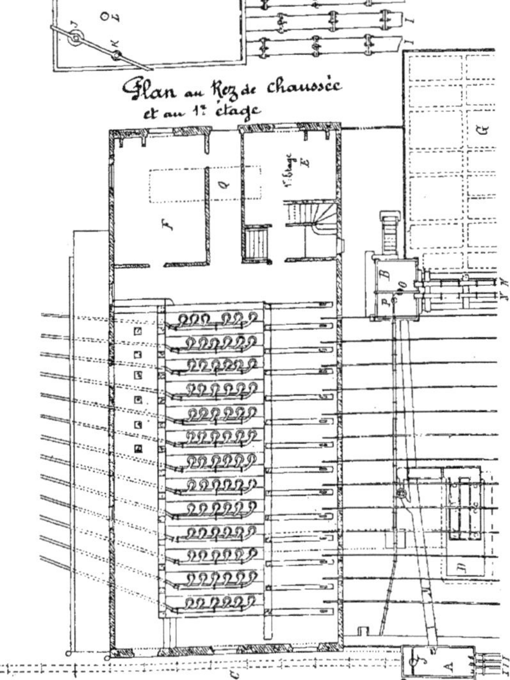
Plan au Rez de chaussée
et au 1er étage

« Les bâches sont construites avec châssis de grosse charpente, savoir : quatre poteaux et huit entretoises et quatre chapeaux, les fonds remplis de madriers de 4 pouces d'épaisseur et les côtés de madriers de 3 pouces ; tous les joints des madriers sont remplis de calfat à force et, par-dessus, recouverts de bandes de coutil et brayés, par-dessus, de bandes de cuir de basane de vache et de bandes de plomb de 4 pouces de large ; clouées avec clous de fer très doux, de manière que les têtes des clous se touchent afin que l'eau ne puisse point se perdre. »

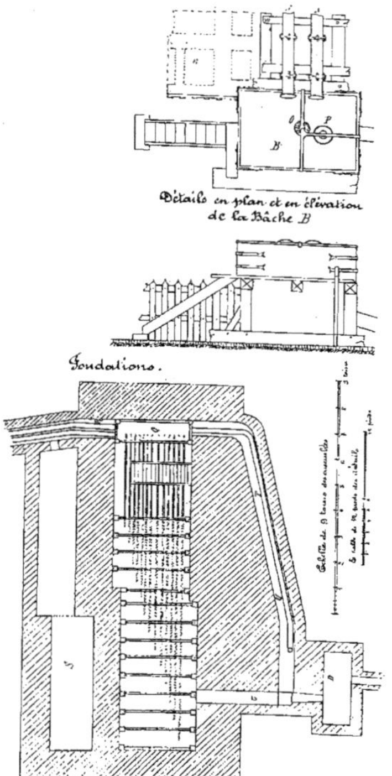

Fig. 74. — Plan et détails du puisard supérieur.

Les plans n°⁵ 67 à 71 donnent bien les détails de cette installation. On remarquera le treuil avec câble et le petit chemin de roulement établi dans la charpente et permettant d'enlever et de manœuvrer les pièces des pompes, en cas de besoin.

Cette installation était compliquée par l'arrivée des eaux des sources recueillies à mi-côte. Ces eaux étaient fournies d'abord par les sources qui étaient apparues quand on avait creusé le sol pour l'installation des puisards ; puis par les sources captées à Prunay, Louveciennes, etc., et amenées par des canalisations ; enfin, par les fuites importantes qui, malgré tout le soin qu'on prenait, se produisaient dans les réservoirs ou les canalisations. Ces eaux étaient réunies dans un réservoir (fig. 67 à 71) et, de là, amenées dans un puisard spécial, placé en contre-bas du puisard des petits chevalets. Là, sur le passage des chaînes, on avait installé quatorze croix, quatorze bielles et vingt-huit pompes qui relevaient ces eaux de sources pour les ramener dans la bâche dont il a été parlé ci-dessus. Cette installation de relèvement des eaux de sources et des eaux perdues n'existait plus à la fin du xviiie siècle.

L'installation du grand puisard supérieur était analogue à celle que nous venons de décrire. L'eau du puisard des petits chevalets (fig. 73 et 74) arrivait, par trois tuyaux de 8 pouces, dans une première bâche et celle du puisard des grands chevalets, par deux

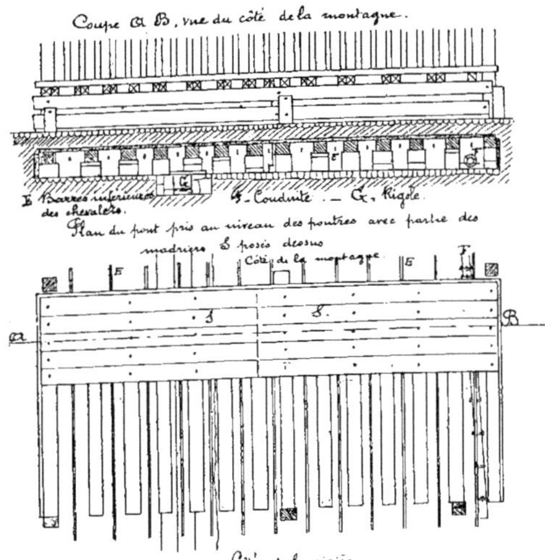

Fig. 75. — Pont sous la route de Saint-Germain, par-dessus les chaînes des grands chevalets.

tuyaux semblables, dans une seconde bâche qui se déversait dans la première par un tuyau de 12 pouces. De la première bâche l'eau se rendait dans le *grand réservoir*[1] supérieur, qui avait 41 toises de longueur sur 21 de largeur, et, de ce réservoir, l'eau passait dans la bâche de communication par deux tuyaux d'un pied. Enfin, comme pour le réservoir de mi-côte, l'eau se rendait, par treize tuyaux indépendants munis de soupapes, dans chacun des treize compartiments contenant chacun un groupe de six pompes.

Dans cette installation existait également un réservoir spécial, recevant les eaux drainées sur la partie supérieure des plateaux de la Celle Saint-Cloud, Louveciennes, et surtout les fuites des tuyaux et des puisards. Cette eau était relevée, dans la bâche de communication, par seize pompes attelées sur les huit couples de chaînes des grands cheva-

---

1. Ce réservoir, placé contre la demeure de M. de Ville, se voit en 32 sur le plan perspective n° 54. Il servait de bassin d'ornement à la propriété et existe encore.

lets, qui n'avaient pas, à leur passage à mi-côte, servi à faire marcher les pompes du puisard de cet étage.

Pompes. — En résumé, il y avait 64 pompes aspirantes et foulantes dans la rivière, plus 8 pompes nourrices dont il sera parlé plus loin.

A mi-côte, sept groupes de 7 pompes, ou 49 pompes, étaient actionnées par les petits chevalets et cinq groupes de 6, ou 30 pompes, étaient mus par les grands, soit 79 pompes.

Au sommet de la colline, treize groupes de 6 pompes, ou 78 pompes, recevaient le mouvement des grands chevalets.

A mi-côte, 14 pompes relevaient l'eau des sources et, à l'étage supérieur, 16 étaient employées au même usage.

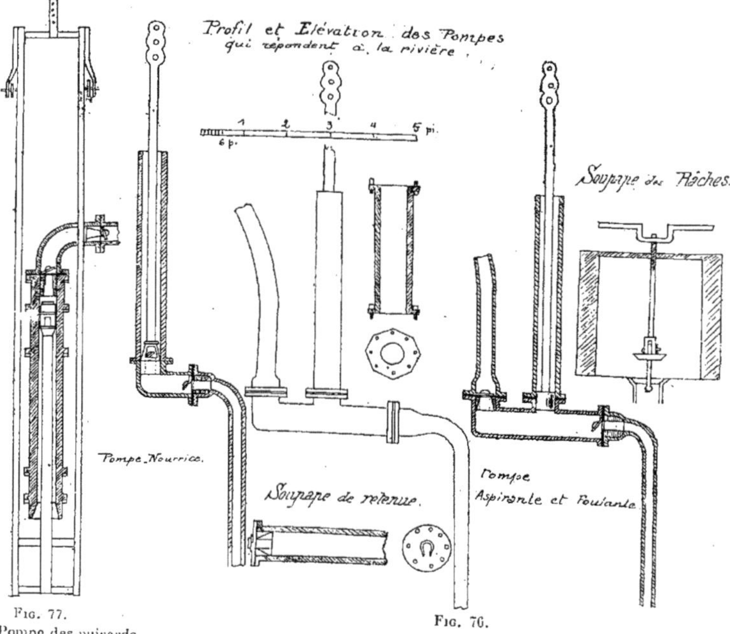

Fig. 77.
Pompe des puisards.

Fig. 76.

L'installation comportait donc, en tout, 259 pompes en comptant les huit pompes nourrices en rivière. Mais, ainsi qu'il sera dit plus loin, toutes ces pompes n'étaient pas attelées à la fois. A la fin du xviiie siècle, on supprima les pompes relevant l'eau des sources ou des fuites.

Toutes ces pompes avaient à peu près 4 pieds de course et 6 pouces et demi de diamètre [1].

1. D'après un relevé fait en 1769, ces diamètres différaient pour presque toutes les pompes ; ils variaient de 6 pouces 2 lignes à 6 pouces 10 lignes.

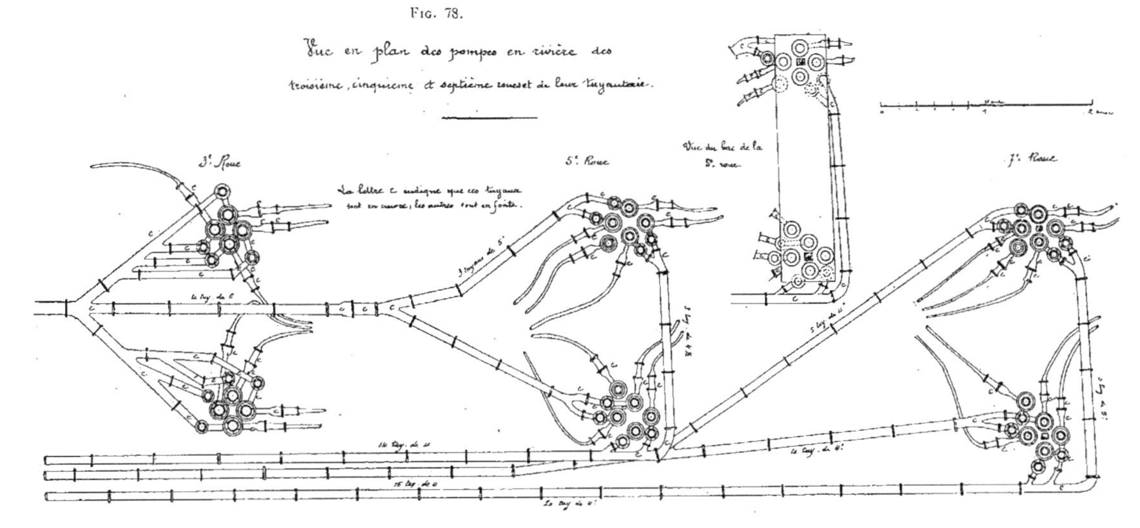

FIG. 78.

Vue en plan des pompes en rivière des troisième, cinquième et septième roues et de leur tuyauterie.

Indépendamment des pompes destinées au relèvement des eaux de sources, on voit que les pompes des deux étages supérieurs étaient plus nombreuses que celles de la rivière : cela tient à ce que les transmissions, faites de chaînes, rompaient souvent et, qu'en conséquence, les pompes qu'elles commandaient étaient sujettes à des arrêts beaucoup plus fréquents que celles en rivière, ce qui obligeait à en avoir de rechange.

Ce nombre plus élevé se justifiait, en outre, par l'arrivée des eaux de sources qui venaient s'ajouter aux eaux de la Seine. Les grands réservoirs de mi-côte (40 toises sur 12 toises) et du puisard supérieur (41 toises sur 26 toises) avaient pour but d'emmagasiner les eaux quand, par suite de réparations accidentelles, il n'y avait plus correspondance entre les nombres de pompes que l'on pouvait mettre en mouvement aux divers étages.

La fig. 76 donne le détail de l'une des 64 pompes aspirantes et foulantes de la machine, et la fig. 78 montre la manière dont ces pompes étaient disposées. On voit, sur ces plans, que les tuyaux de refoulement de deux pompes voisines se réunissent en un seul, qui vient se brancher sur un tuyau unique, à quatre tubulures, qui reçoit le produit des huit pompes d'un même groupe. « Pour empêcher que l'air n'ait communication avec la capacité des corps de pompes et pour que les cuirs qui sont aux pistons ne laissent point de vide et ne s'échauffent point, on a ajouté, à chaque équipage de 8 pompes, une neuvième pompe appelée *nourrice*, afin d'entretenir toujours de l'eau dans un bassin élevé à peu près à la hauteur du bord des corps de pompes. Ainsi, il y a un des poteaux pendants d'un groupe qui a un cinquième piston [1] ».

Le diagramme de la Jonchère (fig. 55), le détail de la cinquième roue (fig. 78), les fig. 62 et 63 donnent le plan complet de ce bassin. Le détail d'une pompe nourrice se voit fig. 76.

Les pompes des puisards (fig. 67 à 73 et pour le détail fig. 77) étaient renversées ; chaque corps de pompe était maintenu à l'aide d'entretoises de fer passant entre des épaulements venus de fonte, ainsi que cela se voit sur la fig. 77. La tige du piston était attachée aux côtés inférieurs d'un cadre de fer forgé, guidé par des roulettes fixées à sa partie supérieure. Chaque groupe de trois cadres (quatre aux petits chevalets) était porté par un harnais triangulaire de fer forgé dont on voit le détail complet sur la fig. 72.

§ 4. — Aqueduc de Louveciennes.

Les pompes de chacun des treize compartiments du puisard supérieur refoulaient l'eau dans une conduite de 6 pouces et ces treize conduites se réunissaient, par des raccords en cuivre à deux ou trois tubulures[2], à 15 toises du puisard, de façon à ne plus former que cinq conduites de 8 pouces. Quatre de ces cinq conduites, après 16 toises de parcours, se réunissaient encore, deux à deux, par des raccords en cuivre, en deux tuyaux de 12 pouces.

Ces trois dernières conduites, deux de 12 pouces et une de 8 pouces, pénétraient ensuite dans une galerie souterraine de 135 toises de longueur, qui existe encore, et dont on reconnaît l'entrée, sur le plan 54, à droite d'une petite rotonde octogone. Ce tunnel passait sous la propriété de la princesse de Conti, dont on voit le château sur le même plan, sous le n° 48. Les tuyaux gagnaient ensuite la tour de tête de l'aqueduc de Louveciennes, dans laquelle ils pénétraient par les trois baies en arc de cercle ouvertes à la partie inférieure de cette tour (n°s 33 et 34 de la fig. 54).

On remarquera, sur la fig. 54, à gauche de la rotonde octogone, l'élégant pavillon marqué n° 35, qu'habitait le baron de Ville[3], créateur de la machine. Contre ce pavillon

---

1. Bélidor.

2. La fig. 79 montre comment on réunissait entre eux les tuyaux de « fer fondu » à l'aide de pièces de bronze.

3. Au début, le baron de Ville habitait la maison occupée aujourd'hui par l'inspecteur des eaux et qui se trouve en bordure du quai. Cette dernière maison fut ensuite donnée au contrôleur. Le pavillon du haut de la colline fut laissé à de Ville jusqu'à sa mort, en 1722.

est une pièce d'eau qui servait de réservoir au grand puisard. Cette demeure fut, plus tard, prêtée successivement, après la mort de de Ville, au duc de Penthièvre, puis à Mme du Barry, et c'est là que l'ancienne favorite fut arrêtée en 1793. On remarquera également, derrière l'aqueduc, la vue d'ensemble du château de Marly (n° 41 de la fig. 54).

Les travaux de Marly avaient commencé en 1681 et, en 1684, la machine était en état d'être essayée. A cet effet, on construisit, à l'emplacement de l'aqueduc actuel de

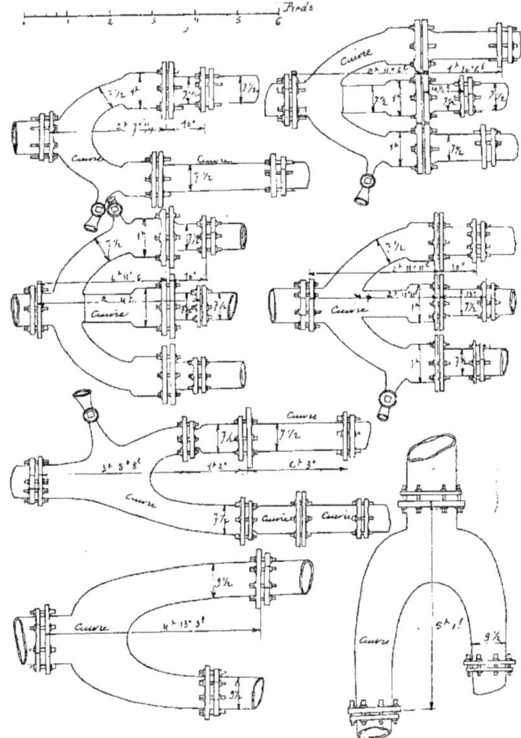

Fig. 79. — Détails des raccords en bronze des tuyaux.

Louveciennes, une tour de 65 pieds de hauteur, portant à sa partie supérieure un réservoir de bois doublé de plomb ; l'essai fut fait le mardi, 13 juin, devant le roi et réussit [1]. Immédiatement furent commencés, sous la haute direction de Louvois, les immenses travaux

1. Extrait du journal de Dangeau : mardi, 13 juin 1684, le Roy et Monseigneur allèrent à Marly, qu'on trouva fort avancé ; ensuite on passa aux regards de M. de Ville pour voir arriver les eaux.
Une légende rapporte que A. de Ville n'ayant pas convoqué à cette inauguration R. Sualem, celui-ci enleva quelques boulons indispensables afin de rendre la marche de la machine impossible. De Ville fut ainsi forcé de faire venir le charpentier pour remettre les choses en état. Aucun écrit de l'époque ne raconte cette histoire.

d'aqueducs et de réservoirs destinés à amener à Versailles les eaux de la machine. La tour de charpente qui avait servi aux essais fut immédiatement remplacée[1] par la tour en maçonnerie qui existe encore et à la suite de laquelle on construisit le grand aqueduc de trente-six arches et de 643 mètres de longueur qui domine le plateau de Louveciennes. (Voir fig. 54, n° 34.)

Sur le sommet de la grande tour était une cuvette de plomb carrée, dont un côté était occupé par un château d'eau servant pour le jaugeage des eaux qui y arrivaient. Cette installation se voit dans tous ses détails fig. 80 (coupe en long de la tour et cuvette de jauge).

Après s'être répandue dans la cuvette de plomb, l'eau suivait le sommet de l'aqueduc dans un canal garni de plomb et recouvert de dalles de pierre. Ce canal, de 3 pieds de largeur sur 6 de hauteur, est éclairé de place en place par des baies ménagées dans la

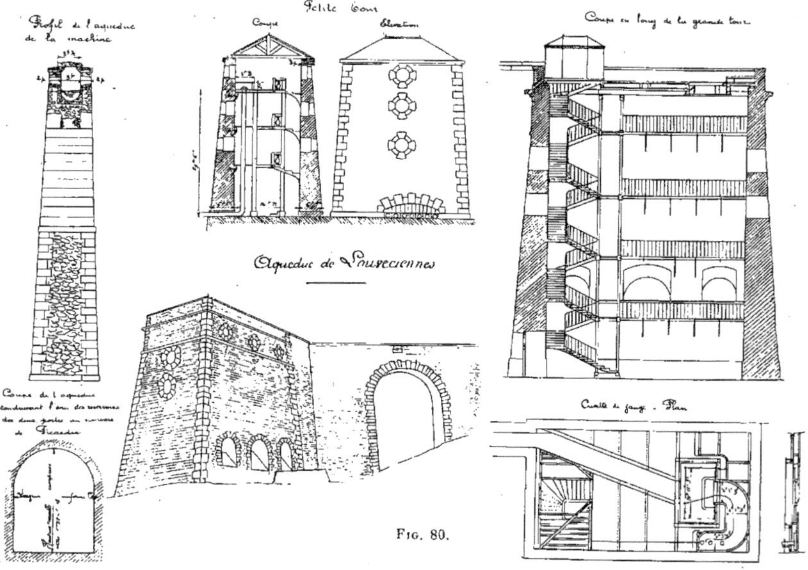

F ɪ ɢ. 80.

maçonnerie, ainsi que cela se voit sur le « profil de l'aqueduc » reproduit dans la fig. 80 [2].

Une singularité de l'aqueduc de Louveciennes est de s'arrêter, après 643 mètres de parcours, à 250 mètres des réservoirs. Sur ce dernier tronçon, il était continué par des

1. Cette tour de charpente fut transportée à l'observatoire de Paris pour servir aux premiers télescopes, on la voit sur une vue de l'observatoire dessinée dans l'Album de de Fer.

2. On fit à Marly ce qu'on avait déjà fait à Versailles pour l'installation de Clagny : une tour d'eau au sommet de laquelle les eaux étaient refoulées et d'où elles repartaient ensuite dans les diverses directions (voir p. 31 l'observation que Huygens fit à ce sujet à Perrault). Le projet primitif de Mansart ne comportait à Louveciennes qu'une seule tour d'eau, sans aqueduc. Ce projet gravé est conservé aux Archives. Mais c'était l'époque où l'on avait dû renoncer au syphon de Buc, à cause des fuites des tuyaux, et le remplacer par un aqueduc en maçonnerie. Partout où cela était possible, on donnait la préférence aux aqueducs sur les tuyaux, et c'est probablement la raison, bien des fois cherchée, de la construction de l'aqueduc de Louveciennes. Depuis un demi-siècle, les eaux de Marly ne passent plus sur l'aqueduc ; la canalisation venant de la machine se rend directement aux réservoirs en passant sous terre, au pied de l'aqueduc.

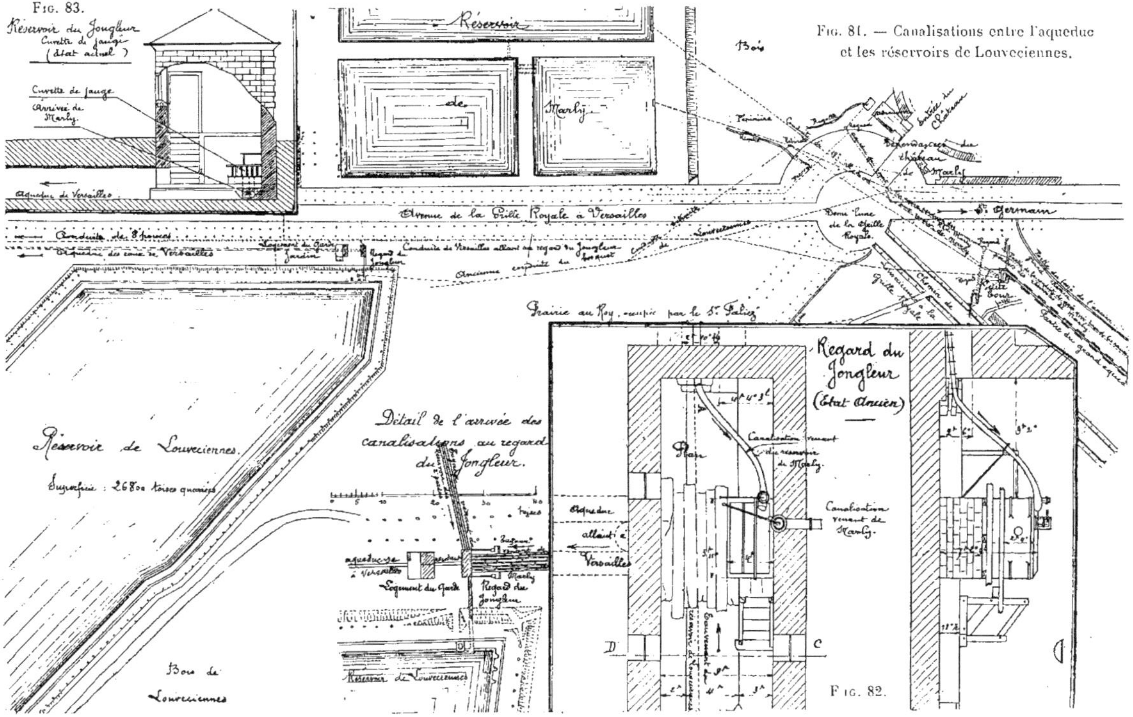

Fig. 81. — Canalisations entre l'aqueduc
et les réservoirs de Louveciennes.

Fig. 82.

Fig. 83.

canalisations de fonte. Nous avons vu l'eau arriver sur l'aqueduc par une grande tour ; elle en sortait de même par une petite tour. (Voir fig. 54 pour l'ensemble et 80 pour les détails.) La cuvette de la grande tour de tête est à 10 toises au-dessus du sol ; celle de la petite tour qui termine l'aqueduc n'est plus qu'à 5 toises de hauteur, par suite du relèvement du sol. Il est probable que l'aspect disgracieux qu'aurait présenté un aqueduc trop bas, coupant la place où se trouvait la principale entrée du château de Marly, fit renoncer à continuer les arcades sur les 130 toises de longueur qui les séparent des réservoirs. Quoi qu'il en soit, l'eau sortait de la petite tour par douze tuyaux de fonte et se dirigeait, en longeant la route de Versailles à Saint-Germain, sur le regard dit du Jongleur [1] placé en bordure, du côté nord de cette route (fig. 81).

§ 5. — Regard du Jongleur, réservoirs de Marly et de Louveciennes.

La fig. 81 donne le plan d'ensemble des réservoirs de Marly et de Louveciennes destinés à recevoir les eaux de la machine ; au centre, entre les réservoirs, est le regard du Jongleur. Tout à côté, à droite, on voit la grille royale par laquelle le roi pénétrait dans le parc de Marly, en venant de Versailles, et, plus loin, la petite tour de l'aqueduc de Louveciennes.

Ce plan d'ensemble est de 1776, époque à laquelle la disposition des canalisations avait été modifiée. Sur la partie inférieure du même plan, nous avons reproduit le détail de l'ancienne arrivée des canalisations. Celles-ci, partant de la petite tour, arrivaient au regard [2] du Jongleur, sorte de bassin de distribution d'où partaient trois aqueducs : l'un, dit la *grande ligne*, se dirigeait sur Versailles ; les deux autres se rendaient aux réservoirs de Marly et à celui de Louveciennes. Cette installation ne fut pas conservée : comme l'eau de la machine fut, dès le début, réservée pour le château de Marly, on préféra la recevoir directement dans les réservoirs de Marly, d'où elle se rendait (voir fig. 82) par trois tuyaux munis de soupapes dans un regard [3]. De ce regard l'eau passait, par une galerie, dans un second regard qui la conduisait dans le réservoir de Louveciennes.

On avait réservé l'alimentation de Versailles à l'aide d'une canalisation spéciale munie d'une soupape ; cette canalisation commençait au second regard, se continuait, par une galerie jusqu'au regard du Jongleur, d'où partait la canalisation sur Versailles.

Enfin, nous avons dit qu'en 1737, le manque d'eau potable ayant causé une épidémie à Versailles, on décida d'amener, pour l'alimentation des fontaines de cette ville, une petite partie des eaux de Marly. Il se trouva, à cette époque, qu'une section de l'aqueduc de Versailles, non entretenue, « perdait comme un crible », dit le rapport. On établit, dans le regard du Jongleur, une bâche garnie de plomb, de 5^p sur 4^p, qui fut alimentée par un tuyau de 8 pouces venant de la petite tour ou, en cas d'arrêt de la machine, par une canalisation de 4 pouces venant des réservoirs de Marly. De cette bâche partait une canalisation de 8 pouces pénétrant dans l'ancien aqueduc et se rendant à Versailles (fig. 82) [4].

---

1. Le Jongleur est un des ingénieurs que Colbert chargea des nivellements exécutés au nord de Versailles, en vue de recueillir les eaux superficielles. Il fit également beaucoup de travaux de maçonnerie pour Marly et, en particulier, le regard qui porte encore son nom.

2. Tout au début, les eaux arrivaient dans la soupente du regard et se rendaient, par un aqueduc dallé en maçonnerie, dans le réservoir de Louveciennes ; c'est ce qui explique la présence de ce tronçon d'aqueduc que l'on retrouve sur les anciens plans. (Note manuscrite conservée aux Archives.)

3. Ces tuyaux d'un pied, posés au niveau du fond du réservoir de Marly, se partageaient en deux à leur départ de ces derniers réservoirs ; l'une des branches prenait les eaux de superficie du réservoir ; l'autre les eaux du fond.

4. La canalisation établie en 1737 par le duc d'Antin était de grès ; comme elle perdait continuellement, on la remplaça en 1746 par de vieux tuyaux en fonte de 4 pouces, 6 pouces et 8 pouces. En 1758, sur un rapport de Pluyette qui se plaignait de l'insuffisance du débit, on remplaça cette canalisation par une canalisation de 8 pouces neuve sur 500 toises environ ; à l'extrémité des 500 toises et jusqu'au regard de Picardie, l'aqueduc fut remis en état. Aujourd'hui, l'aqueduc est entièrement en état depuis Marly jusqu'à la butte de Picardie et les tuyaux de fonte n'existent plus.

Aujourd'hui, l'installation ressemble assez à ce dernier projet : l'eau de Marly (voir plan n° 84) se rend directement dans les réservoirs de Marly par une canalisation de 600 millimètres en passant par un château d'eau qui permet d'en mesurer le volume. La fig. 85 donne la disposition de ce château d'eau : l'eau de la machine arrive en M, retombe dans des bassins de repos N, puis se rend dans une cuvette O, munie de déversoirs C et D, ainsi que de trous A et B, d'un pouce de diamètre : suivant le nombre de déversoirs et de trous d'un pouce, ouverts et débitant l'eau, on a exactement la quantité d'eau fournie par la machine.

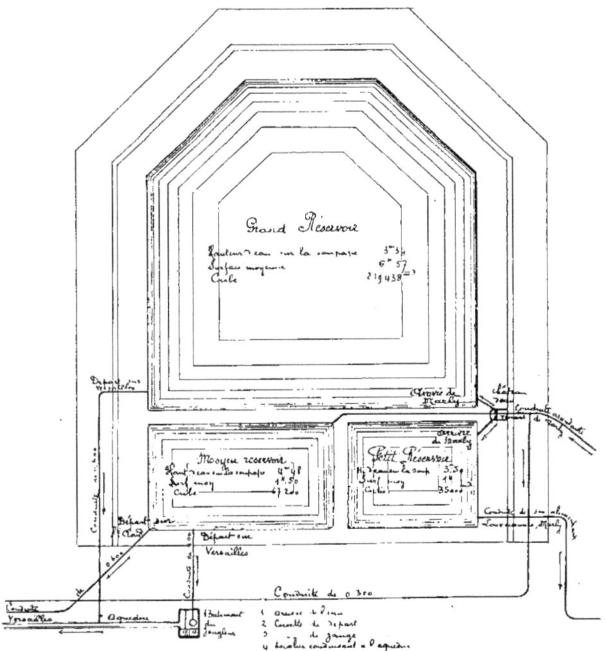

Fig. 84. — Réservoirs de Marly ou des Deux Portes.

Des réservoirs de Marly l'eau se rend au *Jongleur* (fig. 83), où est installé un second château d'eau permettant encore de jauger la quantité d'eau qui sera envoyée à Versailles. En sortant de ce château d'eau l'eau se rend, comme autrefois, à Versailles, par l'aqueduc restauré. En examinant le plan des réservoirs de Marly, on voit qu'un système de vannes et de canalisations est disposé de façon à permettre d'éviter à volonté, en cas de réparations, soit les réservoirs de Marly, soit le grand château d'eau, soit le bâtiment du Jongleur.

L'eau de la machine était emmagasinée dans les immenses réservoirs de Marly et de Louveciennes.

Les réservoirs de Marly sont au nombre de trois et existent encore. Le tableau suivant donne leurs principales dimensions (Voir plans 81 et 84) :

	Hauteur d'eau, mètres.	Surface en mètres carrés.	Cube, mètres cubes.
Grand réservoir	3 m. 34	65.700 m²	219.438 m³
Moyen —	4 m. 48	15.000	67.200
Petit —	3 m. 50	10.000	35.000
Capacité totale..........................			321.638

Le réservoir de Louveciennes était déjà en mauvais état en 1774. « Il s'y trouve, dit un rapport de cette date, 4 pieds de vase ; les buissons font disjoindre les murs et une réparation est urgente. » Cette réparation ne fut pas faite, et le réservoir a été vendu pendant la Révolution. Cette perte est très regrettable, car la capacité des réservoirs de Marly est insuffisante. La surface du réservoir de Louveciennes était de 107.200 mètres carrés, sa profondeur moyenne de 4 mètres et sa capacité dépassait celle des trois réservoirs de Marly réunis.

Ces réservoirs, ainsi que tous ceux de cette époque, étaient formés d'un premier mur d'enceinte en maçonnerie ; on établissait à l'intérieur le fond avec un corroi de glaise. La glaise formait également les parois du réservoir. A cet effet, sur le fond de glaise, on élevait un second mur d'enceinte intérieur, et, au fur et à mesure de sa construction, on comprimait de la glaise entre les deux murs d'enceinte.

§ 6. — Aqueduc de Versailles, réservoirs de Picardie et de Montbauron.

Le petit plan n° 14 montre la disposition générale des réservoirs de Marly et de Louveciennes, et, plus loin, vers Versailles, les étangs secs ou des Gressets, situés à un niveau moins élevé, dans lesquels un système de rigoles amenait les eaux de pluie du plateau de Louveciennes. C'est dans ces étangs que, suivant les projets primitifs, devaient également se rendre les eaux de Marly. On peut suivre aussi, sur ce plan, le tracé de l'aqueduc qui conduit à Versailles les eaux élevées par la machine. Partant du regard du Jongleur, cet aqueduc suit d'abord la route de Versailles, pénètre dans la propriété de Beauregard, qu'il quitte au lieu dit « le puits d'angle »[1] ; continuant à suivre les parties hautes du plateau, l'aqueduc arrive au réservoir de Picardie placé à l'ouest de Versailles, sur la crête du coteau. Sa pente, depuis Marly jusqu'au regard de Picardie, est de 14 pieds.

Ce long aqueduc souterrain en maçonnerie avait été exécuté dans certaines parties avec des dimensions insuffisantes. Il était voûté en plein-cintre et avait 2 pieds un quart de largeur sur 3 pieds et un demi-pouce sous clef, ce qui y rendait la circulation impossible et les réparations très difficiles. Nous avons vu que, quand on voulut ramener, en 1736, à Versailles, un peu d'eau de Marly, on préféra poser une canalisation de 8 pouces en fonte.

Cet aqueduc a été refait ; la forme plein-cintre (voir fig. 80) a été conservée ; la hauteur sous voûte varie de 1 m. 38 à 2 m. 18, suivant les endroits, et la largeur est partout d'un mètre. Il arrivait, à la butte de Picardie, à un regard qu'on remplaça, en 1764,

1. Ce puits est placé au point de croisement de plusieurs aqueducs construits par Gobert et qui amenaient autrefois à Versailles les eaux de superficie, ainsi que quelques sources réunies sur les plateaux situés au sud de Versailles (voir fig. 42).

par un réservoir construit avec beaucoup de soin par le contrôleur Pluyette[1]. En 1785, l'architecte Fouassier fit ajouter un épuratoire, placé avant l'entrée des eaux dans le

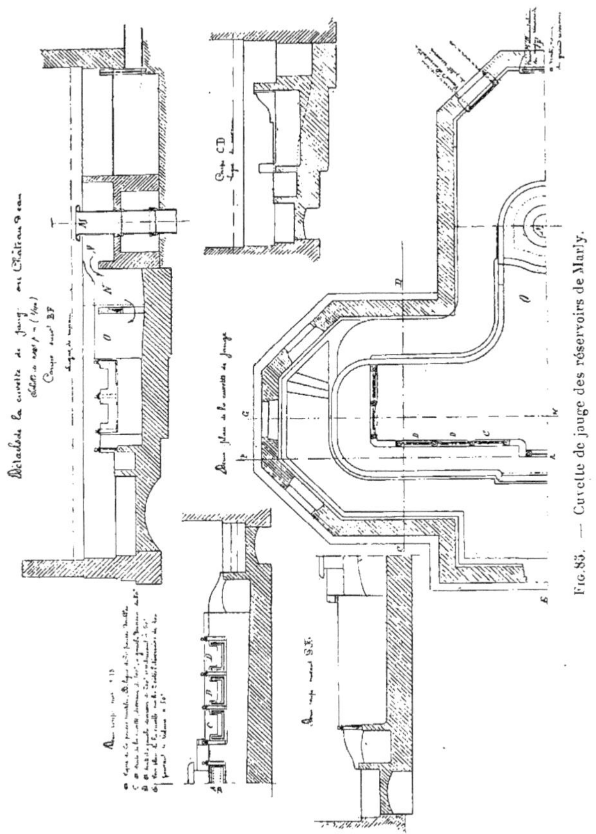

Fig. 83. — Cuvette de jauge des réservoirs de Marly.

1. Terrasse et maçonnerie concernant le réservoir de la butte de Picardie : extrait des ouvrages de terrasse et maçonnerie du réservoir des eaux bonnes à boire construit à la butte de Picardie pendant les six derniers mois de 1763 jusque et y compris les quatre premiers mois de 1768.

Pour le grand réservoir	82.642 livres	2 s.	4 d.	
Pour le mur de terrasse au pied du glacis de la montagne	3.215	—	13 s.	2 d.
Pour l'aqueduc d'entrée et de sortie des eaux	16.773	—	12 s.	5 d.
Branche d'aqueduc et regard	4.848	—		
Ouvrages divers	659	—	8 s.	7 d.
Total	108.138 livres	16 s.	4 d.	

Ce travail fut exécuté sur l'ordre du marquis de Marigny pour assurer à Versailles une réserve d'eau bonne à boire ; les eaux d'étangs étant réputées malsaines et dangereuses (Archives, O, 1826).

réservoir, et formé de plusieurs bâches d'un mètre, doublées de plomb, remplies de cailloux et recevant l'eau alternativement par le haut et par le bas.

La fig. 86 donne le plan du réservoir de Picardie, tel qu'il existe aujourd'hui. On voit, à gauche, l'ancienne arrivée de l'aqueduc de Marly, à droite l'emplacement des anciens

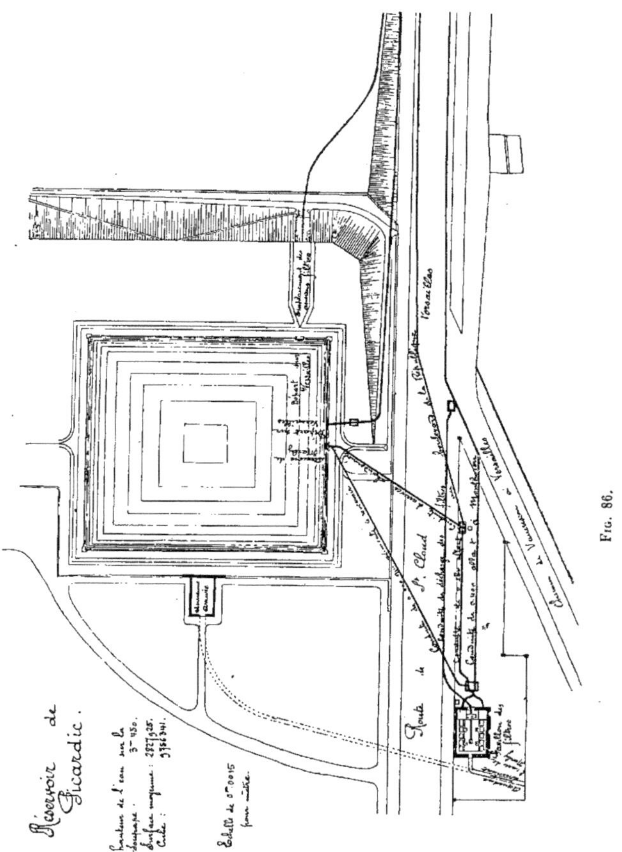

Fig. 86.

filtres installés aujourd'hui sur le parcours de l'aqueduc avant l'entrée de l'eau dans les réservoirs. Ces filtres, dont la fig. 87 donne le détail, ne présentent aucune disposition intéressante ; ils sont, du reste, devenus inutiles depuis le remplacement de l'eau de Seine par l'eau de source de Croissy.

Le réservoir de Picardie a 3 m. 45 de profondeur ; sa surface est de 2.827 mètres carrés et sa capacité de 9.756 mètres cubes. La fig. 86 indique suffisamment la marche de l'eau et la disposition des canalisations.

De la butte de Picardie, l'eau de Marly se rendait aux réservoirs de la butte Montbauron, placés au centre de Versailles, en passant sur un aqueduc dit *mur de Montreuil*, qui réunissait les deux collines.

Le mur de Montreuil avait 1.056 mètres de longueur sur 23 m. 25 de hauteur; la fig. 88 en donne la coupe. Il était percé de trois baies en plein-cintre de 12 mètres de hauteur, donnant passage aux rues, et suivait, depuis la butte de Picardie, le tracé des avenues de Picardie et de Saint-Cloud. Cet aqueduc fut terminé en novembre 1685 ; il coûta 600.000 livres et ne servit pour ainsi dire pas. Il était hors de service en 1736, quand on fit venir à Versailles quelques mètres cubes d'eau de Marly, et on préféra faire arriver l'eau à Montbauron par un tuyau de fonte de 8 pouces partant de Picardie.

Cet ouvrage fut démoli en 1739 et 1740[1] ; les moellons provenant de sa démolition servirent à la construction de l'aqueduc souterrain destiné à dessécher l'étang de Clagny

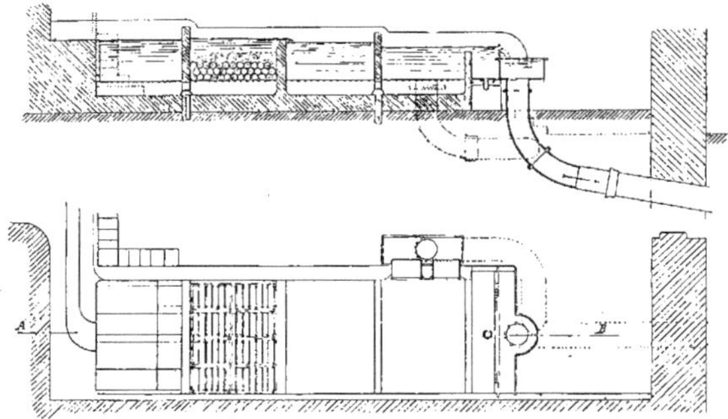

Fɪɢ. 87. — Filtres de Picardie.

et qui va de cet étang jusqu'à Gallie. Aujourd'hui la communication entre les réservoirs de Picardie et de Montbauron se fait par trois conduites de fonte de 40 centimètres de diamètre.

Les réservoirs de Montbauron, construits pour recevoir à Versailles les eaux de Marly, furent, comme toute l'installation que nous venons de décrire, exécutés en 1685 sur les ordres de Louvois. Le plan primitif comportait le creusement de cinq bassins : quatre rectangulaires à pans par les angles extérieurs, groupés autour d'un bassin central de forme ronde et de 20 mètres de diamètre.

Ces cinq bassins étaient séparés par des allées de 6 mètres de largeur, et tout à l'entour régnait une avenue de 16 mètres. « Les grands bassins ont chacun 54 toises de large sur 85 toises de longueur. Ils ont de profondeur 18 pieds, pour avoir 12 pieds d'eau. La construction est un mur de 4 pieds, qui est le vrai mur du réservoir, et pour retenir l'eau est un corroi de glaise de 18 pouces d'épaisseur, tant au fond de ces bassins qu'autour des bords, et cette galerie des bords est retenue par un mur de 4 pieds par en

1. O, 1797, archives. Soumisssion par les sieurs Thévenin, entrepreneurs des bâtiments du roy du 14 mars 1736 pour l'achat du mur et aqueduc de Montreuil qu'ils s'engagent à démolir dans l'espace de quatre années.

haut et de 5 pieds par en bas, fondé sur une grille de bois sur la glaise, avec des plate-
formes. Ce mur fait un talus d'un pied au dedans du réservoir et est appelé mur de douve.
Il y a deux de ces bassins achevés et remplis de l'eau de la machine de Marly... Ces
bassins ont été faits par un grand nombre d'ouvriers maçons et autres, réunis à plusieurs
régiments qui ont fait tous les travaux de terrasse. C'est le premier ouvrage que fit faire
M. de Louvois après avoir été nommé surintendant des bâtiments du Roi.

« La machine de Marly amenait à Versailles 200 pouces d'eau[1]. »

Il n'y eut, du reste, d'exécutés que deux des réservoirs. Nous en donnons le plan
fig. 89. Ils ont chacun à peu près la même surface et le même cube; la surface totale des
deux bassins est de 33.000 mètres carrés, leur cube de 112.000 mètres, leur profondeur
de 3 m. 40 environ. On voit, sur le plan, l'arrivée des eaux venant du réservoir de

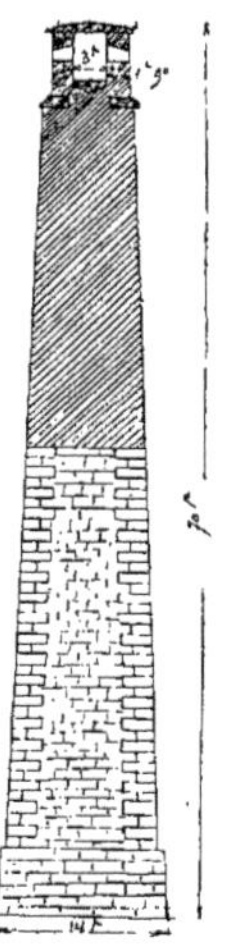

Fig. 88. — Mur de Montreuil.

Picardie et le grand regard contenant les soupapes d'alimentation des conduites se dirigeant sur Versailles.

En résumé, les eaux de Marly arrivèrent à Versailles, dans les réservoirs de Montbauron, à la fin de 1685. Le cube d'eau amené fut estimé alors à 200 pouces ou environ
4.000 mètres cubes par jour de marche. Presque immédiatement, l'on réserva l'eau de
Seine pour le château de Marly et les réservoirs de Montbauron furent utilisés pour recevoir les eaux des étangs supérieurs qui commençaient à arriver abondamment à Versailles.

Lors de l'épidémie de 1736, qui provenait de l'insalubrité des eaux consommées à
Versailles, le duc d'Antin fit, ainsi que nous l'avons dit, établir une canalisation de
8 pouces depuis le regard du Jongleur jusqu'à 500 toises au delà pour regagner les parties
utilisables de l'aqueduc des eaux de Versailles se rendant au réservoir de Picardie, ainsi

1. Voyage des ambassadeurs de Siam en France, novembre 1686. Ces travaux furent exécutés sous la direction
du Hollandais Pitter.

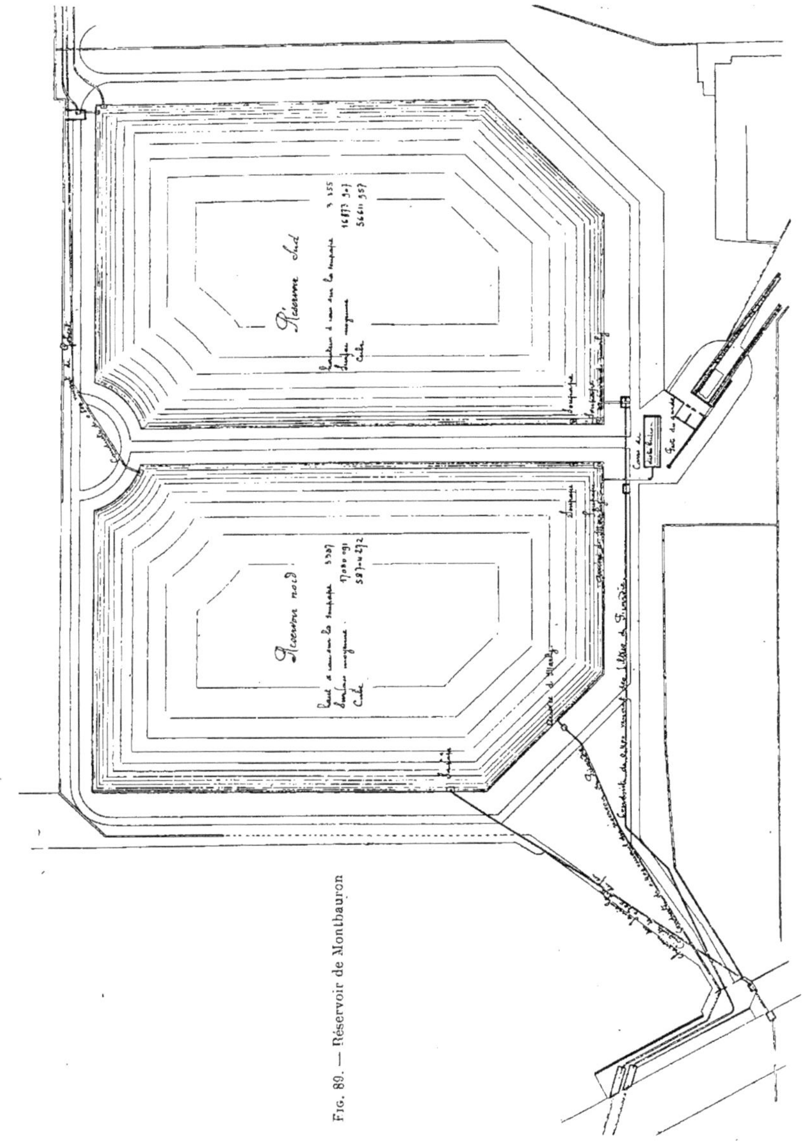

FIG. 89. — Réservoir de Montbauron

qu'entre ce dernier et le réservoir de Montbauron. Les eaux de la Seine continuèrent à venir à Versailles, mais en petites quantités. Le tableau suivant indique en mètres cubes les volumes d'eau de Marly *reçus par jour à Versailles* depuis cette époque jusqu'en 1803 [1].

1738 à 1744,	envoi moyen	160	mètres cubes
1744 à 1764,	—	260	—
1764 à 1768,	—	260	—
1768 à 1775,	—	440	—
1775 à 1780,	—	500	—
1780 à 1789,	—	560	—
1789 à 1793,	—	640	—
1793 à 1803,	—	240	—

Aujourd'hui, l'envoi d'eau sur Versailles atteint 20.000 mètres cubes pendant certains jours d'été.

Nous donnerons plus loin les cubes d'eau élevés réellement par la machine pendant les mêmes années.

§ 7. — Prix de la machine, son entretien, son produit.

De la Jonchère termine ainsi sa description de la machine de Marly : « Quant à l'argent qu'elle a coûté, on en jugera par ce qui suit. On y compte 1.700.000 livres de cuivre mis en œuvre, autant de plomb, 20 fois autant de fer, 100 fois autant de bois... et la paie de 1.800 hommes qui ont employé 7 ans à faire cette machine. »

Leroi [2] a publié *in extenso* le détail des dépenses faites pour cette machine de 1681 à 1688, et, en résumé, d'après les états au vrai de Marinier, la dépense s'éleva à 3.674.864 livres 8 sous [3].

Nous relevons, dans ces comptes, que M. de Ville reçut pendant la construction 6.000 livres de gratification chaque année, plus, à la fin, 6.000 livres de pension ; que les charpentiers liégeois René et Paul Sualem recevaient chacun 150 livres par mois, que tous les fers forgés furent exécutés dans le pays de Liège ; que Lerond, bourgmestre de cette ville, fournit les 200 corps de pompe en fonte, ainsi que tous les bronzes, que R. Sualem fit, en 1681, un modèle de la machine, qu'en 1687, le même R. Sualem et son gendre G. Lambotte [4] furent chargés de la construction des pompes de Saint-Cyr.

Les Archives ont conservé une correspondance de Louvois avec deux personnages, La Renaudière et Proust, qu'il envoya secrètement à Liège contrôler les marchés conclus par de Ville. Dans une de ces lettres, datée du 5 novembre 1684, on lit :

1. Voir renvoi 4 de la page 126. En 1758, le comte de Noailles qui avait dans sa charge les affaires de la ville de Versailles demanda qu'on augmentât la quantité d'eau de Seine envoyée dans cette ville. Le marquis de Marigny fit, à cet effet, changer les canalisations et créer un réservoir spécial pour les eaux de Seine. Ce réservoir, d'abord projeté à Montbauron, fut finalement exécuté sur la butte de Picardie, voir note 4, page 126. Par lettre du 23 août 1763, le comte de Noailles remercia en ces termes le marquis de Marigny :

« Je suis chargé des remerciements sincères des 70 mille habitants de Versailles, auxquels vous avez rendu la vie en leur donnant de l'eau. J'entends avec la plus grande satisfaction chanter les louanges de M. le directeur général des bâtiments sur son amour pour le bien public... nous le sentons plus vivement, ayant bu pendant du temps de l'eau de la pièce des Suisses et les gens aisés payant 12 et 14 sous la voye d'eau. Je recommande toujours à vos bontés la ville de Versailles. Je partagerai sa reconnaissance et lui inspirerai de partager aussi avec moi tous les sentiments que je vous ai voués pour ma vie et avec lesquels j'ai l'honneur d'être plus que personne, Monsieur, votre très humble et très obéissant serviteur. Comte de Noailles ». Voir renvoi de la page 129.

2. Ancienne machine de Marly ou Rennequin et de Ville, par J.-A. Leroi, publié dans les *Mémoires de la Société des sciences naturelles de Seine-et-Oise*, tome VI.

3. *Des eaux de Versailles, dans leurs rapports historique et hygiénique*, par J.-A. Leroi. Versailles, 1817.

4. Lambotte, voir page 137.

« Il faut aussi remarquer que le père du sieur de Ville estant maistre de forges, il a fait faire luy mesme à ses fourneaux la plus part des fers et ustensiles dont on a eu besoin au commencement. Mais, comme du despuis, le s^r de Ville, le père, a affermé ses fourneaux, son fils, qui est à Versailles, a fait faire lesdits fers et ustensiles par des ouvriers de Liège avec lesquels il a fait les marchés suivants :

« Le s^r Lerond a entrepris de faire les buzes (corps de pompes) du poids de 650 livres.., moyennant 23 escus et demi pour chacune, faisant 70^h 10^s, y compris 3^h qu'il fault donner pour polir chaque buze en dedans... ce qui est un prix exorbitant...

« Pour ce qui est des autres fers et ustensiles, il y a trois principaux ouvriers, que l'on appelle des balanciers, qui les ont entrepris, savoir, le nommé Georges, de Spa... et les deux autres nommés Cox... tous trois parents des nommés Rennequin et Paul (Sualem), conducteur de la machine à Versailles. Il est à remarquer aussi que Paul est mal satisfait du s^r de Ville et qu'ainsy l'on croit qu'il ne sera pas difficile de l'obliger à parler. »

On voit que la rivalité de Rennequin et de de Ville commençait déjà. Dans le marché Cox, qui se trouve avec cette correspondance, on voit que les manivelles, pesant 1.500 livres l'une, étaient payées 9 sous de France chaque livre[1]. Les chaînes furent commandées aux forges de Champagne. « Je, Arnold de Ville, ay convenu avec le s^r Menoy qu'il fournira 250 milliers pesans de bares et plats équipés suivant les conditions sus exprimées[2] des fers provenans des forges de Roche et Renenpont proche Joinville... Chaque barre ne pèsera pas plus de 220 livres, et ce, parmi la somme de 140 livres le millier pesant. A Joinville ce 6 mars 1683. A. de Ville, Menoy[3]. »

Revenons au produit en eau de la machine, que nous comparerons ensuite aux dépenses que nécessitait son entretien.

De la Jonchère, que nous avons cité déjà, a fait le calcul théorique de ce que pouvait produire la machine et termine ainsi son étude : « Si l'on supposait que les 14 roues marchassent également pendant 24 heures, que les pompes de la rivière fussent dans une action continuelle, que leur piston remplît exactement les corps de pompe sans laisser aucun vide, qu'avec les 28 pompes aspirantes de mi-côte, elles pussent entretenir les 70 pompes des deux puisards de mi-côte[4], que les 79 pompes de ces puisards, jointes aux 16 pompes aspirantes derrière le puisard supérieur pussent entretenir les 78 pompes du puisard supérieur, que rien ne manquât aux roues, aux chaînes, aux pompes, aux pistons, que cette machine pût s'entretenir 24 heures en cet état et qu'il ne se perdît pas une seule goutte d'eau, depuis le puisard supérieur jusqu'à la tour, les 14 roues, faisant deux tours par minute, élèveraient sur la tour 322 pouces d'eau... mais il faudrait, pour cela, que toutes ces suppositions s'exécutassent exactement, ce que je regarde comme impossible. Ainsi, il me semble plus naturel de s'arrêter au premier calcul qui donne 251 pouces par 24 heures. »

---

1. Ce marché, passé à Liège « en présence d'honorable Rennekin Sualem », et, à la fin du contrat, on lit : « Estait signé à la minute originelle Deloore, Henry Cox, G. de Saint-Hubert, puis la marque dudit Sualem », ce qui indique que non seulement R. Sualem était illettré, mais qu'il ne pouvait même pas signer son nom.

2. Les barres de 18 pieds de longueur, 2 pouces 10 lignes de largeur et 13 lignes d'épaisseur, percées à chaque extrémité de quatre trous de 8 lignes et écartées de 4 pouces, d'axe en axe; les plates-bandes servant à les réunir avaient 2 pieds 8 pouces de longueur et même section que les barres avec huit trous de 8 lignes écartés de 4 pouces d'axe en axe.

3. Voici d'autre part le prix de revient des tuyaux :
« Le millier de fonte pour tuyaux au fourneau de Heurtot, canton de Reims, vaut 72 à 75 livres ; pour tous les transports par eau jusqu'au Port Marly, il faut compter 8 livres par millier, et depuis Port Marly jusqu'à Versailles 6 livres par millier, ce qui fait 89 livres, avec une livre pour faux frais, 90 livres (Archives nationales O, 1854).

4. On a remarqué que toutes les pompes de la machine avaient *à peu près* même course, 4 pieds, et à peu près même diamètre, 6 pouces, et que les nombres de pompes en rivière, à mi-côte et au puisard supérieur, étaient de 64, 70 et 78. Il en était ainsi parce que, d'abord, à chaque étage, venaient s'ajouter des eaux de source provenant de Prunay, Saint-Michel, la Celle-Saint-Cloud et Louveciennes, et surtout parce que les réparations aux balanciers rendaient souvent inutilisables certaines pompes des étages supérieurs.

L'auteur avait trouvé ce dernier chiffre de 251 pouces en se basant uniquement sur les 64 pompes de la rivière, l'eau des sources ne servant qu'à réparer les pertes des tuyaux ou des pompes, en sorte qu'on n'utilisait que pareil nombre de pompes des étages supérieurs.

Et, en effet, 250 pouces d'eau, ou 5.000 mètres cubes par 24 heures, paraît être le débit exceptionnel de la machine pendant certains jours heureux. Ce débit répond à 57 litres 86 centilitres par seconde, et, comme la hauteur d'élévation était de 502 pieds ou 162 m. 15, le travail effectif produit était de 9.382 kilogrammètres.

M. de Prony, d'après des opérations faites le 21 juin 1794, trouva que la chute du fleuve était de 1 m. 615 et que son débit, mesuré par les méthodes les plus exactes, était par seconde de 55 m³ 676. Ceci nous donne, pour le travail moteur, 89,917 kilogrammètres. En comparant ces deux chiffres on voit que, dans certains jours exceptionnels, la machine utilisait plus du dixième du travail de la chute. En réalité, l'utilisation *moyenne* était bien plus faible, car la quantité d'eau élevée en *moyenne* par jour pendant une année dépassa rarement la moitié de 250 pouces, ou 2.500 mètres cubes.

Voici, pour être complet, au sujet du débit en eau de la machine, les documents écrits à ce sujet par divers contrôleurs de la machine.

Dans une lettre à M. de Villacerf [1], sous la date de septembre 1694, et dans une note de M. Lépine, contrôleur de la machine, le produit de la machine de Marly est estimé de 300 à 320 pouces d'eau par jour, lorsque la rivière est à une bonne hauteur et que les pistons sont bien garnis. Mais ces conditions ne se trouvaient réunies qu'exceptionnellement.

« J'estime, dit le dernier contrôleur de la machine [2], que le produit *moyen* fut de 160 pouces pendant les 68 ans écoulés de 1691 à 1758, époque où la machine donnait bien certainement, terme moyen, encore 160 pouces d'eau par chaque jour de l'année. Cette évaluation paraît de beaucoup au-dessous de la vérité, puisqu'on voit, dans une réponse de M. Lucas, contrôleur, adressée en 1775 à M. de Montuclat, qui lui demandait des renseignements à ce sujet de la part de M. d'Angivillers, que la machine pourrait encore élever 250 à 268 pouces, si on n'en négligeait pas l'entretien et les réparations ; mais, dès lors, elle était loin de donner ce produit. »

Voici, du reste, pour une série d'années, en mètres cubes, la quantité d'eau élevée par la machine. Ces quantités sont des moyennes par jour, établies en divisant par 365 le volume d'eau élevé pendant une année ; elles comprennent, en conséquence, tous les chômages.

Nombre de mètres cubes élevés par jour moyen par l'ancienne machine de Marly.

ANNÉES	MÈTRES CUBES	ANNÉES	MÈTRES CUBES	ANNÉES	MÈTRES CUBES
1738	2.545	1773	1.469	1786	1.596
1739	2.326	1774	1.916	1787	1.192
1740	2.510	1775	1.396	1788	1.000
1757	2.127	1776	1.462	1793	995
1758	2.114	1777	1.307	1794	894
1759	1.870	1778	1.388	1795	713
1760	1.869	1779	1.446	1802	1.120
1761	1.453	1780	1.156	1803	656
1762	1.806	1781	1.215	1804	600
1769	2.104	1782	1.200	1805	660
1770	1.802	1783	1.195		
1771	2.254	1784	1.389		
1772	1.550	1785	1.007		

1. Fils de Colbert, qui fut surintendant des bâtiments après Louvois. Les chiffres qui suivent sont certainement exagérés.

2. Rapport de M. Bralle, 1814.

Pendant les années qui s'écoulèrent, de 1685 à 1715, on peut estimer que la machine éleva moyennement 3.200 mètres cubes d'eau par jour de marche effective.

Après la mort de Louis XIV, Marly fut souvent délaissé, et il ne faut pas oublier que les eaux de la machine furent, dès le début, réservées aux pièces d'eau de cette résidence. Partie des eaux ayant été utilisées à partir de 1738 à l'alimentation de Versailles en eau potable, on s'occupa davantage de son entretien, mais il fut presque complètement négligé sous la Révolution.

Voyons à présent à combien s'élevaient les dépenses d'entretien.

De Ville resta jusqu'à sa mort gouverneur de la machine, mais y résida peu pendant ses dix dernières années. Il avait 18 à 20.000 livres d'appointements et la jouissance du château de Louveciennes, mieux connu aujourd'hui sous le nom de pavillon du Barry. De Ville se déchargeait des soins de son gouvernement sur des contrôleurs qui furent successivement Cochu, ancien ingénieur des fortifications de Maubeuge ; puis Delespine père, jusqu'en 1742, époque où il fit recevoir son fils comme adjoint. Le traitement du contrôleur était de 4.000 livres d'appointements et 1.000 livres de gratification [1]. R. Sualem resta jusqu'à sa mort attaché à l'entretien de la machine avec le titre de charpentier liégeois, et aux appointements de 1.800 livres par an. Son frère Paul, son neveu Lambotte, dont la fille mourut centenaire dans les bâtiments de la machine, étaient également attachés à l'entretien. Ce sont eux qui, certainement, recevaient les visiteurs, tels que Weidler et de la Jonchère, et établirent la renommée de R. Sualem comme seul inventeur de la machine.

Quand le baron de Ville mourut en 1722, il ne fut pas remplacé comme gouverneur ; le contrôleur seul dirigeait la machine. Après Delespine fils, que l'on força à démissionner en 1749, vinrent Tarlé (1768), Lucas 1789, Gondouin neveu de Lucas (1792), qui n'eurent plus que 3.000 livres d'appointements. De 1793 à 1811, M. Bralle, ingénieur en chef des ponts et chaussées, fut chargé de la direction de la machine [2], et, pendant cette période, la machine fut presque abandonnée. Cet ingénieur paraît avoir été uniquement absorbé par des discussions stériles avec ses agents et les divers entrepreneurs, rendant stérile la bonne volonté de l'empereur qui s'intéressait à la remise en état du service des eaux de Versailles.

L'état des Archives, auquel nous avons fait déjà beaucoup d'emprunts, dit qu'il fallait, par an, pour l'entretien de la machine :

    4 milliers de bois de charpente ;
  30 milliers de fer du Berry le plus doux ;
  70 voies de charbon de terre ;
250 livres de cuivre ;
  90 cuirs de bœuf ;
  40 cuirs de basane de vache ;
1.200 de moëllons pour les digues ;

---

1. Voici l'état de janvier 1708 :

M. le baron de Ville a le gouvernement et la direction de cette machine, lequel a d'appointements et de pension 12.000 livres.

Entretien de la ferrure des pistons et de la serrurerie des bâtiments, le sieur Lempérier.

Entretien des ouvrages de cuivre, le sieur Lemoine.

Entretien des couvertures des maisons dépendantes de la machine, le sieur Charnel.

Entretien des cuirs forts pour les pompes, le sieur Nolant.

Entretien de la maçonnerie, du moëllon et cailloux des digues, le sieur Loison.

Entretien des vitres, le sieur Cosset. Entretien du pavé des puisards, le sieur Regnaux.

Un contrôleur, M. Delespine. Un garde magasin, le sieur Creté. Un charpentier liégeois, le sieur Rennequin.

Les fêtes et dimanches, les Récollets viennent dire la messe à cette machine pour les ouvriers.

2. La direction de M. Bralle fut interrompue de 1806 à 1811 par la régie d'un sieur Héreau, qui prit comme ingénieur Brunet.

2.500 livres de cordages ;
  25 milliers de plomb ;
   2 milliers d'étain ;
1.200 livrès de chandelles ;
   3 milliers d'huile de rabette ;
 200 livres de vieux oing ;
 100 livres de savon noir ;
   1 baril de bray ;
   2 barils de goudron ;
   2 milliers de calfat ;
  80 aunes de coutil ;
4.000 livres de clous de fer doux ;
 250 muids de charbon de bois ;
   1 millier de cotterets ;
  20 muids de plâtre ;
  20 charpentiers, 14 forgerons, 15 manœuvres ;
   4 poseurs de tuyaux, trois scieurs de long ;
 150 journées de voitures à 4 chevaux pour voiturer le bois de la forêt à la machine, plus, en cas de presse, des ouvriers extraordinaires.

Voici, en argent, les sommes qui ont été réellement dépensées pour l'entretien, terme moyen :

ANNÉES	DÉPENSE MOYENNE par an	ANNÉES	DÉPENSE MOYENNE par an
1691 à 1700	71.394	1751 à 1758	76.255
1701 à 1710	59.742	1759 à 1760	58.098
1711 à 1720	49.813	1761 à 1770	89.225
1721 à 1730	75.563	1771 à 1780	60.774
1731 à 1740	79.872	1781 à 1792	74.350
1741 à 1750	71.804		

Il est à remarquer qu'en 1767, il y eut une dépense extraordinaire de 182, 184 livres, due à la réfection des puisards et des réservoirs, dont un, celui de mi-côte, fut diminué de longueur. Cette dépense a fait monter la moyenne de cette période. En additionnant les dépenses des 68 premières années, on trouve, pour chiffre de l'entretien annuel, 69.000 livres environ. Si nous comparons ce chiffre à une élévation de 3.200 mètres cubes d'eau par jour, ou 1.168.000 mètres cubes par an, ce qui est le produit qu'aurait pu donner moyennement la machine, on arrive, pour le mètre cube d'eau élevée, au prix de 6 centimes seulement pour l'entretien, ce qui est encore très élevé.

§ 8. — Critique de la machine de Marly.

Nous avons terminé la description de la première machine de Marly qui, pendant plus d'un siècle, fut regardée comme une des merveilles du monde. Tout étranger venant alors à Paris aurait sacrifié ses intérêts plutôt que d'en manquer la visite. Cet immense appareil, qui couvrait de ses mouvements bruyants toute la montagne de Bougival, remplissait d'autant plus d'étonnement que peu de personnes en comprenaient le mécanisme. On rapporte que le baron de Ville disait n'avoir trouvé que le maréchal de Vauban qui en comprît tous les détails.

On a longtemps discuté sur l'auteur de la machine. Une légende populaire, très répandue autrefois à Marly, voulait que R. Sualem en fût l'unique inventeur. On ajoutait que pour toute récompense, il fut l'objet de mille tracasseries, et qu'en fin de compte, Louis XIV lui fit crever les yeux de peur qu'il n'allât enrichir d'un semblable monument un pays étranger. Nous savons déjà à quoi nous en tenir sur cette légende : René Sualem mourut le 29 juillet 1708, logé et appointé à la machine, ainsi que les parents qu'il avait amenés avec lui, et sa petite-nièce Lambotte y était encore logée et dotée d'une rente de 400 francs un siècle après l'achèvement des travaux. La veuve de R. Sualem mourut six ans après son mari, et ses héritiers firent inscrire sur la pierre tombale rappelant la mémoire des deux époux : « Rennequin, seul inventeur de la machine de Marly »[1].

Nous avons déjà dit que Weidler et de la Jonchère, qui visitèrent la machine vers 1714 et 1717, rapportèrent que les ouvriers affirmaient que R. Sualem en était l'inventeur. Nous avons dit aussi que R. Sualem n'avait jamais appris même à signer son nom, ce qui, dans la situation aisée où il se trouvait, n'indique pas une grande curiosité de s'instruire[2]. Il semble résulter de tout ce qui a été écrit à son sujet qu'il fut le principal metteur en œuvre de la machine, mais que ce fut de Ville qui eut l'idée d'installer à Marly une élévation d'eau semblable à celles qu'il avait vues dans le pays de Liège ; ce fut surtout lui qui réussit (c'était peut-être la plus grande difficulté du problème) à faire accepter par le Roi les dépenses de construction de cet immense engin. Il ne faut pas perdre de vue que la machine de Marly ne contenait aucun mécanisme qui fût nouveau ; les ouvrages du XVIe siècle donnent de nombreux modèles de roues hydrauliques actionnant des pompes et aussi de nombreux dessins de pompes et de transmissions de mouvements par balanciers.

Je pense donc qu'il n'y a pas lieu de chercher quel est l'inventeur, puisqu'il n'y a pas eu d'invention proprement dite.

M. Bralle, qui fut, avons-nous dit, le dernier directeur de la machine et qui l'entretint si mal qu'elle dut disparaître après lui, analyse dans un mémoire[3] les efforts que les aubes de chaque roue reçoivent de la chute et les compare ainsi qu'il suit à l'effort qu'elles devaient transmettre aux pompes :

« La première roue, qui devait recevoir du courant une force de 29.807 livres, n'employait, abstraction faite des frottements et autres déchets, que 18.074 livres.

« La deuxième roue perdait également 15.688 livres.

« La troisième roue ne perdait que 5.750 livres.

« Tandis que la quatrième manquait, au contraire, de 6.448 livres de la force qui lui aurait été nécessaire pour faire agir le nombre de pompes dont elle était, en outre, si inégalement chargée qu'une de ses manivelles n'avait à vaincre que 15.492 livres de résistance, tandis que la seconde avait à mouvoir 32.145 livres, non compris les frottements.

« La cinquième roue perdait 4.922 livres de force, la sixième 8.766 et la septième 4.059.

« La puissance de la huitième était de 5.897 livres au-dessous de la résistance occasionnée par le seul poids de l'eau à élever.

1. Voici la copie du début de cette épitaphe, qui se trouve dans l'église de Bougival . « Cy gissent honorables personnes sieur Rennequin Sualem, seul inventeur de la machine de Marly, décédé le 29 juillet 1708, âgé de 64 ans, et dame Marie Novelle, son épouse, décédée le 1 mai 1714, âgée de 84 ans, laquelle, pour satisfaire à la dernière volonté dudit deffunct sieur Rennequin, son mari, a fondé à perpétuité, en cette église de Bougival, une messe basse... etc. » L'acte de décès de R. Sualem dit : « l'an de grâce 1708, le lundi 30e de juillet, a été inhumé le corps de deffunt René Sualem, autrement dit Rennequin, premier ingénieur du Roy à la machine et constructeur de la machine, mort d'hier à onze heures et demie du matin... »

Renkin Sualem eut cinq enfants ; son fils Gervais travailla à la Samaritaine et aux ponts en bois de l'île Saint-Louis et de Lagny.

Parmi les liégeois qui travaillèrent à la machine sous le titre de « charpentiers liégeois », il faut mentionner Jean Siam du Port qui semble avoir été putôt un ingénieur qu'un charpentier. C'était un homme instruit et intelligent qui fit pour de Ville des études nombreuses. Voir Dwelshauvers, ouvrage déjà cité, p. 142.

2. Voir page 135, note 1.

3. *Machine de Marly, réponse à des mémoires de M. Périer*, par M. Bralle, ingénieur en chef des ponts et chaussées, directeur de la machine de Marly, depuis l'an 1792 jusques en l'an 1811 (Paris, 1814).

« Il restait à la neuvième 6.578 livres au-dessus de sa charge, à la dixième 8.214 livres, à la onzième 4.922 livres.

« La douzième présentait une répétition des défauts de la quatrième et manquait de 6.754 livres pour faire seulement équilibre à la pesanteur de la colonne d'eau ; elle ne recevait de l'impulsion du courant que 25.391 livres de force, tandis qu'elle devait faire mouvoir deux manivelles chargées, l'une de 15.492 et l'autre de 32.143 livres.

« La treizième, dont les aubes sont moitié moins longues que celles de la roue n° 1, était cependant chargée de 50.929 livres, quoique cette première roue ne le fût que de 36.148.

« Cette bizarrerie était encore accompagnée d'un partage inégal entre ses deux manivelles, dont l'une avait à vaincre une résistance de 31.564 livres, tandis qu'il n'en était dévolu que 19.365 à l'autre ; aussi en résultait-il, entre la puissance et la résistance, une différence en moins de 16.661 livres.

« Enfin, la quatorzième roue, qui n'avait que 4 pieds et demi d'aube, était chargée de 38.730 livres, lorsque la première, dont les aubes avaient 9 pieds, ne faisait mouvoir qu'un poids de 36.148 livres. »

L'auteur fait également remarquer que chaque roue commandait une proportion de pompes et de balanciers malheureusement combinée, puisque les roues restaient ainsi dépendantes les unes des autres, l'arrêt d'une roue rendant inutile la marche de plusieurs autres.

« Une répartition de force et de résistance, faite ainsi arbitrairement, peut-elle être l'ouvrage d'un homme instruit ? Ce n'est pas tout : d'après la disposition et le nombre des corps de pompes employés, il devait monter, de la rivière au premier puisard, 37.184 muids ; du premier puisard au second 45,899 muids ; et sur la tour 45.312. M. Périer[1] nous expliquera, sans doute par quel trait de génie, que nous n'avons pas aperçu, Rennequin trouvait possible de ne prendre que 37.184 muids dans le premier puisard, y compris les eaux de source recueillies à mi-côte, pour en porter 45.899 dans le second... »

Nous avons cru devoir citer ces objections de M. Bralle, ingénieur en chef des ponts et chaussées, qui dirigea pendant dix ans la machine et devait la bien connaître. Cependant nous ne pouvons pas oublier la description de 1718, écrite par de la Jonchère, et qui explique que les pompes, qui semblent de trop dans les premier et second puisards, devaient être employées comme rechanges, lors des accidents qui arrivaient fréquemment aux chaînes de transmission. Il y avait rarement plus de neuf roues en marche, et le nombre des chaînes de transmission attelées et en mouvement variait aussi suivant les besoins. Le contrôleur réglait le nombre de pompes en rivière et distribuait en conséquence les transmissions et le nombre des pompes des puisards.

1. M. Périer, membre de l'Institut, avait dit, dans un mémoire du 24 octobre 1807, « qu'on surpasserait difficilement aujourd'hui l'œuvre de Rennequin. »

L'un des bassins des Couronnes.

Frise marine par *Le Brun*.

CINQUIÈME PARTIE

LES INSTALLATIONS DE MARLY AU XIXE SIÈCLE

§ 1er. — **Machine de Brunet**.

Dès sa création, la machine de Marly fut l'objet de critiques : les principales portaient sur le trop grand nombre de pompes et surtout sur la grande simplification à réaliser en élevant l'eau en une seule fois. Les cartons des archives nationales renferment un très grand nombre de projets établis sur cette base : Ce sont d'abord deux projets de 1695 et 1697, puis, en 1753, un projet très sérieux de Deparcieux supprimant les chevalets « les pompes élevant d'une seule traite l'eau de la rivière de Seine jusqu'au haut de la tour ». En 1754 autre projet du révérend père Fery, qui se contente d'élever l'eau en deux fois. Un essai est tenté, mais les tuyaux se brisent continuellement. En 1755, Bokstaëller, *machiniste de sa Majesté polonaise*, revient sur ce projet et promet, en outre, de doubler le débit des pompes. Par la protection du roi il obtient qu'il sera fait un essai ; l'essai eut lieu en juillet de l'année suivante et ne donna aucun résultat. A partir de cette date les propositions se multiplient : Ce sont les projets Charbonnier, Loriot, Jacquet, Laurent.... Voici ce qu'en dit le marquis de Marigny dans une lettre du 24 juin 1664 : « J'ai une foule de mémoires qui m'ont été présentés depuis douze ans, tendant tous aux mêmes fins. Tous blâment la primitive construction comme trop compliquée ; chacun des auteurs a offert de simplifier cette machine, d'en augmenter le volume d'eau de moitié, de rendre la navigation plus libre et plus facile et cependant de diminuer la dépense de l'entretien annuel, les uns d'un tiers, les autres de moitié. On a fait quelques épreuves et quelques essais en conséquence, qui ont occasionné des dépenses assez fortes, et aucune n'a réussi. Les calculs des puissances motrices qu'on avait fait à loisir dans le cabinet et qu'on y avait jugés infaillibles n'ont pas produit l'effet qu'on en attendait dans l'exécution. On a fait monter l'eau à une certaine hauteur, mais inutilement puisqu'elle avait encore 102 pieds à monter sans qu'il eût été possible de la faire arriver au haut de la Tour de l'aqueduc par les nouveaux projets...

Néanmoins les inventeurs ne perdent pas courage : L'abbé Trois fait admettre un nouveau projet par l'abbé Bossut, de l'académie des sciences ; comme le réservoir de mi-côte demande de grosses réparations, il propose d'élever l'eau d'un seul jet dans le réservoir supérieur, d'où les pompes des grands chevalets, continucraient à la porter au sommet de l'aqueduc. L'essai fut fait en 1776, en présence de l'abbé Bossut et de M. de Montucla et réussit momentanément, mais les tuyaux se rompaient continuellement. L'inventeur attribue ces accidents à la mauvaise qualité des tuyaux, alors qu'ils tenaient surtout aux coups d'eau provenant de ce que les nombreuses pompes refoulaient par moment toutes à la fois et étaient en d'autres instants toutes à l'aspiration ; ces irrégularités dans la vitesse de la colonne ascendante produisaient des secousses qui brisaient les canalisations.

En 1779 une compagnie se forma pour présenter un projet de reconstruction de la machine, moyennant une annuité de 50.000 livres, y compris l'entretien ; les archives nationales conservent, en outre, toute une série de propositions de Compinas, Doinet, Jodin, Bascher, Fouré, Bibrel, de Combes, Le Turgez, Chalgrin, de Chaligny, Bégodin, Allard, Turin, Niquet, Demandie, Finez, Vaudebrun, Despois, de Gaspern, Arnoult, Reynald, Blakey, Sarton de Liège, Poidelard, Coyseul, Noiret, etc. Devant cet afflux de projets, l'académie décida d'ouvrir un concours. Le programme de ce concours fut publié dans la *Gazette de France* en 1784 et donna lieu à l'envoi de 47 propositions qui furent jugées insuffisantes ; le concours fut reporté aux Pâques de l'année 1787 et on désigna pour le juger une commission formée de l'abbé Bossut, de Bordes, Coulomb, Périer et Monge. Parmi les nouvelles propositions nous en avons remarqué une de « MM. Watt et Botton pour l'établissement d'une machine à feu propre à remplacer avec avantage la machine de Marly ».

La commission partagea le premier prix de 6000 livres entre Gondouin, Defluais et Groult.

Le second prix de 4000 livres fut partagé entre Viallon, chanoine et bibliothécaire de Sainte-Geneviève, et Marot.

Le troisième prix de 2000 livres fut partagé entre Lucotte fils, architecte, et Bralle, ingénieur de la généralité de Paris que nous retrouverons, six ans après, directeur de la machine.

Le manque d'argent empêcha de donner suite à ces projets : en 1793 on pensa un instant démolir la machine de Marly. En tous cas on l'entretint peu et, jusqu'en 1800, la commission nommée pour étudier cette question ne proposa rien.

L'état de délabrement de la machine de Rennequin fit renoncer à l'idée d'une réparation, et décida, en 1800, la commission à conseiller la construction d'une nouvelle machine sur l'emplacement de l'ancienne. En outre, le souvenir des échecs qui avaient suivi les tentatives d'élever en une fois l'eau sur l'aqueduc de Louveciennes fit abandonner cette idée ; mais, pour tenir compte, dans une certaine mesure, des progrès accomplis dans la construction mécanique, la commission décida, en 1801, que l'eau serait élevée en deux fois au lieu de trois. En conséquence, le programme arrêté par la commission consista dans la construction d'une nouvelle machine « qui sera mue par la même force mouvante que la machine actuelle... et l'eau sera élevée, en une seule fois, à 83 mètres de hauteur dans un réservoir intermédiaire. A cette hauteur, une roue à pots ou augets sera mise en mouvement par une partie de l'eau élevée et montera 50 pouces de cette eau jusqu'au sommet de la tour de Louveciennes ». Le rapport estimait que les pompes en rivière élèveraient 600 pouces d'eau ; 550 pouces seraient employés par la roue pour élever les 50 pouces restant sur l'aqueduc.

Le programme définitif fut fixé le 24 mars 1802[1] ; un arrêté des consuls, du 13 frimaire an XII, ordonna une adjudication publique sur cette base et celle-ci eut lieu le 25 nivôse suivant. L'entrepreneur devait, pendant la durée des travaux, entretenir l'ancienne machine, au lieu et place de l'administration, de manière à ne pas arrêter le service de l'eau. Les projets d'exécution devaient être soumis à la commission.

---

1. *Revue* de mars, p. 219.

« Le citoyen Marie-Dominique-François-Hérau, de Clamecy » fut adjudicataire ; il prit, comme ingénieur d'abord, un nommé Cordelle, puis un charpentier du nom de Brunet.

Brunet avait suivi les essais faits autrefois pour élever en une seule fois les eaux sur l'aqueduc de Louveciennes et avait remarqué que, dans ces expériences, souvent une explosion accompagnait les ruptures de tuyaux. Il en avait conclu que les accidents provenaient de l'air comprimé que l'eau entraînait avec elle. Si donc, suivant lui, on arrivait à purger l'eau de l'air entraîné dans l'aspiration, le problème de l'élévation en un seul jet se trouverait résolu.

Brunet proposa donc à la commission de tenter un nouvel essai en tenant compte de cette indication ; pour éviter la présence de l'air, les pompes devaient être renversées en rivière ; Brunet proposait, en outre, de placer au pied de la colonne montante un réservoir pour que l'air entraîné pût s'y emmagasiner et s'y *condenser* ; enfin des robinets devaient être disposés tout le long de cette colonne montante, de façon à laisser échapper l'air au fur et à mesure de l'ascension de l'eau.

Brunet obtint l'autorisation d'appliquer ces idées à des pompes que devait actionner l'une des deux petites roues de l'ancienne machine, la quatorzième, qui ne faisait marcher que des pompes. Il attela à l'une des manivelles de cette roue un harnais de quatre pompes foulantes simples, à pistons pleins garnis de cuirs estampés, tels que ceux qui existaient dans l'ancienne machine. Ces corps de pompe aspiraient l'eau de la Seine dans une bâche et la refoulaient dans un réservoir d'air en cuivre auquel il donna le nom de *condenseur*. Sur ce réservoir de cuivre, qui constituait la nouveauté du projet Brunet, était branchée la canalisation de 1.400 mètres de longueur, formée de tuyaux de 4 pouces provenant de l'ancienne machine et montant, d'un seul jet, jusque sur la tour de l'aqueduc de Louveciennes, l'eau pompée dans la rivière. Au début, les essais marchèrent à souhait, puis les chocs recommencèrent, amenant la rupture du *condenseur*. Un autre condenseur plus fort, mis à la place du premier, se rompit également. L'idée de Brunet de mettre un réservoir d'air au pied de la colonne montante était bonne, mais l'effet de ce réservoir n'était pas celui sur lequel l'inventeur avait compté. L'air emmagasiné dans le *condenseur* agissait sur la colonne d'eau montante comme un ressort qui régularisait sa marche et compensait les irrégularités des pompes. Or, pour cet objet, le volume du condenseur était trop petit : sous la pression de la colonne d'eau de 170 mètres de hauteur, l'espace occupé par l'air devenait insignifiant ; en outre, cet air se dissolvait rapidement dans l'eau et s'en allait avec cette eau. Il en résultait qu'après plusieurs heures de marche, le condenseur était sans effet, les coups d'eau se produisaient de plus en plus violents et rompaient les réservoirs d'air, ainsi que les tuyaux. Après plusieurs années d'essais malheureux, l'administration mit fin, le 12 mai 1807, à la mission qui avait été confiée à Brunet[1] ; mais le contrôleur de la machine, après le départ de cet entrepreneur, reprit son idée et chercha à améliorer l'installation qu'il avait créée. On fit un nouveau réservoir d'air, avec des tuyaux de 8 pouces de diamètre et 11 lignes d'épaisseur, provenant de l'ancienne machine ; les brides de six de ces tuyaux furent dressées à l'aide de meules et assemblées bout à bout, de façon à former un récipient vertical de 22 pieds de hauteur. Les pompes refoulaient l'eau dans ce réservoir, vers le bas duquel était branchée la colonne ascendante. Grâce à l'élévation de la colonne de tuyaux formant le récipient, l'air comprimé occupait, dès le début de la marche, une hauteur de 18 pouces, alors que, dans les condenseurs de cuivre de Brunet, qui n'avaient que 10 pouces de hauteur au-dessus du départ de la colonne ascendante, l'air comprimé sous le poids de 17 atmosphères n'avait plus que l'épaisseur d'une feuille de carton.

1. Les Archives possèdent plusieurs projets de Brunet sans valeur technique et destinés à Marly. Tous sont basés sur l'élimination de l'air. Brunet reçut 7.000 francs de gratification pour ses travaux, et, après son départ, M. Bralle reprit la direction de la machine qu'il avait dû quitter le 5 nivose an XII lorsque Héraut et Brunet en avaient pris possession.

En outre, pour remplacer l'air dissous, que la colonne d'eau ascendante emportait sans cesse avec elle, on ajouta un équipage de six pompes pneumatiques commandé aussi par la roue hydraulique et qui refoulait l'air dans le *condenseur* de façon à l'entretenir aussi plein qu'il était nécessaire.

La machine, qui, jusque-là, n'avait pu fournir, par intermittences, que 11 à 12 pouces d'eau, put, ainsi complétée, élever régulièrement 23 pouces d'eau sur la tour de l'aqueduc.

Il restait encore, pour cette longue colonne ascendante de 1.400 mètres, rampant à la surface du sol pour gagner la tour de l'aqueduc, une cause de rupture assez grave : C'étaient les dilatations et contractions résultant des variations de températures. Pour y

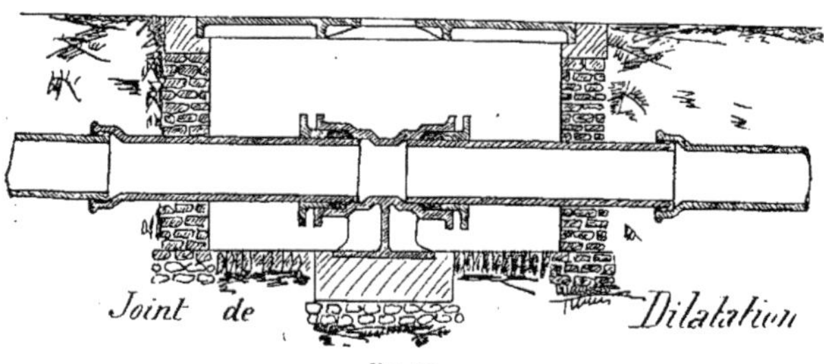

Fig. 90.

remédier, on plaça, en plusieurs endroits, des joints *compensateurs* (fig. 90), sortes de presse-étoupes permettant à la tuyauterie de varier de longueur sans inconvénient. Ainsi modifiée dans ses principes, la machine de Brunet donna un assez bon service jusqu'en août 1820, époque à laquelle nous verrons qu'elle fut remplacée par une installation nouvelle.

§ 2. — Machine à vapeur de Périer.

Pour ne pas interrompre la description de la machine de Brunet, nous avons anticipé sur les dates. Revenons à l'année 1807, époque où cet entrepreneur dut, après ses insuccès, se retirer de la machine. A cette date, le problème du remplacement de la machine de Marly restait donc entier, puisque les essais nouveaux, entrepris de 1804 à 1807 pour élever l'eau en une seule fois sur la tour, avaient donné des résultats médiocres. L'empereur demanda pour Marly un projet à Joseph Baader, ingénieur en chef du roi de Bavière. Dans les plans détaillés que dressa cet ingénieur [1], les trois étages de pompes de l'ancienne machine furent conservés, mais, au lieu de faire actionner les pompes des deux étages supérieurs à l'aide d'une transmission composée de chaînes, Baader proposa d'établir les pompes dans un puits de 328 pieds de profondeur, creusé à l'endroit du puisard supérieur. Ce puits devait communiquer, par le fond, à l'aide d'une galerie souterraine horizontale de 2.000 pieds de long, avec le bord de la rivière. Au fond de cette galerie, c'est-à-dire au pied du puits, Baader proposait d'installer une machine à colonne d'eau recevant l'eau comprimée par trois roues à aubes montées en Seine. Cette machine transmettait, par des tiges rigides, son mouvement d'oscillation aux pistons de pompes placées dans le puits, à divers étages.

---

1. Projet d'une nouvelle machine hydraulique pour remplacer l'ancienne machine de Marly, par J. Baader. Paris, 1806.

Ce projet fut l'objet d'un rapport élogieux de la part des commissions, mais ne fut pas exécuté.

On s'arrêta à un projet présenté par MM. Périer frères en 1807, et qui comportait également les trois étages de pompes de l'ancienne machine ; mais, dans ce projet de MM. Périer, le moteur était la vapeur.

« Sur le rapport de M. Crétet, ministre de l'Intérieur, le projet proposé par M. Périer fut adopté ; ce projet consistait dans l'établissement[1] :

« 1° D'une prise d'eau sur la rivière au moyen d'un aqueduc traversant la route ;

« 2° D'un bâtiment à la suite pour recevoir une première machine à vapeur à double effet, ayant un cylindre de 36 pouces de diamètre, devant, au moyen d'une conduite rampante de 14 pouces de diamètre, élever les eaux dans un ancien réservoir (réservoir de mi-côte) placé à 48 mètres au-dessus de la rivière. A cet effet, la machine à vapeur commandait deux pompes aspirantes et foulantes de 14 pouces de diamètre ;

« 3° D'une galerie souterraine de 1.000 mètres de longueur, et partant de ce réservoir pour aboutir au centre d'un puits vertical placé au-dessous de la grande tour de Louveciennes ;

« 4° D'une seconde machine à simple effet ayant un cylindre de 60 pouces de diamètre qui, placée dans le puits de la tour, devait élever l'eau à 113 mètres de hauteur dans le réservoir qui couronne cette tour. Pour atteindre ce but, la machine à vapeur à simple effet de la tour commandait deux étages de deux pompes aspirantes et foulantes de 14 pouces de diamètre en état d'élever sur la tour 192 pouces d'eau par 24 heures.

« M. Périer paraît persuadé que le système vertical qui permet de placer des corps de pompe à différentes hauteurs mérite la préférence lorsqu'il s'agit, comme à Marly, d'élever l'eau à une hauteur considérable ; il se fonde sur ce qu'une conduite rampante exige un grand entretien en raison des effets de la température sur le fer, sur ce que les pistons, lorsqu'ils sont chargés d'un poids trop considérable, sont sujets à de fréquentes réparations, enfin sur ce que l'eau, dans une semblable conduite, éprouve un frottement sensible, qui emploie en pure perte une partie de la force. »

Les travaux commencèrent le 9 juillet 1808 par la construction du grand puits de la tour descendant dans la galerie horizontale faisant suite au réservoir de mi-côte, et, en 1811, ce puits était arrivé, à 200 pieds de profondeur, jusqu'au rocher, en traversant plusieurs niveaux d'eau[2]. A la même date, quatre des cinq puits d'attaque de la galerie horizontale étaient également creusés, et cette galerie à moitié construite.

Nous avons dit plus haut qu'en 1811, la machine Brunet rectifiée élevait régulièrement l'eau sur le sommet de l'aqueduc et prouvait, par le fait, la possibilité de cette élévation en un seul jet ; les étages de pompes de Périer, ses puits et ses galeries, dont on estimait la dépense d'achèvement à 900.000 francs, étaient donc inutiles. En outre, M. Bralle, directeur de la machine, et l'entrepreneur Périer étaient en discussions continuelles, qui énervaient l'administration. Le ministre, finissant par se lasser, arrêta les travaux et renvoya directeur et entrepreneur.

A cette date, M. Bralle avait déjà dépensé, pour les puits et la galerie, 878.102 francs, et on avait payé pour ses machines, à Périer, 311.700 francs. C'était donc à une perte de près de 1.200.000 francs[3] que la direction de M. Bralle, ingénieur en chef des ponts et chaussées, avait fait aboutir la bonne volonté de l'empereur et les efforts d'une commission de savants. Ce ne dut pas être sans un certain regret tardif qu'en 1814 M. Bralle,

---

1. Cette description est extraite du rapport de la commission réunie en 1811 et composée de MM. Prony, Heurtier, Rondelet, Girard, Bruyère, qui décida l'arrêt des travaux et l'adoption d'un projet Cécile et Martin consistant à élever l'eau d'un seul jet sur la tour de Louveciennes, également par machine à vapeur.

2. Le curieux est que pour la construction du puits, on fit venir des ouvriers de Liège.

3. Les machines de Périer laissées chez ce constructeur furent vendues comme ferrailles les 25 novembre 1818, 17 septembre 1822 et 28 avril 1823. Les puits et galeries furent comblés.

devenu secrétaire ordinaire de Mgr le comte d'Artois, écrivait, dans un des nombreux mémoires qu'il publia pour sa justification : « ..... mais M. Périer, ses pompes et *moi*, avons été mis de côté. Deux autres artistes ont été appelés à l'exécution de ce nouveau projet, qu'ils n'avaient ni conçu, ni médité. »

En effet, l'architecte Cécile et l'ingénieur Martin avaient réussi, au milieu des discussions entre Bralle et Périer, à faire adopter, en 1811, un nouveau projet de machine à vapeur qui, celui-là, refoulait l'eau en une seule fois sur l'aqueduc de Louveciennes.

§ 3. — Machine hydraulique provisoire et destruction de l'ancienne machine.

Cécile et Martin reprenaient l'idée de donner à la colonne d'eau ascendante un mouvement continu ; mais, au lieu d'employer à cet effet un récipient d'air comprimé, ils proposèrent l'emploi d'une série de pompes commandées par une roue d'engrenage, de telle façon qu'à tout instant le même nombre de pompes fût toujours dans la période d'aspiration et de refoulement. Ainsi, dans l'hypothèse de quatre pompes, quand la première serait

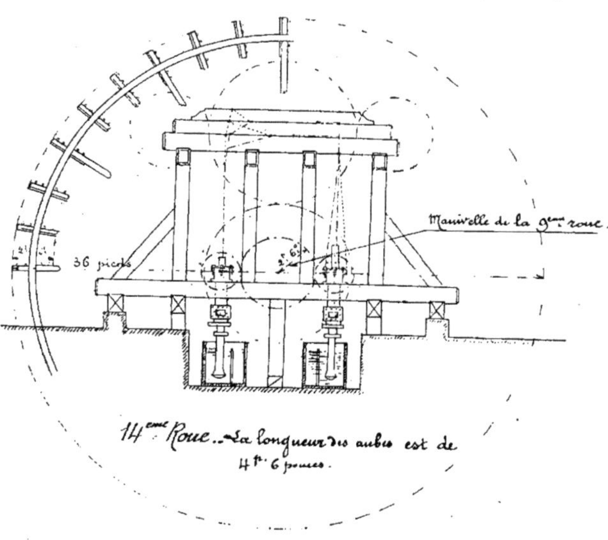

Fig. 91.

au commencement de la période de descente, la seconde se trouverait à moitié, la troisième au commencement de la période de montée, la quatrième à moitié de la même période.

Devenu en 1811 directeur de la machine, Cécile fit construire sur ce principe *une pompe d'essai* qui fut attelée à la seconde manivelle de la quatorzième roue de l'ancienne machine et qui fonctionna régulièrement le 23 octobre 1814.

La fig. 91 donne le détail de cette machine. En voici la description donnée par l'auteur lui-même.

« La roue à eau actionne un arbre qui porte une roue de champ de 5 pieds de diamètre en fer fondu[1] et à dents d'engrenage. Cette roue communique le mouvement dans une même direction à deux autres petites roues de 2 pieds et demi de diamètre, également de champ et à double engrenage, qui sont portées chacune par un arbre horizontal. A chaque extrémité des arbres de ces petites roues est placée une manivelle de 10 pouces de rayon disposée de manière à former constamment, avec les trois autres manivelles, quatre angles droits et à produire entre elles le même effet qu'une manivelle à quatre coudes. Ces manivelles mettent en jeu quatre pompes par le moyen de quatre bielles adaptées, d'un bout, aux tourillons de ces manivelles, et, de l'autre, à un parallélogramme qui a la propriété de faire mouvoir la tige des pistons dans une direction verticale. Chacune de ces quatre pompes est composée d'un corps de pompe alésé de 3 pouces 7 lignes de diamètre intérieur et de 3 pieds de longueur. A l'extrémité inférieure de ce corps de pompe est un renflement portant bride pour contenir le porte-clapet d'aspiration et qui reçoit deux clapets de cuivre, sans cuir ni charnières. Un peu au-dessus du renflement dont nous parlons est une tubulure à bride à laquelle est adaptée la chapelle qui renferme le clapet d'arrêt en fer forgé qui supporte toute la colonne d'eau et dont le sifflet est incliné à 45 degrés.

« A sa partie supérieure, le diamètre intérieur du corps de pompe s'agrandit et forme une partie cylindrique qui sert de boîte à calfat. Cette partie est remplie de filasse suiffée qui est pressée par degrés et à volonté contre le piston, au moyen d'un cylindre mobile et de quatre vis de pression adaptées sur les brides de ce cylindre et sur celles du corps de pompe.

« Le piston est un cylindre plein en fonte, et tourné; il a une ligne de moins de diamètre que le corps de pompe afin que la garniture renfermée dans la boîte à calfat, en pressant sur ce piston, puisse empêcher son frottement dans l'intérieur du corps de pompe.

« Dans l'intérieur du piston on a percé, à partir du haut et à six lignes de sa circonférence, un petit trou vertical qui communique à un autre trou percé horizontalement. Cette dernière ouverture est placée de manière à dépasser la boîte à calfat, lorsque le piston est à la fin de sa course en descendant, et à produire une communication avec l'intérieur du corps de pompe.

« Au-dessus du piston, et à l'aplomb du trou vertical, est placée une petite soupape qui, à l'aide d'un ressort à boudin, s'élève lorsque le piston foule et se ferme lorsqu'il aspire. On peut ainsi faire échapper l'air qui se trouve enfermé dans le corps de pompe lorsqu'on met la machine en mouvement. Ces soupapes peuvent être renfermées aussitôt qu'on est assuré que l'air est entièrement dégagé du corps de pompe et qu'il ne nuit plus à l'aspiration ni au refoulement. »

Nous avons reproduit textuellement ces menus détails de construction qui montrent les progrès considérables accomplis dans les dernières années du xviiie siècle par la construction mécanique. En outre, comme les garnitures en cuir des pistons de l'ancienne machine devaient être remplacées tous les deux mois et plus, à cause des sables de la rivière aspirés en même temps que l'eau, les constructeurs pensèrent éviter cet ennui au moyen d'écopes à tuyaux, ajustées à la roue hydraulique motrice. Ainsi l'eau était élevée dans une première bâche, où elle déposait son gravier; puis, passait dans deux autres petites bâches où se faisait l'aspiration.

Voici, d'après le rapport de visite de la commission d'académiciens qui vint examiner la machine, le résultat qu'elle donna :

« On pouvait comparer facilement les effets des deux appareils Brunet et Cécile, pour la même force motrice et des corps de pompe très à peu près de même diamètre, et

---

1. Ces détails des transmissions actionnant les quatre pompes se voient plus clairement sur les fig. 96 et 97 relatives à la machine à vapeur des mêmes ingénieurs.

on remarqua qu'ils étaient dans le rapport de 22 à 25 ; ainsi, lorsque l'appareil de M. Brunet, composé de quatre pompes aspirantes et foulantes et de six autres corps de pompe employés pour la compression de l'air, produisait 22 pouces en 24 heures, la

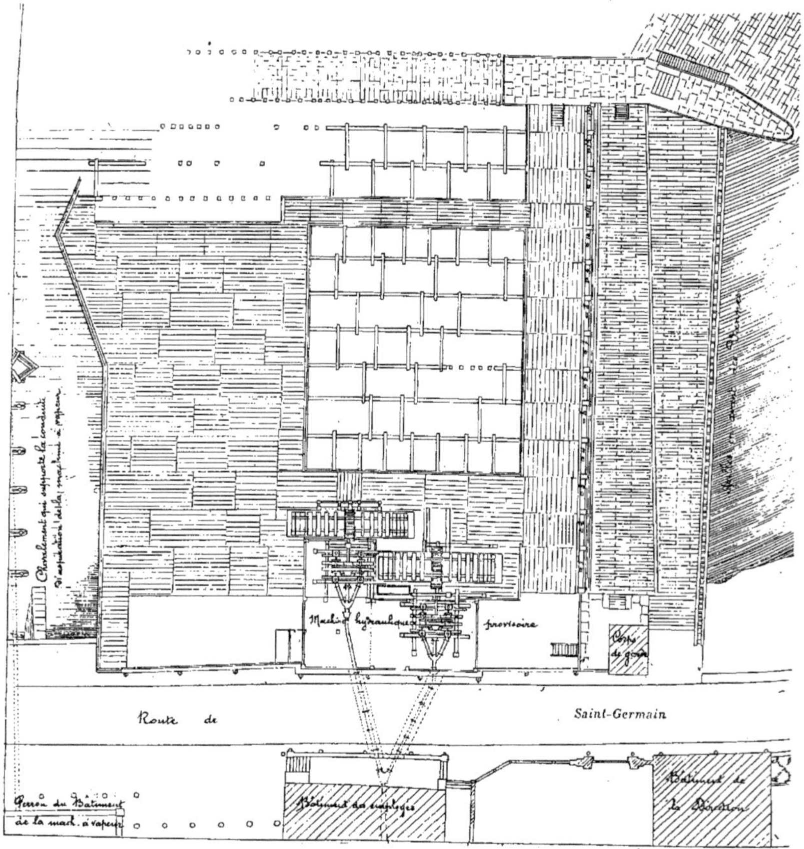

Fig. 92. — Débris en rivière de l'ancienne machine et machine provisoire.

machine d'essai de MM. Cécile et Martin, sans réservoir d'air comprimé et réduite au système de quatre pompes aspirantes et foulantes, en élevait 25. »[1]

La construction de la *pompe d'essai* avait eu pour but de prouver aux pouvoirs publics que la machine à vapeur comportant l'emploi d'une pompe de ce type, présentée par

1. Rapport de la commission de visite de la machine, 16 septembre 1818.

MM. Cécile et Martin, offrait toutes les garanties de succès pour l'élévation de l'eau en un seul jet.

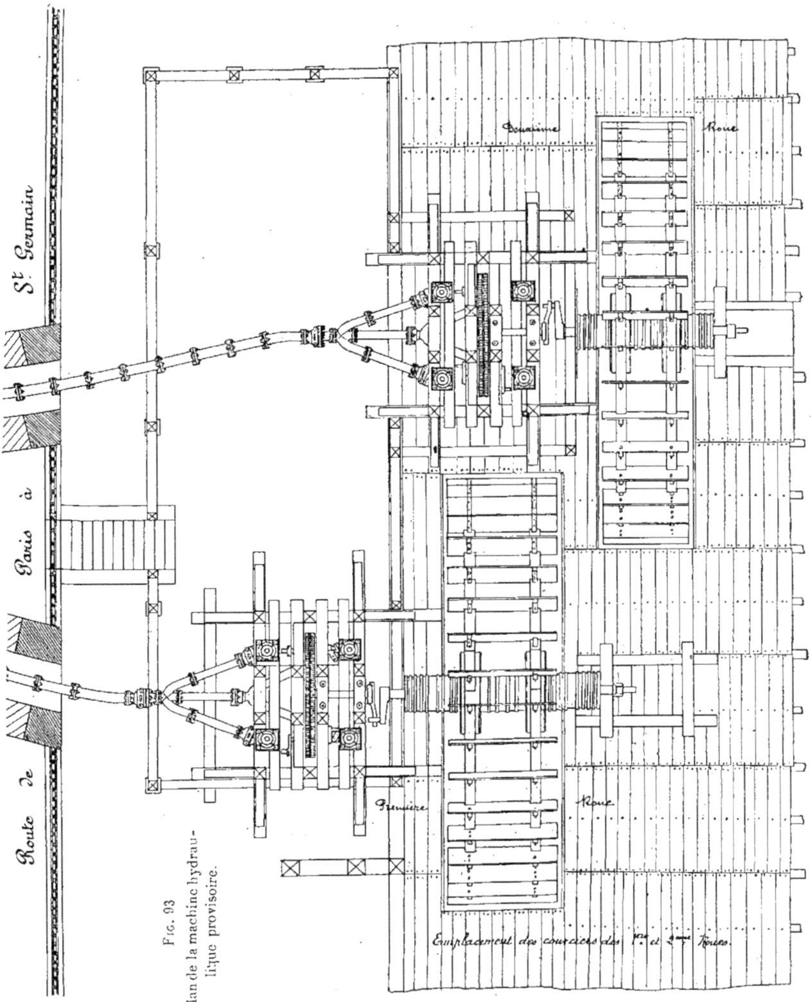

Fig. 93
Plan de la machine hydraulique provisoire.

Les terrassements nécessités par l'*installation* de cette machine à vapeur étaient commencés depuis plusieurs années et comportaient, pour leur achèvement, une grande tranchée à exécuter pour l'*installation* des chaudières et de la nouvelle conduite ascendante. Cette tranchée, placée à l'endroit des grands chevalets, en nécessitait la démolition et, par suite, l'inutilisation de la vieille machine.

Pour éviter que, pendant ces travaux, la ville de Versailles fût privée d'eau, Cécile proposa, après l'épreuve de la *pompe d'essai*, la construction d'une machine *hydraulique provisoire* devant remplacer la vieille machine pendant l'exécution de la machine à vapeur. Ce projet fut approuvé et cette *machine provisoire* exécutée. Elle se composait de deux séries de chacune quatre pompes aspirantes et foulantes. La première série était formée de l'équipage des pompes d'essai lui-même, que l'on proposait de transporter de la quatorzième roue à la roue du deuxième coursier. Comme il n'existait plus de roue à aubes dans ce coursier, il en fut établi une neuve pour servir de moteur à ce premier équipage de pompes.

Le second équipage de pompes qui dut être construit fut fait avec des diamètres de piston un peu plus grands que ceux de l'ancien. Il fut attelé à la première roue de la vieille machine, qui lui servit de moteur.

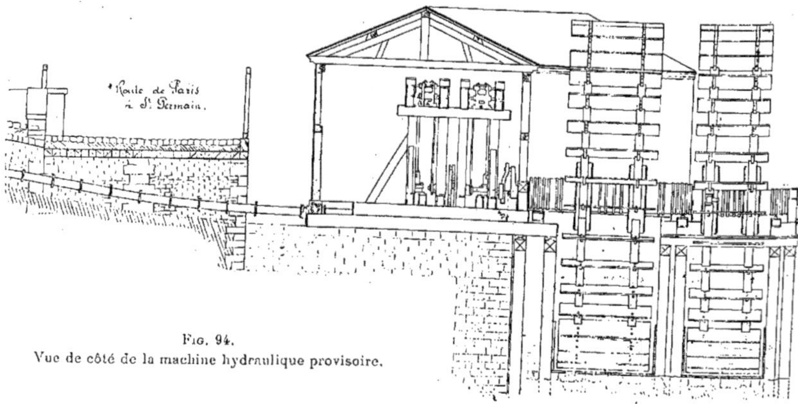

Fɪɢ. 94.
Vue de côté de la machine hydraulique provisoire.

Ces deux machines, que l'on voit sur les fig. 92, 93 et 94, alimentaient chacune un branchement de conduite de 4 pouces de diamètre passant dans deux galeries construites par-dessous la route de Saint-Germain. Ces deux branchements se réunissaient ensuite dans la conduite unique gravissant la colline et allant, d'un seul jet, au sommet de l'aqueduc de Louveciennes. Les conduites étaient faites de tuyaux provenant de l'ancienne machine. Cette canalisation de 1.400 mètres de longueur comprenait neuf tuyaux compensateurs dont l'objet était, ainsi que nous l'avons dit, d'empêcher les ruptures résultant des variations de dilatations causées par la température (fig. 90).

La *machine provisoire* fut mise en marche pour la première fois le 25 août 1817, jour de la fête du roi. Le produit moyen de l'eau élevée par les deux séries de pompes qui composaient la machine était de 840 mètres cubes par 24 heures, quantité supérieure aux besoins de la ville de Versailles, dont la consommation journalière n'était alors que de 500 mètres en moyenne[1]. La machine *provisoire* devait marcher jusqu'en 1855.

1. Extrait d'un rapport d'essai de M. Cécile, en date du 21 mars 1818. Rappelons qu'aujourd'hui la consommation de Versailles atteint 20.000 mètres pendant certains jours de l'été.

Après ces essais, M. Cécile demanda et obtint de l'administration l'autorisation de démolir l'ancienne machine de Marly. Voici les raisons qu'il donne dans son rapport [1] :

« 1° Dans la vue d'opérer une grande réduction dans les dépenses d'entretien ;

« 2° Afin de pouvoir continuer les travaux de terrasse sur l'emplacement qu'occupent les grands chevalets de cette machine, à partir de la route jusqu'au premier puisard ;

« 3° Enfin, pour procéder à la vente des matériaux de cette vieille machine que j'évalue approximativement de 250 à 300.000 francs... »

Telle fut la fin de l'ancienne machine de Marly. Le 23 août 1817, elle avait encore élevé 30 pouces d'eau. Le 24, elle cessa pour toujours son service. Elle avait marché 132 ans.

Cependant les parties en rivière de l'ancienne machine ne furent démolies qu'en 1856, lors de la construction de la machine hydraulique actuelle. Toute l'installation des vannes fut conservée de manière à former un barrage, permettant de diriger toutes les eaux sur les canaux des deux roues conservées ou de les laisser écouler en cas de crues. La fig. 95 est la reproduction d'une curieuse photographie faite en 1854 ; on y voit les débris en

Fig. 95.

rivière de l'ancienne machine, les deux roues conservées et l'installation des vannes dont nous avons parlé dans la description de l'ancienne machine.

Nous devons retenir de l'histoire des machines de Brunet et de Cécile qu'elles donnèrent la première démonstration de la possibilité d'élever, en un seul jet, l'eau à 160 mètres de hauteur et nous citerons à ce sujet la dernière phrase du rapport signé par Carnot, Poisson et de Prony le 12 décembre 1814 : « Nous concluons... que MM. Cécile et Martin, chargés des nouveaux travaux de la machine de Marly, se sont montrés dignes de la confiance qui leur était accordée, en adaptant à la quatorzième roue un mécanisme perfectionné dont un des principaux avantages est de procurer la continuité du mouvement de l'eau sans le concours du récipient d'air, et que M. Brunet a le mérite d'avoir, le premier, prouvé incontestablement, par le fait, la possibilité d'élever l'eau d'un seul jet, depuis la rivière jusqu'au haut de la tour. »

1. Rapport du 24 octobre 1817.

§ 4. — Machine à vapeur de L. Martin et Cécile.

Nous avons dit qu'en 1811 la commission d'académiciens chargée de s'occuper de la machine de Marly décida de suspendre l'exécution du projet Périer dont les dépenses d'achèvement étaient trop considérables et revint à l'idée d'élever par la vapeur, en une seule fois, l'eau de la Seine sur l'aqueduc de Louveciennes. Le projet de l'ingénieur Martin, présenté par Cécile, architectecte de l'empereur, qui remplissait cette condition, fut adopté en principe, mais on décida d'essayer le système de pompe proposé, en l'attelant à la quatorzième roue de l'ancienne machine. Cette machine d'essai ayant donné de bons résultats, on construisit une machine hydraulique *provisoire* basée sur l'emploi de la même pompe et qui devait fonctionner en attendant que la machine à vapeur fût construite.

Les constructions commencées à gauche de la route de Saint-Germain et destinées à recevoir la machine Périer furent continuées pour la machine Cécile-Martin ; en 1811, les terrassements étaient terminés ; le 1er juillet 1813, quand la commission se réunit à nouveau, les pilotis des fondations étaient achevés et MM. Martin et Cécile fournirent un second projet que la commission approuva sans réserves. En décembre 1813, la commission constata que le bâtiment sortait déjà de terre. Ce bâtiment, à fronton de style grec, « entourait un grand puisard[1]. On y accède par un escalier monumental aux deux côtés duquel sont des châteaux d'eau en fonte, l'un devant débiter de l'eau froide, le second de l'eau chaude provenant du condenseur. Dans le mur de soutènement de gauche est réservée la place d'une usine devant fournir le gaz hydrogène pour l'éclairage de l'intérieur et même de l'extérieur du bâtiment. A l'intérieur du bâtiment est une galerie en arcades entourant le futur emplacement de la machine à vapeur, de façon à rendre le monument complet et digne de remplacer l'ancienne machine de Marly. »

L'exécution du bâtiment suit son cours les années suivantes sans que les projets de la machine à vapeur elle-même soient arrêtés définitivement. Nous voyons, en effet, la commission continuer à se réunir annuellement pour étudier les projets successifs qui lui sont soumis. En septembre 1818, les deux associés se séparent et présentent un projet différent ; celui de Cécile prévoit la démolition du bâtiment qui vient d'être terminé ! La commission s'y oppose et adopte le projet de Martin. Il devait s'écouler encore plusieurs années avant que la machine elle-même fût mise en construction. La première pierre des massifs de fondation supportant les mécanismes ne fut posée, en effet, que le 14 octobre 1821 : En démolissant ces massifs, au mois d'août 1905, pour l'installation des machines de MM. Barbet et Hersent, on a retrouvé, scellée dans une pierre de taille, une boîte de plomb contenant des médailles et deux plaques, l'une de bronze, l'autre de porcelaine de Sèvres, mentionnant cette date[2].

L'installation comportait la machine à vapeur et ses chaudières, ainsi qu'une double canalisation neuve en fonte. Cette canalisation, posée à l'emplacement qu'occupe aujourd'hui la conduite de 60 centimètres de diamètre, nécessita la construction d'une

---

1. Ces passages sont extraits du rapport de la commission, décembre 1813.

2. La boîte de plomb contenait une seconde boîte en bois à l'intérieur de laquelle étaient une plaque de bronze doré et une plaque de porcelaine de Sèvres portant toutes deux la mention suivante : « Sous le règne de Louis XVIII, le bâtiment destiné à contenir la machine à feu construite par François-Charles Cécile et Louis Martin pour porter les eaux de la Seine à Versailles ayant été érigé par la munificence royale, S. E. le marquis de Lauriston, pair de France... a posé le 14 octobre 1821 cette inscription ; le baron Monnier... étant intendant des Bâtiments de la Couronne et François Cécile chevalier de l'ordre royal de la Légion d'honneur, architecte du Roi et directeur de la machine. »

Avec ces plaques se trouvait une plaque en bois où étaient enchâssées sept pièces de monnaie : 40 fr. or, 20 fr. or, 5 fr. argent, 2 fr. argent, 1 fr. argent, 0 fr. 50 argent et 0 fr. 25 argent, et cinq médailles (platine, argent, cristal, vermeil, bronze) portant, d'un côté, l'effigie du roi et, de l'autre, la mention : « Construction de la machine à feu qui portera les eaux de la Seine à Versailles. Octobre 1821. »

La boîte contenait, en outre, plusieurs papiers en partie détruits par l'humidité.

longue tranchée là où s'étendait auparavant la ligne des grands chevalets. Cette canalisation neuve était indépendante de celles de la machine provisoire et de la machine d'essai de la quatorzième roue, qui furent conservées et qui suivaient l'ancien tracé des petits chevalets.

Comme presque toutes les machines à vapeur de cette époque, la machine proposée par MM. Cécile et Martin[1] était à balancier et à basse pression marchant par la condensation. Le cylindre à vapeur avait 1 m. 082 de diamètre et 1 m. 950 de course, avec une épaisseur de fonte de 36 millimètres ; il était à enveloppe de vapeur ; la distribution à deux tiroirs était actionnée par un excentrique monté sur l'arbre intermédiaire commandé par les grandes bielles attelées à l'extrémité du balancier opposée au cylindre. L'excentrique commandait également par un levier la pompe qui alimentait d'eau la chaudière[2].

La tige du piston de la pompe à air du condenseur était attelée sur le balancier du même côté que le cylindre à vapeur.

La fig. 96 donne la disposition du cylindre à vapeur et le détail de la distribution. On remarquera le couvercle du presse-étoupe servant à former le joint du piston ; il était muni d'une roue dentée, de façon à obtenir le serrage graduel et uniforme de l'étoupe (fig. 97).

Après avoir travaillé dans le cylindre, la vapeur se rendait, par une canalisation de fonte, dans la bâche du condenseur, ainsi qu'on le voit sur les fig. 96 et 99. Cette bâche recevait intérieurement un jet d'eau froide et, pour compléter la condensation, elle était enveloppée d'un grand bac en fonte (fig. 99) où l'eau, puisée dans la Seine, se rendait avant de pénétrer dans les huit corps de pompe qui devaient la refouler sur l'aqueduc.

Le piston de la pompe à air avait 29 pouces de diamètre (fig. 96 et 99) ; il refoulait l'eau chaude dans un bac que l'on voit à gauche de cette pompe (fig. 99) et, dans ce bac, puisait la pompe d'alimentation des chaudières. L'excès d'eau chaude qui n'était pas refoulé dans la chaudière se rendait par une canalisation à l'un des châteaux d'eau en fonte placés sur les côtés de l'escalier du perron de l'édifice. Toute cette machinerie, remarquable par le fini de son exécution, avait été établie dans les usines du Creusot[3]. L'axe du balancier était porté par quatre colonnes en fonte montées sur un massif en maçonnerie ; une balustrade en fer, coupée par des candélabres monumentaux, encadrait la machine à vapeur.

La puissance du cylindre à vapeur avait été calculée pour fournir 64 chevaux de 75 kilogrammètres à une vitesse de 14 tours ou mieux de 14 oscillations doubles du balancier, avec 0 m. 14 de pression au manomètre de mercure à air libre. A cette allure, le moteur devait être assez puissant pour permettre aux pompes d'élever 1.800 mètres cubes d'eau par jour sur l'aqueduc de Louveciennes. Ce travail ne devait nécessiter la consommation que de dix tonnes de charbon environ, également par jour.

Pompes. — Nous retrouvons naturellement ici l'application de l'idée de disposer ces engins par groupes de quatre, ainsi que cela avait été proposé à la commission de 1811 et successivement appliqué à la machine d'essai, puis à la machine hydraulique provisoire. Nous avons suffisamment décrit ce système au paragraphe 3 et nous ne reparlerons en conséquence que des dispositifs employés pour l'appliquer au cas particulier d'une machine à vapeur.

Les deux grandes bielles (fig. 96 et 98), attelées de part et d'autre de l'extrémité du balancier de la machine à vapeur, commandaient les manivelles calées aux deux bouts

---

1. Voir fig. 96 à 101.
2. Le détail de cette pompe se voit fig. 101.
3. Les dessins de détail dressés en 1820 et 1821 portent la mention : « Dressé par Louis Martin ; approuvé, Cécile. » Ce libellé des signatures indique le véritable auteur des plans de la machine (voir fig. 101).

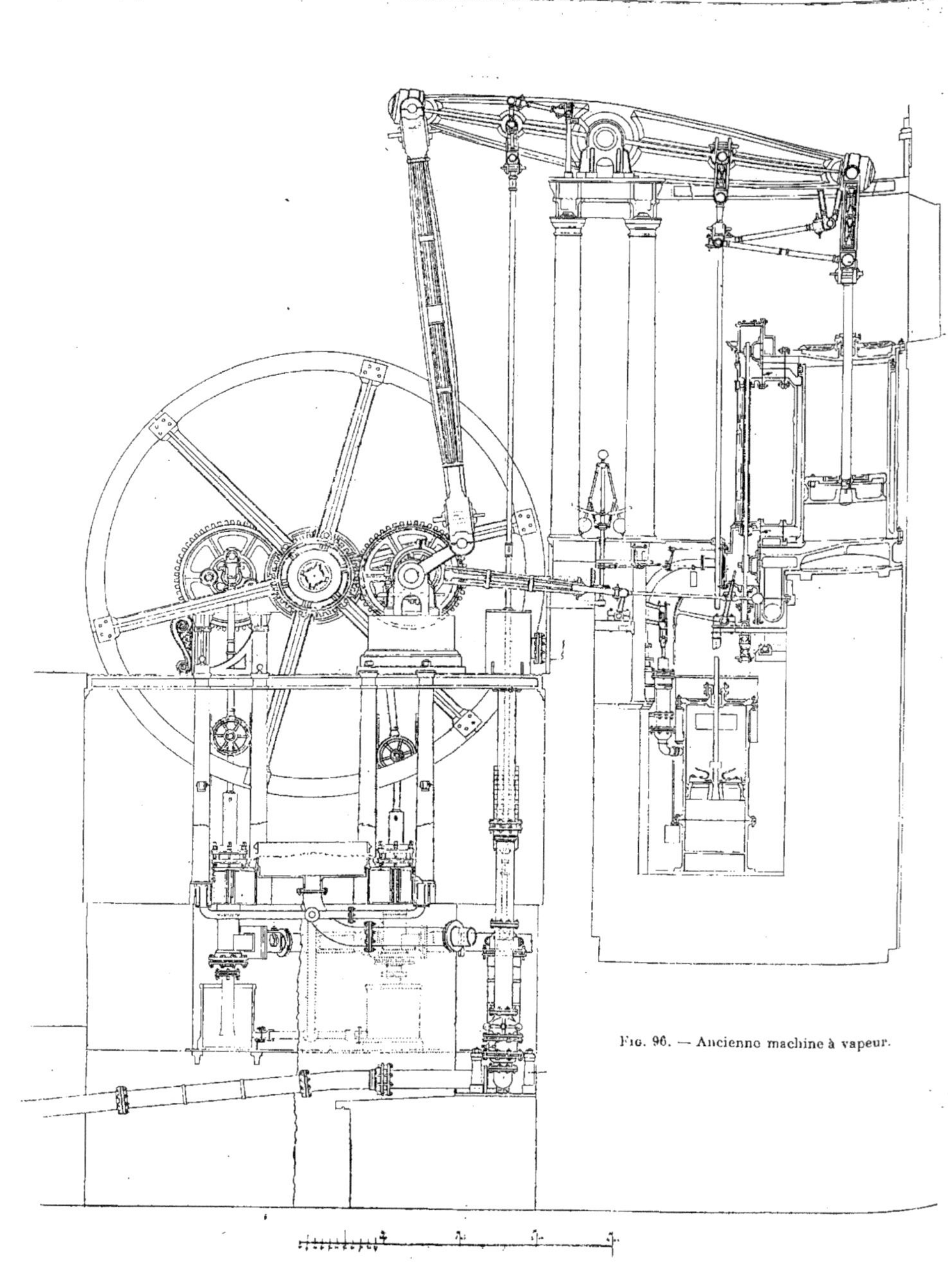

Fig. 96. — Ancienne machine à vapeur.

d'un premier arbre de transmission portant, en son milieu, un engrenage de 1 m. 45 de diamètre. Sur ce premier arbre étaient également calés, de part et d'autre de l'engrenage, les

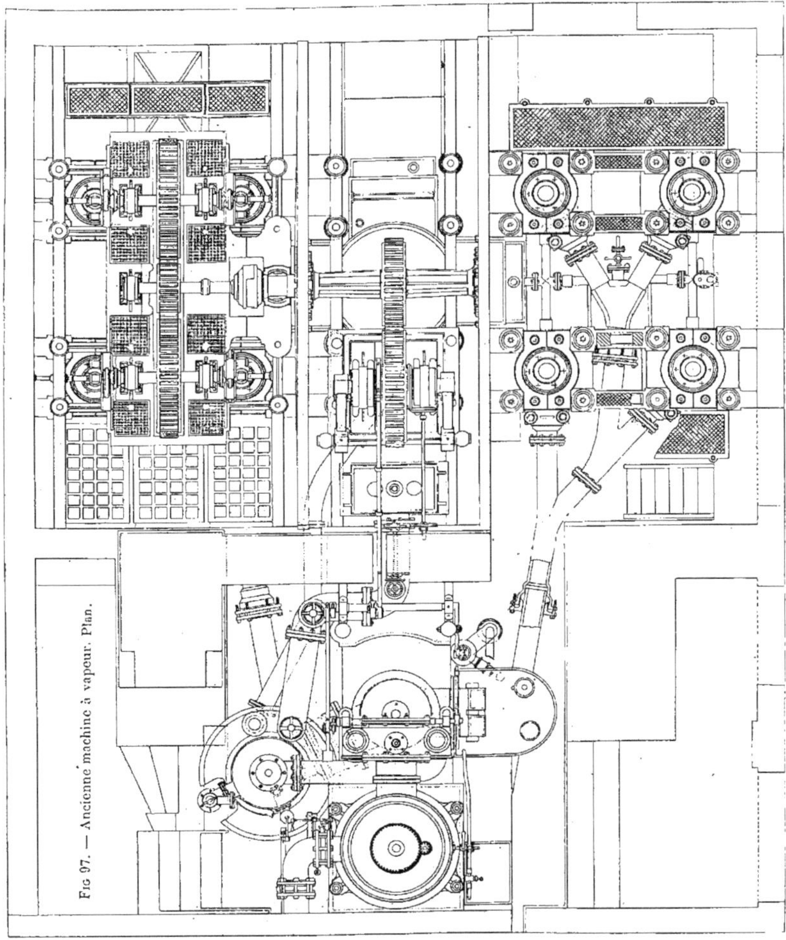

excentriqués commandant la distribution du cylindre à vapeur. Cet engrenage en commandait un second de 1 m. 10 de diamètre, calé également au milieu d'un second arbre de

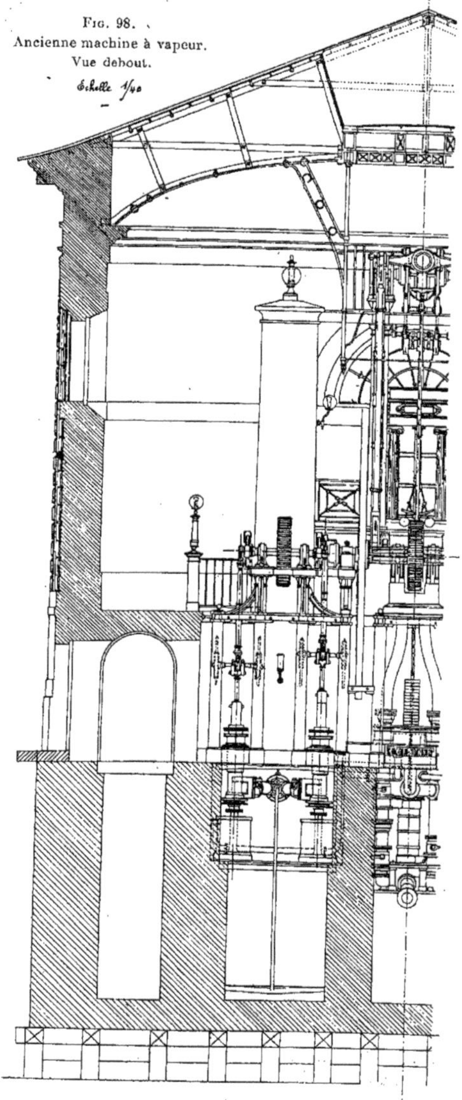

Fig. 98.
Ancienne machine à vapeur.
Vue debout.
Échelle 1/40

transmission et portant, à chacune de ses extrémités, un engrenage de même diamètre commandant un groupe de quatre pompes. De chaque côté, entre l'engrenage du milieu et

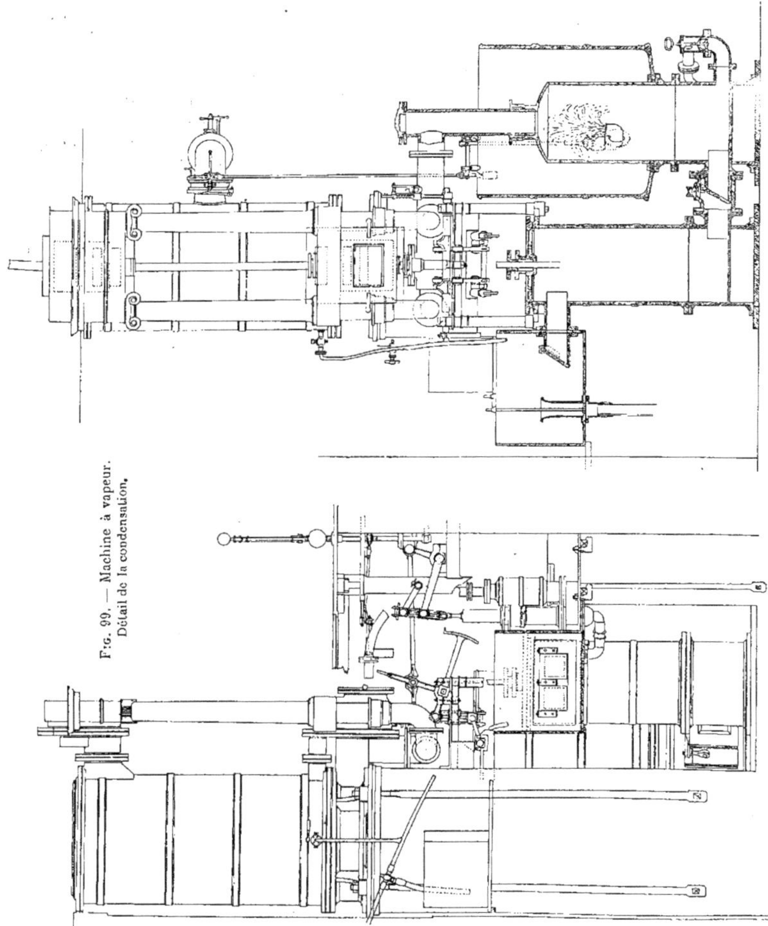

Fig. 99. — Machine à vapeur.
Détail de la condensation.

les engrenages extrêmes, se trouvaient un grand volant et un embrayage à griffe, de manière à isoler à volonté un groupe de pompes.

Les engrenages placés à l'extrémité du second arbre de transmission commandaient chacun un engrenage de 1 m. 45 de diamètre, monté au milieu d'un arbre portant, à chacune de ses extrémités, une manivelle actionnant une pompe aspirante et foulante. Chaque arbre commandait ainsi deux pompes et, comme de chaque côté il y avait deux arbres, nous retrouvons les deux groupes de quatre pompes formant l'originalité du système.

La fig. 97 donne la disposition des tuyaux de refoulement.

Les huit pompes dont nous venons d'indiquer les dispositions ne puisaient pas directement dans la rivière, mais dans des cylindres placés directement au-dessous des corps de pompe, ainsi que l'indique la vue latérale (fig. 96). Ces cylindres étaient alimentés, par le bas, à l'aide d'une tuyauterie partant de petits bassins de fonte placés au niveau de la partie supérieure des corps de pompe. Ces bassins étaient munis de déversoirs et de pouces de fontainier, de façon à ce que la quantité d'eau qu'ils débitaient pût être réglée suivant les besoins du débit des pompes foulantes (voir fig. 96, 97, 99).

L'alimentation des bassins dont nous venons de parler se faisait à l'aide d'une seule pompe nourrice dont le détail se voit fig. 100. Cette pompe était commandée par des bielles attelées au balancier de la machine à vapeur et aspirait, dans la rivière, à l'aide d'une canalisation passant sous la route de Saint-Germain. Le refoulement se faisait par deux colonnes munies de clapets de bronze et se déversant dans un réservoir en fonte rectangulaire, placé au-dessus de la pompe, un peu au-dessous du niveau de la transmission. Sur ce réservoir était branchée une canalisation de fonte se rendant dans l'enveloppe du condenseur.

De cette enveloppe du condenseur partait une seconde canalisation, débouchant au-dessous du centre d'un bac en fonte placé entre les bassins, dont nous avons parlé plus haut. L'eau, après avoir jailli au milieu du bac en fonte, s'écoulait dans trois bassins de calme, d'où elle se rendait, ainsi que nous l'avons dit, aux bâches d'aspiration placées au-dessous des pompes foulantes.

Cette machine ne fut terminée qu'en 1825, et marcha pour la première fois le 20 juillet, mais un instant seulement, les dents des engrenages qui commandaient les arbres des pompes s'étant rompues. Les essais reprirent l'année suivante, les 15 février, 3 mars, 17 avril, 5 août, 5 septembre, et ce ne fut que le 5 mai 1827 que la machine à vapeur fut en état d'élever régulièrement l'eau sur la tour.

Voici, d'après des essais précis, exécutés en 1851, c'est-à-dire longtemps après la date de construction et après des améliorations successives, les meilleurs résultats que l'on put obtenir de cette machine.

Pression d'admission	0,38 de mercure
Vide au condenseur	0,64
Vitesse	16 tours
Puissance dans les cylindres	95 chevaux
Eau élevée par jour	2.073 mètres cubes
Puissance en eau élevée	50 chevaux
Consommation par heure de charbon d'Anzin	417 kilog.
Surface de chauffe des chaudières	32 mètres carrés.

Les conduites de refoulement furent faites de deux tuyaux en fonte de 0,19 de diamètre intérieur chacun réalisant ensemble une section de 0,056.

Les chaudières étaient formées d'un foyer en briques placé en dessous d'un corps cylindrique de 6 pieds 9 pouces de diamètre et de 3 toises de longueur. Ces chaudières furent remplacées, dix ans plus tard, par d'autres munies à l'intérieur d'un tuyau de fumée, de façon à donner aux flammes une triple circulation.

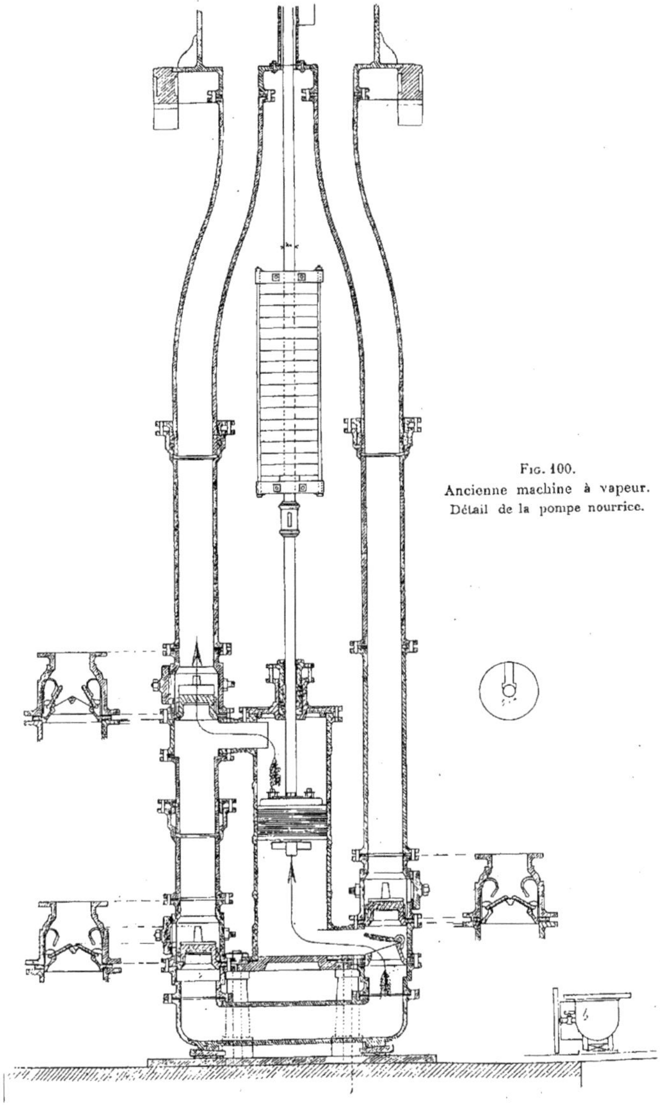

Fig. 100.
Ancienne machine à vapeur.
Détail de la pompe nourrice.

On verra, dans le tableau qui termine cette étude, et où nous donnons par année les événements principaux intéressant les installations de Marly, que la machine à vapeur marcha pour la dernière fois le 9 juin 1859 ; elle fut démolie de 1900 à 1905, pour l'établissement des machines Barbet et Hersent, mais le bâtiment qui la contenait a été conservé.

D'après un rapport de M. Usquin de 1837 [1], la machine à vapeur coûta plus de trois millions en comptant ses canalisations et les terrassements effectués pour la pose de ces canalisations ; elle brûlait environ 90 hectolitres de charbon par journée de marche et les dépenses d'entretien, qu'occasionnait l'installation totale de Marly, s'élevaient à près de 130.000 francs par an. Dans ce rapport, l'auteur signalait le déplorable entretien des digues destinées à maintenir l'eau de la Seine dans le bras de la machine. « Il en résulte, disait-il, que les eaux passent dans le bras de droite, en sorte que, lorsque les eaux sont basses, il n'arrive plus sous les roues de Marly qu'un faible filet d'eau qui ne peut leur

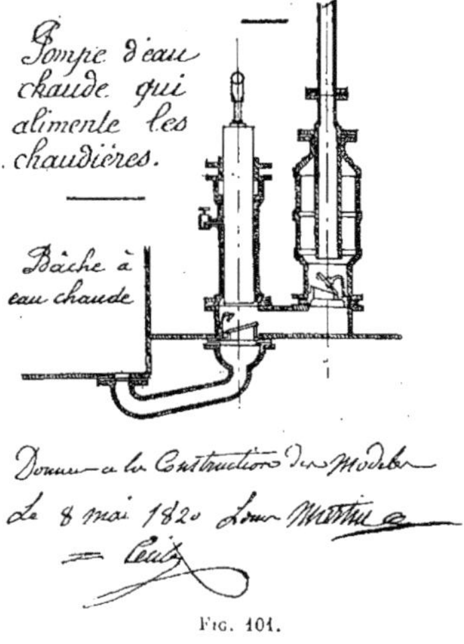

Fig. 101.

imprimer la force pour laquelle elles ont été calculées. » Il ne faut pas oublier que ces deux roues, qui formaient la *machine provisoire*, n'avaient été établies, d'après leur auteur, que pour marcher pendant la construction de la machine à vapeur et que, dans ces conditions, le directeur de la machine eût été en mauvaise posture pour demander à la Liste civile les fonds nécessaires pour la réparation des digues qu'il avait jugées devoir être inutiles après l'achèvement de la machine à vapeur.

Dans l'intéressant rapport dont nous venons de donner des extraits, M. Usquin faisait ressortir l'irrégularité du service des eaux d'étangs, ainsi que l'insalubrité de ces eaux ; il insistait également sur le prix de revient élevé de l'eau montée par la machine à vapeur et terminait son travail en demandant « la construction à Marly d'une nouvelle machine hydraulique, d'après les systèmes qui existent aujourd'hui. Cette construction devrait être exécutée avec toutes les conditions de solidité désirables. Ainsi les roues ne devraient

1. *Mémoire sur les eaux de Versailles* (Archives).

pas être en bois, mais en fer, et ce ne serait pas sur des poutres qu'elles devraient être soutenues, mais sur des piles en pierre[1]».

Voici, d'après ce rapport, le devis de la dépense que devait nécessiter la nouvelle installation.

Un barrage avec écluse sur le bras navigable de la Seine...	600.000 fr.
Maçonneries et fondations de la machine hydraulique à Marly.	600.000
Roues en fer avec les pompes	150.000
Curage du lit de la Seine	100.000
Trois canalisations ascendantes de 10 pouces	420.000
Réparation des réservoirs de Marly	100.000
Réparation de l'aqueduc de Versailles	50.000
Trois canalisations de 10 pouces entre les réservoirs de Picardie et Montbauron	600.000
Divers	380.000
Total des dépenses de construction d'une nouvelle machine de Marly	3.000.000

Nous avons fait cette citation d'un rapport datant de 1837 parce qu'il indique bien l'état du service à cette époque et montre que les projets qui devaient être exécutés vingt ans plus tard étaient déjà en préparation.

§ 5. — Machine hydraulique de Napoléon III.

La citation d'un rapport de 1837, par laquelle nous avons terminé le paragraphe précédent, montre que, du temps même de l'auteur de la machine à vapeur, l'opinion généralement admise était qu'on devait abandonner cette machine et revenir à l'utilisation de la chute d'eau dont on disposait dans le voisinage.

Cette chute se trouva considérablement améliorée encore par la création, vers 1838, du barrage mobile de Bezons, puis des vannages et déversoirs de Marly, et enfin des écluses qui donnaient toutes facilités à la navigation (voir fig. 59 et 60). Il devenait donc incompréhensible, pour tous ceux qui ne connaissaient pas l'histoire de la machine, qu'on continuât de payer l'entretien d'un moteur à vapeur dans le voisinage d'une force hydraulique beaucoup plus puissante. M. Xavier Dufrayer[2], qui avait succédé à Cécile en 1840, fit plusieurs projets dans ce sens, basés les uns sur l'emploi de turbines, les autres sur celui de roues hydrauliques. Il sut intéresser à cette œuvre le Prince-Président, qui en ordonna l'exécution peu après qu'il fut nommé empereur.

Le projet prit même rapidement des proportions plus grandes, puisqu'il s'agissait d'alimenter non seulement Versailles, mais aussi toute la région qui en dépend, en y comprenant Saint-Cloud, où l'empereur avait fixé sa résidence d'été. Toutefois, on ne commença réellement les travaux qu'en 1854, sur les recommandations de Regnault, membre de l'Académie des sciences, qui présidait la commission chargée d'étudier la question de Marly. M. Regnault, tout en félicitant Dufrayer de ses projets, donna la préférence à un système de roues verticales actionnant directement des pompes horizontales sans intermédiaire d'engrenages. Cette disposition avait l'avantage d'être simple. M. Regnault faisait, à l'emploi des turbines, les objections suivantes :

1. *Revue* de mai, p. 421.
2. Dufrayer entra à la machine de Marly en 1839 comme inspecteur et succéda à Cécile l'année suivante. En 1848, tout le service des eaux de Versailles, y compris la machine de Marly, fut confié à un même directeur, M. Séguy. A la retraite de cet ingénieur, en janvier 1865, Dufrayer prit ses fonctions qu'il conserva jusqu'à sa mort, en juin 1879.

« Elles étaient plus compliquées et, par suite, d'un entretien plus difficile et dispendieux ;

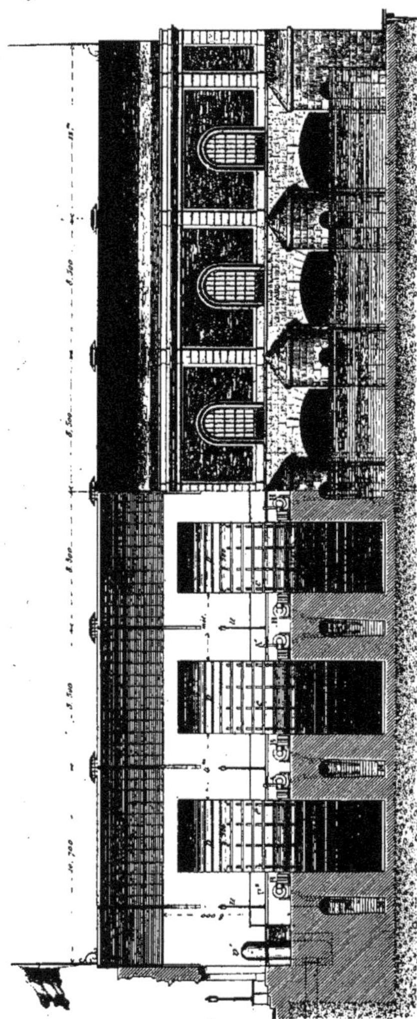

Fig. 102. — Coupe longitudinale de la nouvelle machine hydraulique de Marly (1854).

« Elles exigeaient des engrenages d'angle pour transmettre le mouvement aux pompes et retarder la vitesse des pistons, laquelle, dans le cas d'une si forte charge, doit être faible.

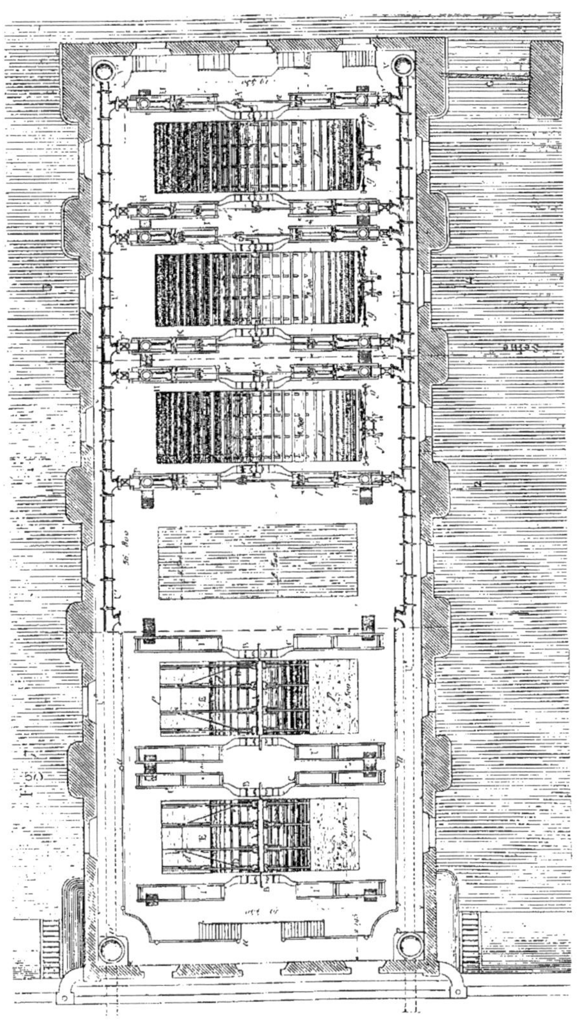

Fig. 103. — Plan d'ensemble de la nouvelle machine hydraulique de Marly (1854).

« Et d'ailleurs, comme le volume d'eau disponible était considérable, il y avait moins à tenir compte du rendement. »

Dufrayer avait fait valoir, en faveur des turbines, « que, dans les grandes eaux elles peuvent marcher noyées ; qu'elles ne craignent pas les gelées et qu'en outre, à l'époque où l'eau est moins abondante et la chute plus haute, elles permettaient d'obtenir de meilleurs résultats ».

Ces objections avaient une grande valeur et il est fâcheux que Regnault ait pu imposer le projet qui a été exécuté. Il ne faut pas oublier cependant, à la décharge de l'illustre savant, que la vitesse très faible, deux ou trois tours, à laquelle on faisait fonctionner les pompes de refoulement jusque dans ces dernières années, se combinait mal avec la vitesse des turbines [1].

Le nouvel établissement de Marly se compose de six roues de 12 mètres [2] de diamètre et de 4 m. 30 dé largeur, commandant chacune quatre pompes ; chaque roue allant à la vitesse normale de trois tours par minute, peut élever, dans les réservoirs, à l'aide de ses quatre pompes, jusqu'à 3.000 mètres cubes d'eau par jour, soit 18.000 mètres cubes pour l'ensemble des six roues marchant ensemble dans un état parfait d'entretien (Voir fig. 102 et 103).

Toute cette machinerie, d'un système fort simple, est logée dans un bâtiment quadrangulaire de 21 mètres de largeur sur 38 mètres de longueur, construit en travers de la Seine et fondé sur un radier général de béton de 0 m. 50 d'épaisseur, qui fut établi à l'aide d'un bâtardeau. Le bâtiment occupe l'emplacement de la partie inférieure de l'ancienne machine, ainsi que l'indique la fig. 113, et son axe est placé exactement dans le prolongement de celui de l'ancienne machine à vapeur. Sa façade se trouve donc de l'autre côté de la route de Saint-Germain, en face de la construction de Cécile.

Les roues sont séparées les unes des autres par des massifs en maçonnerie s'élevant à 6 m. 25 au-dessus de l'étiage d'aval de la rivière et formant ainsi leurs coursiers. Ces massifs supportent les paliers des axes des roues ainsi que les pompes élévatoires. Chacune des roues (fig. 104 et 105) est emboîtée dans son coursier en maçonnerie qui se relève circulairement à l'amont et reçoit l'eau sous pression sur toute sa largeur. Ce mode d'admission de l'eau, imaginé par Sagebien, se distingue du système des roues de côté ordinaires qui reçoivent l'eau en déversoir. La vanne servant à l'admission de l'eau est faite en tôles nervées par des cloisons ; elle glisse dans des guides latéraux inclinés et est mue à l'aide d'un treuil placé sur le plancher. Ce treuil, formé de deux paires d'engrenages, dont le dernier commande un arbre à deux pignons extrêmes agissant sur deux crémaillères fixées à la vanne, permet de soulever cet appareil à l'aide d'un seul homme (fig. 105).

Un grillage incliné en fer est placé à l'entrée des coursiers et arrête les corps étrangers qui pourraient gêner la marche des roues.

Si la vanne est soulevée de façon à ouvrir un orifice de hauteur h, le volume D d'eau qu'elle laissera passer sera donné par la formule :

$$D = l \times h \times \sqrt{2gH} \times m,$$

dans laquelle l est la largeur de l'orifice ou la largeur de la roue, H la hauteur de pression mesurée du centre de l'orifice jusqu'au niveau de l'eau d'amont, $\sqrt{2gH}$ la vitesse d'écoulement de l'eau, m un coefficient donné par l'expérience, et que l'on prend égal à 0,92.

Si la vanne est soulevée d'une hauteur de 0 m. 16, on a, pour le débit par seconde :

$$D = 4,50 \times 0,16 \sqrt{2 \times 9 \text{ m}.81 \times 127} \times 0,62 = 2 \text{ m}^3 24.$$

---

1. Ces renseignements sont, en partie, extraits de la biographie de X. Dufrayer, publiée par Armengaud, aîné, ingénieur. Voir également le rapport de Regnault du 15 février 1855.

2. Rappélons que les roues de l'ancienne machine avaient le même diamètre.

Ce qui répond, pour une chute de 3 m. 15 de la rivière, à une puissance en eau consommée de :

$$\frac{2.210 \times 3 \text{ m. } 15}{75} = 92 \text{ chx } 82.$$

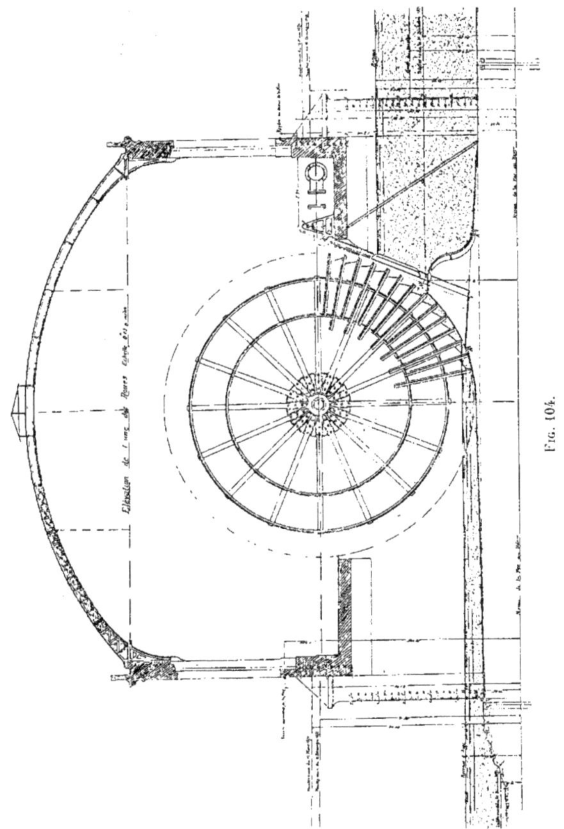

Fig. 104.

Le volume des quatre pompes commandées par la roue est, ainsi qu'on le verra plus loin, de 0 m³ 7257. La roue faisant deux tours et demi par minute pour l'ouverture de 0,16 de la vanne, il s'ensuit que le volume engendré par les quatre pistons est par minute de :

$$0,7257 \times 2,5 = 1 \text{ m}^3 \, 814.$$

Le volume effectivement élevé sur l'aqueduc s'est trouvé de 1 m³ 606 et, comme la hauteur d'élévation est de 160 mètres environ, le travail effectif en chevaux produit par la chute a été de :

$$\frac{1.606 \times 160 \text{ m.}}{60 \times 75} = 57.$$

Le rendement de la machine se trouve donc être, d'après les indications de M. Dufrayer :

$$\frac{57}{92,82} = 0,62\,[1].$$

Si, au lieu de l'ouverture de 0,16 de la vanne, on adopte une levée de 0,18 avec une pression de 1,03 sur le centre de l'orifice, la chute étant 3 m. 12, la vitesse des roues passe de deux tours et demi à trois tours.

Avec une ouverture de la vanne de 0 m. 22 et une pression sur le centre de l'orifice de 1 m. 25, la vitesse des roues est exactement de quatre tours, la chute étant de 3 m. 15. A cette vitesse, la consommation d'eau est de 3 m³ 065 par roue et par seconde et la puissance en eau de la chute est de 128 chevaux par roue.

Chaque roue est montée sur un arbre de fer forgé de 0 m. 45 de diamètre[2] sur lequel sont clavetés quatre tourteaux en fonte de 2 m. 40 de diamètre. Sur chacun de ces tourteaux sont montés seize rayons en bois réunis entre eux par deux grands cercles en fer (voir fig. 104, 105 et 109).

C'est sur ces cercles que sont fixées les équerres en fer radiales, au nombre de 64 par tourteau, sur lesquelles sont boulonnées les aubes plates en bois d'orme ; les largeurs de ces aubes sont, de deux en deux, de 3 mètres et de 2 m. 40 suivant le rayon. Nous avons déjà dit que leur longueur commune était de 4 m. 50.

Les rayons en bois montés sur un tourteau sont contreventés avec ceux du tourteau voisin à l'aide de tirants. En outre, les extrémités des aubes sont réunies entre elles par des chapelets de boulons. Aujourd'hui ces chapelets, sujets à rupture, sont remplacés par de nouveaux cercles en fer analogues à ceux que nous avons décrits plus haut.

L'arbre de transmission de chaque roue repose sur deux larges paliers fixés sur une plaque de fondation, établie sur le mur qui sépare les coursiers, à 6 m. 25 au-dessus du niveau d'aval, et fixée à ce mur au moyen de boulons de fondation. Ces paliers n'ont pas de chapeau, aucun effort ne tendant à soulever l'arbre que le poids de la roue maintient sur ses coussinets.

Au delà des paliers, les arbres de transmissions sont munis de fortes manivelles de 0 m. 80 de rayon calées à angle droit. A chacune de ces manivelles sont attelées deux fortes bielles donnant chacune le mouvement à une pompe. Les fig. 106 et 107 donnent l'ensemble de cette transmission ; la fig. 108 donne le détail de l'arbre.

Chaque roue actionne ainsi quatre pompes horizontales ; ces pompes sont à piston plongeur et à simple effet.

Les pompes (fig. 110 et 111) se composent chacune[3] d'un cylindre en fonte II de 0m. 450 de diamètre extérieur et alésé intérieurement à 0 m. 390. Ce cylindre est fondu avec deux

---

1. M. Trochu, qui succéda à M. Dufrayer à la machine de Marly, a trouvé des nombres plus élevés allant jusqu'à 70 p. 100. Nous avons eu la curiosité de vérifier ces chiffres pour l'année 1899. D'après les registres de la machine, l'ensemble des roues a effectué pendant cette année 8.562.805 tours et la quantité d'eau, élevée également pendant l'année, a été de 3.731.250 mètres cubes. Le débit correspondant à un tour de roue a donc été de 0 m³ 135. Ce n'est donc, en définitive, que le quart du nombre trouvé par les opérateurs dans les essais de précision.

2. Malgré ce gros diamètre de l'arbre, il est arrivé des ruptures obligeant de démonter et remonter toute la roue, réparation qui, avec la fabrication de l'arbre, demande près d'une année. Cette rupture peut se produire quand on fait tourner les roues alors que le niveau d'aval est trop haut.

3. Cette partie de description est extraite de la publication industrielle des machines, outils et appareils année 1863. Cette notice avait été faite d'après les notes de MM. Xavier Dufrayer et Trochu.

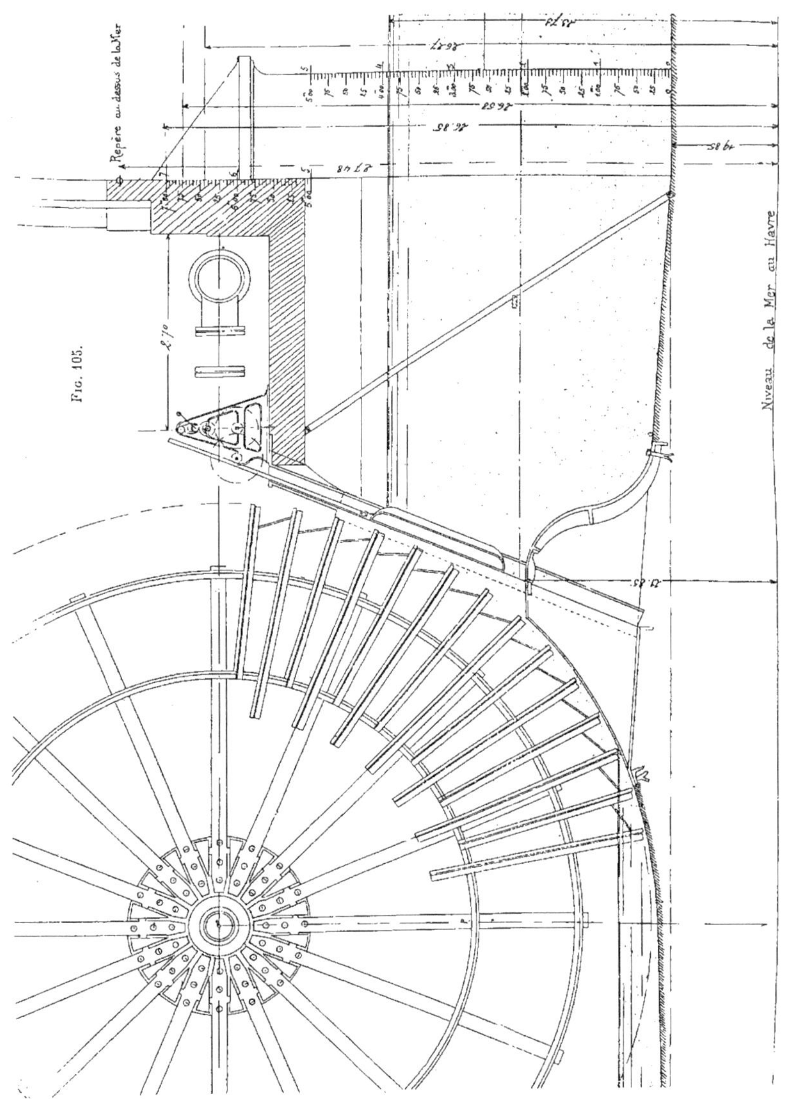

Repère au dessus de la Mer
Niveau de la Mer au Havre
Fig. 105.

larges empâtements de chaque, côté I qui servent à le fixer au bâti I'. Ce dernier, formé
de deux flasques fondues avec des nervures qui les relient entre elles, est boulonné solidement au sol et assemblé par de forts boulons avec la plaque de fondation sur laquelle
est fixé le palier correspondant de l'arbre de la roue. Le bâti de la pompe placée de l'autre

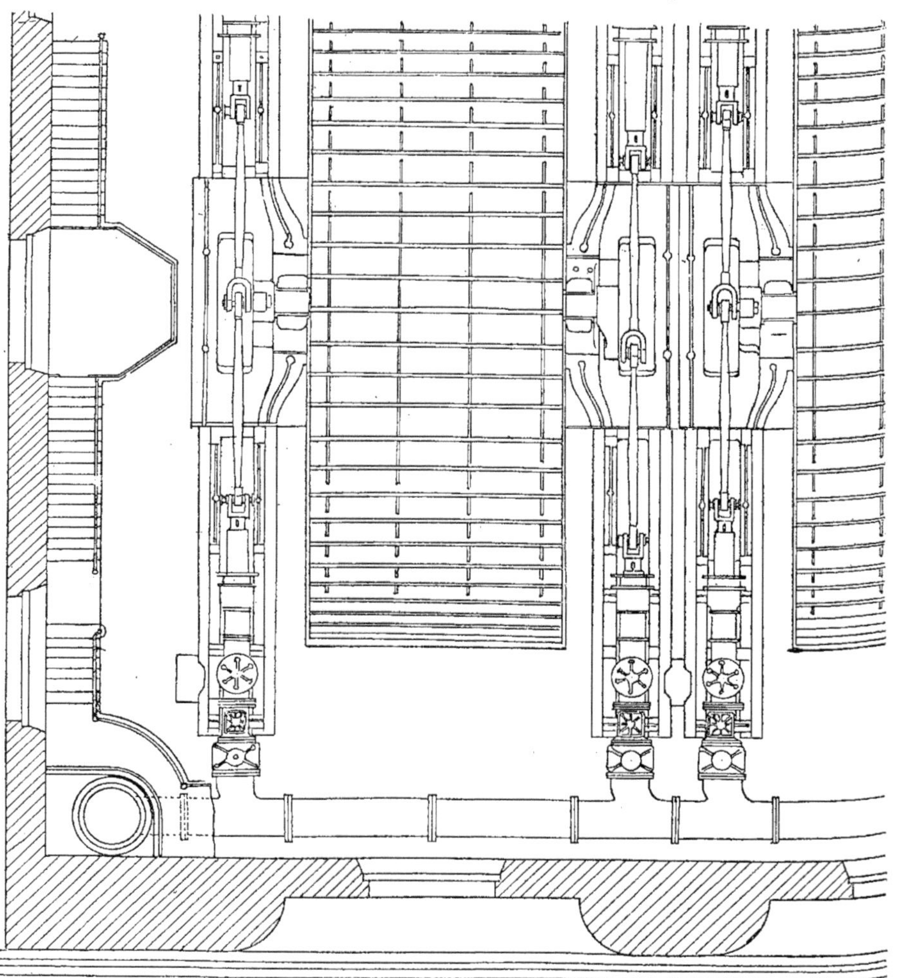

Fig. 106. — Plan d'une roue et de ses pompes.

côté, dans le même axe, est également relié à cette plaque; l'ensemble d'un double jeu de pompes se trouve ainsi solidaire (fig. 111).

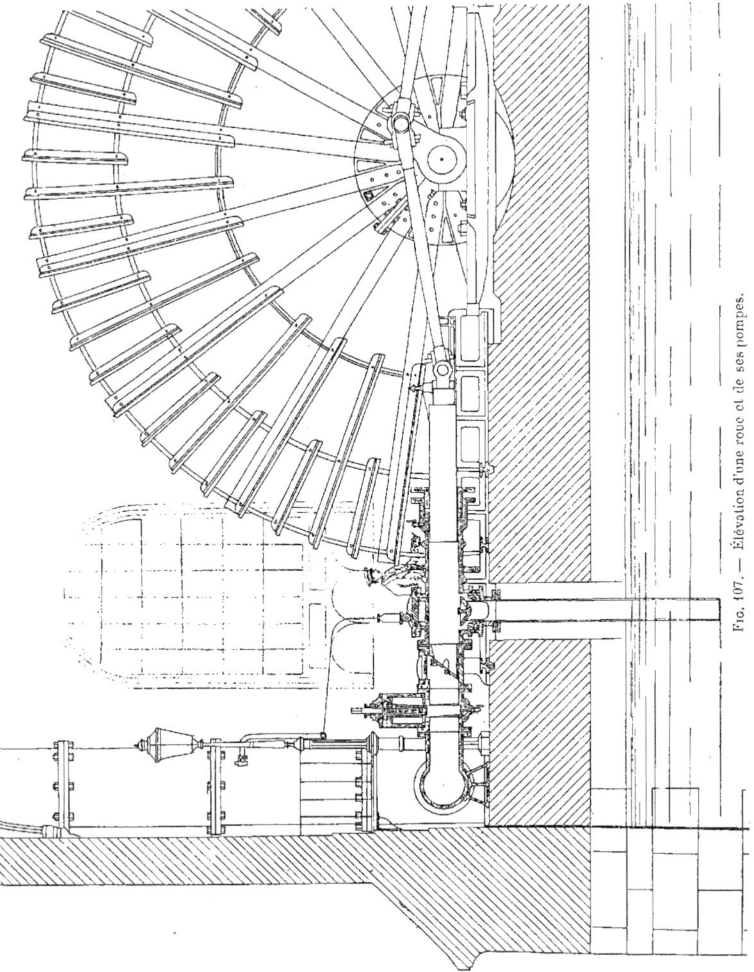

FIG. 107. — Élévation d'une roue et de ses pompes.

Dans ce corps de pompe se meut le piston creux en fonte K, ajusté à frottement doux dans le presse-étoupes h', serré par huit boulons et garni au fond d'une bague en bronze. Pour supporter une partie du poids du piston qui, à fin de course, se trouve en porte-à faux dans l'intérieur du cylindre, celui-ci est muni intérieurement d'une longue règle en bronze *i* sur laquelle il repose.

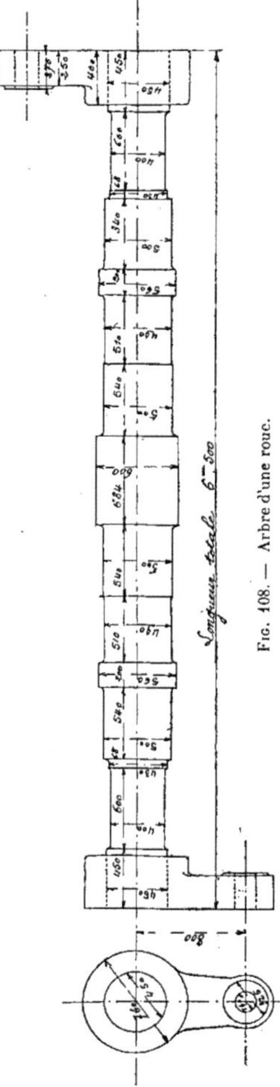

Fig. 108. — Arbre d'une roue.

Cette disposition très simple suffit pour conserver la garniture du presse-étoupe qui, sans cette précaution, aurait à supporter, sur une partie de sa circonférence, le poids énorme du piston.

A la tête du piston est clavetée une chape L dont les deux oreilles sont traversées par un petit arbre en fer forgé et tourné L', garni à ses deux extrémités de longs coulisseaux en bronze l (fig. 111) destinés à se mouvoir bien horizontalement dans les glissières en fonte l', boulonnées et clavetées sur le bâti même de la pompe; disposition analogue à celle employée pour guider la tige du piston des machines à vapeur horizontales.

Le fond de chacun de ces pistons, ouvert pour le dégagement du noyau de sable au moulage, est fermé par un tampon en fonte k, assemblé à cône, claveté et mastiqué.

Le corps de pompe est fondu du côté opposé au presse-étoupe sur une sorte de boîte à deux tubulures H', perpendiculaire à son axe; celle du dessus est fermée par un fort couvercle H² servant à la visite et aux réparations; celle du dessous reçoit une forte bride h² qui fixe le tuyau d'aspiration M et sur laquelle repose le siège H du clapet O, en bronze comme son siège (fig. 111). Ce siège est fondu avec une gorge circulaire qui reçoit une épaisse rondelle n en bois debout et trois buttoirs n', espacés également sur sa circonférence pour servir de limite à l'élévation du clapet sous l'aspiration du piston plongeur.

Quand le piston refoule, ce clapet redescend naturellement et vient s'appuyer sur la couronne n, siège en bois d'orme qui assure l'herméticité de la fermeture. C'est alors que les deux clapets Q et Q' s'ouvrent sur leur charnière p', pour laisser l'eau aspirée s'échapper par la conduite de refoulement. Ces clapets sont en bronze avec garnitures en cuivre pour s'appliquer exactement, sans bruit, sur le double siège en bronze, à face inclinée R. Celui-ci est fondu avec un rebord qui permet de le fixer avec la boîte à clapets P par des boulons qui traversent la bride de cette boîte et celle ménagée de fonte, dans ce but, à l'extrémité du corps de pompe.

Un regard, formé par le fort couvercle S, est disposé au-dessus des deux clapets pour en rendre la visite facile. A la suite de la boîte P, munie des clapets de refoulement, est placé un robinet vanne P', qui permet, au besoin, quand l'une des pompes est en réparation, d'interrompre la communication de cette pompe avec les deux conduites collectives U et U'.

Ces conduites collectives sont placées sur toute la longueur du bâtiment, près des murs, sous une galerie en fonte U² (fig. 103), avec balustrades et candélabres, ce qui permet la circulation tout autour de la salle; elles communiquent avec deux grands réservoirs en fonte V et V' placés tout au bout de la salle et s'élevant jusqu'à la toiture. Ces réservoirs ont pour but, comme on sait, de régulariser la pression de l'eau dans la conduite; les variations provenant du travail irrégulier des pompes ayant lieu à l'intérieur de ces réservoirs en comprimant plus ou moins l'air qu'ils contiennent, air qui est refoulé par les pompes mêmes au moyen d'un petit appareil très simple appliqué sur les couvercles H² des boîtes à clapet d'aspiration.

Cet appareil se compose d'une petite cloche en fonte O, montée sur un robinet en bronze O', vissé sur le couvercle H². La bride du robinet, sur laquelle repose la cloche, est percée de petits trous fermés par un disque en cuir r qui est maintenu au centre par une vis, afin que sa circonférence puisse se soulever sous la pression de l'air refoulé par le piston de la pompe.

Cet air est introduit dans le corps de pompe, à chaque aspiration du piston, par un petit tube S, placé sur le tuyau d'aspiration M, et muni d'un robinet que l'on ferme quand on s'aperçoit, en examinant les robinets étagés sur le réservoir, que la quantité de l'air refoulé est suffisante.

Comme, en la refoulant, l'eau pourrait s'introduire dans la cloche O, on a ajouté à celle-ci un niveau d'eau permettant de le reconnaître et qui est muni d'un robinet inférieur donnant la possibilité de purger l'appareil; pour chaque roue il y a deux pompes, une de chaque côté, qui en sont pourvues; le tuyau b qui surmonte chacun d'eux est réuni à un tuyau collecteur horizontal qui amène, par le tuyau t', l'air refoulé dans les réservoirs V et V'.

La conduite générale, qui réunit à l'intérieur de l'usine les eaux refoulées par les pompes, est branchée, à une extrémité, sur les réservoirs V et V', et à l'autre, sur les petits réservoirs v et v', qui reçoivent les deux branches X et X' de la conduite ascendante, ainsi que le montre la fig. 102.

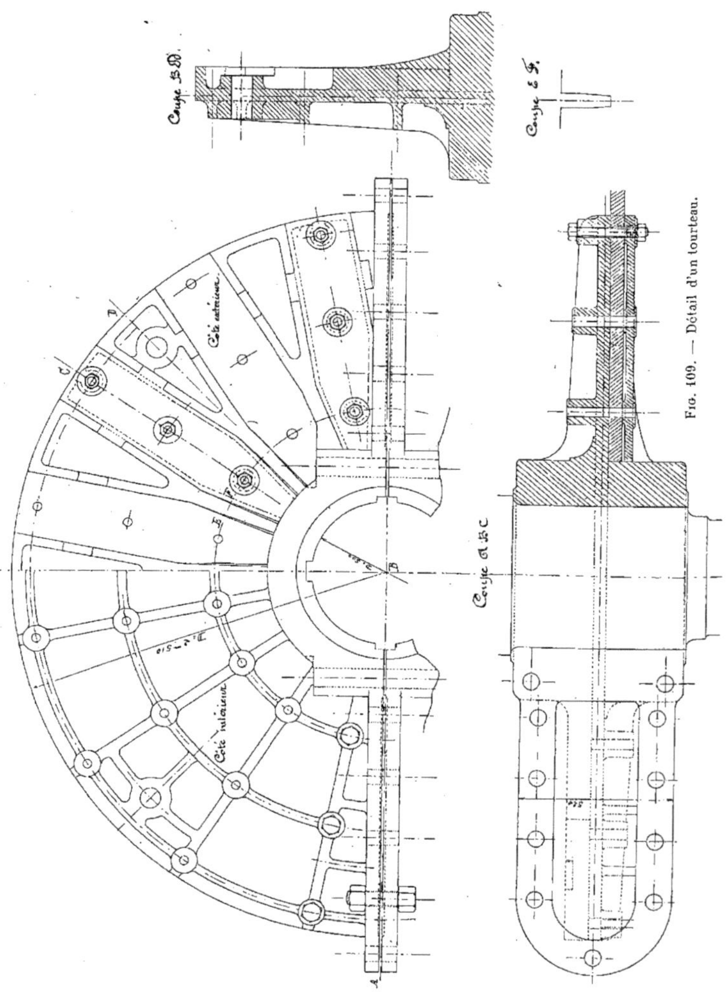

Fig. 109. — Détail d'un tourteau.

Pour le transport de l'eau aux réservoirs de Marly, l'administration fit établir en 1866 une nouvelle canalisation de 0 m. 60 de diamètre ; cette canalisation suit le même tracé

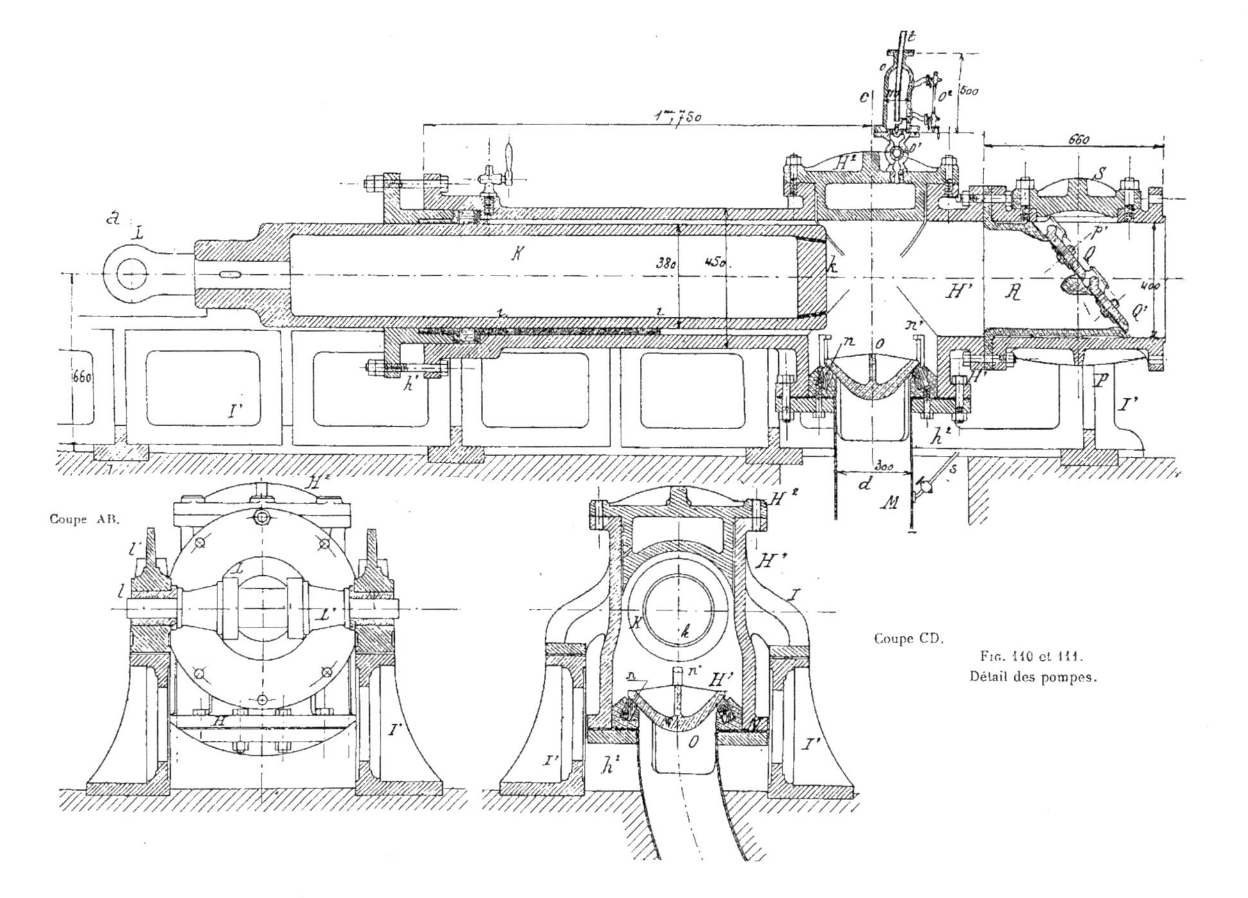

Fig. 110 et 111. — Détail des pompes.

que l'ancienne et conduit l'eau directement dans les réservoirs, sans la faire passer par l'aqueduc de Louveciennes, qui n'est plus utilisé. Cette canalisation n'offre aucune particularité ; elle est munie, comme l'ancienne, de joints de dilatation (fig. 90) ; on voit son arrivée dans les réservoirs (fig. 84 et 85).

Telle est la machine de Marly construite par Napoléon III et qui, depuis un demi-siècle, fournit l'eau à la région de Versailles. Nous avons déjà dit ses défauts principaux, qui sont de ne pouvoir donner un travail utilisable dès que la chute descend à 1 mètre, ou lorsque les eaux d'aval sont trop hautes, ou encore quand les gelées sont persistantes. En outre, sa faible vitesse a obligé de donner aux pièces des dimensions considérables, rendant les réparations longues et coûteuses ; les accidents les plus importants qui arrivent aux roues sont des ruptures des aubes, des ruptures des tourteaux en fonte recevant les rayons des roues et surtout des ruptures des arbres eux-mêmes portant les roues ; ce dernier accident s'est déjà produit quatre fois, immobilisant la roue correspondante pendant près d'une année.

La construction de la machine a coûté, avec ses dépendances, plus de trois millions.

La canalisation de fonte de 0 m. 600 qui réunit les pompes en rivière aux réservoirs de Marly, en remplacement des deux anciennes canalisations de 0m.19, a coûté 550.000 francs.

Voici les poids et prix des parties mécaniques composant une des roues de la machine.

Nouvel établissement hydraulique de Marly.

DÉSIGNATION DES PIÈCES	POIDS kil.	PRIX fr.
Une roue :		
Aubes en bois d'orme	22.000	4.800
Tourteaux fonte et plaques	19.600	7.840
Bras	4.600	2.990
Cornières	10.000	6.500
Cercles	52.000	33.800
Rivets et boulons	1.500	900
Arbre	9.500	2.850
Manivelles	3.000	1.200
Partie tournante	122.200	
Paliers	4.200	1.080
Coussinets	375	1.690
Boulons	100	100
Quatre pompes :		
Bielles	2.200	2.960
Pistons	4.000	2.600
Corps de pompe	16.400	8.200
Clapets	1.000	4.500
Robinets vanne	1.200	1.620
Bâtis	15.200	7.600
Vanne	3.100	2.480
Treuil de la vanne	1.092	800
Montage		21.550
Totaux	171.067	116.660

La construction des trois premières roues fut réglée, en 1858, à 116.660 francs l'une ; la quatrième fut réglée, en 1864, à 120.000 francs ; la cinquième, en 1865, à 125.607 francs ;

enfin, la sixième revint, en 1867, à 139.429 francs. En 1860, on dut remplacer les récipients d'air ; en 1865, remonter la première roue et en remplacer les colliers, ce qui coûta 43.102 fr. En 1873, on reprit la seconde roue, et le montant de cette réparation s'éleva à 39.839 francs.

En dehors de ces grosses réparations, le budget annuel de Marly s'élève à 122.000 francs environ et on peut compter que l'entretien de la machine absorbe près du tiers de cette somme.

Ces dépenses sont à rapprocher de la quantité d'eau élevée par la machine ; celle-ci varie considérablement suivant l'état d'entretien des roues et des pompes, selon la durée des chômages occasionnés par les crues ou gelées, suivant aussi les besoins d'eau.

Voici, du reste, le tableau des quantités d'eau élevées par les machines de Marly pendant la période de cent années comprise entre 1806 et 1906. Nous avons ajouté, en face de chaque année, les événements principaux concernant la machine.

Ce tableau, qui donne une sorte d'histoire de la marche des machines de Marly, fait suite à celui de la page 134 relatif au XVIIIe siècle.

ANNÉES	MÈTRES CUBES élevés par jour.	OBSERVATIONS
1806	456	— Hérault et Brunet font des essais d'élévation de l'eau en un seul jet, à l'aide de la 14e roue, en août et novembre. Visites de l'Institut et du ministre.
1807	472	— Renvoi de Brunet. M. Bralle rentre à la machine et fait reprendre les essais avec la 14e roue ; 1er août, visite de l'empereur ; 13 octobre, essais par M. Montgolfier.
1808	486	— 12 janvier, visite de l'empereur ; travaux pour l'installation d'une machine à vapeur de Périer.
1809	518	— En juin et juillet, la machine de la 14e roue élève jusqu'à 12 pouces.
1810	486	— La machine de la 14e roue donne jusqu'au tiers du produit total.
1811	480	— Abandon des travaux d'installation de la machine à vapeur Périer. Le 11 juin, renvoi de M. Bralle, qui est remplacé par M. Cécile, architecte, lequel fait adopter un projet pour élever l'eau en un seul jet.
1812	402	— La machine de la 14e roue élève le tiers de l'eau.
1813	76	— Le 23 octobre, la machine d'essai de Cécile fonctionne.
1814	536	— En mars, la machine d'essai de Cécile élève jusqu'à 400 mètres cubes par jour.
1815	580	— La machine d'essai continue à fonctionner, en même temps que l'ancienne machine.
1816	594	— Même marche qu'en 1815.
1817	734	— Le 15 avril, on démonte la machine d'essai de Cécile tout en laissant la machine de la 14e roue. On commence la construction de la machine provisoire. Le 23 août, l'ancienne machine de Marly élevait 600 mètres cubes d'eau et marchait pour la dernière fois. Le 24 août, jour de la fête du roi, la machine provisoire fonctionne et élève 1.200 mètres cubes d'eau par jour.
1818	696	— L'ancienne machine de la roue 14 continue à élever l'eau avec la machine provisoire.
1819	720	— Même marche.
1820	828	— La machine de la roue 14 est arrêtée définitivement le 16 août; la machine provisoire marche dès lors seule.
1821	822	— La machine provisoire continue à marcher seule.
1822	846	— Même marche.
1823	752	— Même marche.
1824	632	— Même marche.
1825	702	— Même marche.

ANNÉES	MÈTRES CUBES élevés par jour.	OBSERVATIONS
1826	748	— Essais à plusieurs reprises de la machine à vapeur ; le 5 septembre, visite du roi et du dauphin.
1827	772	— La machine à vapeur commence à marcher en mai.
1828	1.114	— La machine provisoire et la machine à vapeur élèvent à peu près des quantités égales.
1829	1.156	— Les machines provisoire et à vapeur continuent à marcher ensemble.
1830	1.234	— Même marche.
1831	1.180	— Même marche.
1832	1.130	— Même marche.
1833	1.224	— Même marche.
1834	1.116	— Même marche.
1835	1.760	— Même marche.
1836	1.512	— Même marche.
1837	.....	— Registre incomplet.
1838	.....	— Pas de registre.
1839	986	— Même marche qu'en 1836. Entrée de M. Dufrayer à la machine.
1840	1.168	— 14 janvier, mort de M. Cécile. M. Dufrayer signe le registre. Même marche qu'en 1836.
1841	818	— Même marche.
1842	1.196	— Même marche (renouvellement des chaudières).
1843	1.150	— Même marche.
1844	1.260	— Même marche.
1845	1.284	— Même marche.
1846	1.250	— Même marche.
1847	1.296	— Même marche.
1848	1.556	— Même marche.
1849	1.266	— Même marche.
1850	1.360	— Même marche.
1851	1.440	— Même marche. On met des poissons dans les réservoirs.
1852	1.430	— Même marche. Le 16 octobre, visite du président.
1853	1.320	— Même marche.
1854	1.390	— Même marche. Visite de l'empereur.
1855	685	— Même marche jusqu'en juillet. Le 24 août, passage de la reine d'Angleterre. Le 28 juillet, arrêt de la machine provisoire pour les travaux du barrage du nouvel établissement hydraulique.
1856	905	— La machine à vapeur marche seule ; du 1er avril au 1er mai, démolition de la machine provisoire et des dernières constructions en rivière de la machine hydraulique de Rennequin.
1857	605	- La machine à vapeur marche seule et les travaux de la nouvelle installation hydraulique continuent.
1858	1.286	— Le 30 septembre, l'eau de la 1re roue de la nouvelle machine commence à arriver sur la tour. La roue de la nouvelle machine élève 6.554 mètres cubes pendant le dernier trimestre.
1859	3.540	— La machine à vapeur marche le 9 juin pour la dernière fois. En juin, la 2e roue fonctionne et, le 16 août, la 3e roue de la nouvelle machine est mise en marche.
1860	2.570	— Marche de la nouvelle machine.
1861	3.060	— Même marche.
1862	4.940	- Même marche.
1863	4.760	— Même marche.
1864	4.220	— Même marche. En septembre, M. Dufrayer est nommé directeur des eaux. M. Bajas le remplace à la machine.
1865	4.200	— Même marche.

ANNÉES	MÈTRES CUBES élevés par jour.	OBSERVATIONS
1866	4.360	— Même marche. En novembre, arrêt pour pose de la nouvelle conduite.
1867	4.356	— 4 roues en marche en mars ; en août, pose des robinets-vannes de la 6e roue
1868	5.300	— En juillet, cinq roues en marche.
1869	5.400	— Essais de débit sur les roues marchant à trois tours : deux roues élèvent 258 pouces, trois 387, quatre 516, cinq 645 et six 774.
1870	4.000	— A partir du 11 août, les machines sont arrêtées.
1871	3.260	— La machine est remise en marche le 1er juillet. M. Trochu est nommé inspecteur de la machine.
1872	6.940	— Grande crue de la Seine.
1873	6.140	— Rien à signaler.
1874	4.800	— Le 8 juin, la Seine est infectée et les poissons meurent en grand nombre. A partir de cette date, les eaux de la Seine deviennent imbuvables.
1875	6.860	— En mai, nouvelle mortalité des poissons.
1876	5.860	— Rien à signaler.
1877	6.000	— Rien à signaler.
1878	5.440	— Rien à signaler.
1879	3.800	— 3 juin, mort de M. Dufrayer.
1880	5.480	— Dans le but de remplacer les eaux de la Seine, on fore un puits d'essai dans la cour de la machine à vapeur qui donne 3.000 mètres cubes par jour, et un autre dans l'île Gauthier, qui ne donne que 430 mètres cubes par jour.
1881	4.900	— Rien à signaler.
1882	7.000	— Continuation des recherches d'eau, on fore un puits dans la cour de la machine. Mort de M. Trochu, qui est remplacé par M. Vazou.
1883	4.750	— Continuation des recherches d'eau.
1884	4.200	— Continuation des recherches d'eau.
1885	10.000	— Continuation des recherches d'eau; on fore un nouveau puits dans la cour de la machine.
1886	4.800	— Rien à signaler.
1887	8.175	— Rien à signaler.
1888	6.100	— Rien à signaler.
1889	4.850	— Rien à signaler.
1890	8.200	— Rien à signaler.
1891	9.700	— Rien à signaler.
1892	8.875	— Rien à signaler.
1893	5.280	— Reprise des recherches d'eau, nouveaux puits dans la cour de la machine.
1894	4.380	— Galeries réunissant les puits de la cour de la machine et 1er puits sur la rive droite de la Seine, près du pont.
1895	9.350	— Puits d'essai dans l'île de la Loge et 2e et 3e puits sur la rive droite de la Seine, près du pont.
1896	6.600	— Exploitation des puits par la vapeur.
1897	7.150	— Rien à signaler.
1898	7.950	— Rien à signaler.
1899	10.200	— Rien à signaler.
1900	11.300	— Travaux de l'installation électrique Barbet et Hersent.
1901	11.500	— Exploitation des puits par l'entreprise Barbet et Hersent.
1902	11.000	— Suite de la même exploitation.
1903	12.200	— Suite de la même exploitation.
1904	12.100	— Suite de la même exploitation.
1905	12.000	— Construction d'une machine à vapeur de secours par l'entreprise Barbet et Hersent.

Frise marine par *Le Brun*.

SIXIÈME PARTIE

NOUVELLES INSTALLATIONS DE MARLY DE 1900 A 1906

§ 1. — **Puits forés dans la craie.**

Nous avons donné, à la fin du chapitre précédent, le tableau des principaux événements qui se sont passés à la machine de Marly pendant les cent dernières années. On y peut voir que, depuis 1874, les eaux de la Seine sont devenues à Marly absolument imbuvables et que les poissons ont totalement disparu. Nous rappellerons que, si le débit moyen de la Seine est de 250 mètres cubes par seconde, ce chiffre tombe souvent, pendant les sécheresses, au-dessous de 25 mètres cubes. Or, le débit des égouts de Paris atteint 5 mètres cubes par seconde : dans ces conditions, sur cinq verres que contient une carafe d'eau de Marly, l'un deux est formé exclusivement d'eau d'égout.

Cette situation devait émouvoir l'administration, et elle chercha à remplacer l'eau de Seine par de l'eau pompée dans des puits artésiens, creusés dans la plaine de Croissy, en face Marly. Ceci nous oblige à dire quelques mots sur la nature des terrains situés dans le voisinage de la machine.

On sait que sous le bassin de Paris s'étend une énorme couche de craie de 400 mètres environ d'épaisseur, sur laquelle se sont déposés successivement des lits plus ou moins épais de calcaires, marnes, argiles, sables, etc., ainsi que le montre la fig. 113, qui est une coupe géologique faite depuis Bois-d'Arcy, à l'ouest de Versailles, jusqu'à Sannois, en passant par Marly. Dans le voisinage de Marly le niveau supérieur de cette craie est en pente, descendant de Versailles vers Sannois : son point le plus élevé se trouve à la ferme de Pontaly, contre le rû de Gally, et son point le plus bas à Sannois.

A la ferme de Pontaly le niveau supérieur de la couche de craie est à plus de 90 mètres au-dessus de la mer et, en certains endroits de la vallée de Gally, la craie affleure à la surface du sol.

A Sannois, au contraire, les parties supérieures de la craie sont à plus de 100 mètres au-dessous du niveau de la mer. Dans le voisinage de Marly, les eaux anciennes de la Seine ont creusé, dans les terrains situés au-dessus de la craie et dans la craie elle-même, une large tranchée, créant ainsi dans cette craie un point bas qui se reconnaît facilement sur la coupe de la fig. 113.

En étudiant cet ancien lit de la Seine, dans la plaine qui va de Marly à Croissy, on voit que, dans la suite des temps, le fond de la tranchée ouverte dans la craie s'est recouvert de sable et d'alluvions dans lesquels la Seine d'aujourd'hui a creusé son lit, formé à Marly par deux bras, ainsi que nous le savons déjà (voir fig. 114).

Les parties supérieures de l'immense couche de craie de 400 mètres d'épaisseur se laissent facilement pénétrer par les eaux, et s'en imprègnent comme le ferait une éponge. Mais, à mesure que l'on descend plus profondément dans le banc de craie, celle-ci devient de plus en plus compacte et imperméable. Bien que quelques-unes des couches de terrain qui recouvrent la craie soient formées d'argiles presque imperméables, leur ensemble se trouve souvent coupé par des fissures par lesquelles les eaux superficielles peuvent pénétrer en de nombreux endroits ; en outre, la craie elle-même affleure à la surface du sol, ainsi que nous l'avons dit pour la vallée de Gally. Les eaux de pluie s'infiltrent par ces fissures, par ces affleurements ; elles viennent imbiber les parties supérieures de la craie et se réunissent naturellement en abondance dans les points bas. La plaine de

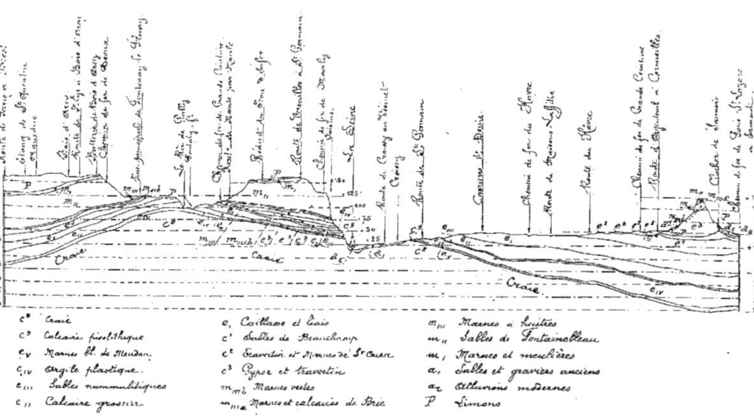

Fig. 113. — Coupe géologique Fontenay-Sannois.

Croissy, sur la rive opposée à Marly, se trouve, ainsi que le montrent les fig. 113 et 114, au-dessus de l'un de ces points bas de la couche de craie. Des puits creusés dans cette plaine doivent donc rencontrer rapidement les couches perméables de la craie, en un point bas de ces couches, et peuvent, en conséquence, fournir de l'eau en abondance.

On a dit que ces eaux venaient, en partie, par infiltration de la Seine elle-même. Plusieurs raisons paraissent s'opposer à cette affirmation. D'abord, la composition des eaux provenant de la craie est entièrement différente de celle de la Seine. En second lieu, le niveau de l'eau, dans les puits forés dans la craie, se tient plus élevé, quand on ne pompe pas, que celui de la Seine ; on voit même, quand la rivière est couverte de glace en amont de la machine, des places non gelées où se dessinent des bouillons produits par des sources sortant du fond de la rivière. En troisième lieu, si, malgré ce qui précède, il y avait, par des fissures, communication de la Seine *vers* la craie, les impuretés nombreuses que la Seine tient en suspension déposeraient un colmatage qui rapidement boucherait ces fissures. — Enfin, dans les grands puits forés sur la rive gauche de la Seine, on voit l'eau pénétrer dans le puits en sortant du côté de la montagne, c'est-à-dire du côté opposé à la rivière. Du reste, l'eau, dans les couches supérieures de la craie, existe en des points situés bien au-dessus du niveau de la Seine : l'usine d'électricité de la compagnie des tramways de Versailles est alimentée par un puits qui atteint la craie à 92 m. 10 au-dessous du niveau du sol, et le fond de ce puits est encore à 33 mètres environ au-dessus du niveau de la mer, c'est-à-dire, à plus de 10 mètres au-dessus de la Seine, à Marly.

Les premiers puits ont été creusés dans les cours du bâtiment de la machine à vapeur de Marly : le puits n° 1 dans la cour à gauche de la chaufferie ; le puits n° 2 dans la cour des ateliers (fig. 115). Ces puits, de 3 m. 40 de diamètre intérieur, sont construits en maçonnerie et reposent, à la cote de 12 m. 10, sur la craie compacte. Le sol étant à la cote de 27 m. 12, leur profondeur est de 15 m. 02 ; au fond du puits est creusé un puisard de 0,60 de diamètre renfermant la crépine de la pompe (fig. 118).

Pour augmenter le débit de ces puits, on les réunit par une galerie de 1 mètre de largeur et de 1 m. 80 de hauteur et d'une cinquantaine de mètres de longueur, taillée dans la masse de craie (fig. 115) ; en outre, partant du puits n° 1, on construisit, dans le même but, deux galeries analogues de 15 mètres de longueur, l'une en prolongation de la gale-

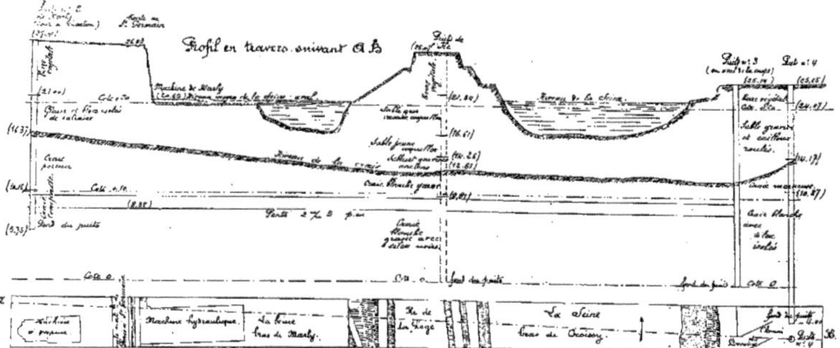

Fig. 114. — Détail de la coupe géologique figure 76 à la traversée de la Seine.

rie, reliant les puits, et l'autre pénétrant sous le coteau. Ces galeries, creusées dans la masse de craie fendillée, n'ont pas considérablement augmenté la quantité d'eau fournie par les puits, laquelle peut être estimée, en moyenne, assez exactement à trois mille mètres cubes par jour, alors que la consommation de Versailles s'élève à onze mille mètres cubes.

Devant ce faible débit, on fora d'autres puits d'essai sur la même rive, d'abord le long des quais, puis dans l'île, en face de la machine ; mais les résultats furent peu satisfaisants, et l'Administration se décida à faire des essais sur la rive droite de la Seine, dans la plaine de Croissy.

Quatre puits ont été forés sur la rive droite, aux emplacements indiqués sur le plan, fig. 116. Deux de ces puits sont voisins de la Seine ; les deux autres se trouvent à 150 mètres environ de la rivière. Les deux puits éloignés de la Seine, marqués n°° 1 et 4 sur la fig. 116, sont exploités ; le débit de chacun d'eux atteint facilement 8.500 mètres cubes par jour lorsqu'ils marchent isolément. Leur eau est excellente. Le puits n° 3 n'est pas exploité ; le puits n° 2, voisin de la Seine, a un débit inférieur à celui des autres, et son eau est de moins bonne qualité que celle des autres puits.

La fig. 114 donne une coupe de la Seine en face de la machine à vapeur ; on y a marqué les puits et la situation du niveau supérieur de la couche de craie. Le puits n° 4, foré à la machine, par l'entreprise Barbet et Hersent, en 1903, est représenté sur la fig. 117. On voit sur ce plan la désignation des couches des terrains traversés et le détail du tubage.

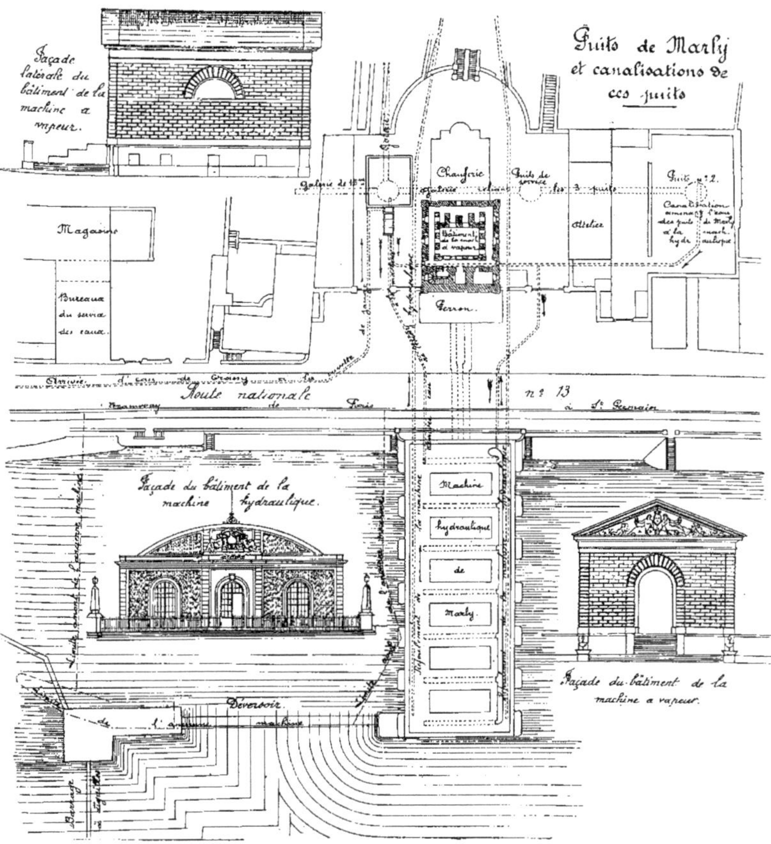

Fig. 115. — Abords de la machine de Marly, indiquant la disposition des puits.

Les pompes sont établies, dans ce puits, au fond d'un cuvelage en maçonnerie de 3 m. 50 de diamètre intérieur, descendant depuis le sol (cote 25,67) jusqu'à la cote 20,97. Le niveau de l'eau dans le tubage se tient ordinairement entre les cotes 19 et 20 en marche normale des machines.

Sur la fig. 117, qui donne le détail du tubage du puits n° 4, on voit que l'enfoncement du tube principal, de 1 m. 082 de diamètre et de 6 millimètres d'épaisseur, a été préparé

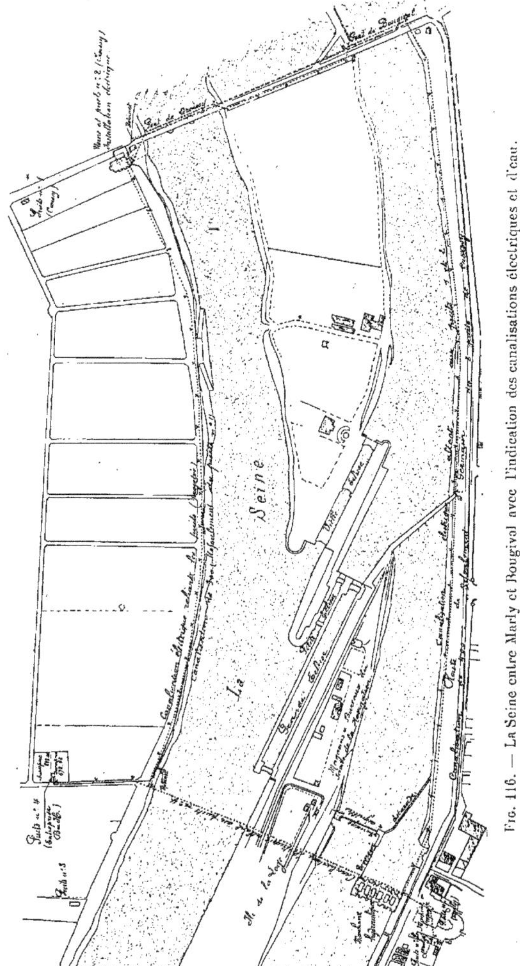

Fig. 116. — La Seine entre Marly et Bougival avec l'indication des canalisations électriques et d'eau.

à l'aide du cuvelage en maçonnerie, puis d'un premier tube de 1 m. 15 de diamètre. Ce tube pénètre de 1 m. 50 dans la craie, de façon à ce que les eaux des nappes superficielles, dites maraîchères, ne puissent pas se mêler avec les eaux de la nappe calcaire et les souiller; à l'intérieur du tube étanche de 1 m. 082 a été enfoncé dans la craie un troisième tube perforé, de 0 m. 982, descendant jusqu'à la cote — 0,20. Et enfin, pour améliorer le débit de ce puits, un quatrième tube en tôle d'acier perforé, de 0 m. 885 de diamètre intérieur, a été descendu dans la craie jusqu'à 4 m. 40 au-dessous du niveau de la mer ; la profondeur du puits a été ainsi portée de 27 à 31 mètres.

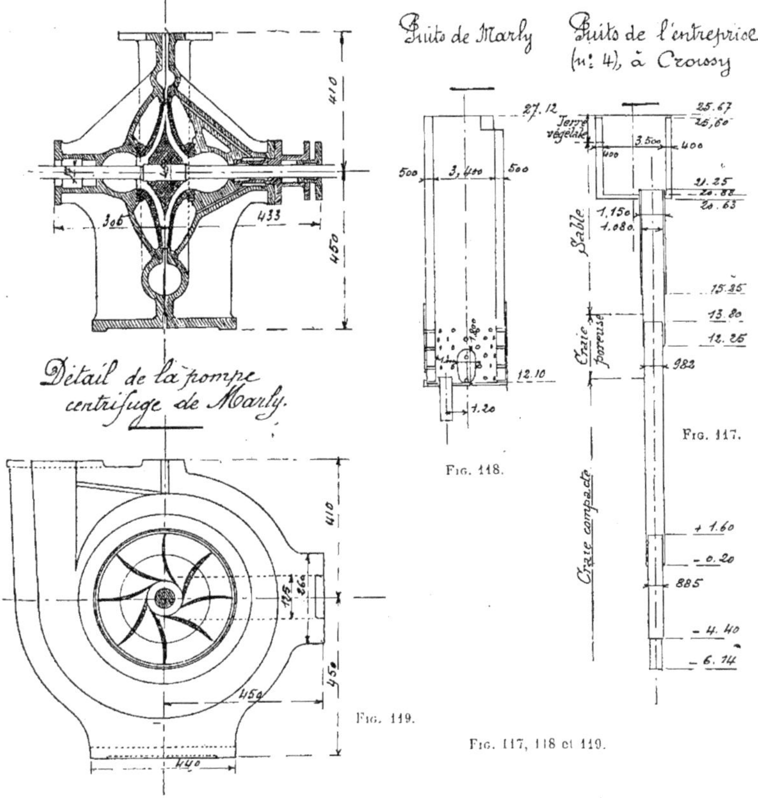

Fig. 117, 118 et 119.

On voit, sur la fig. 114, qu'on eut un instant la pensée de réunir la rive droite de la Seine à la rive gauche par un tunnel en pente passant sous la rivière et creusé dans la craie compacte. Les puits de Croissy, reliés par des galeries secondaires à ce tunnel, y auraient déversé leurs eaux, qui seraient arrivées par la gravité jusqu'au pied des pompes de Marly. La nature de la craie se prêtait par sa solidité à cette entreprise ; on y renonça cependant par crainte des suintements de la rivière qui auraient pu se produire et contaminer ainsi les eaux des puits.

§ 2. — Exploitation des puits.

En résumé, il y a actuellement, dans le rayon de la machine de Marly, cinq puits forés dans la craie : un premier, dans la cour de la machine de Marly, formé par la réunion de deux puits par une galerie, a été foré de 1880 à 1893, et est en état de fournir 3.000 mètres cubes d'eau par jour. Les quatre autres sont creusés sur la rive droite de la Seine, dans la plaine de Croissy. Sur ces quatre puits, deux ont été creusés en 1894, dans le voisinage de la tête du pont de Bougival, et sont en état de fournir de 10 à 12 mille mètres cubes d'eau en marchant ensemble. Ces 10.000 mètres se décomposent en 4.000 fournis par le puits voisin de la Seine et 6.000 par le puits le plus éloigné.

Un troisième puits, foré en 1896 par l'Administration sur le bord de la Seine, à 900 mètres en aval du pont de Bougival, n'a pas encore été équipé. Enfin, le dernier puits, foré en 1904 par l'entreprise Barbet et Hersent, à 150 mètres de la Seine, peut fournir, marchant seul, 8.000 mètres cubes par jour.

L'ensemble des puits exploités de Croissy peut donc fournir régulièrement 18.000 mètres cubes, lesquels, joints aux 3.000 mètres des puits de Marly, forment un total de 21.000 mètres cubes d'eau par jour.

L'idée la plus simple, pour l'exploitation de ces puits dispersés, était de créer dans le voisinage de chacun d'eux une usine à vapeur actionnant des pompes aspirantes et foulantes qui enverraient l'eau, par des canalisations, jusqu'à la machine hydraulique. A cet effet, les canaux, traversant les piliers qui séparent les roues de cette machine (fig. 102 et 103), et dans lesquels les pompes actionnées par les roues plongent leurs tuyaux d'aspiration (fig. 107), furent fermés à leurs deux extrémités par des murettes en briques, de façon à être complètement isolés de la Seine (détail fig. 120) [1]. C'est dans ces canaux, ainsi transformés en réservoirs, que les canalisations venant des puits déversent leurs eaux, qui sont ensuite reprises par les anciennes pompes et refoulées dans les réservoirs de Louveciennes. La fig. 122 montre la disposition de la première installation à vapeur qui fut créée, près de la tête droite du pont de Bougival, pour puiser les eaux dans les deux puits voisins. Trois locomobiles demi-fixes, d'une force de 40 chevaux chacune, furent installées ; elles actionnaient, par courroies, deux groupes de pompes centrifuges conjuguées, l'un de ces groupes placé dans le puits n° 2, voisin de la Seine, le second monté sur le sol. Les eaux refoulées passent dans une conduite unique de 400 de diamètre, traversant la Seine sur une poutre spéciale montée contre le pont de Bougival et se rendant à la machine en longeant, sur plus d'un kilomètre, la rive gauche de la rivière.

Sur le plan, fig. 122, les pompes centrifuges actionnées par les locomobiles sont marquées *anciennes pompes*, pour les distinguer de celles, actuellement en service, de l'installation électrique. Cette première usine à vapeur fut construite par M. Vazou, inspecteur des eaux à la machine, sous la direction de M. Berthet, ingénieur en chef des ponts et chaussées, directeur du service. Mais la nécessité de forer de nouveaux puits obligeait à multiplier les usines à vapeur, à augmenter, par conséquent, le nombre des mécaniciens et

---

1. Les traits verticaux un peu forts que l'on voit sur la fig. 107, à l'extrémité des canaux des piles, et que l'on retrouve fig. 120, sont des vannes en tôle, dont la figure 121 donne le détail. On les manœuvrait à l'aide de leviers à cliquets. Ces vannes servirent à isoler les petits canaux de la Seine, de façon à permettre la construction des murettes en briques.

des chauffeurs et aussi la consommation du charbon. C'est alors que l'administration ouvrit, le 8 juin 1899, pour ces nouvelles installations, un concours public entre les constructeurs français. Le programme de ce concours obligeait les concurrents, non seulement

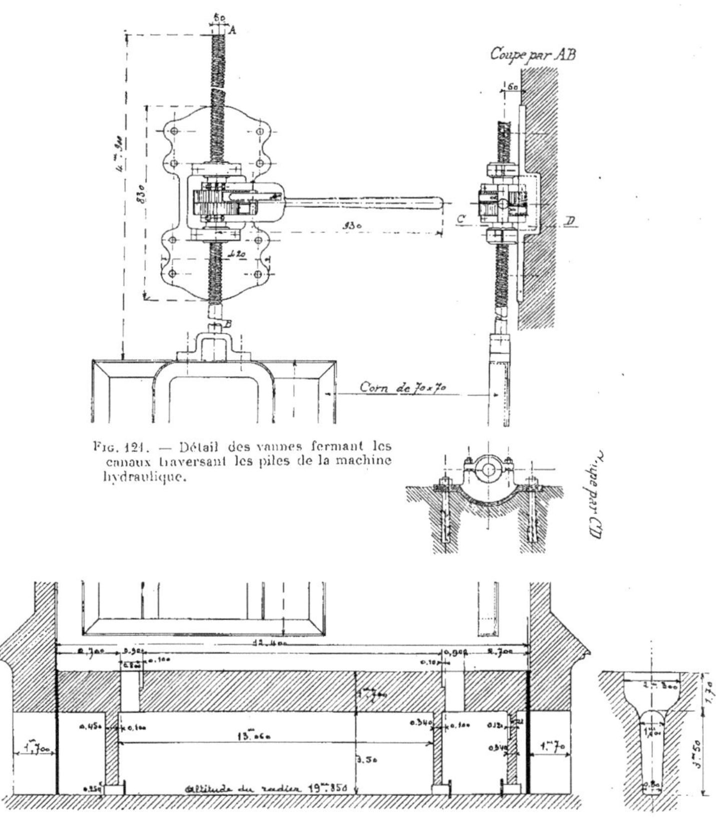

Fig. 121. — Détail des vannes fermant les canaux traversant les piles de la machine hydraulique.

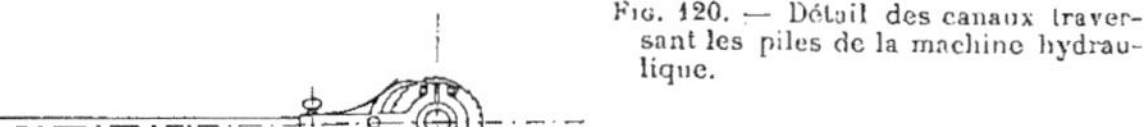

Fig. 120. — Détail des canaux traversant les piles de la machine hydraulique.

à fournir les machines, mais encore à les faire marcher pendant soixante années, l'administration ne payant l'installation qu'en annuités basées sur la quantité d'eau effectivement élevée annuellement par le constructeur. La commission nommée par le ministre pour juger ce concours adopta les projets présentés par MM. Barbet et Hersent.

Ces ingénieurs proposaient :

1° De forer et d'équiper deux nouveaux puits dans la plaine de Croissy, de façon à porter à quatre le nombre des installations, une d'elles devant servir de réserve en cas d'accident ;

2° De placer dans les puits des pompes centrifuges de puissance suffisante pour refouler en un seul jet les eaux dans les réservoirs de Louveciennes, et éviter ainsi la reprise des eaux à la machine hydraulique ;

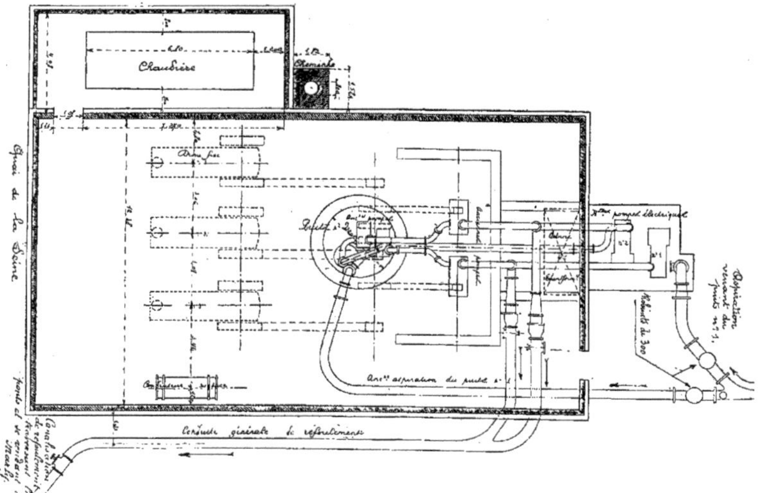

FIG. 122. — Puits n° 1 et 2 de Croissy, ancienne installation à vapeur et installation électrique.

3° D'actionner les pompes des puits à l'aide de la puissance hydraulique généralement disponible à la chute de Marly, qui serait transformée en énergie électrique. A cet effet, les auteurs du projet proposaient l'établissement de deux turbines, d'une puissance totale de 300 chevaux, à construire contre le bâtiment de l'ancienne machine à vapeur, et la construction de trois turbines, de 200 chevaux chacune, dans les coursiers occupés par les trois premières roues Sagebien de l'installation hydraulique actuelle. Les trois autres roues Sagebien et leurs pompes devaient être conservées comme réserve disponible [1].

Les deux turbines du bâtiment de la machine à vapeur devaient actionner une dynamo génératrice, et chacune des trois turbines remplaçant les roues Sagebien devait donner également le mouvement à une dynamo génératrice. L'électricité produite par l'en-

---

1. La fig. 123 donne la vue d'ensemble d'une roue Sagebien remplacée par une turbine du type de la maison Teisset, Chapron et Brault frères.

semble des quatre dynamos précédentes devait se rendre sur un tableau pour être, de là, conduite, par des canalisations électriques, aux dynamos réceptrices des puits ;

4° D'ajouter à l'installation hydraulique une turbine à vapeur de secours, d'une puissance de 400 chevaux, actionnant une dynamo génératrice. L'électricité produite par cette machine à vapeur se rendrait au même tableau que celle fournie par les turbines hydrauliques et permettrait d'obtenir toujours la puissance totale nécessaire à la marche des pompes, en cas d'insuffisance passagère de la force hydraulique.

Cet ensemble mécanique permettrait ainsi d'élever directement, en marche normale, dans les réservoirs de Louveciennes, 20.000 mètres cubes d'eau par jour, et cela sans compter la machine à vapeur, qui ne devait fonctionner qu'accidentellement, en cas d'insuffisance de la force hydraulique.

L'administration, tout en adoptant l'idée d'ensemble du projet, consistant à transformer la force en énergie électrique, préféra maintenir momentanément l'envoi de l'eau

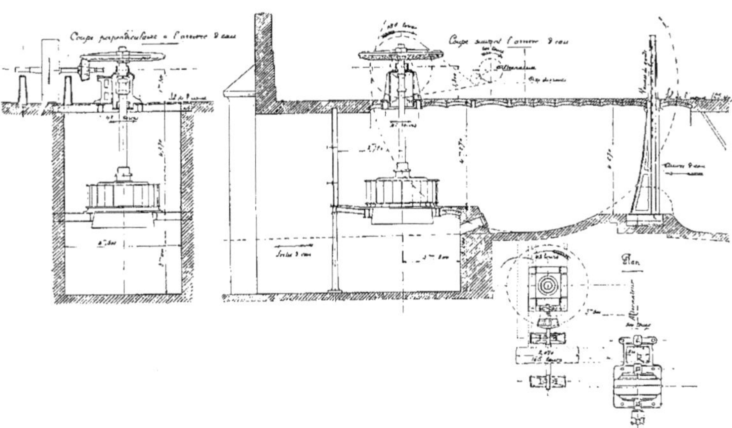

Fig. 123. — Remplacement par des turbines de 200 chevaux des trois premières roues de la machine hydraulique.

en deux étages dans les réservoirs de Louveciennes et conserver dans l'état actuel la machine de Marly ; elle adopta l'idée des deux turbines hydrauliques de 150 chevaux chacune, à construire dans le voisinage de la machine à vapeur et actionnant une dynamo fournissant l'électricité nécessaire aux pompes centrifuges des puits, dont le travail se bornait à envoyer l'eau à la machine hydraulique.

L'administration adopta postérieurement le projet de construction d'un nouveau puits et d'une turbine à vapeur de secours de 400 chevaux devant fonctionner en cas d'insuffisance de la chute de Marly. Seulement, comme les pompes des puits étaient exécutées pour refouler l'eau seulement jusqu'à la machine hydraulique, il fallut adjoindre à la turbine à vapeur une pompe centrifuge spéciale en état de refouler l'eau depuis le niveau de cette pompe jusqu'aux réservoirs de Louveciennes.

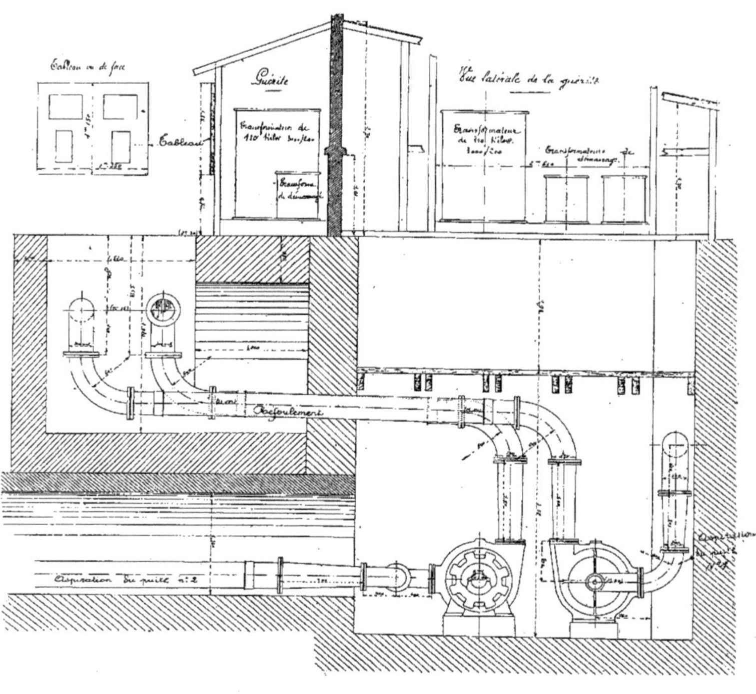

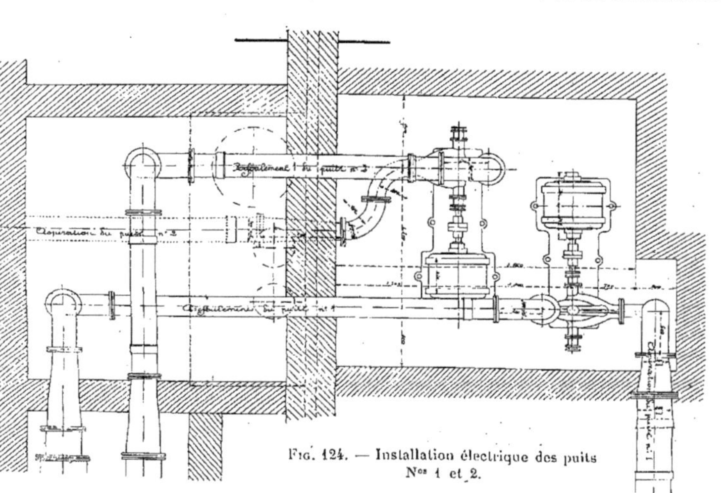

Fig. 124. — Installation électrique des puits
Nos 1 et 2.

La fig. 122, qui donne la disposition des pompes des deux puits de Croissy, voisins de la tête du pont de Bougival, ne peut pas être considérée comme le type de l'installation des puits. Il a fallu, dans ce cas spécial, tenir compte des machines à vapeur existantes, que l'administration désirait conserver comme réserves, en cas d'arrêt des moteurs électriques. La disposition de la machinerie du puits se trouve, de ce fait, inutilement compliquée. Les deux groupes de pompes semblables, relatives aux puits 1 et 2, sont installés au fond d'une fosse construite en contrebas du mur de l'ancien hangar abritant les locomobiles (fig. 122 et 124). Chaque groupe comprend une pompe centrifuge type Schabawer capable d'élever 92 litres d'eau par seconde, ou 8.000 mètres cubes par jour, à une hauteur réelle de 25 m. 50. Cette hauteur se compose d'abord de la différence de niveau entre la surface de l'eau des puits et la sortie, dans la cour de la machine de Marly, de la canalisation de 400 reliant le puits de Croissy à la machine hydraulique; elle comprend, en outre, les pertes de charge dans cette conduite de 1.600 mètres de longueur. Les tuyaux

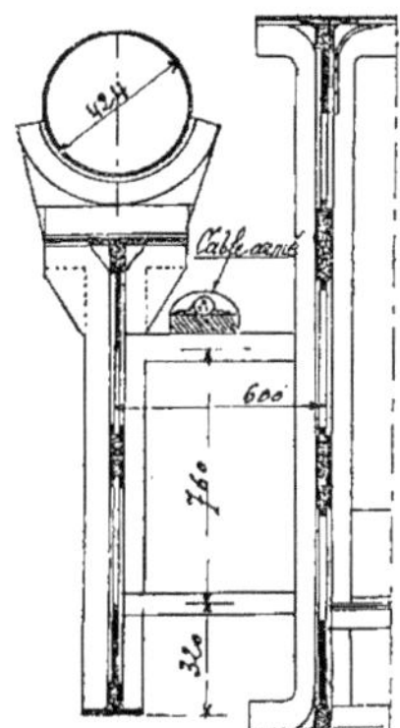

Fig. 123. — Passage sur le pont de la conduite de refoulement.

d'aspiration gagnent, par de longues galeries, les tubages des puits dans lesquels sont installées les crépines. Chaque pompe centrifuge est actionnée directement par un moteur à courant triphasé, système Brown et Boveri, d'une puissance normale de 50 chevaux, en tournant à 950 tours par minute, pour une fréquence de 50 périodes par seconde.

La pompe centrifuge et le moteur électrique sont montés sur une base commune. L'installation est complétée par un transformateur et un tableau communs aux deux groupes de pompes : nous verrons que la génératrice de Marly produit le courant à la tension de 3.000 volts ; le transformateur triphasé, d'une puissance apparente de 110 kilowatts, abaisse la tension des courants d'alimentation à 200 volts, tension de marche des moteurs des pompes. Le transformateur, ainsi que les deux transformateurs de démarrage, sont placés dans une petite cabine située à l'intérieur du hangar abritant les anciennes locomobiles ; contre la paroi extérieure de cette cabine, est appliqué le tableau de marbre sur lequel sont fixés les appareils de commande des deux moteurs électriques de 50 chevaux. La fig. 124 donne le détail de cette installation.

Dans le puits de Marly, est placée une machinerie électrique analogue, mais naturellement moins puissante : elle se compose d'une pompe centrifuge Schabawer capable d'élever 39 litres par seconde, soit 3.370 mètres cubes en 24 heures, à une hauteur de 18 mètres, toutes pertes de charges comprises ; le moteur à courant triphasé actionnant cette pompe peut développer normalement 20 chevaux en marchant à 950 tours par

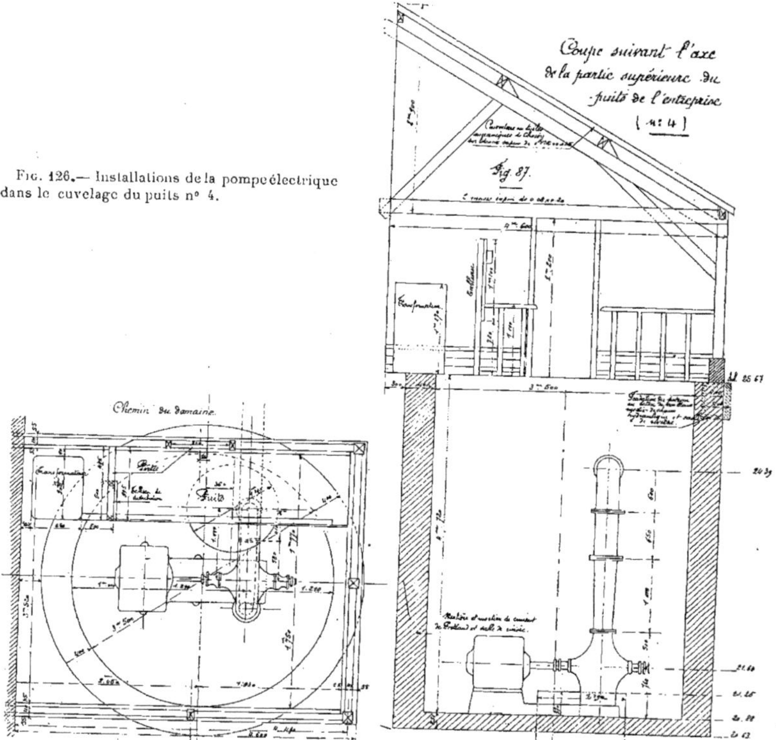

Fig. 126. — Installations de la pompe électrique dans le cuvelage du puits n° 4.

minute. A ce groupe, est joint un transformateur d'une puissance apparente de 16 kilowatts, ramenant le courant de 3.000 à 200 volts. Le groupe du moteur-pompe est placé à l'intérieur du puits de Marly, mais le transformateur se trouve dans le bâtiment même de la génératrice, à côté du tableau à haute tension.

L'eau puisée dans les puits 1 et 2 de Croissy se rend à Marly par une canalisation en fonte de 0 m. 400 de diamètre et de 1.600 mètres environ de longueur. Cette canalisation, en quittant l'usine de Croissy, suit la route de Bougival, traverse la Seine sur une poutre spéciale placée en amont des poutres des ponts reliant Croissy à Bougival (fig. 125). Dans cette traversée de la rivière, la canalisation est en tôle rivée. A la sortie des ponts, la canalisation passe sous la chaussée de la route nationale de Saint-Germain, qu'elle suit jusqu'à la cour de l'ancienne machine à vapeur de Marly.

L'eau se tient, pendant le pompage, à la cote 18, dans le puits n° 2, et à la cote 19, dans le puits n° 1 ; la partie haute de la canalisation se trouve sur les ponts à la cote 32,42 ; enfin, le débouché de la canalisation, au-dessus de la cuvette de jauge de Marly, est à la cote 27,30. L'ensemble de la canalisation est marqué sur le plan n° 116. Les fig. 125 et 127 donnent le détail du passage de la canalisation sur les ponts et de son arrivée sur la cuvette de jauge. De la cuvette de jauge, placée à la cote 27,12, l'eau redescend sous la route de Saint-Germain, pénètre dans le bâtiment de la machine hydraulique, où elle est distribuée, par des caniveaux, dans les galeries de la fig. 120, d'où la reprennent les pompes de la machine hydraulique. L'eau, dans ces galeries, est à la cote 24 environ [1].

En comparant ces diverses cotes, on voit la perte de pression que subit l'eau dans ses différents transports, perte qu'on eût pu éviter en refoulant l'eau des puits directement dans les réservoirs de Louveciennes par une conduite ayant un diamètre égal à celui de la colonne ascendante.

Le puits n° 4, foré et équipé en 1904 par l'entreprise, est représenté fig. 126. Sa disposition est très simple parce qu'elle n'est pas compliquée par la jonction bien inutile d'une installation à vapeur. La pompe est montée sur le radier du cuvelage en maçonnerie construit au-dessus du puits foré, dont le tubage forme une saillie de 0 m. 37 sur le radier de béton, de façon qu'aucune eau étrangère ne puisse pénétrer dans le puits lui-même. L'appentis qui abrite tout cet ensemble est adossé à une maison de garde.

Pour conduire à Marly l'eau puisée dans ce quatrième puits, il a été posé une canalisation de fonte suivant la Seine, de 0 m. 30 de diamètre et de 880 mètres de longueur, qui vient se brancher sur la canalisation de 400 se rendant à Marly (fig. 116). La résistance opposée à la marche de l'eau par la conduite de 0 m. 40 s'est ainsi trouvée notablement augmentée, et on a formé le projet de relier la rive de Croissy à Marly par une canalisation de 0 m. 60 et même de 0 m. 800 en fonte, posée, soiten tranchée draguée dans le lit de la Seine, soit sur une passerelle spéciale. Le diamètre de 800 permettrait la visite de la conduite. Les canalisations, actuellement posées de 0 m. 30 et 0 m. 40 vers Marly, ne serviraient plus qu'en cas d'accident. L'ensemble de ces canalisations se voit sur le plan 116 déjà cité.

§ 3. — Usine génératrice d'électricité.

L'usine génératrice d'électricité est établie, ainsi que nous l'avons dit dans l'exposé général du projet Barbet et Hersent, à l'emplacement du perron de l'ancienne machine à vapeur. Elle se compose de deux turbines, pouvant fournir chacune 150 chevaux, sous la chute normale de 3 m. 00, et d'une génératrice d'électricité de 270 chevaux, actionnée par les deux turbines et en état d'en transformer la puissance totale. Le courant électrique ainsi produit se rend à un tableau monté dans la salle de la machine à vapeur et, de là, aux moteurs qui, placés dans les puits de Croissy et de Marly, commandent les pompes de ces

1. Ces chiffres montrent qu'en définitive l'eau est élevée en moyenne de la cote 18,50 à la cote 24 ou de 5,50 environ. Quand les trois pompes de Croissy marchent ensemble, la pression dans la tuyauterie dépasse 26 mètres, auxquels il faut ajouter 5 m. 50 pour l'aspiration, soit 31,50-5,50 ou 26 mètres absorbés inutilement par les pertes de charge et de chute.

puits. L'ensemble de cette usine génératrice se voit sur les fig. 127, 128 et 129. L'établissement des turbines a nécessité des travaux hydrauliques très difficiles et très coûteux. Il fallait creuser, jusqu'à 8 m. 00 au-dessous du niveau des eaux d'amont, un sol formé de déblais et d'éboulis et dans lequel se trouvaient enfoncés des pilotis et des fondations en maçonneries restant de l'ancienne machine. Une partie de ces travaux devait s'effectuer sous la route de Saint-Germain et il fallait, pendant leur durée, laisser libre le passage du tramway et ne pas gêner la circulation des voitures, très importante en cet endroit.

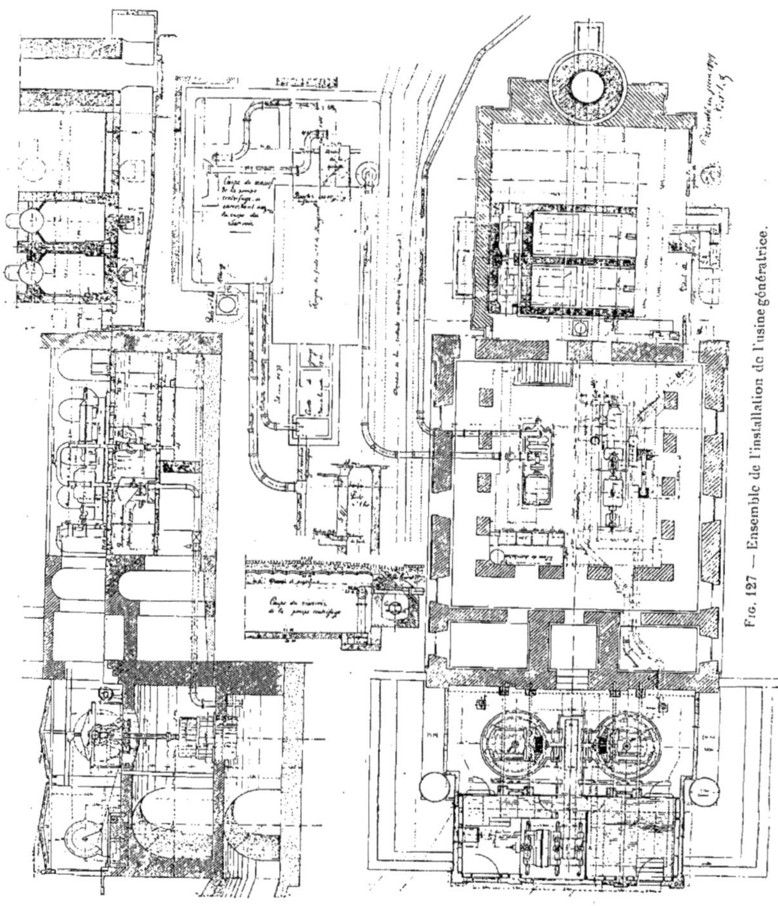

Fig. 127 — Ensemble de l'installation de l'usine génératrice.

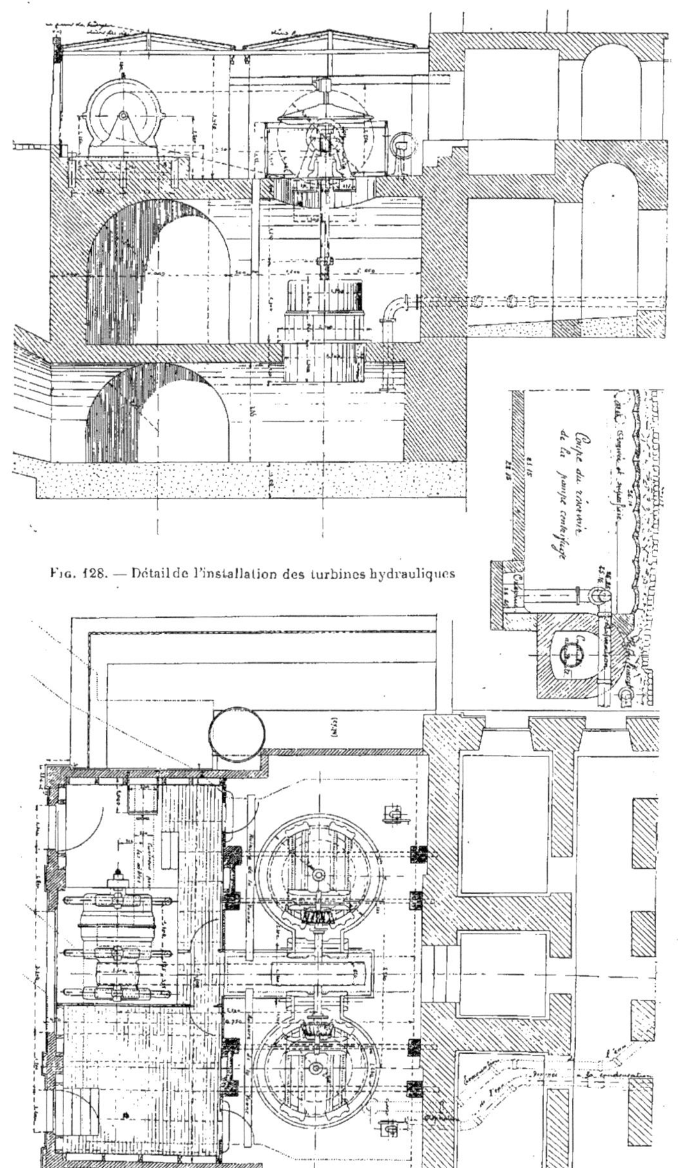

Fig. 128. — Détail de l'installation des turbines hydrauliques

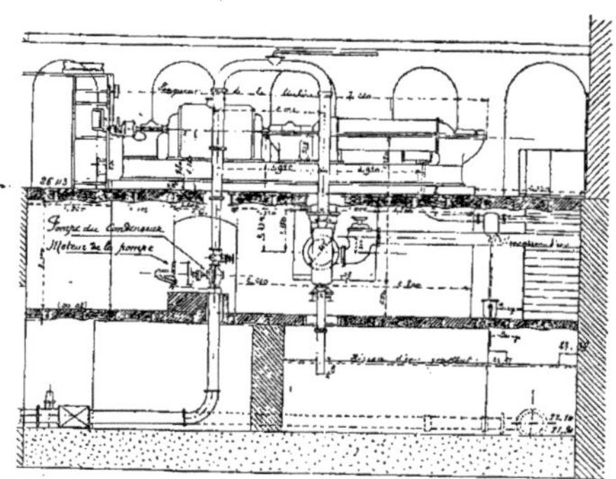

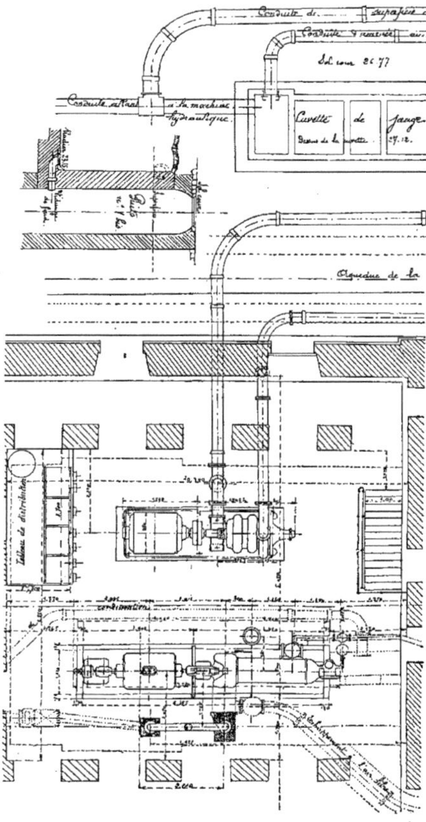

Fig. 129.—Ensemble de l'installation de la turbine à vapeur et de la pompe centrifuge haute pression (faisant suite à la figure 128).

Le canal d'amenée d'eau aux turbines a été construit presque entièrement à ciel ouvert ; il repose sur un radier de béton de ciment de Portland posé sur pilotis, ainsi, du reste, que la chambre d'eau et le canal de fuite. Quelques-uns de ces pilotis proviennent de l'ancienne machine de Louis XIV. La circulation a été maintenue, pendant la construction, à l'aide de ponts de service ; on voit ce canal sur les fig. 130 et 131 ; les coupes transversales successives

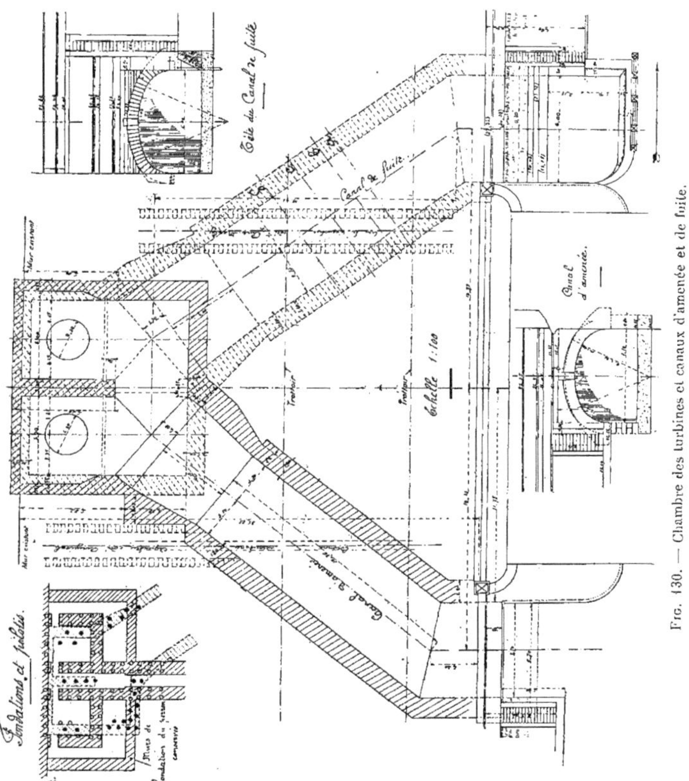

Fig. 130. — Chambre des turbines et canaux d'amenée et de fuite.

en indiquent la section ; sa largeur est de 5 m. 00, l'épaisseur des piédroits de 0 m. 80. Toute cette construction est faite en meulière et ciment de Portland ; les retombées des voûtes en pierres de taille. On remarquera que l'un des bras de la canalisation de 0,60, venant de la machine hydraulique, traverse obliquement le canal et est supporté par des colonnes. A sa sortie du canal d'amenée, l'eau pénètre dans la salle des turbines, qui a 11 mètres de largeur sur 9 mètres de profondeur ; après avoir traversé les turbines, elle tombe dans la chambre inférieure et regagne, la Seine par le canal de fuite, dont la figure donne le profil et les coupes successives. On voit que toute cette construction est entièrement en maçonnerie sans intervention de poutres de fer.

La construction du canal de fuite s'est effectuée, en partie, en souterrain, la voûte d'abord, maçonnée sur la terre servant de cintre, les piédroits ensuite.

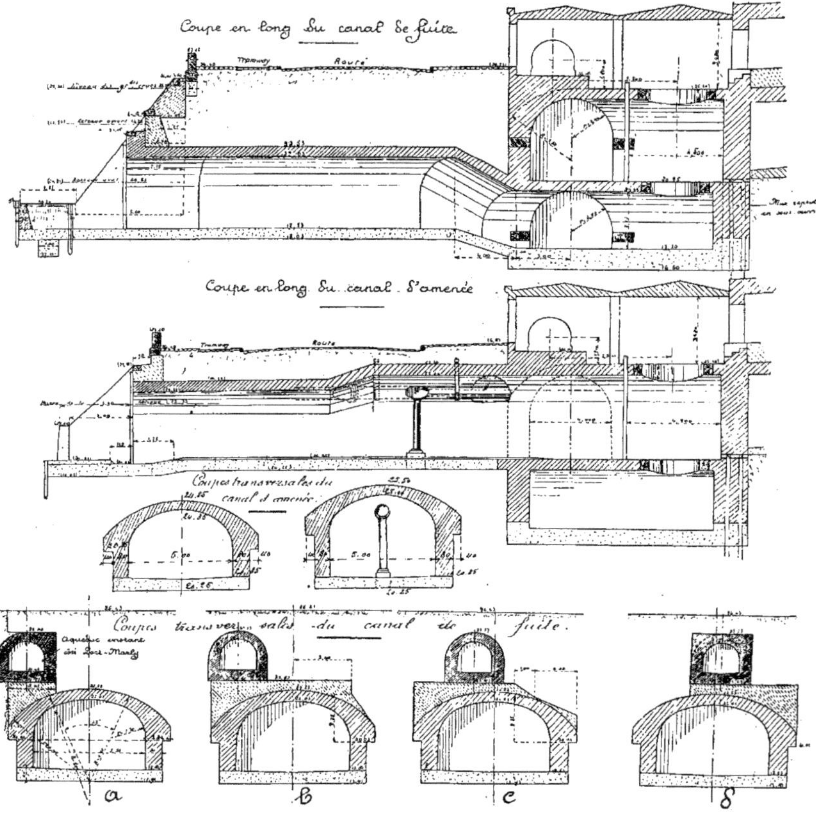

Fig. 131. — Profils des canaux des turbines.

La fig 132 donne le dessin de détail des turbines, qui sont du type dit américain. Chacune d'elles doit donner une force minima de 150 chevaux, sous une chute normale de 3 mètres. Voici, du reste, la puissance et le débit de chacune de ces turbines, sous les différentes chutes qui peuvent se présenter à Marly :

Chute en mètres.	Débit en litres.	Force en chevaux.	Vitesse en tours par minute.
1,25	3,850	50	39
1,50	4,200	63	43
2,00	4,900	104	49
2,50	5,400	135	55
3,00 (normale).	5,900	178	60
3,20	6,200	196	62

Le rendement de ces turbines au frein est de 0,80 : elles sont à pivot supérieur placé au-dessus du sol et à arbre creux.

La fig. 132 donne également le plan de la moitié de la transmission. On voit que, sur l'arbre vertical de chacune des turbines, est montée une roue d'angle horizontale commandant un pignon d'angle qui peut glisser sur un arbre de transmission horizontal monté sur quatre paliers. Si, à l'aide d'un embrayage, on met un ou deux pignons en prise avec les roues d'angle des turbines, l'arbre de transmission horizontal sur lequel sont montés les pignons tourne sous l'action d'une ou de deux turbines, entraînant avec lui une poulie volant en deux morceaux de 2 m. 65 de diamètre, calée en son milieu. Cette poulie commande par une courroie la poulie de la génératrice d'électricité, ainsi que cela se voit sur les plans d'ensemble (fig. 127 et 128).

Les fig. 133 et 134 donnent le plan détaillé de la génératrice, qui est du système Brown et Boveri, à courant triphasé, capable de produire, en marche normale, une puissance de 165 kilowatts, en fonctionnant sur des circuits inductifs, pour lesquels $\cos \varphi = 0,8$, et en produisant des courants à la tension de 3.000 volts et à 50 périodes par seconde, pour une vitesse de rotation de 300 tours par minute, et en absorbant 250 chevaux environ.

Cette génératrice est à trois paliers, à excitatrice directement adossée, et possède un jeu de glissières, ainsi qu'un rhéostat de réglage de champ de l'excitatrice. Le tableau de la génératrice, dont on voit l'emplacement sur la fig. 129 et le plan sur la fig. 141, est formé par un panneau de marbre sur lequel sont montés un ampèremètre de 50 ampères, un voltmètre de 120 volts, un interrupteur tripolaire, deux coupe-circuits unipolaires pour le transformateur de lecture, trois coupe-circuits unipolaires haute tension, un transformateur de tension pour lecture du voltmètre et les parafoudres.

Le poids total de l'alternateur s'élève à 9.790 kilogrammes, se décomposant ainsi qu'il suit :

2 demi-armatures à 1.650 kilog.............................	3.300
1 roue magnétique..	1.750
3 paliers à 440 kilog.......................................	1.320
1 base...	760
1 poulie...	580
1 arbre..	430
3 glissières à 250 kilog....................................	750
Total...	9.790

La ligne électrique portant le courant au transformateur des moteurs des pompes des puits 1 et 2 de Croissy est formée de trois fils de cuivre nu de 4 millimètres de diamètre, montés sur isolateurs en porcelaine double cloche, fixés à des consoles de fer galvanisé attachées à des poteaux en bois. Cette canalisation aérienne remonte la rive

gauche de la Seine jusqu'à une centaine de mètres en aval de la tête rive gauche du pont de
Bougival. A partir de ce point, la canalisation passe sous terre et est formée, à cet effet,

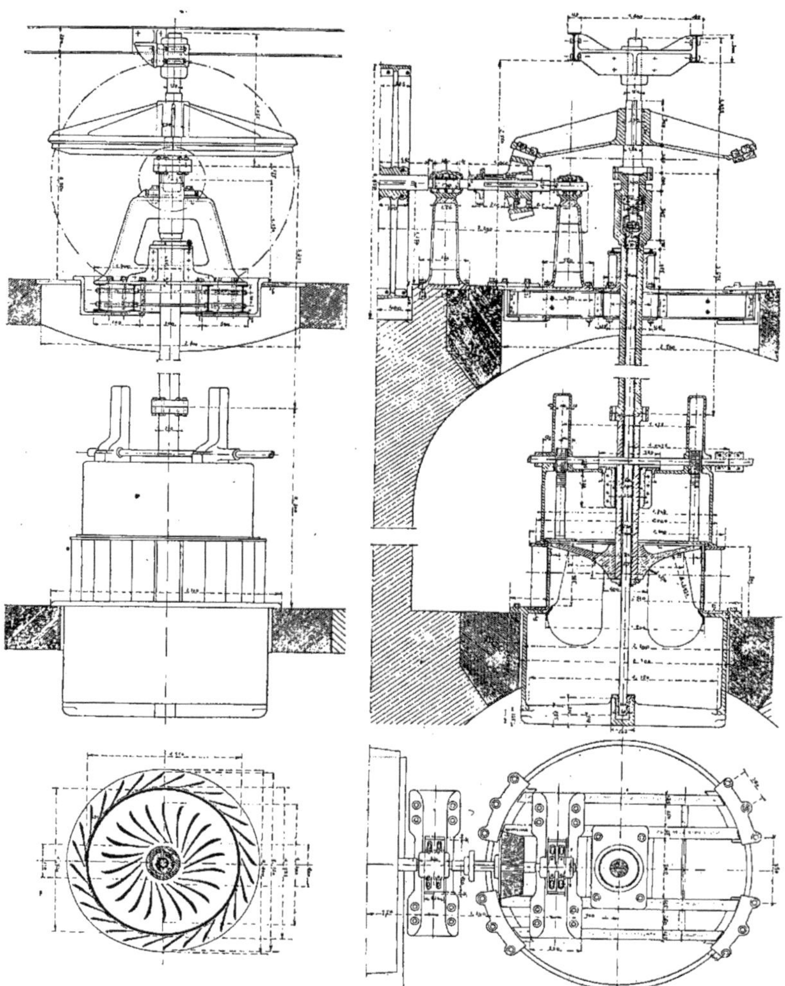

Fig. 132. — Détail d'une turbine hydraulique et de sa transmission.

d'un câble à trois conducteurs de 10 millimètres carrés de section chacun, isolés, sous plomb et armé. Ce câble armé traverse la Seine, attaché à la poutre du pont de Bougival

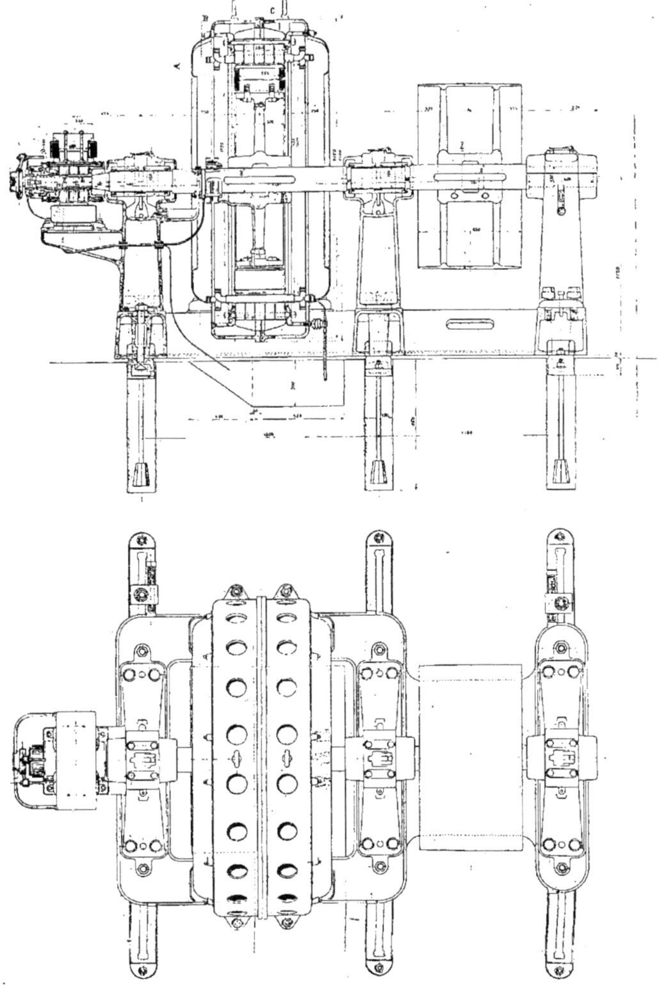

Fig. 133.

portant la canalisation d'eau, ainsiqu'on le voit sur les fig. 116 et 125. A la sortie du pont, le câble armé gagne souterrainement l'usine de Croissy.

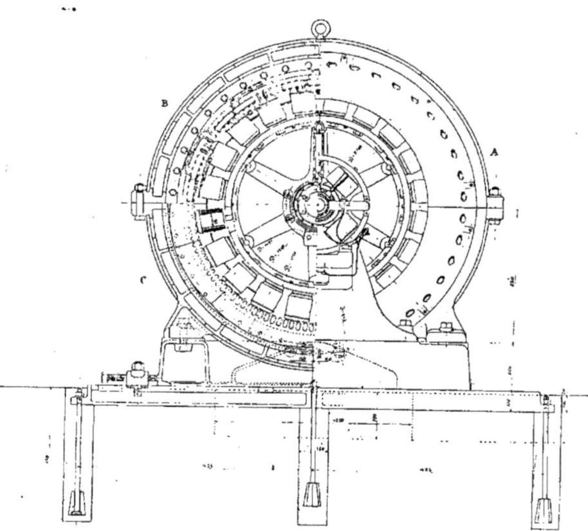

Fig. 134. — Détail de l'alternateur de 165 kilowatts actionné par les deux turbines hydrauliques.

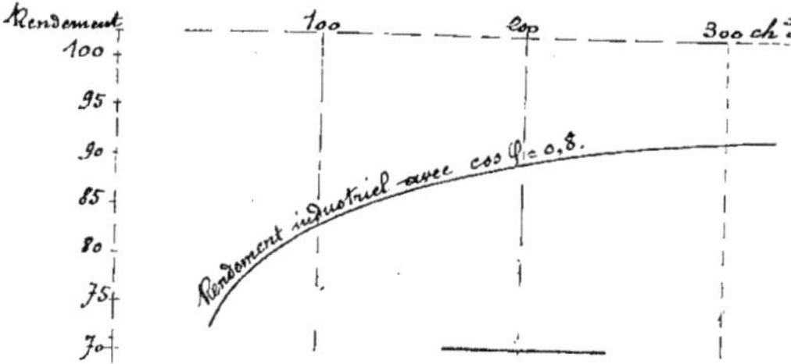

Fig. 135. — Génératrice triphasée actionnée par les turbines hydrauliques.

La ligne électrique qui va de Marly au puits n° 4 suit un autre tracé ; elle est entièrement aérienne et traverse les deux bras de la Seine en face de la machine hydraulique. Les fils sont attachés, d'une part, au bâtiment de la machine hydraulique, puis à deux poteaux placés dans l'île de la loge et, enfin, à deux pylones en fer montés de part et d'autre du bras droit de la Seine. Ces pylones, de 18 mètres de hauteur, sont munis d'appareils automatiques de mise à la terre en cas de rupture des câbles.

La réception de cette installation électrique a été faite le 5 juillet 1902 ; elle a été basée sur une série de cinq essais correspondant à toutes les situations de fonctionnement, de façon à envisager le cas de marche isolée ou simultanée des appareils et à déterminer le rendement pour les quantités minimum et maximum de travail produit. Les résultats obtenus sont consignés dans les trois tableaux suivants. Le premier tableau présente les éléments relevés sur les appareils et destinés au calcul de rendement des machines ; à savoir, le débit des pompes dans chacun des cas, la force absorbée par les réceptrices et la puissance fournie par la génératrice et les turbines :

Numéros des essais	Conditions de fonctionnement des pompes.	DÉBIT Cuvette de jauge.		HAUTEUR TOTALE effective d'élévation.			MOTEURS		Vitesse Tours par minute.	ALTERNATEUR		TURBINES		
		Largeur *l* mm.	Hauteur H mm.	Vide aspiration 760 mm = 10m33 mm.	Pression de refoulement en m. d'eau au manomètre M	Différence de niveau des manomètres M	Ampères A	Volts V		Ampères	Volts.	Nombre en fonction.	Ouverture de vanne divisions.	Hauteur de chute
1	Croissy n° 1	1.250	120	45,5	0	1	155	202	300	15,8	3000	Av 2 Am	4,75 5,5	1,95
	Marly	1.000	72	Hauteur totale évaluée = 18 mt.			57	210						
2	Croissy n° 1	1.250	120	45,5	9	1	105	200	300	13,5	2.940	Av 2 Am	4,10 4,25	1,90
3	Croissy { n° 1 / n° 2	1.250	147	42 29	13,5	1 3	235	202	300	18	3.080	Av 2 Am	8,75 9	1,90
4	Croissy n° 2	1.250	106	39,5	6	3	126	210	300	10	3.000	Av 2 Am	3,20 3,5	2 mt
5	Marly	1.000	72	Hauteur totale évaluée — 18 mt.			57	210	300	2,5	3.000	Av 2 Am	2,3 1,9	2,03
Résultant des essais précédents et de la marche pratique	Croissy n°s 1 et 2 / Marly	1.250 1.000	147 72				235 57	202 210	300 300	18 2,5	3.080 3.000	1	10 Ouverture totale	2,90

Le tableau n° 2 donne la puissance produite en eau élevée:

Numéros des Essais	Conditions de fonctionnement des Pompes.	DÉBIT[1] $q = K l H \sqrt{2gH}$				Hauteur totale effective d'élévation				Puissance en eau élevée.	
		K	l mm.	H mm.	Q litres par S.	Vide aspiration 760 mm. = 10 mt. 33 mm. et M	Pression de refoulement en mètres d'eau au manomètre M	Différence de niveau des manomètres M	Totale M	kilogrammètres	Chevaux.
1	Croissy n° 1	0,393	1.250	120	90,2	455 = 6,20	9	1 =	16,20	1.460	19,5
	Marly	0,393	1.000	72	34	Hauteur totale évaluée =			18	612	8,16
					124,2					2.072	26,66
2	Croissy n° 1	0,393	1.250	120	90,2	455 = 6,20	9	1 =	16,20	1.460	19,5
3	Croissy n° 1 Croissy n° 2	0,394	1.250	147	122,5	420 = 5,70 290 = 3,96 710 = 9,66	13,5	$\left.\begin{smallmatrix}1\\3\end{smallmatrix}\right\} 2 =$	25,16	3.080	41
4	Croissy n° 2	0,393	1.250	106	75,4	395 = 5,40	6	3 =	14,40	1.085	14,45
5	Marly	0,399	1.000	72	34	Hauteur totale évaluée =			18	612	8,16
Résultant des essais précédents et de la marche pratique	Croissy n° 1 et 2 Marly	0,399 0,399	1.250 1.000	147 72	122,5 34 156,5	710 = 9,66 Hauteur totale évaluée =	13,5	2	25,16 18	3.080 612 3.692	41 8,16 49,16

Le tableau n° 2 *bis* donne la puissance absorbée par les moteurs, l'alternateur et les turbines :

Comme résultat pratique constaté on voit :

1° Qu'une turbine hydraulique marchant avec une chute de 2 m. 20 suffit pour faire fonctionner les deux pompes de Croissy et la pompe de Marly ;

2° Qu'une turbine marchant sous une chute de 2 m. 20 suffit pour faire fonctionner la pompe de Croissy n° 1 et la pompe de Marly ;

3° Que, dans le premier cas, il reste disponible : sur l'alternateur 270 — 136 = 134 chevaux sur l'arbre ; sur les turbines 300 — 150 = 150 chevaux sur l'arbre.

1. La quantité d'eau puisée est mesurée en la laissant couler d'un déversoir de largeur l. L'épaisseur H de la lame d'eau coulant du déversoir donne à tout instant la quantité d'eau débitée : cette hauteur est enregistrée à l'aide d'un flotteur muni d'un pinceau inscrivant ses oscillations sur un rouleau que fait tourner un mouvement d'horlogerie. La formule de Poncelet et Lesbros donnant le débit est :

$$q = K l H \sqrt{2gH}.$$

K est un coefficient qui varie avec H et dépend aussi de la hauteur p du seuil du déversoir au-dessus du fond du canal. D'après M. l'Ingénieur en chef Bazin (*Annales des ponts et chaussées*, 1888), le coefficient K est donné par la formule :

$$K = \left(0,405 + \frac{0,003}{H} \right) \left[1 + 0,55 \left(\frac{H}{p+H} \right)^2 \right].$$

Numéros des essais	Conditions de fonctionnement des pompes.	MOTEURS $A \times V \times \sqrt{3} \times \cos\varphi = kw$ $\dfrac{kw \times R^t}{736} = chx$						ALTERNATEUR (270 chevaux). $\dfrac{A \times v \times \sqrt{3} \times \cos\varphi}{1.000} = kw$ $\dfrac{kw}{Rend^t = 736} = chx$							Rendemt arbre alternatr à arbres de motenr p. 100.	TURBINES 2 de 150 chevaux avec chute de 3 mt. 300 chx sur arbre				
		A.	V.	cos C.	Kw.	Rendemt p. 10t.	Chevaux sur arbre.	Vitesse tours par'.	A.	V.	cos C.	Kw.	Rendemt p. 100.	Chevaux sur arbre.		Nombre en fonction.	Ouverture de vanne. Divisions.	Hauteur de chute M.	Rendemt mécanique et glissemt de courroie. p. 100	Chx. sur arbre vertical.
1	Croissy n° 1 Marly	155 57	202 210	0,8 0,8	43,2 16,5	92 89	54 20 ⎯ 74	300	15,8	3.000	0,8	65,6	1/3 charge 83	107,5	69	Av 2 Am	4,75 5,5	1,95	90	120
2	Croissy n° 1	165	200	0,8	45,8	92	56	300	13,5	2.940	0,8	55	1/4 charge 80	97	57,8	Av 2 Am	4,10 4,25	1,90	90	109
3	Croissy n° 1 — n° 2		202	0,8	66	92	82,5	300	18	3.080	0,8	76,5	entre 1/2 et 1/3 charge 85	122	67	Av 2 Am	8,75 9	1,90	90	136
4	Croissy n° 2	126	210	0,8	36,7	92	46	300	10	3.000	0,8	41,5	1/5 charge 77	73,6	83	Av 2 Am	3,2 2,5	2	90	82
5	Marly	57	210	0,8	16,5	89	20	300	2,5	3.000	0,8	10,4	1/2 charge —	—	—	Av 2 Am	2,3 1,9	2,03	90	—
Résultant des essais précédts et de la marche pratique	Croissy n° 1 et 2 Marly	235	202 210	0,8 0,8	66 16,5 ⎯ 82,5	'92 89	82,5 20 ⎯ 102,5	300	⎰ 18 ⎱ 2,5	3.080 3.000	⎰ 0,8	76,5 10,4 ⎯ 86,9	1/2 charge ⎰ 87	135,5	75,5	1	40 ouvert totalem'	2,90	90	150

NOTA. — Le rendement de l'alternateur est établi d'après la puissance à développer sur le diagramme fig. 135.

Enfin le tableau n° 3 donne le rendement calculé des divers appareils :

Schéma	Nombre	Constantes	Rendement à pleine charge
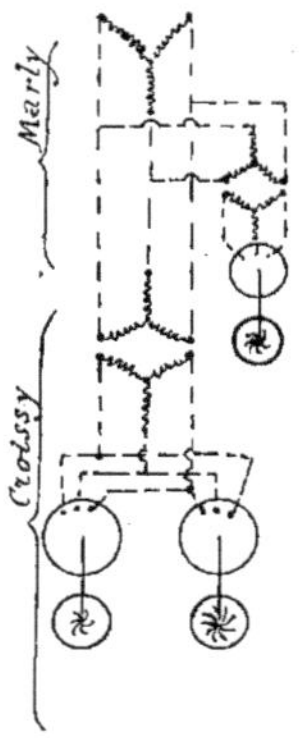	1	Alternateur triphasé absorbant 270 chevaux (200 kw.) avec cos $\varphi = 0,8$ — 3000 volts, 300 tours..............................	92 %
	1	Transformateur triphasé de 25 kw. $\frac{3.000}{200}$ volts....................................	96 %
	1	Moteur de 20 chevaux, 950 tours, 200 volts..	89 %
	1	Pompe centrifuge pour élever 39 litres d'eau par seconde, à une hauteur de 18 mètres, en tournant à 950 tours par minute 3.360 m³ par 24 heures, soit 702 kg. ou 9 chx. 4..	
	1	Transformateur triphasé 110 KVA avec cos $\varphi = 0,8$ $\frac{3.000}{200}$ volts......................	97 %
	2	Moteurs triphasés 50 chx., 960 tours, 200 volts.................................	92 %
	2	Pompes centrifuges pouvant débiter chacune 81 lt. 3/4 par seconde, à la hauteur de 25 m. 5, en tournant à 950 tours par minute, soit 7.000 mètres par 24 heures ou 2.095 kg. = 28 chevaux.........................	
		Ligne de Croissy..........................	96,5 %

En résumé le rendement général, d'arbre à arbre, se trouve être de :

Génératrice..............	à pleine charge	92 p. 100 ;	à demi-charge	87 p. 100
Ligne de Croissy.........	—	98,5	à pl. charge	96,5
Transformateurs (moyenne).	—	96	—	96
Moteurs (moyenne).......	—	91	—	91
	Rendement général =	77,5 p. 100		73 p 100.

Dans ces essais [1], les deux puits n°s 1 et 2 de Croissy et le puits de Bougival donnaient ensemble un débit journalier de 13.521 mètres cubes. Le travail sur l'arbre de l'alternateur correspondant à l'élévation du cube ci-dessus était de 136 chevaux. Comme l'alternateur est susceptible d'absorber en marche continue 270 chevaux, il restait disponible 270 — 136 ou 134 chevaux.

En ce qui concerne les turbines, il reste disponible la puissance totale de l'une d'elles ; on pourrait donc actionner deux autres pompes semblables à celles de Croissy et desservir deux nouveaux puits. Nous avons vu, qu'en 1904, l'entreprise fora et équipa un troisième puits, dont la machinerie fonctionne avec partie de cet excédent de force.

Au point de vue de la sécurité on a relevé les isolements suivants :

Ligne aérienne et câble armé, d'une longueur totale de 3.250 mètres (3 conducteurs, par rapport à la terre)...................... 20 mégohms

Entre fils.. 20 —

1. Les tableaux des essais sont signés par MM. Roujon, directeur des Beaux-Arts ; Moron, ingénieur en chef des ponts et chaussées, directeur du service des eaux, et Barbet, présentant les machines en réception.

Transformateurs de lecture ; enroulements primaire et secondaire
par rapport à la masse.............................. 20 mégohms
Transformateur de Marly ; enroulement primaire par rapport à la
masse... 11,5 —
Enroulement secondaire par rapport à la masse............... 7 —
Entre enroulements primaires et secondaires.................. 18 —
Transformateur de Croissy. Enroulement primaire à la masse.... 20 —
Enroulement secondaire à la masse.......................... 20 —
Entre enroulements... 20 —

§ 4. — Turbine à vapeur de secours et relèvement des eaux jusqu'aux réservoirs supérieurs.

Nous avons dit que la proposition Barbet et Hersent comportait la construction d'une turbine à vapeur de secours, d'une puissance de 400 chevaux, destinée à fournir le complément de la puissance nécessaire à la marche des pompes, en cas d'insuffisance passagère de la force hydraulique. Cette installation a été montée au commencement de 1906.

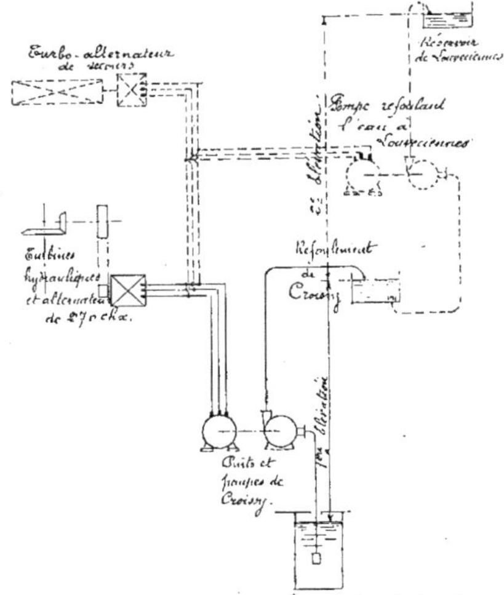

Fig. 136. — Schéma indiquant la liaison des installations hydrauliques et à vapeur.

L'idée la plus simple était évidemment d'accoupler directement le moteur à vapeur avec la pompe de refoulement ; mais ce dispositif mettait dans l'impossibilité d'utiliser l'excédent de force variable et toujours disponible sur les turbines de l'installation hydro-électrique et, d'autre part, il ne permettait pas d'utiliser, le cas échéant, cette nouvelle installation comme secours pour le service de pompage dans les puits de Marly et de Croissy.

C'est ce qui a amené à étudier la solution indiquée sur le schéma fig. 136 dont l'infériorité apparente du rendement est largement compensée, d'abord, par la simplicité de l'installation, et, ensuite, par l'économie de combustible réalisée, grâce à l'appoint fourni par les turbines hydrauliques.

La turbine à vapeur commande une génératrice d'électricité qui envoie le courant au tableau de l'installation hydro-électrique, et la pompe du deuxième relèvement de Marly, aux réservoirs de Louveciennes, est commandée par un moteur électrique qui reçoit l'énergie nécessaire du même tableau. Ainsi, les pompes du premier et du deuxième relèvement (puits à Marly et Marly à réservoirs) reçoivent l'énergie fournie par l'ensemble des deux génératrices, hydraulique et à vapeur, ce qui n'exclut pas, du reste, la possibilité d'un fonctionnement indépendant des deux installations (fig. 136 et 140).

Cette disposition a l'avantage de permettre d'utiliser constamment toute la puissance des turbines hydrauliques, dont les vannes pourront toujours être maintenues complètement ouvertes, l'appoint seul étant fourni par le turbo-alternateur. Il est important de noter que le rendement de cet organe est sensiblement constant pour les différentes charges et que, par conséquent, la diminution de charge qui résultera, pour le turbo-alternateur, de l'appoint fourni par les turbines se traduira par une économie réelle de combustible.

On aurait pu accoupler bout à bout la turbine à vapeur, les deux pompes et un moteur synchrone fonctionnant, suivant le cas, en génératrice ou en réceptrice, mais cette solution présente des difficultés dans l'exécution.

L'installation à vapeur a été calculée pour élever 100 litres par seconde, ou 8.640 mètres cubes par jour, à une hauteur de 170 mètres. On a pris, comme type de pompe, la pompe centrifuge, parce qu'elle est plus économique comme frais de premier établissement, peu encombrante et simple au point de vue du service. Le travail en eau montée représente donc 227 chevaux; en tenant compte d'un rendement de 70 p. 100 pour la pompe centrifuge, nous trouvons 325 chevaux à fournir. Or, d'après les chiffres relevés au cours des essais faits sur l'installation hydro-électrique et que nous avons rapportés plus haut, il reste disponible 150 chevaux à pleine hauteur de chute; en admettant, en moyenne, 130 chevaux, ce chiffre représente 40 p. 100 de la force totale à fournir. D'autre part, la perte provenant de la double transformation d'énergie mécanique en énergie électrique et de celle-ci en travail mécanique ne sera que de 18 p. 100 environ.

Cette solution offre enfin tous les avantages qu'entraîne l'emploi des turbo-moteurs au point de vue du rendement sensiblement constant sous faibles charges, de la simplicité de conduite, de l'économie de graissage, et surtout elle offre la plus grande sécurité en cas d'accident aux moteurs, puisqu'elle rend possible la liaison du service d'élévation des puits avec le refoulement aux réservoirs et permet ainsi, à chacun de ces services, de porter secours à l'autre en cas de besoin.

La complication apparente résultant de l'emploi du transport de force est largement compensée par la simplicité des organes, leur facilité de conduite et par l'économie de combustible qu'il permet de réaliser.

D'après ce qui précède, cette nouvelle installation se compose de deux groupes et un tableau. Le premier groupe est formé d'une turbine à vapeur et d'une génératrice. Cette dernière est à courants alternatifs triphasés, établie de façon à développer une puissance effective de 300 kilowatts, ou 400 chevaux, en faisant 3.000 tours par minute. La turbine fonctionne par la vapeur saturée et sèche, à la pression de 10 kilog. effectifs à la valve d'admission.

La turbine (fig. 137 et 138), construite pour marcher à condensation, se compose essentiellement d'un corps cylindrique en deux pièces et en fonte portant les aubes directrices

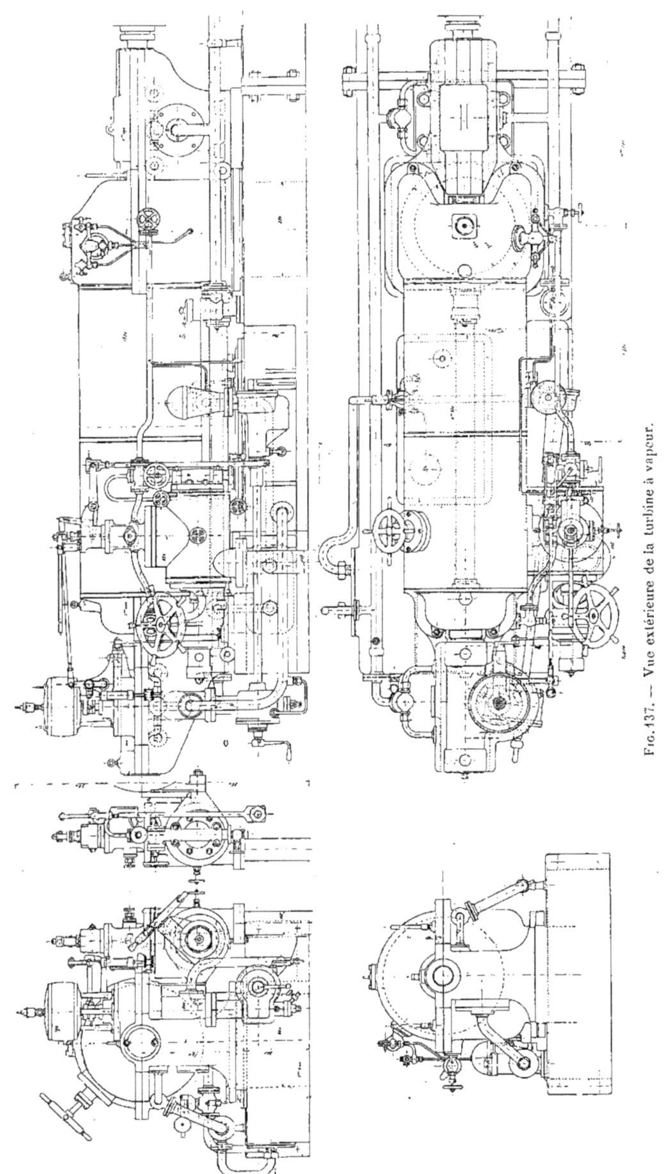

Fig. 137. — Vue extérieure de la turbine à vapeur.

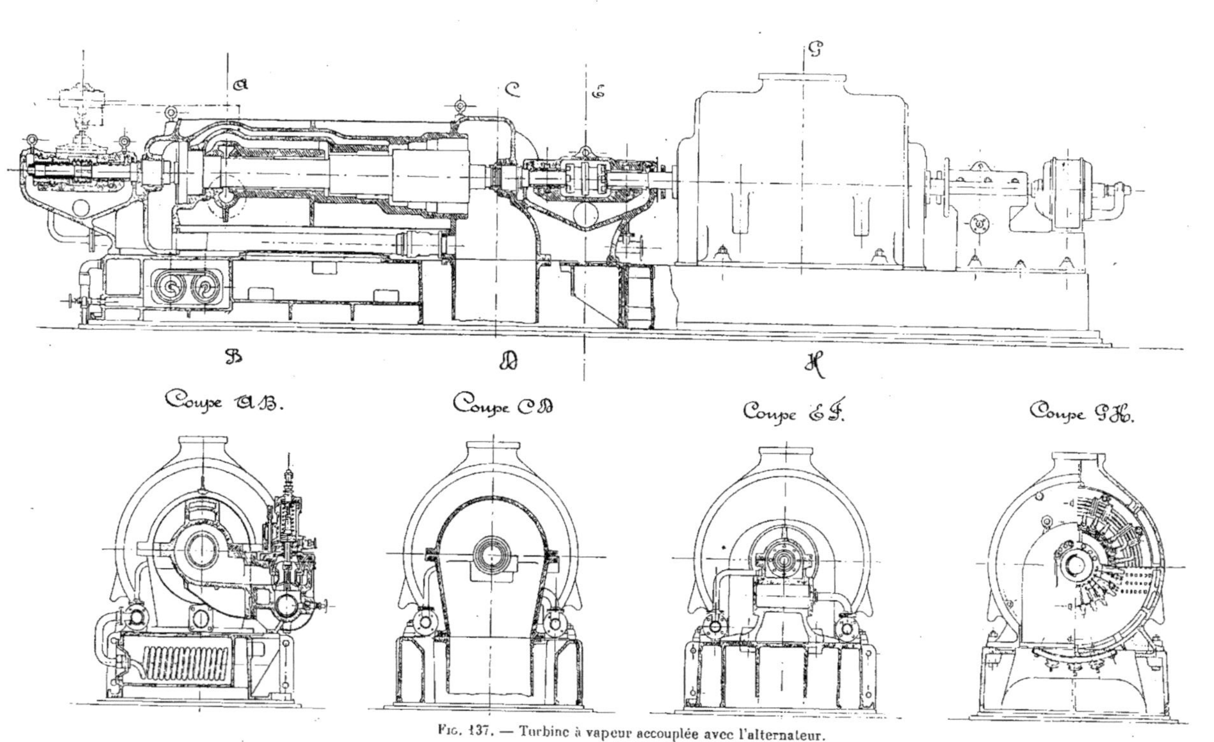

Fig. 137. — Turbine à vapeur accouplée avec l'alternateur.

fixes ; d'un arbre en acier sur lequel sont fixées les aubes mobiles ; des paliers avec leurs coussinets ; d'un régulateur de précision avec son mécanisme de commande et un dispositif de réglage à la main ; des organes de graissage central automatique composés d'une pompe rotative sans clapet avec sa commande et d'un dispositif permettant de faire tourner la pompe à la main, lors de la mise en marche de la turbine ; enfin, un dispositif de sûreté ferme automatiquement l'admission de vapeur dans le cas où le nombre de tours de la turbine viendrait à dépasser de 15 p. 100 la vitesse normale.

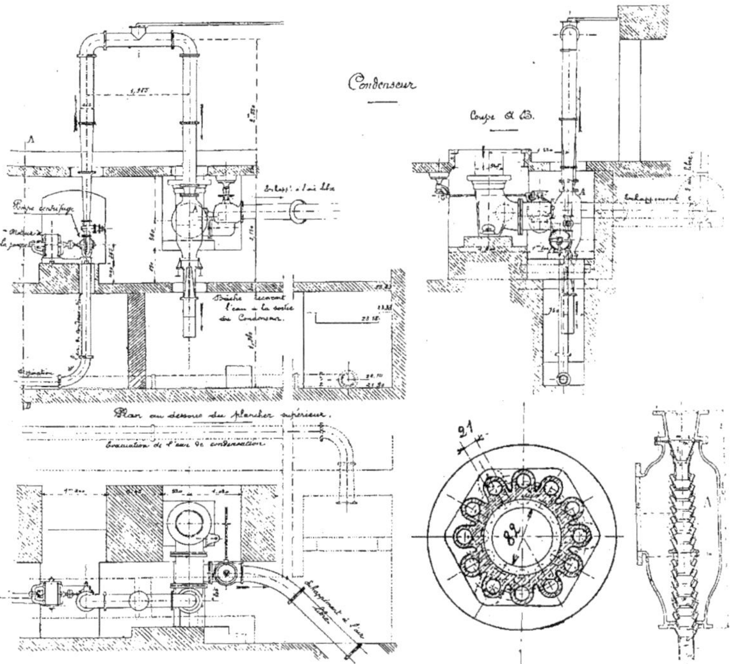

Fig. 139. — Ensemble du condenseur.

La génératrice d'électricité directement accouplée avec l'arbre de la turbine est construite pour développer une puissance de 300 kilowatts réels en fonctionnant sur des circuits inductifs pour lesquels $\cos \varphi = 0,8$ et pour fournir 375 kilovolt-ampères en débitant des courants triphasés sous une tension de 3.000 volts, pour une vitesse de rotation de 3.000 tours par minute avec une fréquence de 50 périodes par seconde. Cette génératrice est donc à peu près de la même puissance que celle dont nous avons donné les plans, fig. 134.

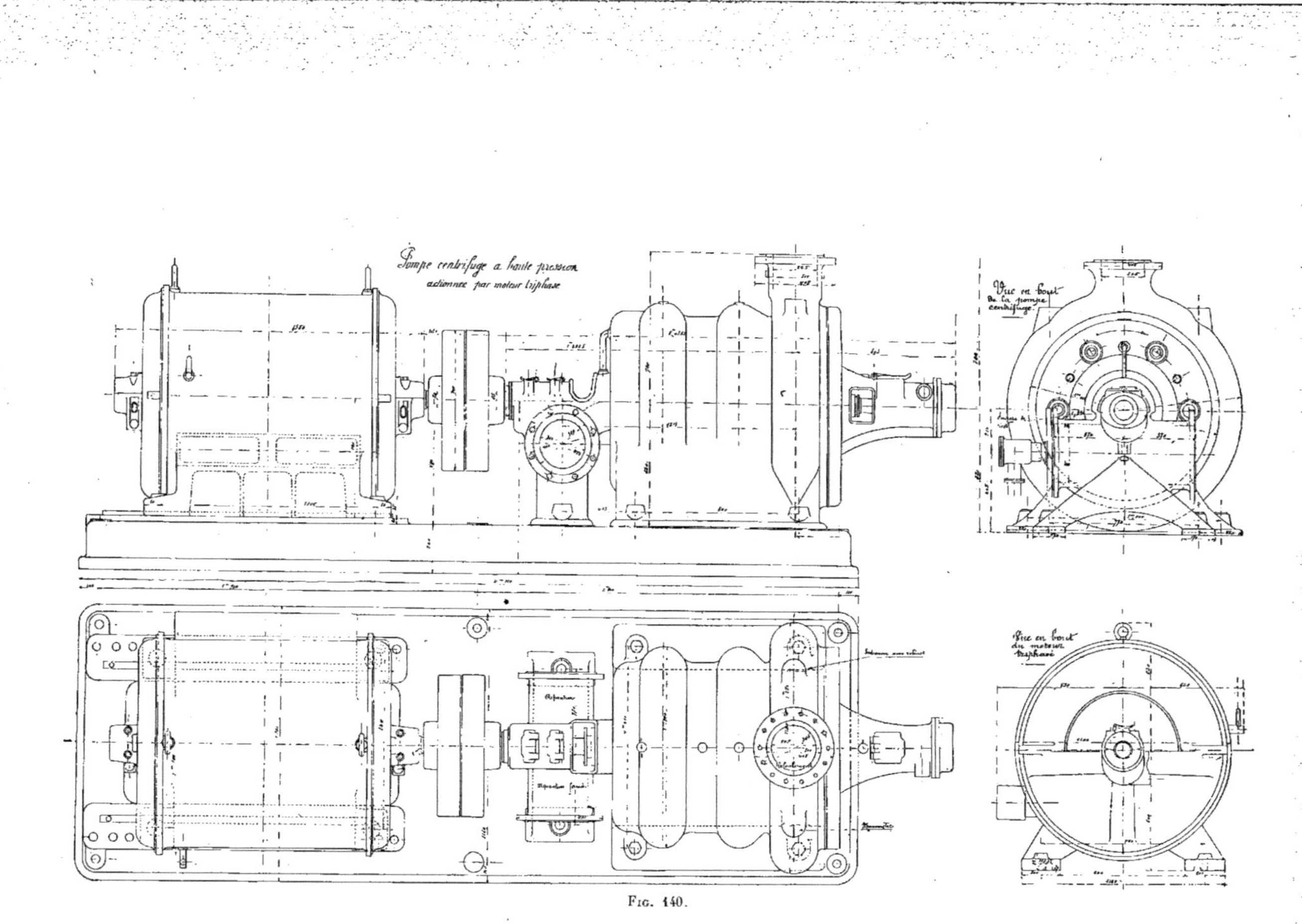

Pompe centrifuge à haute pression
actionnée par moteur triphase
Vue en bout de la pompe centrifuge
Vue en bout du moteur triphasé
Fig. 140.

L'installation de la condensation de la turbine comprend un éjecto-condenseur avec sa pompe centrifuge, les organes d'injection et d'évacuation d'eau, les organes de commande, y compris un moteur à courants triphasés pour actionner la pompe ci-dessus,

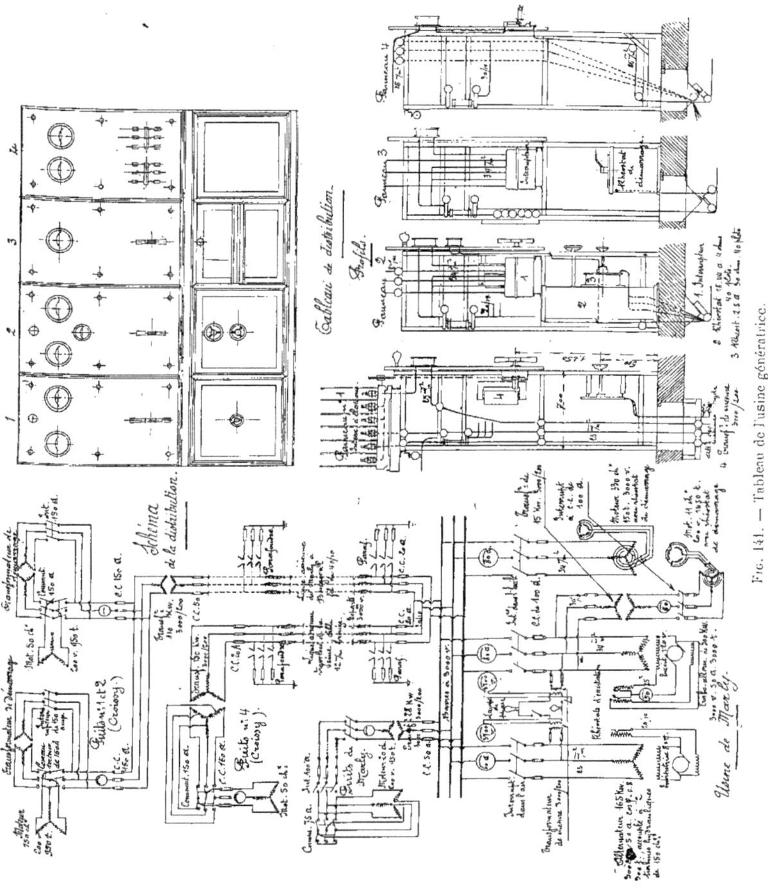

Fig. 141. — Tableau de l'usine génératrice.

moteur à basse tension avec son appareil de démarrage et son transformateur (fig. 139).

Le second groupe (fig. 140), formé d'un moteur électrique et d'une pompe centrifuge, se compose d'une pompe haute pression, type Sulzer, capable de débiter 8.500 mètres cubes d'eau par 24 heures, à une hauteur manométrique de 170 mètres environ, en tournant à 975 tours par minute, pertes de charges dans la tuyauterie comprises.

Les organes internes principaux sont en bronze, l'arbre en acier au nickel.

Le moteur à courants triphasés actionnant cette pompe est à induit enroulé, capable de développer une puissance de 330 chevaux en tournant à 975 tours par minute, pour une fréquence du courant d'alimentation de 50 périodes par seconde et sous une tension de 3.000 volts.

La pompe et le moteur sont montés sur un socle commun. La fig. 141 montre les connexions et le tableau à haute tension portant sur un panneau de marbre les appareils nécessaires pour le réglage et le contrôle de la bonne marche de la génératrice, les appareils à connexion nécessaires pour le coupelage en parallèle de celle-ci avec l'alternateur existant.

Les générateurs de vapeur alimentant la turbine à vapeur sont semblables et au nombre de deux ; ils sont installés dans l'ancienne chaufferie. La fig. 127 donne le plan de cette installation et les fig. 142 et 143 le plan de détail de la chaudière.

Les dimensions principales et conditions de marche de chacune de ces chaudières sont les suivantes :

Timbre	12 kilog.
Surface de chauffe	160 mètres carrés
Surface de grille	3 m² 60

Chaque chaudière comprend trois parties principales :

1° Le réservoir de vapeur ;
2° Le faisceau tubulaire ;
3° Les suspensions.

Le réservoir de vapeur est formé de cinq viroles cylindriques et de deux fonds emboutis ; les joints horizontaux des viroles sont à double rang de rivets. Le fond arrière porte un trou d'homme avec tampon autoclave. C'est sur le réservoir que se trouvent la prise de vapeur, l'arrivée d'eau d'alimentation et les soupapes de sûreté.

Le faisceau tubulaire est composé d'un certain nombre de tubes en fer soudés à recouvrement, assemblés à leurs extrémités dans deux caissons en tôle entretoisés. Au droit des tubes les deux caissons sont pourvus de tampons autoclaves de dimensions suffisantes pour permettre le nettoyage intérieur des tubes et leur remplacement. Le caisson avant est réuni directement au réservoir de vapeur. Le caisson arrière est relié au réservoir par l'intermédiaire d'une jambette verticale, d'un réservoir horizontal faisant collecteur des dépôts et de deux tubulures ou communications. Un des fonds du collecteur porte aussi un trou d'homme pour le nettoyage.

La chaudière est entièrement suspendue à des poutres transversales en fer à U reposant sur des poteaux en fer à I, avec bases et chapiteaux en fonte.

Aucun point d'appui n'est pris sur les maçonneries, de sorte que la chaudière est libre de se dilater et se contracter, et que les maçonneries peuvent être réparées sans toucher à la chaudière.

En résumé, la pompe centrifuge Sulzer fournit 227 chevaux ou 167 kilowatts en eau montée. Comme son rendement est de 70 à 72 p. 100, elle doit recevoir de la réceptrice qui la commande 327 chevaux ou 240 kilowatts. Le rendement de la réceptrice étant de 90 p. 100 environ, la génératrice doit lui fournir 360 chevaux ou 265 kilowatts. Enfin, le rendement de cette génératrice étant de 92 p. 100, la turbine à vapeur doit lui fournir 360 chevaux ou 289 kilowatts.

Telles sont les bases qui ont servi à l'établissement des machines.

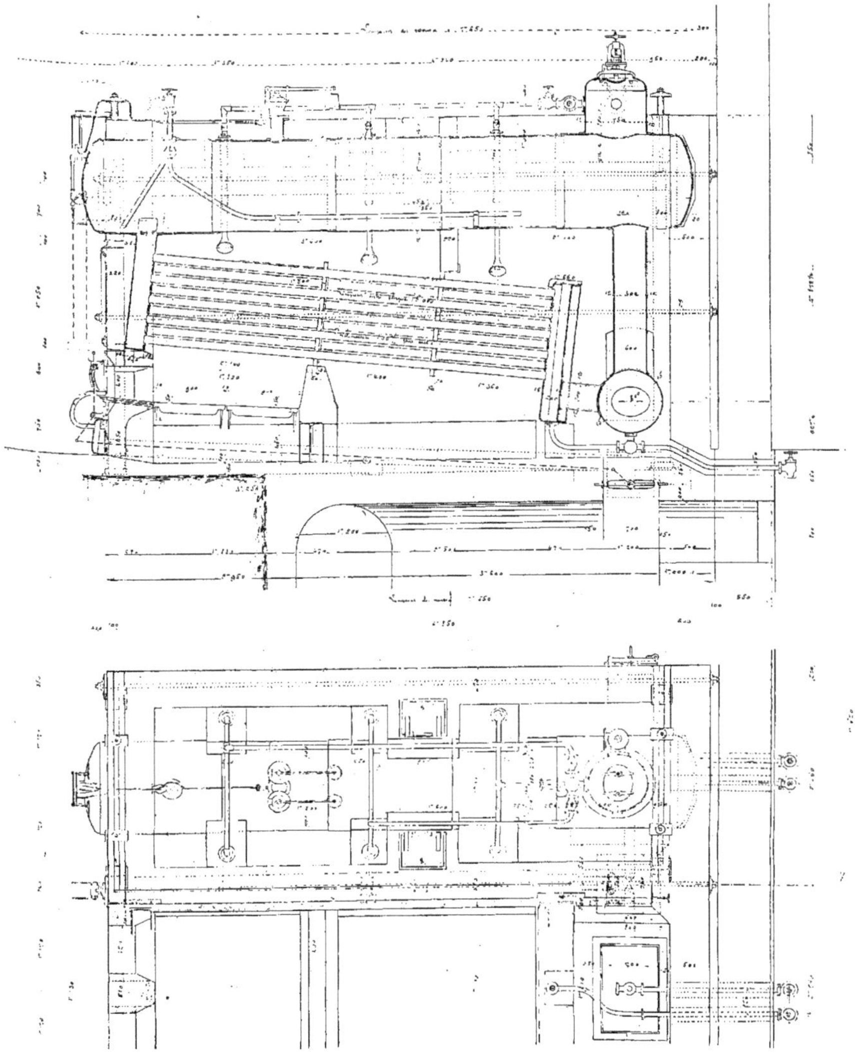

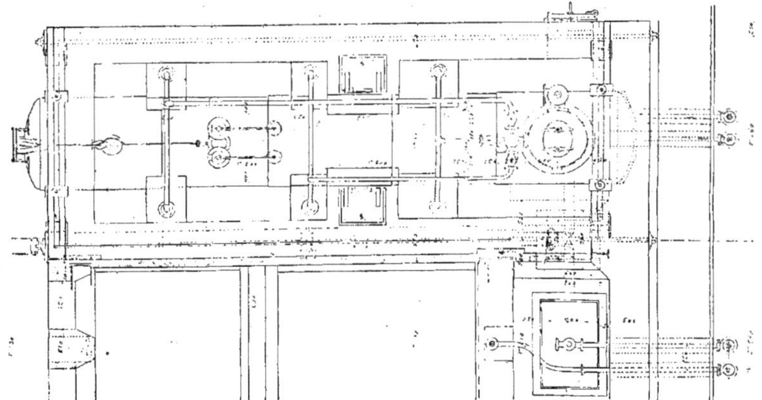

Fig. 142. — Chaudière desservant la turbine à vapeur.

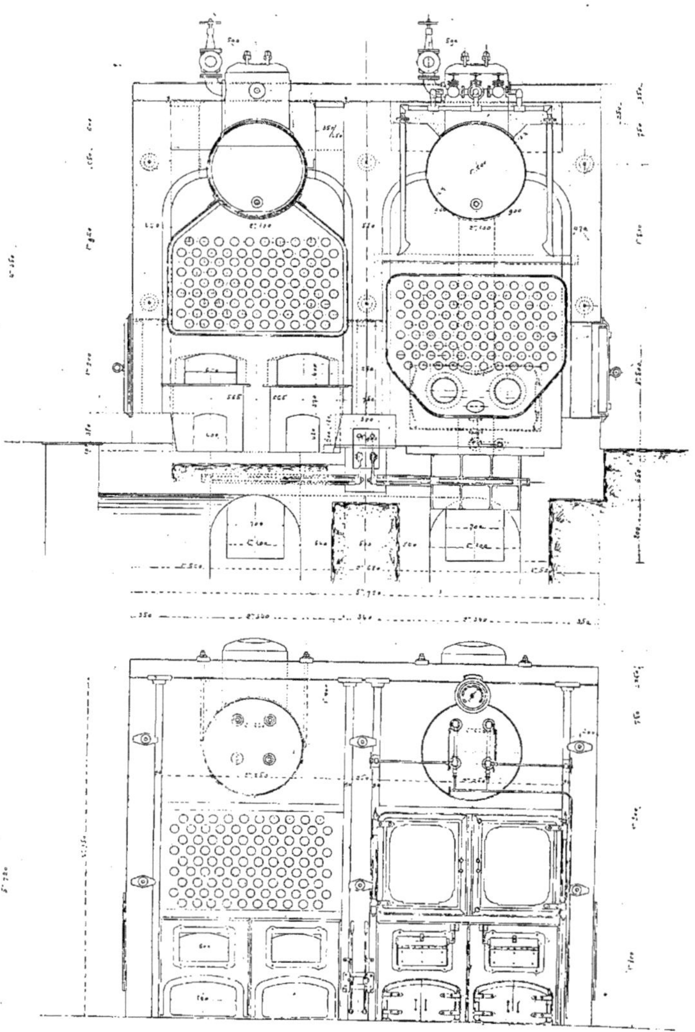

Fig. 143.

La consommation de vapeur du turbo-alternateur fonctionnant à condensation et à pleine charge est estimée à 10 kg. 8 par kilowatt-heure produit et à 13 kilog. également par kilowatt-heure, quand il fonctionne à demi-charge. L'énergie nécessaire à la commande du condenseur est estimée à 3 p. 100 environ du chiffre ci-dessus. La pompe centrifuge absorbe 330 chevaux environ pour élever 8.500 mètres cubes d'eau en 24 heures à 170 mètres de hauteur ; la consommation de vapeur est donc, par heure, de :

$$1,03 \times \frac{330 \text{ chx.} \times 736^{w}}{1.000} \times 10 \text{ kg. } 8 = 2702 \text{ kilog.},$$

quantité que les deux chaudières de 160 mètres carrés de surface chacune produiront facilement.

Bassin d'Apollon.

SEPTIÈME PARTIE

LES EAUX D'ORNEMENT DANS LES ANCIENS JARDINS D'ITALIE

Nous avons étudié, dans les chapitres qui précèdent, les immenses travaux hydrauliques exécutés par Louis XIV pour Versailles ; on sait que leur but unique était de fournir l'eau aux fontaines du parc. Le tableau de ces fontaines doit donc faire suite à l'étude des installations qui leur donnaient la vie.

Il nous a paru intéressant de faire précéder l'étude de ce qu'on appelle avec raison *Les grandes eaux de Versailles* d'une description sommaire des eaux d'ornement dans les jardins de l'antiquité et de la renaissance italienne.

Cette étude montrera la supériorité des eaux de Versailles par rapport à ce qui avait été fait auparavant, et nous pouvons même dire par rapport à tout ce qui a été fait dans la suite. Comme si les créateurs des fontaines de Versailles, Le Nostre et Le Brun, avaient atteint un sommet d'où il n'y avait plus qu'à descendre, le spectateur, habitué à contempler les merveilles de Versailles, trouvera toujours des défauts dans les œuvres hydrauliques plus modernes : manque de rapport avec le milieu à orner, lourdeur provenant de l'excès des maçonneries, disproportion des détails avec l'ensemble, complication inutile de la composition, qui ne se comprend pas aisément, absence de simplicité et de grandeur, même dans les œuvres les plus colossales.

Pour donner à cette étude un peu nouvelle le caractère de précision qui est de règle aujourd'hui, nous n'essaierons aucune reconstitution où l'imagination peut s'égarer ; nous nous bornerons à faire passer sous les yeux du lecteur une série de vues reproduisant d'anciens documents en les accompagnant, autant que possible, de descriptions écrites par des auteurs ayant vu eux-mêmes les fontaines.

§ 1. — Les eaux d'ornement dans les jardins de l'antiquité.

Le repos dans un parc ombragé, auprès d'une eau vive, a toujours été pour l'homme des villes la chose rêvée. Aussi les jardins avec des eaux artificielles ou naturelles sont-ils aussi vieux que la civilisation, et tous les écrivains de l'antiquité se sont plu à nous en laisser des descriptions. Il y a quatre mille ans, Salomon disait dans l'Ecclésiaste : *Je me suis construit des palais et des vergers et je les ai semés de toutes sortes d'arbres, et je me suis construit des piscines et des réservoirs pour arroser mes arbres florissants.* C'est ainsi que le grand roi vantait ses jardins, où il avait amené les sources de la vallée d'Etham, captées dans trois réservoirs taillés dans le roc[1], et conduites jusqu'à Jérusalem par un aqueduc de 20 kilomètres.

On cite souvent la description que fait Homère[2] du jardin d'Alcinoüs où, dit le poète : « *On voyait jaillir deux fontaines : l'une, dispersant les ondes, arrosait tout le jardin ; l'autre coulait en des canaux, jusque sur le seuil de la cour, et se versait devant le palais dans un large bassin...* »

Les murs des temples, où les anciens Égyptiens gravaient leur histoire, conservent des plans de jardins. Ces plans, toujours symétriques, sont coupés d'allées droites plantées, formant des compartiments avec des bassins au centre de quelques-uns d'entre eux. La fig. 144 reproduit un dessin de jardin gravé sur un tombeau de la XVIIIe dynastie[3].

Diodore de Sicile, parlant des conquêtes de Sémiramis, raconte qu'elle s'arrêtait dans les lieux qui lui plaisaient pour y construire des palais entourés d'immenses jardins ornés

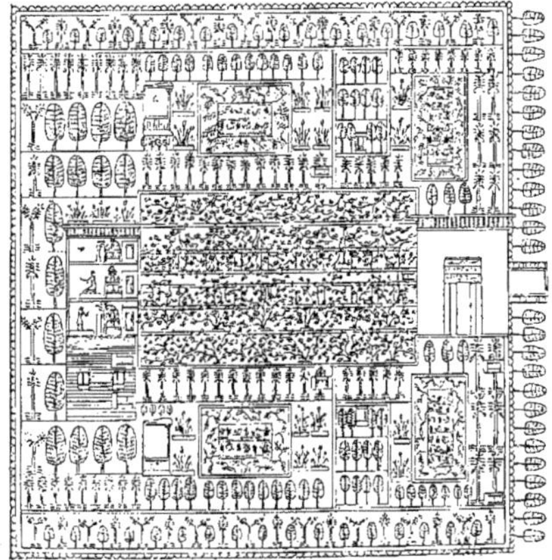

Fig. 144. — Villa de l'ancienne Égypte.

de sculptures et de pierres énormes, sur lesquelles elle faisait graver des inscriptions à sa gloire. L'une de ces inscriptions fait allusion à ses travaux hydrauliques : *J'ai obligé, dit-elle, les cours d'eau à couler au gré de ma volonté et ma volonté les a dirigés où ils devaient être utiles. Par eux j'ai rendu fertiles les terres desséchées.*

Un successeur de Sémiramis construisit pour une courtisane les jardins suspendus[4]. *Comme elle était de Perse, où l'on voit des jardins et des vergers jusque sur les montagnes, elle inspira au Roi d'imiter à Babylone, par les effets de l'art, cet agrément de la Perse. Les côtés des jardins, qui étaient carrés, avaient chacun 4 arpents de longueur. On y arrivait en montant... par des plans inclinés, soutenus par des dalles qui portaient aussi le*

1. Ces réservoirs subsistent encore ; ils ont 87 mètres de largeur et leur longueur varie de 200 à 150 mètres ; leur capacité est énorme : elle atteint 400.000 mètres cubes ; l'aqueduc existe également en partie ; il fut réparé par Ponce-Pilate.

2. *Odyssée*, chant VII.

3. Maspéro.

4. Diodore de Sicile, livre II.

poids des terres et de leurs plantations. Le dernier pilier avait 50 coudées de haut; les piliers avaient 22 pieds d'épaisseur en carré et étaient distants les uns des autres de 10 pieds; on avait jeté de l'un à l'autre des blocs de pierre de 16 pieds de long et de 4 d'épaisseur. Ces pierres soutenaient un plancher où, sur un lit de roseaux liés avec du bitume, était une couche de briques, puis une feuille de plomb et enfin une épaisseur de terre suffisante pour porter les plus grands arbres... Le jour entrait ainsi librement par dessous les arcades... Un des piliers était creux : c'était celui dans l'épaisseur duquel on avait placé les pompes qui descendaient dans le fleuve et qui apportaient jusque dans le jardin toute l'eau dont on pouvait avoir besoin...

Les pompes étaient probablement des norias ou chaînes à godets qui paraissent avoir été connues dans ces contrées de toute antiquité ; ce même système de pompes sera encore utilisé dans les premières installations d'eau de Versailles.

Ces jardins suspendus, sous la masse desquels on voyait le jour entre les piliers qui leur servaient de supports, ont toujours frappé l'imagination. La description précédente est, du reste, tout ce qui reste de leur splendeur; car, là où était la plus belle ville de l'antiquité, il n'y a plus qu'un désert sans végétation ; deux monticules de décombres semblent indiquer encore l'emplacement des jardins suspendus et de l'antique palais des rois de Chaldée.

Les Assyriens et les Perses ont été les maîtres des Grecs pour ce qui concerne les jardins et les thermes. Les petits jardins de Cimon et de Pisistrate étaient peu de chose, comparés aux *paradis persans* qui, généralement, couvraient toute une montagne, taillée en terrasses, de façon à ménager des perspectives et des effets d'eau. Les fameux jardins des Indes créés par les souverains mogols ne sont que des réminiscences, conservées par la tradition, de ces parcs de la Perse. Les historiens d'Alexandre nous disent l'étonnement des Macédoniens à la vue de ces jardins qui entouraient le palais de Darius. Attirés par ce luxe, ils oubliaient leur patrie; c'est près des jardins suspendus de Babylone, dans le palais antique des rois de Chaldée, qu'Alexandre mourut, et le journal de sa maladie, que nous a laissé Plutarque, nous montre que le seul remède qu'il employait pour obtenir la guérison était le séjour dans les thermes. Les Grecs en transportèrent la mode à Rome, à la fin de la République, et les thermes devinrent pour la Rome impériale ce que sont les squares et les jardins publics de nos grandes villes ; seulement le luxe, les commodités et surtout les effets d'eau étaient incomparablement supérieurs à ce qui se fait aujourd'hui. Mais, avant d'entrer dans ce détail, disons quelques mots de ce qu'étaient les eaux de la Rome antique.

La ville de Rome se trouve, au point de vue de l'eau, dans une admirable situation. Bâtie sur le Tibre à un niveau peu élevé, elle est de tous côtés dominée par des plateaux ou des montagnes, où l'on rencontre des rivières et des sources d'eau pure et abondante qu'il n'y eut qu'à laisser écouler dans des aqueducs en pente, vers le point où elles devaient être employées [1].

La ville des empereurs recevait ainsi près d'un million de mètres cubes d'eau par jour, pour une population qui ne dut jamais dépasser beaucoup un million d'habitants.

---

1. Voici l'énumération de ces sources et de leurs aqueducs :

Dans la campagne même de Rome, sur la rive gauche de l'Anio ou Teverone, les sources *Appia*, *Augusta*, *Virgo*, situées à une vingtaine de kilomètres, ont été amenées successivement à la ville à partir du iii* siècle avant Jésus-Christ. Leur débit, sous les empereurs, atteignait 130.000 mètres cubes par jour.

Les sources *Claudia*, *Marcia*, *Anio vetus*, *Anio novus*, situées dans la vallée haute du Teverone, entre Tivoli et Subiaco, amenaient par jour 760.000 mètres cubes d'eau.

Au pied des monts Albains, les sources *Tepula* et *Julia* fournissaient 50.000 mètres cubes.

Enfin les sources *Alsietina* et *Trajana*, situées dans les environs et au-dessus de Braciano, donnaient plus de 25.000 mètres cubes.

Paris et sa banlieue, dont la population dépasse trois millions d'habitants, ne dispose encore que de la moitié de ce que recevait la Rome impériale.

Cette immense masse d'eau arrivait par dix aqueducs, d'un développement total de 400 kilomètres, dont 50 étaient portés par des voûtes ayant quelquefois plus de 20 mètres de hauteur. Dans le voisinage de Rome, ces aqueducs sur voûtes se croisaient, se superposaient parfois. La gravure de Du Flot, que nous reproduisons fig. 145, donne l'aspect des ruines de l'aqueduc *Claudia*.

Cette eau s'écoulait continuellement, sans aucun robinet sur les conduites, sans aucun réservoir de réserve où l'on pût la retenir pendant la nuit, de façon à augmenter la quantité disponible pendant le jour. Les eaux, à leur arrivée dans Rome, étaient reçues dans des bassins [1], où les impuretés se déposaient, puis descendaient, de châteaux d'eau en châteaux d'eau, jusqu'aux parties basses de la ville. Chaque château d'eau, dit Vitruve, était formé de trois réservoirs : l'un servait de point de départ aux canalisations des thermes, le second à celle des particuliers, le troisième recevait le trop-plein des deux autres et alimentait les fontaines publiques.

FIG. 145. — Les aqueducs romains et la fontaine de l'agua Felice. (Gravure de *du Flot*.)

Les canalisations étaient presque toujours de plomb, faites avec une feuille que l'on roulait sur un mandrin et dont on soudait les deux bords ; cette soudure, généralement peu solide, ne permettait pas les prises d'eau un peu élevées ; c'est pourquoi on multipliait les châteaux d'eau d'où partaient les canalisations. Sous Frontin, il y avait à Rome 591 fontaines, avec bassins, où le public pouvait venir puiser de l'eau. Ces fontaines étaient généralement ornées de statues de marbre ou d'airain représentant des dieux. A Pompéï, on a retrouvé beaucoup de ces édifices : les fresques des maisons particulières représentent souvent des fontaines, avec jets d'eau, ou encore des cascades artificielles, des grottes, etc.

Mais ce qui n'a jamais été égalé, comme installations hydrauliques, ce sont les immenses thermes que construisaient les empereurs romains. Rome compta jusqu'à douze de ces établissements [2], qui étaient pour les Romains ce que sont pour nous les jardins

---

1. L'aqueduc Marcia se déversait dans Rome dans un grand réservoir de 100 palmes de longueur sur 100 de largeur et 8 de profondeur.

2. Thermes d'Agrippa, de Néron, de Titus, de Trajan, de Commode, de Septime-Sévère, de Caracalla, de Philippe, d'Aurélien, de Dioclétien, de Sainte-Hélène et de Constantin.

publics. Les thermes de Caracalla, pour citer l'un d'eux, couvraient 11 hectares. Cette surface était coupée d'allées d'arbres, ornée de bornes, de fontaines, de statues et de vases. Dans certains endroits étaient des édifices, imitant des grottes naturelles, au fond desquels s'épanchait l'eau d'une fontaine et qui portaient le nom de nymphées.

Au centre du jardin était un édifice rectangulaire qui renfermait les chaudières, les étuves, les bains chauds et les piscines pour la natation. Les bassins, les baignoires, les fontaines étaient de marbre précieux, de granit, de porphyre, de basalte ; les plus belles statues, enlevées pour la plupart des temples de la Grèce, ornaient les salles et les portiques. Les vasques des fontaines des thermes, retrouvées dans les décombres, ont été souvent employées par les architectes de la Renaissance.

Les villas des patriciens étonnent également par leur grandeur, leur luxe et aussi par le personnel d'artistes qui y était attaché. Les jardins de Lucullus, de Salluste, de César, d'Antoine, de Catulle, de Cicéron sont célèbres. Néron avait la passion des jardins, comme sa mère, du reste, qui fit périr le riche Taurus pour avoir sa villa. Pline le consul donne, dans ses lettres, des détails sur ses villas, qui ont servi de base à des études et à des plans de Félibien des Avaux [1], de Scamozzi [2], de Schinkel. Dans l'éloge de sa maison de Toscane, Pline [3] parle de ses *parterres en pente douce où des bordures et des compartiments de buis représentent diverses figures d'animaux opposées les unes aux autres. La terre, entre ces compartiments, est couverte d'une espèce d'acanthe... Et autour de tout le parterre, il y a, pour se promener, des allées environnées d'arbres verts, fort touffus et taillés avec soin. D'autres allées, où l'on se promène en chaise, forment au delà une manière de cirque et renferme quantité de buis et d'arbustes, taillés chacun de différente figure. Tous ces jardins sont clos d'une muraille cachée par des palissades de buis... A travers un portique, on découvre, presque à l'opposite, une cour ombragée par quatre platanes, entre lesquels il y a un bassin de fontaine, bordé de marbre, d'où se répand assez d'eau pour entretenir la fraîcheur... Au bout de l'allée, on rencontre une autre pièce d'eau ; l'on a du plaisir à la regarder et à entendre un bruit agréable qui s'y fait, car l'eau s'y précipite du haut en bas et tombe toute blanche d'écume dans un bassin de marbre qui la reçoit... En dessous, on a fait une galerie qui est comme une véritable grotte, fort fraîche en été, et qui n'a pas besoin, par conséquent, de l'air du dehors... Un hippodrome spacieux est ouvert par le milieu... des platanes l'embellissent de part et d'autre. Quantité de lierre est attaché aux troncs et passe en guirlandes et festons d'un arbre à l'autre. Ce lierre semble relier ainsi tous ces arbres pendant que du buis se joint en bas aux mêmes arbres [4]... Plus loin, des boulingrins ou parterres de verdure, d'un côté, et des compartiments de buis taillés de mille manières, d'un autre, représentent, tantôt par des figures de lettres, le nom du maître de la maison et le nom de l'ouvrier. Tantôt, de ces mêmes buis, les uns s'élèvent en manière de bornes, d'autres sont chargés de pommes ou de boules... Une treille, soutenue par quatre colonnes de marbre de Caryste, couvre, en face, une table de marbre blanc environnée de sièges, ou plutôt de lits pour se reposer autour et y manger. Du milieu de la table une source d'eau sort par plusieurs jets, comme si elle était forcée et pressée par le poids de ceux qui se mettent sur les lits. Un bassin creusé dans cette table reçoit l'eau et en est rempli, sans néanmoins qu'elle se répande par dessus les bords. On peut, sur l'espace qui reste autour de ce bassin, mettre ensemble et les assiettes, où sont les premières entrées de table, les plats remplis des principaux mets et tout le service des viandes légères qu'on met dans des vases, en forme de navires et d'oiseaux, qui semblent*

---

1. Félibien des Avaux, historiographe du roi. Plans et descriptions des deux plus belles maisons de Pline le Consul, 1699.

2. Scamozzi, l'Idea dell architettura universale libro Terzo.

3. Lettre à Apollinaris.

4. On retrouve cette décoration à Paris, à la fontaine Médicis.

nager autour du bassin[1]. *Une fontaine, placée à l'opposite, reçoit l'eau d'un autre jet qui en sort, car cette eau retombe sur elle-même, après s'être élevée, et elle se répand par des goulettes à mesure qu'elle s'élance en l'air. Des bancs de marbre sont placés en divers lieux pour servir à se délasser de la promenade. De petites fontaines sont placées auprès de ces sièges, et l'eau qui se répand de leurs bassins forme, le long de l'allée, des rigoles qui entretiennent la fraîcheur.*

Cette description, écrite par un contemporain, donne mieux l'impression de ce qu'était une villa romaine, au premier siècle de notre ère, que toutes les analyses ou hypothèses des savants. Nous retrouverons, dans les jardins d'Italie du xviie siècle, les parterres réguliers dessinés avec des buis, les mosaïques formées de plantes de diverses couleurs, les buis taillés sous différentes formes[2], les bancs de marbre, placés dans le voisinage de jets d'eau, et aussi les fontaines que l'on fait jouer en s'asseyant ou en posant le pied sur certaines pierres.

La villa d'Adrien, à Tivoli, postérieure à celle de Pline, comprenait des théâtres, des imitations grandeur nature, des monuments de la Grèce, des bassins immenses, des académies, un millier d'effets d'eau, tout un peuple de statues. C'est dans ses décombres qu'on a retrouvé le plus grand nombre des bas-reliefs et des statues qui peuplent les musées d'Italie, et notamment la Vénus de Médicis.

Les villas, les jardins étaient devenus pour les Romains une passion, une monomanie : tout le Latium était couvert de parcs d'agrément. Certaines parties, comme la côte de la mer, du cap Micène au lac Averne, n'étaient plus qu'une suite de jardins, résidences favorites d'été de l'aristocratie romaine. *Séjour de vices*, dit le sévère Sénèque, *où non seulement on fait le mal, mais où encore on s'en vante.*

Tout cela dépasse en grandeur nos villas d'aujourd'hui, nos jardins, nos bains de mer. C'est sur ce sol, où la nature avait disparu sous le magnifique décor des jardins artificiels, où la culture de l'art et la recherche du plaisir étaient le seul souci, que les invasions successives des barbares vinrent, au ve siècle, apporter la dévastation et la mort.

§ 2. — Fontaines de Rome.

On peut dire que, pendant mille ans, depuis la chute de l'empire jusqu'à la seconde moitié du xvie siècle, les aqueducs n'amèneront plus d'eau à Rome. Du reste, la population de la ville qui, sous les empereurs, atteignait un million d'habitants, n'était plus que de 40.000 en 1500. Cette population était alimentée par la puissante corporation des porteurs d'eau, qui allaient remplir leurs tonneaux au Tibre ou bien encore à des puits disséminés dans la ville. Le tribun Rienzi, qui fut un instant maître de Rome, était le fils d'un porteur d'eau.

L'eau Virgo[3], dont les aqueducs souterrains avaient le moins souffert, fut ramenée définitivement à Rome en 1570 par le pape Pie V. Sixte-Quint attacha son nom à l'eau

---

1. Voir dans la dixième partie le bosquet du Marais à Versailles.

2. Les Romains appelaient *topiaires* les ouvriers qui taillaient les buis. A l'époque de la Renaissance, ils portaient le nom de *brodeurs*.

3. Voir le renvoi 1 de la page 218, énumérant les eaux et les aqueducs de la Rome antique. Les papes Adrien Ier, Nicolas V, Sixte IV, Léon X réparèrent successivement les aqueducs de l'eau Virgo, mais incomplètement, et l'eau n'arriva à Rome que d'une manière intermittente. Pie V termina définitivement cette restauration, qui dota Rome de 66.000 mètres cubes d'eau par jour. L'aqueduc Félix, ainsi nommé du prénom du pape Sixte-Quint, ramenait à Rome l'eau Alexandrine ; son débit était de 22.000 mètres cubes d'eau par jour.
Les papes Léon III, Nicolas Ier, Alexandre VI avaient déjà réparé sommairement l'aqueduc de Trajan ; mais ce fut Paul V qui termina heureusement ce travail et dota ainsi le quartier du Transtévère de 36.000 mètres cubes d'eau par jour. Pour terminer cette énumération des eaux de la Rome moderne, il faut arriver à la fin du xixe siècle. Le pape Pie IX amena à Rome les eaux de la vallée supérieure du Teverone ou Anio, anciennes eaux Marcia, Augusta Claudia, et dota ainsi Rome d'une quantité supplémentaire de 300.000 mètres cubes d'eau par jour.

Felice en ramenant les sources qu'Alexandre Sévère avait fait capter au pied des monts Albains. Ce travail, entrepris par l'architecte Matteo Bartoloni de Castello, avait dû

Fig. 146. — Fontaine de la place Navone à Rome. (Gravure de *Falda*.)

être abandonné à cause de l'imperfection des nivellements : commencé du côté de Rome, l'aqueduc arriva aux sources à un niveau trop élevé.

Fig. 147. — Fontaine des tortues à Rome. (Gravure de *Falda*.)

Tout le travail fut repris par l'architecte Dominique Fontana, et l'inauguration put avoir lieu le 5 octobre 1586, en présence du souverain pontife dans sa villa de Montalto.

Un quart de siècle encore plus tard, en 1612, Paul V ramena à Rome l'eau *trajane* qu'autrefois Trajan avait fait capter près du lac Braciano.

Ces quelques dates montrent que les célèbres fontaines de Rome ont été construites à partir du milieu du seizième siècle. Plusieurs d'entre elles sont composées avec des vasques ou des bassins antiques, trouvés dans les ruines des thermes : telles sont les fontaines de la place Navone, œuvre du Bernin (fig. 146), et celle de la place du Quirinal, construite par D. Fontana (Voir fig. 311 à la fin de la 7e partie).

La fontaine monumentale de Trévi, ou de l'eau vierge[1], que fit élever Sixte-Quint par D. Fontana, est inspirée par des descriptions, laissées par les anciens, de la fontaine monumentale des thermes d'Alexandre Sévère.

La fontaine des tortues (fig. 147), érigée en 1585 devant le palais Mattei, est due à Giacomo della Porta ; elle passe pour avoir été faite d'après un dessin de Raphaël ; on la dit la plus gracieuse de Rome : Quatre tritons, accroupis sur des dauphins placés dans un bassin inférieur, repoussent des tortues dans une vasque posée au dessus de leurs têtes.

Fig. 148. — Fontaine adossée au Capitole à Rome. (Gravure de *Falda*.)

Citons encore la fontaine adossée au Capitole, du dessin de Michel-Ange (fig. 148), et les châteaux d'eau de la place du Vatican, œuvres de Carlo Maderno (fig. 149).

Des places de la ville passons immédiatement aux jardins de Rome, dont les fontaines rentrent mieux dans le cadre de notre étude.

Nous avons dit que ce fut dans la villa de Montalto, sur le Quirinal, que Sixte-Quint fit, en octobre 1586, l'inauguration de l'eau *Félice*, dont Dom. Fontana venait d'achever heureusement l'aqueduc de 33 kilomètres[2].

---

1. L'eau vierge s'appela aussi Trevi, ou trois voies, parce que la fontaine dont nous parlons avait trois jets.

2. Les deux frères Fontana et leur neveu Charles Maderno, sont les architectes qui créèrent à Rome le plus grand nombre de fontaines. La fortune de Dom. Fontana, l'aîné des deux frères, lui vint de l'appui de Sixte-Quint en souvenir d'un service qu'il lui avait rendu autrefois.

Dom. Fontana naquit en 1543, mourut en 1607 ; Jean Fontana, né en 1540, mort en 1614 ; Ch. Maderno, né en 1556, mort en 1629.

Nous reproduisons (fig. 150) un plan ancien de la villa Montalto. Il donne bien une idée du jardin italien du seizième siècle, taillé en compartiments encadrés de buis avec bassins au centre de ces compartiments, sans préoccupation de créer un ensemble ména-

Fig. 149. — Fontaine de la place Saint-Pierre à Rome. (Gravure de *Falda*.)

geant des horizons et des perspectives. Ces compartiments étaient embellis de statues, de colonnes, d'effets d'eau. Pour l'agrément on y joignait des ménageries, oiselleries, pêcheries.

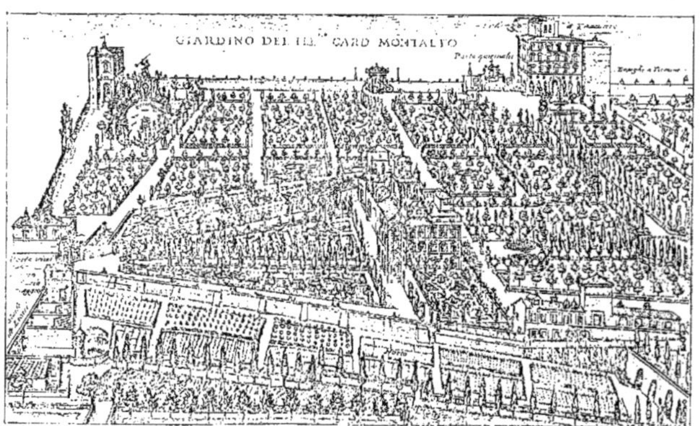

Fig. 150.

Les fig. 151 et 152 donnent le détail de deux des fontaines principales ; la seconde, qui servait de pêcherie, rappelle le bassin du bosquet des dômes de Versailles. Plus tard, sous Paul V, Ch. Maderno devait ajouter à ce jardin de nouveaux effets d'eau : la fontaine

de la pluie, faite de rocailles, et un cabinet orné de mosaïques appelé le mont Parnasse,
où le pape donnait ses audiences. Sur une montagne de rochers étaient groupés Apollon

Fɪɢ. 151. — Fontaine du jardin Martalto à Rome. (Gravure de *Venturini*.)

et les neuf muses, jouant chacune d'un instrument sous l'action d'une roue hydraulique.
Nous reviendrons sur ce genre d'ornements, fort à la mode aux xvɪᵉ et xvɪɪᵉ siècles.

Fɪɢ. 152. — Pêcherie du Jardin Martalto à Rome. (Gravure de *Venturini*).

Charles Maderno orna également les jardins du Vatican de fontaines de rocailles ;
nous donnons, comme exemples de ce genre de construction (fig. 153 et 154), les fontaines
du rocher et de la galère qu'il construisit dans les jardins du Belvédère.

15

Nous ne quitterons pas Rome sans citer aussi les jardins du palais Borghèse, œuvre de l'architecte Ch. Rainaldi [1], et ceux du palais Saint-Pancrace qu'Alex. Algardi [2] cons-

Fig. 153. — Fontaine de rocailles du Belvédère à Rome. (Gravure de *Venturini*.)

truisit à la même époque pour le prince Don Camille Pamphili, neveu du pape Innocent X, d'après d'anciens dessins de Raphaël et de Jules Romain. Nous reproduisons (fig. 155)

Fig. 154. — Fontaine de la galère dans les jardins du Belvédère à Rome. (Gravure de *Venturini*.)

1. Ch. Rainaldi, né en 1611, mort en 1641.
2. Alex. Algardi, né en 1602, mort en 1654.

une fontaine du palais Borghèse et (fig. 156 et 157) deux fontaines du palais Pamphili,
d'après des gravures de Venturini. Il est certain que les créateurs de Versailles se sont

Fig. 155. — Fontaine du palais Borghèse à Rome. (Gravure de *Venturini.*)

Fig. 156. — Fontaine des jardins Panfili à Rome. (Gravure de *Venturini.*)

inspirés de ces modèles ; mais c'est surtout dans les jardins de Tivoli et de Frascati que nous
trouverons l'occasion de faire de semblables rapprochements.

§ 3. — **Fontaines de Tivoli.**

Tivoli, l'antique Tibur où Brutus, Mécènes, Auguste, Properce, Catulle et l'empereur Adrien avaient des villas remplies d'effets d'eau, de nymphées, de statues n'est plus qu'une ville insignifiante, aux rues étroites, au climat humide et venteux. La ville s'étend sur le

Fig. 157. — Fontaine des Jardins Panfili à Rome. (Gravure de *Venturini*.)

flanc d'une montagne, le long de laquelle se précipite l'Anio ou Teverone en cascades célèbres. Sur les dernières pentes de cette colline, Pirro Ligorio construisit, vers 1550, pour Hippolyte

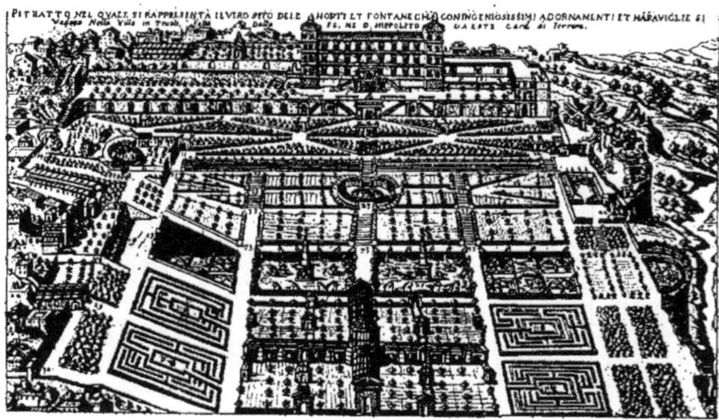

Fig. 158. — Plan de la villa d'Este à Tivoli.

d'Este, cardinal de Ferrare, une villa célèbre qui coûta, dit l'histoire, *plus de 800.000 écus sans les libéralités, les pourboires et le travail des esclaves.* Le napolitain P. Ligorio[1] était

1. Mort en 1580

un architecte-ingénieur que ses discussions continuelles avec Michel-Ange avaient déterminé le pape Paul IV à éloigner du Vatican et qui s'était retiré à Ferrare, où le grand-duc, Alphonse second, l'employait à des travaux d'endiguement du Pô.

A Tivoli, P. Ligorio n'eut qu'à faire une prise d'eau sur le Teverone, au-dessus de la villa, pour en tirer la masse d'eau nécessaire au jeu des mille bassins dont il orna les quatre terrasses de ce parc. Nous reproduisons (fig. 158) un ancien plan de ce jardin célèbre qui passait pour être le plus beau d'Italie. C'est toujours l'antique disposition déjà décrite : une allée centrale à laquelle aboutissent des allées perpendiculaires, découpant ainsi des carrés occupés par des parterres de fleurs ou de plantes médicinales, par des labyrinthes, des bassins servant de viviers ou de pêcheries, par d'immenses volières, des ménageries, etc. Aux extrémités des allées, ou cachés dans les coins écartés, étaient établis des bassins, des orgues hydrauliques, des grottes à effets d'eau et à personnages mécaniques ; le long des allées ou des rampes d'escalier, des gerbes d'eau imitaient des rangées de colonnes. Bien qu'un peu étriquée, l'allée centrale indique cependant la recherche

Fig. 159. — Vue de l'allée centrale de la villa d'Este à Tivoli. (Gravure de *Venturini*.)

d'un effet d'ensemble. La fig. 159 reproduit une ancienne estampe de Venturini et permet de se rendre compte de l'aspect général. Cette villa n'a pas été entretenue et, depuis plus d'un siècle, ses fontaines n'existent pour ainsi dire plus.

Le président de Brosses[1], qui visita Tivoli en 1739, nous en a laissé, dans ses lettres familières, une description animée que nous allons reproduire.

J'arrivai fort à propos à Tivoli, comme l'on travaillait à défaire tous les jets d'eau du jardin d'Este pour nettoyer les conduites. Je distribuai quatre sequins à quantité d'ouvriers qui, en moins de deux heures de temps, remirent toutes choses en état. Les jardins d'Este sont les seuls à voir ici ; s'ils n'étaient pas si mal tenus, ils dépasseraient tous ceux de Frascati en grandeur et en magnificence, surtout par l'abondance des eaux. La situation ne pouvait être plus heureuse pour s'en donner à cœur joie ; les jardins étant au pied de la montagne et la rivière coulant au-dessus, on n'a eu d'autre peine qu'à

---

1. De Brosses, premier président du parlement de Dijon, était d'une famille très ancienne. Il fut le collègue de d'Aguesseau, le condisciple de Buffon.

faire une saignée dans le lit du Teverone pour tirer l'eau par des conduits de haut en bas. Ce lieu appartient au duc de Modène[1], qui le néglige entièrement ; les jardins, les portiques de verdure, les bois, les parterres en pente et en terrasse sont tout à fait en friches et délabrés. La maison ne serait pas mal si elle n'était en ruines et sans aucun meuble ; de sorte qu'il ne reste rien à voir ici que les fontaines ; aussi y en a-t-il un si grand nombre que je ne voudrais pas parier pour moins d'un millier. On m'en a donné pour mes quatre sequins et je ne dois pas avoir de regret de mon argent. Il serait à souhaiter maintenant que de ces mille fontaines on voulût bien en supprimer plus de neuf cents qui ne sont que de misérables filets d'eau, de purs colifichets, de vraies amusettes d'enfants, et les réunir aux grandes pièces qui sont d'une admirable beauté. Du nombre de ces dernières est le grand canal sur une terrasse (fig. 160) bordée de deux lignes de jets d'eau disposés à la file, comme vous voyez ailleurs les arbres plantés en allées le long des canaux[2]. Au bout de cette terrasse, du côté de la ville, la belle fontaine du Pégase (fig. 161) et le

FIG. 160. — Allée des Fontanelles et à l'extrémité *Roma antica* à la villa d'Este (Tivoli).
(Gravure de *Venturini*.)

portique orné de colonnes par où les eaux entrent dans le jardin, en formant une nappe d'une hauteur et d'une largeur surprenantes[3]. Cette pièce d'eau, la plus belle du jardin, est aussi, sans contredit, une des plus belles qu'il soit possible de trouver quelque part que ce soit. Au lieu de pratiquer, à l'autre bout de la terrasse, quelque chose d'équivalent, on s'est avisé de construire une espèce de théâtre appelé Roma antica. On voit une assez bonne statue de marbre grec de Rome armée, entourée de toutes sortes de bâtiments antiques, hauts d'une coudée : arc de Constantin, Panthéon, temple de Faustine, colonne trajane, obélisques, cirques, etc., et une statue du Tibre versant de l'eau de son urne. Figurez-vous un petit ménage d'enfants, ou les cinq capuchons que le tailleur Sancho portait

1. Les ducs de Modène étaient de la famille d'Este.

2. La fig. 160 donne la vue en perspective de cette allée célèbre prise de son milieu. L'allée était terminée, à une extrémité, par la fontaine de Pégase dont il sera parlé plus loin et, à l'autre, par la reproduction, en stuc et à petite échelle, des monuments principaux de Rome. Ces monuments s'aperçoivent à l'extrémité de l'allée.

3. Remarquer dans les arbres de la fig. 161 le cheval Pégase et, au-dessous, la grande fontaine de la Sibylle Tiburtine, avec les statues de la Sibylle, du Tibre et de l'Anione.

au bout des doigts. Il sort de ces bâtiments une centaine de menus filets d'eau, comme s'il y avait quelque rapport entre une fontaine et le Panthéon de sorte que cette pièce n'est

Fig. 161. — Fontaine de la Sibille ou Pégase à la villa d'Este. (Gravure de *Venturini*.)

pas moins puérile que d'un faux goût... Au bas de ce théâtre il y a un autre bosquet d'instruments à vent, d'oiseaux qui remuent les ailes et chantent d'un ramage enroué, par

Fig. 162. — Fontaine de la girandole ou des dragons dans la villa d'Este. (Gravure de *Venturini*.)

le moyen de conduite d'air et d'eau, et d'autres tableaux mouvants. C'est à peu près comme les contes de fées que vous savez que l'on fait aux petits enfants de la pomme qui chante, de l'eau qui danse, et du petit oiseau qui dit tout. Il ne faut pas vous arrêter ici plus longtemps. J'aime mieux vous mener voir quelques autres bonnes pièces, comme la Girande[1] la gerbe, le bassin des dragons, la fontaine de Bacchus, celle du Triton, celle d'Aréthuse, la grotte de Vénus, celle de la Sibylle, etc.

Revenons à l'allée d'eau, dont nous avons donné la reproduction sur la fig. 160 et sur laquelle de Brosses ne s'est pas suffisamment arrêté.

Elle était bordée, d'un côté, par une palissade et, de l'autre, par deux petits canaux superposés, larges chacun de trois pieds. Sur le premier, différents oiseaux et des vases faisant jets d'eau, sont établis de trois en trois pieds. En outre, les métamorphoses d'Ovide et plus particulièrement celles d'Orphée y sont représentées tout le long en bas-reliefs. Au second petit canal, il y a aussi, de trois en trois pieds, des têtes de toutes sortes d'animaux qui rendent toutes de l'eau et qui forment autant de fontaines. Ces bas-reliefs sont gâtés pour la plupart[2].

Citons encore la fontaine de l'orgue (fig. 163) située près de la terrasse des Fontanelles et qui jouait, à l'aide d'une roue hydraulique, différents airs, et la grotte de la

Fig. 163. — Fontaine de l'Orgue dans la villa d'Este. (Gravure de *Venturini*.)

chouette (fig. 164), où une série d'oiseaux, perchés dans des arbres de bronze, chantaient à la fois et se taisaient tous ensemble dès qu'une chouette apparaissait. Cette grotte, comme beaucoup d'autres, avait de petits ajutages, cachés dans les mosaïques du sol ou dans les parois des murs, qui lançaient l'eau, au gré des fontainiers, sur les visiteurs auxquels ils voulaient être désagréables. Le même artifice se voit sur la fig. 163 représentant la fontaine de l'orgue, où une trombe d'eau inonde les visiteurs de gauche qui fuient à toutes jambes.

Le président de Brosses fait suivre ses descriptions d'une appréciation intéressante que nous allons reproduire.

1. Voir la fig. 162, reproduction, comme les précédentes, d'une gravure de Venturini. Cette charmante fontaine, dite de la Girandole ou des dragons était, au-dessous de l'allée des Fontanelles.
2. Description de Misson, 1690.

Vous me demandez, mes amis, si toutes les eaux si vantées des jardins d'Italie valent mieux que celles de Versailles. Non, assurément. Vous voyez qu'il y a ici une quantité de fontaines qui ne sont que de petites minuties. A Versailles, tout est dans le grand, tout porte le caractère de magnificence qui était le caractère particulier de Louis XIV ; il n'y a de petit que les fables d'Esope, dans le labyrinthe, et encore sont-elles beaucoup plus agréablement exécutées que ce que l'on a fait ici. Nous avons ici quelques pièces superbes, telles que la cascade Ludovisi, la nappe de Tivoli ; mais combien ne voit-on pas de ces pièces rassemblées dans le jardin de Versailles ! Latone, le Neptune, la grande gerbe, le prodigieux Encelade ; la haute Girande dans une niche de verdure, près des bains d'Appollon ; les trois fontaines, le théâtre d'eau, la colonnade, le bassin du dragon. Il faut avouer néanmoins que les eaux de Tibur et de Frascati sont claires et limpides et que celles de Versailles sont fort défectueuses à cet égard, ce qui fait une énorme différence.

Fig. 164. — Fontaine de la chouette dans les jardins d'Este à Tivoli. (Gravure de *Venturini.*)

§ 4. — Fontaines de Pratolino.

Ces roues hydrauliques animant des groupes de statues ou soufflant dans les instruments de musique mis dans la main des personnages, ou encore faisant automatiquement, par la manœuvre de robinets, résonner des orgues ; ces jets cachés sous les marches des escaliers, dans les mosaïques des planchers ou des parois des grottes et inondant les visiteurs, suivant les humeurs des fontainiers, tous ces artifices furent mis à la mode par Blanca Capello, pour laquelle François II, l'héritier de Cosme le Grand, fit bâtir, en 1569, la fameuse villa de Pratolino.

La villa de Pratolino, située dans un lieu sauvage et accidenté, à six milles de Florence, était la solitude où François II allait souvent se retirer avec celle qu'il aimait. Il avait chargé Bernard Bontalentin d'y construire un palais au milieu d'un vaste parc boisé et cet architecte, qui était surtout un ingénieur habile, peupla la résidence de grottes, de bassins et de statues, que d'ingénieux mécanismes mettaient en mouvement. On dit que Blanca Capello et le grand-duc, très passionnés pour la mécanique, travaillèrent eux-mêmes à ces créations.

Nous avons reproduit fig. 165, 166, 167 et 168 [1], les plans de la villa, la grande allée d'eau qui traverse le parc et fait face au château, les grottes de Pan et de la Renommée et enfin le fameux bassin de l'Apennin, œuvre de Jean de Bologne. La légende du plan de la fig. 165 montre la quantité de fontaines avec effets d'eau que l'architecte avait disséminées dans le parc.

Dans le sous-sol du château lui-même, sous les escaliers des terrasses, se trouvaient encore douze grottes avec effets d'eau et artifices mécaniques variés. Citons seulement les principales : la grotte du déluge, des parois et du pavage de laquelle pouvait sortir une telle quantité d'eau que le visiteur en était inondé instantanément avant qu'il pût s'échapper ; la grotte des oiseaux : perchés et chantant sur deux arbres de bronze ils se taisaient tout à coup à l'apparition d'une chouette qui remuait les yeux [2] ; au pied des arbres se trouvaient des animaux qui lançaient l'eau par la gueule, tandis qu'un laboureur

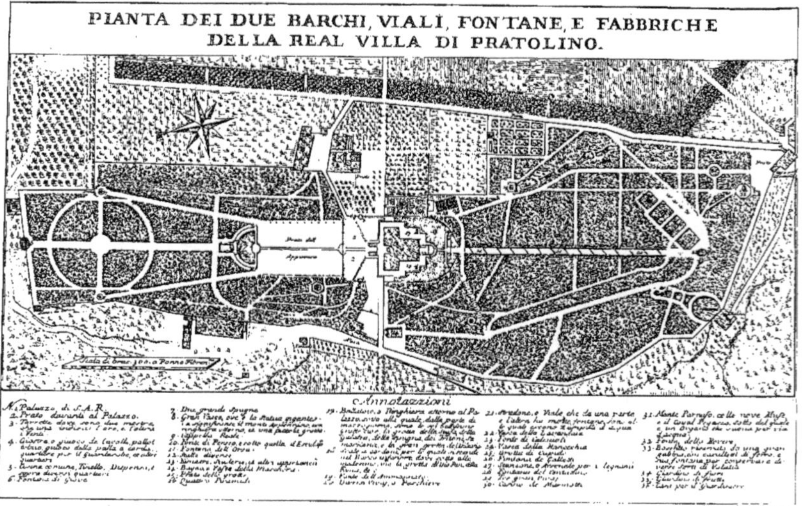

Fig. 165. — Pratolino. Plan.

poussait sa charrue tirée par des bœufs ; la grotte des canards, où l'on voyait ces palmipèdes boire indéfiniment dans une coupe restant toujours pleine, tandis qu'un ouvrier tournait une meule sur laquelle un rémouleur repassait un couteau ; la grotte de Galathée qui, traînée par un dauphin, sortait d'une niche d'or ; les grottes de la Samaritaine, de la Renommée, de Pan.

La fig. 167 donne la vue de ces deux dernières, qui étaient les plus remarquables et se trouvaient aux deux extrémités de la même galerie. On voyait, en face de l'entrée

1. Ces planches sont la reproduction des belles gravures de della Bella qui se trouvent dans la description de la villa royale, fontaine et palais de Pratolino écrite au xviie siècle par l'architecte Florentin Bernard Simon Grilli.

2. A Tivoli nous trouvons une fontaine analogue.

commune à ces deux grottes, la statue du fleuve Mugnone lançant l'eau dans un bassin de marbre. Dans la grotte de droite, la statue de la Renommée portait une trompette d'or à sa bouche et en jouait en même temps qu'elle battait des ailes ; dans la grotte de gauche le dieu Pan soufflait dans sa flûte en remuant la tête, les yeux, les lèvres tout en regardant une sirène placée parmi des roseaux et lançant de l'eau.

Les parois de toutes ces grottes étaient couvertes de stalactiques, de madrépores, de coraux, de coquillages, et les groupes étaient sculptés par les meilleurs artistes.

Notre compatriote [1] Salomon de Caus, qui visita Pratolino à la fin du seizième siècle, nous a laissé un ouvrage très complet sur les artifices qui faisaient mouvoir les orgues et

Fig. 166. — Pratolino. L'allée d'eau. (Gravure de *Della Bella*.)

les statues. Nous reproduisons, planches 169, 170 et 171, une série de figures extraites de ce livre. La première s'applique aux orgues.

Le jeu de l'orgue était obtenu à l'aide de deux petites roues hydrauliques. La première A reçoit l'action de l'eau motrice et fait tourner, par l'intermédiaire d'engrenages, le tambour T, sur la circonférence duquel sont plantées des fiches t convenablement

1. Les raisons des forces mouvantes avec diverses machines..... de grottes et de fontaines ; par Salomon de Caus, ingénieur et architecte de son Altesse palatine électorale à Francfort, 1615. Cet ouvrage, en trois parties, est des plus intéressants ; il donne des détails complets sur tous les mécanismes de Pratolino et un grand nombre d'autres.

disposées. Ces fiches venaient, lors de la rotation du tambour, appuyer sur les fiches a (voir le détail fig. 170) placées au-dessus d'une boîte fermée B, maintenue pleine d'air par le jeu d'une soufflerie dont la fig. 170 *bis* donne le détail. On voit, sur la fig. 170, que chaque touche a était liée par une tige b à un clapet C qui bouchait une chambre m communiquant avec un tuyau d'orgue p. Quand donc la fiche t du tambour T appuyait sur une touche a, celle-ci ouvrait le clapet c de la boîte m et l'air pénétrait dans le tuyau d'orgue correspondant p. La boîte B était maintenue pleine d'air par une soufflerie S (fig. 170 *bis*) actionnée par une seconde roue hydraulique R portant un arbre à villebrequin.

Le chant des oiseaux était obtenu d'une manière analogue, que fait comprendre la fig. 171. A droite, on voit l'un des oiseaux qui doit chanter, tandis que la chouette de gauche ne le regarde pas ; les trois notes du chant sont obtenues avec trois tuyaux d'orgue

Fig. 167. — Pratolino. Grottes sous l'escalier. (Gravure de *Della Bella*.)

t_1, t_2 et t_3 communiquant par le bas avec la soufflerie s et portant sur leur longueur des robinets r_1, r_2 et r_3 qui, ouverts, laissent pénétrer l'air qui produira la note. L'ouverture ou la fermeture de ces robinets est obtenue à l'aide du tambour T portant des fiches convenablement distribuées ; ce tambour est actionné par une roue hydraulique A.

Contre la paroi au-dessus de laquelle est la chouette se trouve un seau s, suspendu de telle sorte qu'il bascule et qu'il se vide dès qu'il est rempli par un jet d'eau. Ce seau est attaché, ainsi qu'on le voit sur le croquis, à une corde passant sur des poulies et fixée à l'extrémité d'un levier h. A ce levier est attaché un taquet k qui, lorsqu'il pénètre dans le tambour, en arrête la rotation. On voit donc que le seau se remplissant et se vidant automatiquement, le levier h arrête alternativement le tambour, c'est-à-dire le chant des oiseaux ; les poulies sont disposées de telle sorte que cet arrêt se produit quand la chouette, placée sur l'axe de l'une des poulies, fixe ses yeux sur les oiseaux. Dans ce petit mécanisme, la soufflerie est remplacée par la boîte L, qui se remplit de l'eau déversée par la roue A ; l'air qui se trouve à la partie supérieure de cette boîte est chassé par l'eau et pénètre ainsi dans les tuyaux d'orgue t_1, t_2 et t_3.

Ces explications, une fois données sur la nature des mécanismes qui produisaient, dans les grottes de Pratalino, le mouvement des personnages, continuons notre visite du château en pénétrant dans le parc.

Après les grottes du palais, la promenade du parc laissait admirer plus de dix autres grottes cachées dans les massifs et de vingt bassins, avec ornements de marbre ou de

Fig. 168. — Pratolino. Bassin de l'Apennin. (Gravure de *Della Bella*.)

bronze, lançant des jets d'eau dans tous les sens. Citons les fontaines de Jupiter, de Persée, assis sur un dragon de marbre et jetant l'eau par la bouche, d'Esculape, de l'ours et de ses petits, d'Apollon et des muses, du décapité, de la lavandière placée à l'extrémité de l'allée principale. C'était une femme plus grande que nature, faite de rocailles et qui, pressant un linge en faisait sortir l'eau ; près d'elle, un enfant soulevait en riant sa chemise et jetait de l'eau. Tout autour de ce bassin étaient des jets continuant ceux de l'allée centrale.

Arrêtons-nous à cette allée principale qui traversait le parc en face du château. Sa longueur était de plus de 500 brasses[1] ; elle était bordée des deux côtés, de vases d'eau,

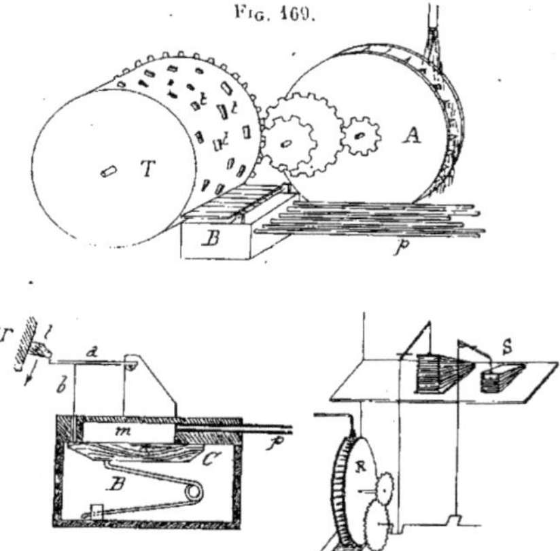

Fig. 169.

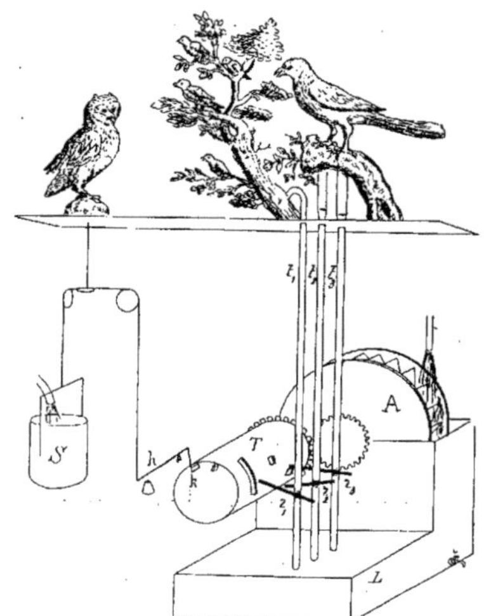

Fig. 170 et 170 *bis* - - Mécanisme des orgues hydrauliques.

Fig. 171. — Mécanisme des oiseaux chanteurs.

d'où sortaient deux séries de jets d'eau, les uns verticaux, les autres inclinés formant une voûte d'eau par-dessus le chemin et retombant, du côté opposé, dans un canal ménagé à

1. Voir n° 21 du plan 165 et la fig. 166.

cet effet. Sous ce berceau d'eau les promeneurs pouvaient circuler sans crainte d'être mouillés. Terminons notre visite par la célèbre fontaine de l'Apennin (fig. 168). Elle était dominée par un colosse s'inclinant pour saisir de sa main gauche la tête d'un monstre lançant l'eau dans une vasque de 40 brasses. Le géant était fait de morceaux de pierres et de madrépores paraissant jetés au hasard et dessinant cependant tous les muscles et les membres du colosse ; c'était l'œuvre très admirée de Jean de Bologne. À l'intérieur de ce colosse et jusque dans sa tête étaient encore des grottes dont les parois, couvertes de madrépores, stucs, stalactiques, coquillages, contenaient des bassins ornée des plus belles sculptures, réalisant encore des effets d'eau.

Nous retrouverons ces fontaines dans tous les jardins d'Europe ; et les premières eaux de Versailles, soit dans la grotte de la ménagerie, soit dans celle de Tethys, soit dans le berceau d'eau, rappelleront ces créations à un siècle de distance.

On sait qu'un matin de l'automne de 1585, le grand-duc quitta avec sa femme sa chère villa de Pratalino pour se rendre à une invitation de son frère, le cardinal Ferdinand de Médicis. Après le repas les deux époux furent pris de violentes douleurs dont ils moururent. Le cardinal quitta son chapeau, se maria et succéda à son frère.

§ 5. — Eaux de Frascati.

Tout comme Tivoli, Frascati, bâtie sur les dernières éminences des monts Albains, réveille les souvenirs de l'antiquité classique. C'est dans ses environs qu'était bâtie l'antique Tusculum où Cicéron avait sa résidence d'été. Dans un site sain et salubre, Frascati est le séjour d'été favori des romains ; aussi, dès la fin du xvi° siècle nous y trouvons tout un groupe de villas célèbres auxquelles l'architecte Dominique Fontana, dont nous avons déjà parlé plusieurs fois, amena l'eau en abondance en détournant, par un aqueduc de plus de cinq milles de longueur, la *Source Algide*, captée sur une montagne voisine.

Nous décrirons les trois plus belles villas de Frascati, toutes trois créées par des papes ou plus exactement par leurs neveux. Nous commencerons par la plus ancienne, celle de **Mon Dragon**.

Mon Dragon occupe la partie supérieure de la colline de Frascati. Cette grande villa fut bâtie par les soins du cardinal Altemps et augmentée par Grégoire XIII[1]. Le cardinal *Scipion Borghèse* y annexa un palais situé un peu plus bas et qu'il réunit à *Mon Dragon* par une longue allée plantée de lauriers. Plus tard, le pape Paul V Borghèse[2] fit encore agrandir la villa, qu'il habita souvent. Mon Dragon était célèbre par la grandeur de son palais, qui comptait 374 fenêtres, par ses galeries de tableaux et par sa vue magnifique sur Rome et sa campagne. Le jardin était disposé en carrés, *où l'on ne sait ce que l'on doit admirer le plus, ou les palissades de myrte et de lauriers qui les forment, ou la diversité des fleurs dont ils sont remplis, ou les fontaines qui jettent leurs eaux dans chacun de ces carrés. Plus loin sont plusieurs allées aussi agréables pour leur longueur que pour leur verdure de toutes couleurs, du vif, du naissant ; sans parler des toits ombragés ni des petites forêts d'oliviers et de chênes verts, qui y sont communs*[3].

Le plus bel effet d'eau de cette résidence était le *théâtre* des fontaines dont nous donnons la vue (fig. 172), d'après une estampe de Fulda.

La **villa Ludovisi** s'étend à l'autre bout de Frascati ; elle est célèbre par les séjours fréquents qu'y faisait le pape Grégoire XV Ludovisi[4]. Dans cette villa on remarquait sur-

1. Régna de 1572 à 1585.
2. Régna de 1605 à 1621.
3. *Rome moderne*, par Desseine. Leyde, 1713.
4. Régna de 1621 à 1623.

tout deux fontaines. La fontaine supérieure était formée de vasques superposées, placées au centre d'un bassin qu'entourait une balustrade coupée par des jets d'eau, dans le goût

Fig. 172. — Théâtre des fontaines de la villa Mondragone (Frascati). (Gravure de *Falda*.)

du bassin des dômes de Versailles. Après avoir produit son effet dans cette architecture, l'eau tombait (fig. 173) sur un rocher, placé au centre d'un immense théâtre d'eau adossé

Fig. 173. — Théâtre d'eau de la villa Ludovici à Frascati. (Gravure de *Falda*.)

à une terrasse formée par une muraille couronnée de vases jetant également de l'eau. Vingt-quatre niches, ménagées dans ce mur, étaient ornées d'autant de coquilles de marbre contenant des jets d'eau. *En quelque lieu qu'on se trouve dans ce beau jardin, on est attaqué de l'eau de tous côtés, soit qu'on se promène dans les allées, soit qu'on monte ou qu'on descende les degrés, soit qu'on passe par les portes ou qu'on examine les cascades* [1].

Tout proche de cette villa, on voyait la vigne de Falconieri, fondée en 1550 par ce cardinal, celles de Ruffini, Belpoggio, Arigone, Sforza, Aquaviva, du cardinal Montalto, les couvents célèbres des théatins, des franciscains, etc. Nous ne les citons que pour montrer le nombre considérable de villas qui, dès le xvie siècle, avaient envahi la montagne de Frascati. Nous nous arrêterons seulement encore à la célèbre villa du Belvédère, dont la grande cascade rappelle un peu celle de Saint-Cloud.

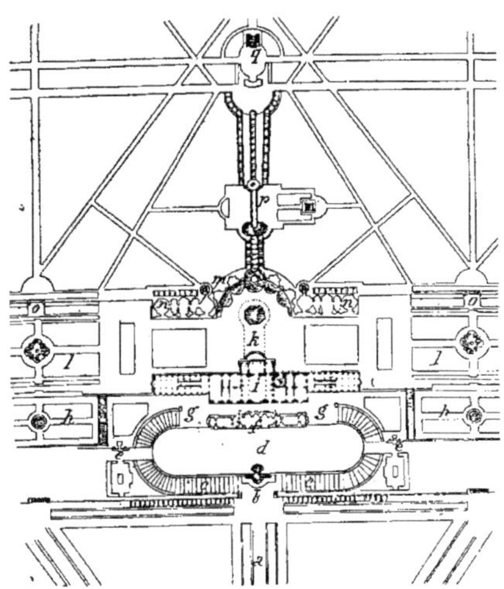

Fig. 174. — Plan de la villa du Belvédère.

<table>
<tr><td>a</td><td>Avenue d'entrée.</td><td>i</td><td>Vestibule.</td></tr>
<tr><td>b</td><td>Fontaine architecturale.</td><td>k</td><td>Terrasse.</td></tr>
<tr><td>c</td><td>Escaliers.</td><td>l</td><td>Pelouses.</td></tr>
<tr><td>d</td><td>Terrasse.</td><td>m</td><td>Terrasses.</td></tr>
<tr><td>e</td><td>Fontaines du premier étage dominées par les fontaines des nacelles de la seconde terrasse.</td><td>n</td><td>Grottes.</td></tr>
<tr><td></td><td></td><td>o</td><td>Grands escaliers.</td></tr>
<tr><td>f</td><td>Grottes.</td><td>p</td><td>Cascades aboutissant à une fontaine de rocailles.</td></tr>
<tr><td>g</td><td>Seconde terrasse sur laquelle est le théâtre d'eau.</td><td>q</td><td>Fontaine supérieure formée d'une architecture.</td></tr>
<tr><td>h</td><td>Parterres.</td><td></td><td></td></tr>
</table>

La **villa du Belvédère**, par laquelle nous terminerons la visite de l'ancien Frascati, passait pour la plus belle et la plus grandiose. Elle fut construite par le cardinal *Pierre Aldobrandini*, sous le pontificat de Clément VIII [2], qui était son oncle. Jacques de la Porte [3] en fut l'architecte ; mais ce fut Olivier [4] qui en organisa la partie hydraulique.

1. *Rome moderne*, par Deseine, 1713.
2. Régna de 1591 à 1605.
3. Cet architecte, qui était de Milan, exécuta la coupole de Saint-Pierre de Rome d'après le projet de Michel-Ange.
4. Romain, 1551 à 1599.

Le parc était d'un dessin absolument symétrique (fig. 174); la montagne, taillée en gradins, formait un grand amphithéâtre en face du château qui en occupait la partie inférieure. On arrivait à la villa par une superbe allée comprise entre deux haies vives et aboutissant à une vaste terrasse ornée *de vases servant de caisses à des myrtes, orangers, citronniers et autres arbres de bonne odeur*[1]. En contournant cette terrasse, par une montée, on arrivait au perron du château *au milieu duquel est un beau fontanon*. Traversant enfin le château on avait devant les yeux le *grand théâtre d'eau*, dont nous donnons (fig. 175) la vue d'ensemble, d'après une ancienne gravure de Falda. L'eau Algide, amenée par un aqueduc au sommet de la montagne, pénétrait à la partie supérieure du parc par une triple cascade formée de rochers ; puis, descendait en nappes au centre d'une architecture encadrée de statues ou d'escaliers, où se trouvaient ménagés un nombre infini de petits ajutages destinés à mouiller les visiteurs. Après ces doubles cascades, l'eau descendait par un canal jusqu'à un portique formé de deux grandes colonnes torses, forées dans leur longueur (fig. 177) et d'où sortaient des jets d'eau tournant circulairement.

Fig. 175. — Théâtre d'eau de la villa du Belvédère à Frascati. (Gravure de *Falda*.)

A partir de ce portique, l'eau continuant à descendre formait dix nappes successives avant d'arriver au sommet du *théâtre d'eau* que nous avons trouvé en face du château. Les dix nappes étaient elles-mêmes encadrées de vases donnant des jets d'eau et d'escaliers analogues à ceux de la partie supérieure. Au centre du *théâtre d'eau*, de la fig. 175, nous voyons la fontaine d'Atlas et d'Hercule soutenant un globe, duquel des torrents d'eau jaillissaient avec impétuosité.

Par un artifice, cette eau, en sortant, entraînait de l'air et il en résultait un bruit, semblable à des détonations d'artillerie, qui pouvait être entendu à une grande distance. A droite et à gauche de cette fontaine étaient celles du lion et du tigre, celle des dieux marins, celle du cyclope sonnant de la trompe avec une telle force qu'on l'entendait à *quatre milles*. La porte de gauche donnait accès à *la très noble chapelle de Saint-Sébastien, patron des Aldobrandini.* La porte de droite, percée en symétrie, conduisait à la grotte des muses. On voit que Clément VIII, qui se plaisait à habiter la villa de son neveu, plaçait en parallèle son goût pour Apollon et son culte pour saint Sébastien.

1. Deseine. *Rome moderne*, 1713.

La grotte d'Apollon et des muses était, du reste, merveilleuse ; nous en reproduisons (fig. 176) la vue d'après une gravure de J.-B. Falda.

Apollon et les neuf sœurs, peintes au naturel, jouaient, par la force de l'eau, dans différents instruments pendant que Pégase, s'enlevant du Mont Parnasse, faisait jaillir sous ses pieds des tourbillons d'eau. Pour compléter le raffinement de cette installation, des souffleries hydrauliques comprimaient l'air dans des canalisations ménagées dans le sol et, sur certains points du pavage, la force du vent était assez grande pour maintenir en l'air une boule faite d'une substance légère. Cette expérience se voit au premier plan, sur la gravure de Falda (fig. 176).

Fig. 176. — Grotte d'Apollon dans la villa du Belvédère à Frascati. (Gravure de *Falda*.)

Il est inutile d'ajouter que, sur les bords de tous ces bassins, de nombreux jets cachés pouvaient, au gré des fontainiers, envoyer l'eau sur les visiteurs.

On rapporte que l'architecte de cette merveille, *de la Porte*, qui était fort gros, fut lui-même victime de la malice de fontainiers qui l'inondèrent après un abondant souper. Revenant à Rome en compagnie du cardinal Pierre Aldobrandini, il ressentit des douleurs violentes ; le respect qu'il portait à cette Éminence l'engagea à se contraindre, mais il se trouva si mal qu'on fut obligé de le laisser demi mort à la porte de Saint-Jean-de-Latran ; il mourut peu après à l'âge de 65 ans.

Comme nous l'avons fait pour Tivoli, nous terminerons cette description des villas de Frascati par le récit de la visite qu'y fit le président Ch. de Brosses en 1739. Ce récit, écrit d'une manière charmante, nous donnera, en le suivant avec les vues de Falda, l'impression que produisit sur un Français éclairé l'aspect de ces villas célèbres.

On vante beaucoup les vues de Frascati et de Trivoli ; je ne pus les admirer autant que je l'aurais voulu : véritablement elles ont des vues fort étendues sur la campagne jusque vers la mer... elles seraient admirables si cette campagne était ornée... mais qu'est-ce qu'une longue vue sur une plaine déserte ? Et la ville de Rome qu'on aperçoit dans l'éloignement se trouve à un trop grand point de distance pour former un tableau bien marqué dans ces aspects... Le belvédère Aldobrandini des Pamphili, le Mon Dragon des Borghèse, la villa Ludovisi, sont les trois plus beaux jardins de Frascati. Les maisons sont belles, les jardins vastes, en bel air et bien plantés, et les eaux surtout merveilleuses. Le Belvédère et le

Fig. 177. — Cascade au-dessus du théâtre d'eau de la fig. 174 dans la villa du Belvédère à Frascati, d'après *Falda*.

parc Ludovisi sont deux montagnes découpées en terrasses couvertes de verdure, de grottes et de superbes cascades.

Le grand jet d'eau du Belvédère, à peu près égal à celui de Saint-Cloud, à ce qu'il m'a paru, est une des plus belles choses qui se puisse voir au monde en ce genre. Il s'élance avec un bruit effroyable d'eau et d'air entremêlés ensemble par des tuyaux, pratiqués exprès, qui font une continuelle pétarade. Il y a quantité d'autres moindres jets d'eau, la plupart fort jolis. La colline du Belvédère est taillée à trois étages, ornée de grottes et de façades, en architecture rustique, garnies de cascades d'eau jaillissantes. La grande cascade est couronnée de colonnes à cannelures torses, par lesquelles l'eau circule en ligne spirale. La cascade de Ludovisi, surmontée d'une plateforme avec un vaste bassin en gerbe, est encore plus belle, du moins autant que je m'en souviens; mais cette maison-ci, ni le jardin, ne valent ceux d'Aldobrandini. Les longues façades de grottes en portiques, niches, jets d'eau et statues sont belles dans les deux maisons. A cette dernière, sur le pied de la colline, est un très beau monument de l'architecture de Jacques della Porta. Les avenues d'en bas sont garnies d'orangers et de palissades de lauriers, de terrasses en gradins, de balustrades chargées de vases pleins de myrtes et de grenadiers.

La façade du bâtiment a deux ailes en retour et en forme de grottes. Dans l'une est un centaure sonnant du cornet à bouquin; dans l'autre un faune jouant de la flûte par le moyen de conduits qui fournissent l'air à ces instruments, mais c'est une déplorable musique : ces deux messieurs auraient besoin de retourner quelque temps à l'école, ainsi que les neuf muses que l'on voit avec leur maître Apollon dans une salle voisine exécutant sur le mont Parnasse un chétif concert par le même artifice. Cette invention me paraît puérile et sans agrément. Rien n'est plus froid que de voir neuf créatures de pierre barbouillée en couleur faire une triste musique sans piper ni remuer. J'aime mieux voir leur cheval Pégase qui, près de là, fait jaillir d'un coup de pied la fontaine Hippocrène ; mais, pourvu que ces princesses et les oiseaux qui les accompagnent ne se donnent pas la peine de rompre la tête aux assistants : ce salon doit être fort agréable pendant l'été ; des conduits, pratiqués sous le pavé, y apportent de l'air qui entre avec assez de force pour soutenir en l'air une boule d'un bois léger.

Pour cette fois-ci nous n'avions pas besoin de rafraîchissements, ayant déjà suffisamment pris la douche de la tête aux pieds. La cérémonie avait commencé à Mon Dragon autour d'un bassin (à plusieurs jets)[1], c'est-à-dire dont le bord est garni tout autour de jets d'eau à tuyaux de cuir plus gros que la jambe, armés, au bout, d'ajoutoirs en cuivre. Ils étaient penchés négligemment, dans un état de repos, lorsque le robinet ayant été tourné et l'air poussé par l'eau commençant à gonfler leur corps caverneux, ces beaux messieurs se mirent à se redresser peu à peu d'une assez curieuse manière et à (envoyer) incessamment eau fraîche, comme dit Rabelais. Migien, que vous n'auriez pas cru le plus polisson de la troupe, s'arma d'un de ces (tuyaux) qu'il dirigea contre la face du bon Lacurne ; celui-ci ne demeura pas en reste : une si bonne plaisanterie devint aussitôt générale et ne finit qu'après nous être tous inondés jusqu'aux os pendant une demi-heure... nous allâmes changer de linge et d'habits à notre auberge et voici ce que nous y gagnâmes : nous étions assis de très bonne foi sur un parvis du Belvédère, pour entendre le centaure jouer de son cornet, sans nous apercevoir d'une centaine de petits traîtres de tuyaux, distribués entre les joints des pierres, qui partirent tout à coup sur nous en arcades. De là, n'ayant plus rien à ménager, puisque nous avions vidé le fond de notre valise, après la scène de Mon Dragon, nous nous enfonçâmes avec intrépidité dans les lieux les plus mouillants du palais, où nous passâmes le reste de la soirée à nous faire de pareilles niches. Il y a surtout un excellent petit escalier tournant où, dès que l'on y est engagé, les jets d'eau partent en se croisant en tous sens, du haut en bas et des côtés. On est pris sans pouvoir s'en dédire : non c'è remedio.

Après avoir donné les appréciations de voyageurs français sur les eaux des jardins italiens nous croyons intéressant de terminer en donnant également l'avis d'un voyageur anglais, Max Misson, qui les visita vers 1690 avec son élève, le comte d'Arran, pair d'Angleterre.

Le jardin d'Est[2] n'est pas fort grand, mais est agréablement disposé en terrasses et les machines hydrauliques y surpassent beaucoup celles de Frascati ; elles l'emportent même sur tout ce qui se voit en Italie... Je combats le préjugé trop avantageux que tant

---

1. Nous avons remplacé quelques termes trop libres du récit par ceux entre parenthèses.
2. *Voyage d'Italie*, publié à La Haye en 1691.

de gens ont des jardins d'Italie... Peut-être que les jardins et les eaux d'Italie ont autrefois mérité d'être préférés à ceux de France et d'ailleurs... mais, quoi qu'il en soit, les choses ont bien changé de face ; on doit donc aussi changer de langage. Il faut que je vous avance que ma surprise a été grande quand j'ai vu toutes les petites choses qui sont ici, après avoir entendu mille fois exalter les eaux d'Italie... Il faut que l'on sache que les eaux de Versailles surpassent et engloutissent un million de fois celles de Tivoli.

Fig. 311. — Fontaine du Quirinal.

Frise marine par *Le Brun*.

HUITIÈME PARTIE

LES FONTAINES DES JARDINS FRANÇAIS JUSQU'A LA CRÉATION DE VERSAILLES

§ 1er. — Les jardins français au moyen âge.

Les Romains, en s'établissant dans la Gaule, y avaient apporté leur goût du luxe et leur passion des jardins d'agrément. Sidoine Apollinaire, qui vivait au temps de l'inva-

Fig. 178. — Fontaine romaine.

sion des barbares, décrit en vers insouciants les beautés des résidences de ses amis restées encore debout ; mais toutes ces riches villas avaient bien définitivement disparu à la fin du v° siècle et l'on peut dire que pendant plus de mille ans le parc d'agrément n'exista plus que dans les rêves des poètes.

Les guerres sans arrêt obligeaient à tout sacrifier aux besoins de la défense. La création d'une villa, la construction d'un aqueduc en dehors de l'enceinte fortifiée d'une ville, étaient impossibles. En fait d'hydraulique tout l'art des ingénieurs se bornait à creuser des puits ou à amener des sources locales au centre d'une place publique, ou de la cour d'un cloître. Plusieurs de ces puits ou de ces fontaines, échappés à la destruction, sont d'un art

Fig. 179. — Fontaine gothique.

charmant. Nous citerons la fontaine romane de Saint-Guilhem (fig. 178), les fontaines gothiques de Rouen, de Bâle ou de Nuremberg (fig. 179), le délicieux puits gothique de Moïse, à Dijon. Quant aux jardins eux-mêmes, nécessairement bien petits, nous n'avons, pour nous éclairer sur leurs dispositions, que quelques passages de romans anciens, quelques comptes de dépenses conservés dans des archives. Ces documents indiquent la continuation de la tradition ancienne : le jardin est toujours d'un plan régulier, divisé en compartiments par des allées droites souvent couvertes de berceaux en charpente servant de supports à des treilles de vignes ; les arbres verts taillés, les volières, l'éternel labyrinthe, souvenir de l'antiquité classique, sont encore les attraits préférés du *Jardin délectable*.

Les comptes de dépenses pour achat d'arbres nous apprennent que les allées des jardins des hôtels Saint-Paul et des Tournelles que Charles VI et Isabeau habitaient à Paris étaient plantées d'arbres fruitiers. Les appellations des rues du Figuier, du Beau Treillis, de la Cerisaie... du quartier du Marais, construit sur l'emplacement de ces jardins, paraissent être des réminiscences des noms de leurs allées. Ces comptes de dépenses nous apprennent encore qu'au printemps de 1431, au moment où Jeanne d'Arc était condamnée à mort, le régent anglais, duc de Bedford, fit arracher au jardin des Tournelles les arbres et les haies du *labyrinthe du roi Dedalus* pour les remplacer par des houx, des arbres fruitiers et des lauriers qu'il ne devait pas voir longtemps refleurir. Ceci nous amène à la fin de la guerre de cent ans. La politique de Louis XI devait rendre quelque tranquillité à la France et éloigner momentanément de son sol le passage des armées.

§ 2. — Jardins français du XVIᵉ siècle.

Dès le commencement du xviᵉ siècle nous voyons reparaître les villas avec leurs parcs d'agrément. L'architecte Jacques Androuet du Cerceau a relevé dans sa vieillesse, pour la reine Catherine de Médicis, les plans et dessins de trente *des plus excellents bâtiments de France* qui furent construits à cette époque et les a publiés à Paris en 1576.

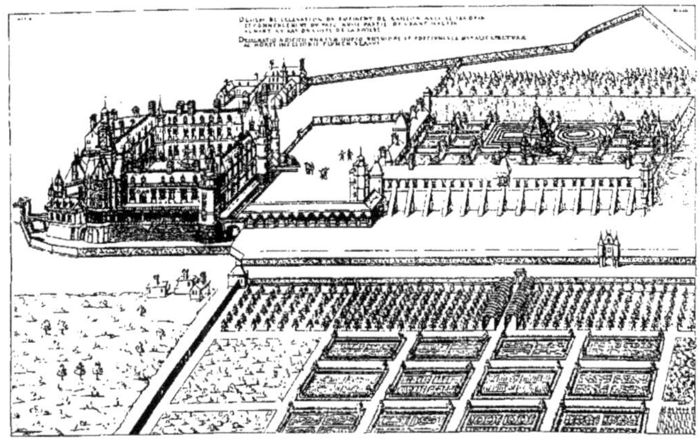

Fig. 180. — Plan d'ensemble du château de Gaillon, d'après *A. du Cerceau.*

Tous ces châteaux du commencement du xviᵉ siècle sont fortifiés et les jardins qui leur sont contigus sont défendus eux-mêmes par de larges fossés pleins d'eau. Le plan du jardin reste toujours le même : des allées, se coupant à angle droit, dessinent des carrés plantés différemment, dont l'ensemble forme la vue des fenêtres du château ; quelques allées sont ombragées par des treillages, et le jardin, tout entier, est entouré d'une galerie couverte servant de promenoir en temps de pluie. A la rencontre de certaines allées on voit souvent une fontaine jaillissante. Que ce soient les châteaux gothiques de Coucy ou de Montargis, les châteaux, alors modernes, de Gaillon, de Blois, des Tuileries ou d'Anet, le plan ne varie jamais.

Parmi ces résidences nous nous arrêterons particulièrement au château de Gaillon, qui est des premières années du XVI⁰ siècle, et au château d'Anet, qui fut construit cinquante ans après. Ce sont deux œuvres admirables de l'architecture française de la Renaissance, et, comme ils renferment tous deux de très belles fontaines, nous sommes heureux de les placer au début d'une étude des eaux dans l'ornementation des jardins français.

Château de Gaillon. — En France, les ministres ont généralement devancé les rois pour le luxe de leurs châteaux. Gaillon, en Normandie, construit de 1502 à 1509 par le cardinal Georges d'Amboise, en est un exemple. Tous les architectes qui travaillèrent à ce château furent Français ; ce sont Pierre Delorme, Guillaume Senault, de Rouen, Pierre Valence, de Tours, et Colin Biard, de Blois [1].

« *Il est élevé*, dit Androuet du Cerceau, *sur un tertre ayant le regard fort beau du côté de l'orient, auquel côté passe la rivière de Seine, à un quart de lieue près. Ce lieu fut*

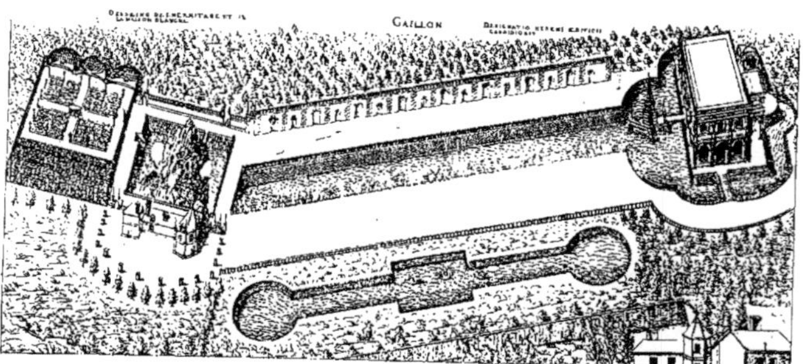

Fig. 181. — Plan de l'Ermitage du château de Gaillon, d'après *A. du Cerceau*.

ainsi dressé par un cardinal d'Amboise du vivant du roy Louis douzième et est fort bien basty, de bonne matière et d'un riche artifice, toutefois moderne, sans tenir de l'antique... En la cour (fig. 182) *est une grande fontaine de marbre blanc [2]* ». Laissant de côté le merveilleux château, nous ne parlerons que des parcs et de leurs fontaines.

Ce logis est accomodé de deux beaux jardins ; l'un desquels est au niveau d'iceluy (le château) *et entre deux une place... Or, ce jardin est accompli d'une autre belle galerie et plaisante, digne d'être ainsi appelée, à cause de sa longueur et du moyen comme elle est dressée, ayant sa vue, d'un côté sur le jardin et de l'autre sur le dit val, vers la rivière. Au milieu du jardin est un pavillon, où se voit encore une fontaine de marbre blanc.*

1. Voir comptes et dépenses de la construction du château de Gaillon... par A. Deville, Paris, imprimerie nationale, 1850. La dépense s'éleva à 133.600 livres valant 751.000 francs argent d'aujourd'hui. Le château fut démoli sous la Révolution sur le rapport de l'Ingénieur en chef du département, constatant « que les bâtiments étaient d'une architecture gothique, mais que tout cela ne pouvait être considéré comme un chef-d'œuvre dont on doit ordonner la conservation ».

2. Cette fontaine fut donnée au cardinal d'Amboise par la république de Venise. Elle fut démolie au XVIII⁰ siècle et transportée à Liancourt. Voir plus loin, onzième partie.

A 2 kilomètres du château, vers la rivière, le cardinal avait fait édifier un palais plus petit, avec son parc et ses eaux (voir fig. 181), un ermitage. comme on l'appelait en ce temps, un Trianon, comme on dira au xviiᵉ siècle.

FIG. 182. — Fontaine du château de Gaillon, d'après A. du Cerceau.

Cet ermitage, *abondant en tout plaisir*, se composait de deux canaux *en forme de poële*, d'un petit parc et de deux logis : dans l'un *un rocher d'ermitage, assis au milieu d'une eau ayant la cuve carrée et autour icelle des petites allées à se pourmener... étant la place de cet ermitage fort mignarde et jolie et autant plaisante qu'autre qui se puisse trouver.* Le second logis, appelé la *maison blanche,* s'élevait au milieu de l'un des canaux. Cette maison blanche était une merveille de sculpture. *En la salle basse, du côté du buffet, y a comme trois fontaines carrées de deux ou trois pieds, dans lesquelles on descend pour avoir l'eau.* C'était ce qu'on appelait une grotte, rappelant dans son ensemble la grotte qui sera construite à Versailles un siècle et demi plus tard... *Somme,* conclut du Cerceau, *en ce parc y a tant de jolivetés et le lieu est si plaisant que merveilles comme le pourrez comprendre par l'ordre que j'ai tenu en la continuation des dessins que je vous en ai figuré.*

De ces dessins nous reproduisons la vue d'ensemble du château et du parc (fig. 180), le dessin de l'ermitage et de la maison blanche (fig. 181), et enfin la grande fontaine de marbre blanc (fig. 182).

Du Cerceau lui-même nous a laissé un album de fontaines de son invention, mais elles rappellent toutes, comme dispositions générales, celles de Gaillon ou encore celles d'Anet.

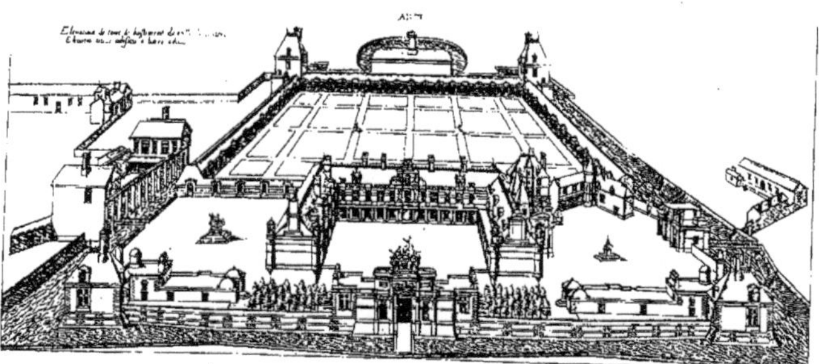

Fig. 183. — Plan du château d'Anet, d'après *A. du Cerceau.*

Les ouvrages des architectes du xvi° siècle décrivent aussi avec complaisance des projets de grottes rappelant les nymphées de l'antiquité. L'une des plus célèbres fut celle de Meudon que Ronsard a chantée et que Philibert de Lorme avait exécutée pour le cardinal de Lorraine.

Il ne reste plus rien du château de Gaillon ; détruit sous la Révolution, son emplacement est occupé par une maison d'arrêt. L'une des entrées du château est conservée à l'école des Beaux-Arts de Paris.

Château d'Anet. — Anet est de cinquante ans postérieur au château de Gaillon. Sa célébrité égala alors celle que devait avoir plus tard Versailles : tous les poètes du temps en ont chanté

> *Les beaux lambris dorés, la luisante chapelle,*
> *Les superbes donjons, la riche couverture,*
> *Le jardin tapissé d'éternelle verdure*
> *Et la vive fontaine à la source immortelle* [1].

1. Joachim du Bellcy.

Et vraiment le château, le jardin, la fontaine d'Anet méritaient ces louanges, car le génie français ne fit rien de plus parfaitement beau. François Ier avait appelé près de lui les artistes italiens, et sa belle-fille, Catherine de Médicis, devait continuer. Diane de Poiiers, duchesse de Valentinois, n'employa à Anet que des artistes français. Philibert de Lorme[1] dressa les plans du château que Jean Goujon couvrit de ses sculptures. Jean

Fig. 184. — Fontaine du château d'Anet, d'après *A. du Cerceau*.

Cousin fit les vitraux et les pavés émaillés des salles. Comme Versailles devait plus tard rappeler, dans tous ses détails, Apollon et le Soleil, la décoration d'Anet s'inspire aussi uniquement des attributs de Diane dont sa créatrice portait le nom.

1. Philibert de Lorme, mort en 1577 : il fit aussi les Tuileries.

Après avoir franchi le magnifique portail (fig. 183) surmonté de son cerf de bronze, entouré de quatre chiens, on pénétrait dans une cour, de chaque côté de laquelle s'en trouvait une autre. C'était au milieu de celle de gauche que s'élevait autrefois la célèbre fontaine monumentale où Jean Goujon a sculpté la belle figure de Diane, qui passe pour être le portrait de la duchesse (fig. 184). Cet admirable groupe se compose de la statue de Diane, à demi couchée ; elle tient un arc d'une main et passe l'autre bras autour du cou d'un cerf qui est près d'elle. Cette décoration est posée sur un massif d'architecture en forme de tombeau ; le tout porté sur un mur circulaire percé et ajouré d'arcades décorées de têtes de lions en bronze dans chacun des tympans. Cette partie ronde est entourée

Fig. 185. — Fontaine des jardins d'Anet.

de deux balustrades carrées. La base portait quatre chiens en bronze qui jetaient de l'eau.

Le jardin d'Anet avait en plan la forme d'un rectangle et était entouré d'une magnifique galerie formant promenoir ; il était divisé en vingt-quatre grands carrés inégaux qui donnaient cinq allées en long.

Aux points de rencontre des allées du milieu se voyaient deux grands bassins (fig. 185) formés de belles vasques de marbre blanc richement sculptées par Jean Goujon et placées sur leurs socles. Elles étaient terminées par un vase carré surmonté d'un jet d'eau ; les faces du vase étaient ornées d'une console dont le renflement était décoré d'un sein de femme jetant de l'eau ; celle-ci retombait dans la vasque avec le jet central et l'eau de la vasque retombait dans le bassin par quatre mascarons[1].

La construction que l'on voit sur le plan 183, entre les deux pavillons des angles, servait d'étuves et de bains. Un grand bassin circulaire existait devant ce bâtiment, du côté du parc, et servait pour les bains froids : deux marches en marbre à chaque extrémité, descendaient dans l'eau. Ces installations d'étuves et de bains se retrouvent dans plusieurs châteaux du commencement du xvi° siècle que décrit Androuet du Cerceau : chose curieuse, les palais du xvii° siècle, et notamment Versailles, seront dépourvus de ces commodités.

Pendant la seconde moitié du xvi° siècle la France, bouleversée par les guerres de religion, ne vit plus s'élever de nouveaux châteaux et les anciens furent eux-mêmes bien souvent délaissés ; c'est ce que dit Androuet du Cerceau, dans sa dédicace à la reine, quand il lui rappelle *qu'à nos pauvres français ès yeux et entendements desquels ne se présente maintenant autre chose que désolations, ruines et saccagements que nous ont apportés les guerres passées.*

§ 3. — Jardins du commencement du XVII° siècle.

Sous Henri IV le goût des jardins commence à renaître avec la tranquillité du pays ; mais le mariage du roi avec Marie de Médicis attire encore une fois en France toute une émigration italienne. Parmi ces nouveaux venus de Florence se trouvaient les Francini. L'un, Alexandre, fut fait *ingénieur du Roi*; l'autre, Thomas, devint *intendant des fontaines, grottes et mouvements, aqueducs, artifices et conduites d'eau des maisons, châteaux et jardins où Sa Majesté pouvait faire travailler.* Ces ingénieurs connaissaient certainement dans tous leurs détails les artifices de la fameuse villa de Pratalino, cette création du père de la reine, et nous retrouverons leurs noms à propos des constructions de grottes, de fontaines bizarres et d'artifices hydrauliques dans les parcs royaux[2]. L'influence des Francini a, du reste, été beaucoup moins importante qu'on ne l'a dit généralement. La France possédait, à cette époque, d'habiles ingénieurs hydrauliciens : Jacques Besson[3] ; Salomon de Caus, dont nous avons déjà cité les ouvrages d'hydraulique[4]; Pierre Guillain, qui installa les premiers instruments de jaugeage des fontaines de Paris.

Les Italiens durent certainement critiquer les jardins français, car l'un de nos plus célèbres agriculteurs, Olivier de Serres[5], se croit obligé de proclamer, dans un de ses livres, *qu'il ne faut voyager en Italie ni ailleurs pour voir les belles ordonnances de jardinage, puisque notre France emporte le prix sur toutes les nations.* Parmi les excellents *jardins de plaisir disposés en ce royaume,* de Serres cite Fontainebleau, Saint-Germain... où on voit *les herbes parlant lettres, devises, chiffres, armoiries, cadrans, les gestes des*

---

1. Voir l'histoire et la description du château d'Anet par Pierre Roussel d'Anet (Jonaust, à Paris).

2. Les trois frères Francini, Thomas, Alexandre et Camille, vinrent en France dans les trois dernières années du xvi° siècle. Les deux premiers, Thomas et Alexandre, étaient ingénieurs hydrauliciens et furent naturalisés en 1600. Thomas, né en 1572, mourut en 1651, laissant dix enfants, parmi lesquels nous citerons seulement le cinquième, François (1617 à 1688), qui hérita de toutes ses charges, et Pierre, le huitième, né en 1621. Nous retrouverons à Versailles les deux frères François et Pierre Francini. Alexandre Francini a fait les gravures des fontaines de l'ouvrage du père Dan sur Fontainebleau et a publié, en 1631, un livre d'architecture contenant plusieurs portiques et en tête son portrait. L'une de ses arrière-petite-filles épousa le Normand d'Etioles, dont le fils épousa la Pompadour.

3. Jacques Besson, auteur du théâtre des instruments mathématiques et mécaniques, 1594, Lyon.

4. *Les raisons des forces mouvantes,* par Salomon de Caus, imprimé à Francfort en 1615.

5. Ce grand seigneur aimait la vie et le travail des champs. Henri IV l'estimait grandement et suivait ses conseils dans la création de ses parcs. Son théâtre d'agriculture et ménage des champs (1600) est resté célèbre et a eu un grand nombre d'éditions. De Serres mourut en 1610 âgé de 71 ans.

hommes et des bêtes, la disposition des navires, bâteaux et autres choses contrefaites en herbes et arbustes, avec merveilleuses patience et industrie.

Les deux frères Francini, Alexandre et Thomas, créèrent, sous le règne de Henri IV, les effets d'eau du palais de Fontainebleau et notamment la fontaine de la Diane chasseresse, le bassin du Tibre et les cascades, avec niches en rocailles, qui sont à la tête du grand canal.

Nous donnons, fig. 186, la reproduction de la gravure de Francini, du célèbre bassin du Tibre, qui, on le voit, est entièrement de goût italien.

Ils firent également les installations hydrauliques du château de Saint-Germain qu'habitait le roi, et le journal d'Héroard [1] parle des jouets mécaniques, en forme de fontaines, que Thomas composait et sculptait dans le bois pour l'amusement du jeune Dauphin. Saint-Germain renfermait des bois taillés et toute une série de grottes, œuvres bien italiennes des Francini : les grottes des orgues, de Neptune, de Persée, des flambeaux *qui était un grand théâtre avec différentes décorations*; enfin la grotte d'Orphée, *qui jouait de la viole pendant que les arbres se mouvaient et que les bêtes dansaient autour de lui. — Un des inspecteurs des eaux m'a dit qu'une corde de la viole d'Orphée s'étant rompue, il*

Fig. 186. — Fontaine du Tibre à Fontainebleau, d'après une gravure de Francini
(Ouvrage de *Dan* sur Fontainebleau).

en avait coûté 300 écus au roi pour la faire raccommoder [2]. *Toutes ces grottes étaient incrustées de coquillages et de pierres précieuses et ornées de figures de marbre et de girandoles. L'eau faisait mouvoir des ressorts secrets qui donnaient le mouvement aux figures et leur faisaient rendre des sons enchanteurs* [3].

La fameuse villa Angiana ou d'Enghien, dont le parc s'étendait à une dizaine de lieues de Bruxelles, est la résidence où l'art de la taille des buis a peut-être été poussée le plus loin. Non seulement il s'y trouvait toutes les sculptures végétales citées par Olivier de Serres, mais aussi des fontaines entières, des murs, des animaux ; des copies du Colysée étaient faites d'arbres taillés. Nous reproduisons (fig. 187) la planche de l'album des vues de ce château, dessinées et gravées par Romain de Hoghe, qui donne le Colysée et la fontaine de verdure.

Le Luxembourg, que la régente Marie de Médicis fit construire par Jacques de Brosse, de 1615 à 1620, est, sans contredit, l'une des plus belles résidences qui existent,

1. 16 avril 1605.
2. L'espion dans les cours.
3. D'Argenville.

et la magnificence des jardins répond à celle du palais. *Il est embelli d'un beau bois et de deux grandes allées couvertes d'arbres ; les parterres sont ornés de carreaux représentant diverses figures et inventions des jardiniers. Il y a deux grands bassins de pierre ; au milieu, une statue jetant de l'eau en abondance qui vient du village d'Arcueil*[1].

La régente, habituée aux grandes eaux d'Italie, avait voulu les revoir dans son palais de Paris et, dans ce but, elle n'avait pas hésité à reconstruire l'aqueduc romain d'Arcueil[2].

Fig. 187. — Fontaine de verdure du château d'Enghien (R. de Hooghe).

Jacques de Brosse exécuta ces travaux, de 1613 à 1620, et les eaux de Rungis arrivèrent sur la rive gauche de la Seine comme à l'époque romaine. Le réservoir d'arrivée était placé

1. Malingre, *Antiquités de la Ville de Paris*.

2. L'aqueduc d'Arcueil, amenant sur la rive gauche de la Seine, à Paris, les eaux de Rungis, fournissait, au commencement du xviiie siècle, avec des additions qu'on y fit, un total de 83 pouces d'eau, ou environ 1.600 mètres cubes d'eau par jour. 63 pouces étaient retenus pour le service du roi et du Luxembourg, et 20, abandonnés aux habitants de Paris, étaient distribués dans des fontaines publiques.

contre la belle fontaine du parc que tout le monde connaît et qu'on appelait alors la grotte de Marie de Médicis.

La création du palais du Luxembourg marque la prépondérance que prend le goût français avec ses qualités de simplicité, d'unité, de grandeur. La passion des jardins d'agrément est bien indiquée par le nombre des ouvrages qui parurent à cette époque sur cette question. Jacques Boyceau publie de nombreux plans et dessins de parterre en broderies. Valet, *brodeur ordinaire du roi*, donne en 1623 le dessin de toutes les plantes qui peuvent être employées dans les parterres. André Motet, comme son père, *intendant des jardins du roi*, énumère, dans *les ornements des jardins de plaisir*, les principes alors admis dans l'établissement d'un parc. *Une grande avenue d'arbres, à double ou triple rang, perpendiculaire à la façade (extérieure du château) avec un grand demi-cercle ou carré au commencement... Puis, en face de derrière (côté parc) les parterres de broderie d'icelle, afin*

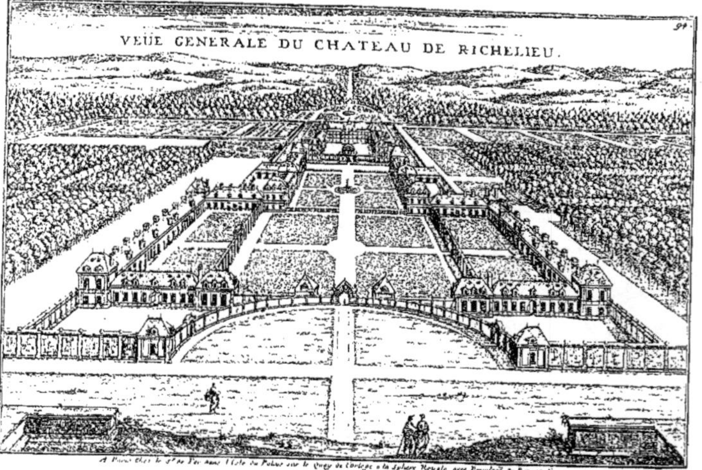

Fig. 188.

d'être regardés et considérés facilement par les fenêtres, sans obstacles d'arbres, palissade ou autre chose qui puisse empêcher l'œil d'avoir son étendue. Puis viennent les *parterres à compartiments, le gazon, les allées, palissades hautes et basses faisant en sorte que la plupart des allées aboutissent et se terminent toujours à quelque statue ou centre de fontaine,* et enfin il engage, pour compléter cet ensemble, à placer *des statues, bâtir des grottes ès lieux convenables, sans oublier les volières, jets d'eau, canaux et autres ornements pour former le jardin de plaisir parfait.*

Richelieu et Rueil. — Nous voyons appliquer ces principes dans cette étonnante création de la ville et du château de Richelieu dont le plan d'ensemble rappelle Versailles (voir fig. 188). Le Ministre a voulu que le hameau qui fut le berceau de sa famille devînt une grande cité avec un château dépassant en magnificence tout ce qui avait été fait auparavant. Il y trace une avenue à quadruple rang d'arbres, le long de laquelle, selon son désir, les courtisans viennent bâtir leurs hôtels. Au bout de l'avenue est l'immense château, précédé de plusieurs cours: avant-cour, avec son entrée monumentale surmontée de la statue de la Renommée et comme défendue par les statues d'Hercule et de Mars ; une deuxième cour, bordée à droite et à gauche des logis des employés et des secrétaires; cour d'honneur, enveloppée de trois côtés par le palais du cardinal lui-même.

Enfin le cardinal a ordonné à son architecte, Jacques Lemercier[1] que la maison de son père fût conservée et enchâssée au centre du Palais, au fond de la cour d'honneur ; Louis XIV imposera à Versailles la même obligation à son architecte.

En avant du château, du côté des jardins, sont disposés les parterres en broderies, les bassins avec jets d'eau et enfin un immense parc boisé[2].

Après la mort du cardinal, la ville de Richelieu fut abandonnée et redevint un petit village désert du Poitou. La Fontaine, qui le visita en 1663, n'y rencontra personne ; mais il nous a laissé une énumération de ses richesses, de ses sculptures antiques et de ses peintures des plus grands maîtres, de ses salons aux riches boiseries couvertes d'or, et

Fig. 189. — Château de Rueil, façade sur le parc. (Gravure d'*Is. Sylvestre.*)

cette description pourrait s'appliquer au palais de Versailles, au temps de la splendeur du grand roi.

Cette résidence n'était pas la seule que Richelieu dut à la générosité du roi. Il avait également à Rueil[3] un château qu'il avait acheté d'un sieur Moinet, tailleur de son état, et qui, *de vol en vol*, s'était élevé au poste de trésorier de l'argenterie. Des mémoires du temps nous disent que déjà cette résidence possédait des effets d'eau, mais sa richesse, à cet égard, devait bientôt, grâce au cardinal, devenir l'objet de l'admiration universelle.

Devant le château (voir fig. 189, 190 et 191), s'étendaient successivement trois grandes pièces d'eau : le grand étang, bordé d'une allée de marronniers d'Inde[4] ; le canal

1. Jacques Lemercier (1590 à 1660) a construit également la Sorbonne, Saint-Roch, etc.
2. Lettre de La Fontaine à sa femme. Relation d'un voyage de Paris en Limousin en 1663. La description que La Fontaine fait de Richelieu est extrêmement intéressante. J. Desmaret de Saint-Sorlain (1596-1576) a fait du même château une description datée de 1653 et intitulée : *Les promenades de Richelieu ou les vertus chrétiennes.*
3. Voir Rueil, le château de Richelieu et la Malmaison, de MM. Jacquin et Duesberg.
Voir également l'étude très documentée publiée par M. Alfred Cramail sur le *château de Rueil et ses jardins sous le cardinal de Richelieu et sous la duchesse d'Aiguillon.*
4. Ces marronniers étaient les premiers introduits en France. Ils existaient encore en 1785 et étaient devenus si gros que cinq hommes les enveloppaient difficilement en étendant les bras ; on les nommait les cardinaux.

ayant à sa tête la fameuse grotte et le petit étang, au centre duquel était *l'île du pavillon*, où le cardinal tenait conseil. A gauche, l'allée du gouffre, dominée par le grand réservoir et ayant à ses extrémités le gouffre et la grotte de rocaille, précédée par un escalier orné de statues. Dans les bosquets se trouvaient des cascades et des bassins parmi lesquels le plus célèbre était celui du Dragon. Le père Rapin a chanté en vers latins les merveilles de ces jardins : *Voyez ce parc de Ruel, ce monument de la magnificence du grand ministre... Ici vous verrez les figures et les mouvements des eaux qui s'écoulent et remontent vers leur source; là, un dragon d'une grandeur demesurée vomit avec fracas un déluge d'eau ; les flots qui sortent de sa bouche se précipitent comme un torrent et blanchissent d'écume toute la surface du bassin qui les reçoit. Tandis que le monstre s'agite dans tous les sens, une foule de villageois qui l'environnent s'éloignent épouvantés dans la crainte d'être*

Fig. 190. — Château de Rueil, la grotte (Gravure d'*Is. Sylvestre*).

inondés. Plus loin, on voit un chasseur d'airain, qui semble présenter la mort au bout d'un tube menaçant ; mais, au lieu d'un plomb mortel, ce sont des eaux qu'il lance avec rapidité.

Evelyn, voyageur anglais, qui visita Rueil vers 1644, parle aussi d'une allée où des mousquetaires de bronze envoyaient par leurs armes de l'eau aux visiteurs. Nous pensons que la vue des gravures d'Israel Sylvestre, que nous avons reproduites, donnera une idée plus précise des beautés hydrauliques de Rueil que les vers latins du père Rapin.

Richelieu habitait souvent Rueil, parce qu'il s'y trouvait à proximité de Saint-Germain, séjour préféré du roi. C'est à Rueil que naquit l'Académie française, que fut jugé à mort le maréchal de Marillac, que mourut son éminence grise... Louis XIII y venait souvent. *Le 27 août[1] mardi 1624, le roi part de Saint-Germain, va voir la reine sa mère à Rueil,*

1. Journal d'Héroard.

y mange une tarte aux prunes de la façon du sieur François... de là il va au galop jus-qu'à Versailles.

En 1642, à la mort du cardinal, Rueil devint la propriété de sa nièce, la duchesse d'Aiguillon. Celle-ci fit continuer les embellissements commencés, et la célébrité de cette résidence était telle qu'en 1666, Louis XIV fit faire par Colbert des propositions pour l'acheter. A cette occasion, la duchesse d'Aiguillon fit un mémoire [1] qui nous apprend que toutes ces créations coûtèrent plus de onze cent mille livres. Richelieu ne pouvait plus répéter ce qu'il disait de lui-même, étant évêque de Luçon : *Le plus gueux des prélats dans le plus crotté des évêchés.* Quoi qu'il en soit, Louis XIV recula devant le prix de Rueil et envoya, dit-on, Le Nôtre pour en étudier les dispositions. On a prétendu que ce grand homme y trouva des inspirations pour Versailles. C'est peu problable, car on ne voit rien, dans les vues et les plans qui sont arrivés jusqu'à nous, qui rappelle l'unité du dessin du parc de Versailles. Nous avons recherché quel pouvait être le créateur des effets d'eau de Rueil, et une lettre de Richelieu, où Francine est cité [2], nous laisse croire que cet ingé-

Fig. 191. — Château de Rueil, les cascades. (Gravure d'*Is. Sylvestre.*)

1. Voici des extraits du mémoire que fit faire à cette occasion la duchesse d'Aiguillon ; ils nous renseignent sur les travaux hydrauliques et leurs prix :

La recherche des eaux en dehors du parc, les conduites..... regards, le grand réservoir, au-dessus de la cascade, ont coûté plus de 60.000 livres.

La cascade haute et balustrée de deux côtés de pierres de taille a coûté plus de 36.000 livres.

La perspective, le pavillon d'auprès et deux autres autour des murs du parc et la glacière ont coûté plus de 30.000.

Le grand escalier et la grotte de la baleine qui est au bout de l'allée ont coûté plus de 50.000.

Il y a plus de 100.000 livres de fer et de plomb à ce que le cardinal a fait faire.

La grande nappe d'eau, le grand bassin, les fontaines de l'Étoile, de la Paix, le grand rond d'eau qui est dans le bois, celui du petit étang, 16 jets d'eau devant les fenêtres, le parterre d'eau et la grotte, enfin 150 jets nouveaux, la recherche d'eaux nouvelles ont coûté plus de 250.000 livres. Il résulte de cet état que le domaine de Rueil revenait à plus de 1.100.000 livres.

2. Voici des extraits de cette lettre datée du 24 juillet 1632 :

Je crois que M. Mercier a raison de vouloir mettre une poutre à chacune des grandes chambres... Il faudra bâtir l'aile dont vous pourrez dès à présent faire marché avec Finot par l'advis dudit sieur Mercier... Faisant faire quelques fontaines et ornements en une maison que j'accommode auprès de Paris, le S Francine m'a donné advis de vous ecrire pour voir si vous pouvez faire venir quelques statues de marbre.*

Parmi ces statues, le cardinal désire *un Hercule de 8 pieds tenant sa masse en l'air percée pour qu'elle puisse jeter de l'eau.* Le correspondant observe, dans sa réponse, *que c'est une idée assez malheureuse que de faire sortir un jet d'eau de la massue d'Hercule. L'eau peut s'élancer de la mâchoire d'âne de Samson, mais non pas d'une massue.*

nieur fut du moins consulté. L'architecte était Lemercier, dont nous avons déjà parlé à propos du château de Richelieu.

Saint-Cloud. — Après Rueil, nous devons dire quelques mots des cascades de Saint-Cloud. C'était, dit André Duchesne, *un logis de plaisance, merveilleux en toutes choses rares. Les grottes, les compartiments, les parterres, les allées, les plantes, les fleurs et autres pièces d'un divin verger y donnent un admirable contentement à la vue des curieux.* Ce vieux château, qui vit l'assassinat de Henri III, avait été donné par Catherine de Médicis à son *mignon* de Gondi, l'un de ces Italiens qui l'avaient suivie, *frétillant à la vue de ce beau pays de France et pliant sous le poids des dépouilles de leur nouvelle patrie* [1]. Au commencement du règne de Louis XIV, Saint-Cloud était entre les mains de J.-F. de Gondi, archevêque de Paris, qui y fit exécuter la cascade dont Israel Sylvestre nous a conservé la vue, que nous reproduisons (fig. 192). Nous retrouverons à Vaux identiquement la même cascade. En 1658, le roi acheta le château pour son frère et, deux ans après, Lepaute, Girard et Le Nôtre créèrent sur son emplacement le palais et le parc que nous

Fig. 192. — Ancienne Cascade de Saint-Cloud.

connaissons. Quelques années plus tard, J.-H. Mansard reconstruisit la cascade dans l'état où elle existe encore aujourd'hui.

Vaux-le-Vicomte. — Avant d'arriver à Versailles, il faut encore nous arrêter au château de Vaux, que Fouquet fit construire de 1655 à 1660. Le célèbre surintendant aimait le luxe, les poètes et les artistes. Pélisson et Mlle de Scudéri ont décrit les magnificences de Vaux. La Fontaine en a chanté en vers les nymphes, c'est-à-dire les fontaines. Le Poussin dessina les termes de la grille d'entrée. Le Vau fut l'architecte du château ; Le Brun en fit les peintures, et Le Nôtre, logé dans une chambre voisine de celle du ministre, dessina tous les détails des jardins. Ces artistes, groupés par Fouquet, furent aussi les créateurs de Versailles, et on peut dire que Vaux fut leur coup d'essai, leur premier chef-d'œuvre. Le château possède encore la chambre d'honneur où le roi fut reçu, les cabinets de travail, la grande chambre de Mme Fouquet, tout cela meublé dans le goût

---

1. Nous verrons que la terre de Versailles fut donnée au même favori par Catherine de Médicis.

du temps par un propriétaire[1] qui aime le vieil art français et sait le faire revivre. Tous les plafonds, les boiseries ont leurs anciennes peintures ; sur les corniches des cabinets, l'écureuil de Fouquet fuit encore à travers les enroulements, poursuivi par la couleuvre de Colbert ; sur les banderoles qui enveloppent les vases peints sur les plafonds, on lit toujours la devise fameuse *quo non ascendam*.

Quittons ces appartements et traversons l'immense salon circulaire placé au centre de la façade sur le parc ; nous arrivons sur la terrasse, d'où la vue embrasse l'ensemble des jardins.

Le propriétaire a tout fait rétablir, d'après les anciennes vues d'Israel Sylvestre, les parterres de broderies, les allées, les eaux qui jouent comme autrefois. Devant cette résurrection, la pensée se reporte facilement en arrière pour revivre aux temps où les fêtes animaient tous ces bosquets, toutes ces allées ensoleillées.

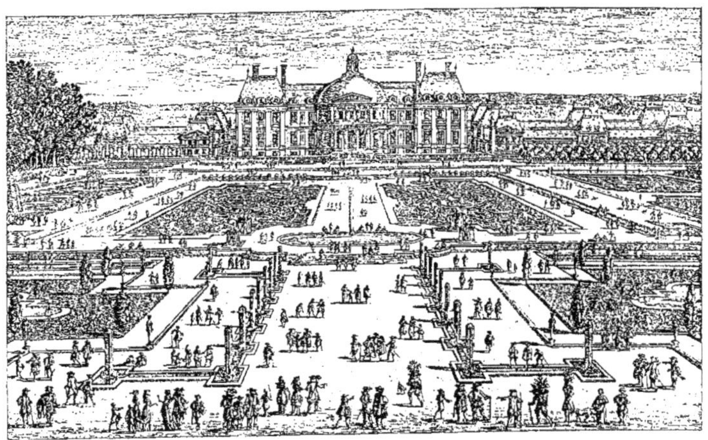

Fig. 193. — Vue du parc de Vaux prise en tournant le dos au canal et aux grandes cascades, d'après *Is. Sylvestre*.

Le parc se déroule en terrasses descendant jusqu'à la vallée du petit ruisseau *la poêle*[2], dont le lit, creusé en forme de canal, coule dans une large tranchée, limitée, des deux côtés, par des murs contre lesquels sont adossés les châteaux d'eau. Au delà de ces châteaux d'eau, le terrain gazonné se relève rapidement, créant ainsi un horizon indéfini qu'encadre la verdure des grands arbres. La fig. 193 reproduit, d'après une gravure d'Israel Sylvestre, la vue du château, prise de l'extrémité de l'allée centrale du parc. Au

1. M. Sommier.
2. Ainsi nommé parce qu'il a la forme d'une poêle. Ce canal est au fond d'une tranchée qui, à l'intérieur du parc, est bordée par deux murs de soutènement parallèles au château. Contre le mur, du côté du château, est placée la grande cascade ; contre le mur opposé au château se trouve la grotte dont la fig. 194 donne l'aspect ; cette dernière vue, faite en tournant le dos au château, montre le réservoir au-dessus de la grotte et la pente terminant la vue du parc.

centre, nous retrouvons le magnifique salon circulaire, que recouvre la grande coupole décorée par Le Brun.

Si nous descendons par l'allée centrale, nous avons, de part et d'autre, deux grands parterres de broderies ; à gauche, le bassin de la couronne [1], et puis, encore plus à gauche, contre les arbres, une terrasse où la tradition met l'emplacement du théâtre provisoire où joua Molière. Poursuivant notre chemin par l'allée centrale, nous rencontrons, vers le milieu, un bassin avec son grand jet, puis la grande allée transversale qui coupe en croix le parc.

A l'extrémité gauche de cette allée, sont les petites cascades, dont Israel Sylvestre nous a donné la vue (fig. 195), avec, en avant, la grille d'eau. Du côté droit de la même allée, on rencontre d'abord le bassin appelé le bénitier, puis, donnant accès au potager, une grille monumentale dont la masse fait comme symétrie à celle des petites cascades.

La seconde terrasse, où l'on descend par un escalier qui suit le bassin du grand jet,

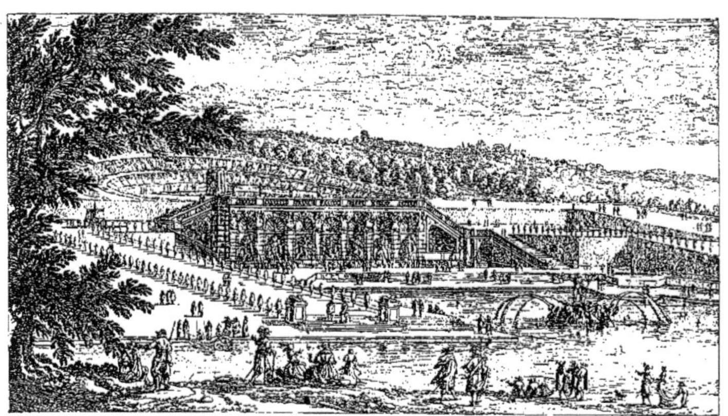

Fig. 194.

présente à la vue, à droite et à gauche de l'allée centrale, deux tapis verts avec, au centre, les bassins des tritons; plus à gauche, contre les arbres, est une grotte appelée le confessionnal. Cette partie de l'allée centrale était bordée autrefois de jets d'eau (fig. 193) retombant dans des bassins carrés, réunis entre eux par un canal. En suivant toujours la grande allée, on arrive à un miroir rectangulaire, au pied duquel, dans une large tranchée, se trouvent le canal et les châteaux d'eau que nous avons déjà cités.

Les eaux de Vaux sont, comme celles de Versailles, des eaux artificielles. Nulle part, dans le voisinage, ne se trouve, à une hauteur suffisante, un cours d'eau assez abondant pour alimenter continuellement les jets de tous ces bassins. Un peu plus haut que le grand rondeau, placé au-dessus des châteaux d'eau, Le Nôtre avait fait creuser un réservoir de plus de 2.000 mètres cubes de capacité, dans lequel viennent aboutir des tranchées maçonnées de sept à 800 mètres de longueur, creusées à 8 mètres environ de profon-

1. Nous retrouvons ce bassin à Versailles.

deur et drainant les eaux d'une nappe souterraine. Dans l'état actuel, on compte qu'il faut environ 700 mètres cubes d'eau par heure pour alimenter les cascades ; on ne peut donc pas faire marcher les grandes eaux plus de trois ou quatre heures. Les gerbes qui bordaient l'allée centrale n'existent plus et, comme elles devaient consommer une grande quantité d'eau, il en résulte qu'il ne devait être possible de faire jouer les eaux que peu de temps, ou bien encore les unes après les autres, quand le maître passait.

Toutes les canalisations qui amenaient les eaux du réservoir aux bassins eux-mêmes étaient de plomb ; Fouquet les avait fait venir d'Angleterre. Cette installation paraît avoir été l'œuvre de Le Nôtre : contrairement à ce qui a été dit, les Francini ne semblent pas avoir été consultés.

C'est à Vaux que, le 17 août 1661, Fouquet donna à Louis XIV la célèbre fête dont La Fontaine nous a laissé une relation détaillée. A cette fête assistaient non seulement le roi, mais la reine mère, Monsieur, frère unique du roi, et sa jeune femme, Henriette d'Angleterre. Tout ce qu'il y avait de brillant à la cour était là. On commença par se promener dans les jardins, au milieu des cascades et des jets d'eau qui jaillissaient de toutes

Fig. 195.

parts ; on servit ensuite un festin magnifique et l'on se rendit dans une allée de sapins, éclairée par des milliers de flambeaux, où l'on avait dressé un vaste théâtre. Un rocher placé sur la scène se transforma en coquille ; vingt gerbes d'eau s'élancèrent dans les airs ; la coquille s'ouvrit et il en sortit une naïade : c'était la Béjart.

Après avoir récité le prologue des *Fâcheux*, elle commanda aux divinités de s'animer, et les termes et les statues qui ornaient le théâtre furent transformés en faunes et en bacchantes, qui dansèrent un ballet, accompagné de chants et de musique. Après le ballet, Molière joua la comédie.

Fouquet pouvait se croire au faîte de la puissance, et cependant le jeune roi pensait à le faire arrêter au milieu de cette fête. On sait que trois mois après, en novembre, Fouquet fut pour toujours jeté en prison et ses biens confisqués.

Son architecte Le Vau, son peintre favori Le Brun, le dessinateur de ses jardins Le Nôtre, allèrent créer Versailles pour le roi. Et dans les grandes fêtes que Louis XIV donna bientôt dans sa nouvelle résidence, Molière aussi devait venir jouer ses dernières créations dans des théâtres improvisés, au milieu des jets d'eau et des feux d'artifice.

Frise marine par *Le Brun*.

NEUVIÈME PARTIE

LES GRANDES EAUX DE VERSAILLES — FONTAINES DES PERSPECTIVES

§ 1. — Les premiers bassins ; l'histoire d'Apollon est prise comme sujet des principaux groupes.

L'histoire de la création de Versailles est aujourd'hui bien connue. Le domaine de Versailles était, sous Charles IX, la propriété du protestant Martial de Loménie. « *En ce temps là la bonne dame Catherine, en faveur de son mignon de Retz [1], qui voulait avoir la terre de Versailles, fit étrangler, aux prisons, de Loménie auquel la terre appartenait.* » C'est sur ce domaine, resté la propriété de la famille de Gondi, que Louis XIII aimait à chasser quand il demeurait à Saint-Germain. Comme il y revenait souvent, il fit construire, en 1624, « *un petit château de cartes* » là où « *il n'y avait*, dit Saint-Simon, *qu'un très misérable cabaret et un moulin à vent* ». Le roi s'attacha de plus en plus à ce pays de chasse et de marais et finit par acheter aux Gondi la terre de Versailles : le 25 mai 1632, en présence du curé et de quelques manants, le héraut arracha du poteau du carrefour les armes des Gondi et y attacha celles du Roi. Louis XIII, mourant à Saint-Germain, se proposait, au cas où il guérirait, d'abdiquer en faveur de son fils et de se retirer à Versailles dans la compagnie de quelques moines.

Louis XIV n'avait que quatorze ans quand, au printemps de 1652, il vint une première fois prendre à Versailles le divertissement de la chasse (fig. 208) ; depuis, il y retourna continuellement. Après son mariage, en 1660, il conduisit à Versailles la jeune reine Marie-Thérèse, et l'année suivante, un mois après la fête de Vaux, il ordonna à Colbert de charger Le Vau, le Brun et Le Nôtre d'embellir le château et de créer un parc là où il n'y avait encore que des bois et quelques parterres de broderies.

1. Antoine Gondi vint en France avec Catherine de Médicis. L'un de ses fils, Albert, fut fait duc de Retz et c'est de lui qu'il s'agit ici. Albert de Retz est le père du cardinal archevêque de Paris, célèbre par ses mémoires. Un autre fils d'Antoine de Gondi, Pierre, fut archevêque de Paris et cardinal.

Le Vau et le Nôtre[1] se mirent à l'œuvre et, en une année, dépensèrent près de 500.000 écus. Colbert, effrayé, crut devoir mettre le Roi en garde : *Votre Majesté observera*, écrivait le ministre, *qu'elle est entre les mains de deux hommes qui ne la connaissent presqu'à Versailles, c'est-à-dire dans le plaisir et le divertissement ... que la portée de leurs esprits suivant leur condition, divers intérêts particuliers, la pensée qu'ils ont de faire bien leur cour auprès de Votre Majesté, joints à la padronnance dont ils sont en possession, feront qu'ils traîneront Votre Majesté de desseins en desseins pour rendre ces ouvrages immortels, si elle n'est en garde contre eux.*

L'avenir devait donner raison à Colbert. Les travaux, commencés à la fin de 1661, se poursuivirent sans arrêt jusqu'en 1668, époque où Le Vau et Le Nôtre terminèrent le premier parc de Versailles[2]. Les façades de la chétive demeure de Louis XIII, *dont un gentilhomme ne voudrait pas tirer vanité*[3], sont couvertes de décorations qui lui donnent l'aspect d'une demeure royale : les fenêtres sont encadrées de moulures ; entre les baies, sur les couronnements, on place des bustes, des vases, des balustres de marbre ; un balcon de fer forgé et doré règne tout autour du premier étage du château, les combles reçoivent des ornements dorés.

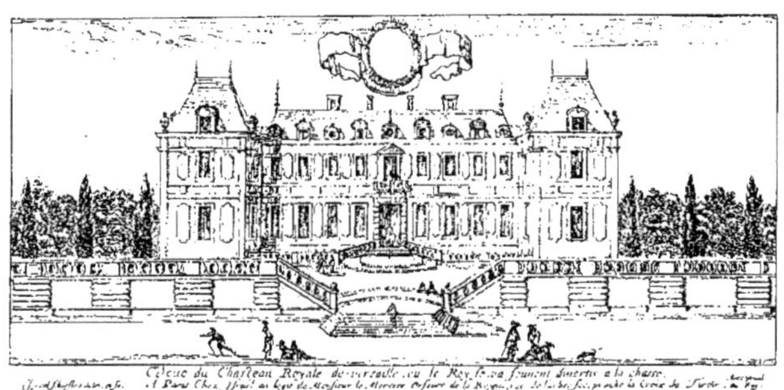

Fig. 208.

Les communs sont reconstruits et agrandis. La fig. 208 est la reproduction d'une gravure d'Israël Sylvestre qui donne l'aspect du château tel que Louis XIV l'avait reçu de son père. C'est, on le voit, l'une de ces maisons, brique et pierre, sans grand caractère, comme on en construisit un grand nombre dans l'Ile de France au commencement du XVIIe siècle. La fig. 209 reproduit un tableau ancien donnant le château, vers 1669, tel qu'il fut embelli par Le Vau.

1. Louis Le Vau, architecte du Roi, travailla beaucoup au Louvre et aux Tuileries : il construisit les hôtels Colbert, Lambert, le Collége des Quatre-Nations, Vaux-le-Vicomte. Son frère François l'aida dans ses travaux. Il mourut à l'âge de 58 ans, en octobre 1670. Ses travaux furent continués par son élève François Dorbay.

André Le Nôtre était le fils du surintendant des jardins des Tuileries. Il passe avec raison pour le créateur du type des jardins appelés français. Né en 1613, il mourut en 1700, après avoir dessiné presque tous les parcs célèbres créés de son temps en France, en Italie et en Angleterre.

Charles Le Brun, fils d'un sculpteur, devint premier peintre du Roi, directeur des Gobelins, directeur de l'Académie de peinture. Il fit presque toutes les peintures de Versailles et donna les dessins des principaux groupes destinés à être reproduits en plomb, en marbre ou en bronze. Girardon, les Marsy, Tubi, etc., travaillèrent d'après ses indications ; seul Puget refusa constamment de suivre sa direction. Il mourut en 1690, à l'âge de 72 ans.

2. Pour ce qui suit, consulter le plan de La Pointe, dressé vers 1667, voir fig.. 3 ; voir également, fig. 208 et 209, le château de Louis XIII.

3. Mot de Bassompierre sur le château de Louis XIII.

Pour les jardins, ce n'est pas un embellissement, mais bien une création de toutes pièces, et jamais cette première création ne sera plus modifiée dans son ensemble. Avec

Fig. 209. — Le château en 1668, d'après un tableau ancien.

1 Rondeau sur la terrasse.
2 L'ovale ou Latone.
3 Bassin des cygnes ou Apollon.
4 Le grand canal.
5 Les lézards.
6 La Sirène.
7 Les couronnes.
8 La pyramide.
9 La grotte de Téthys.
10, 11 et 12 Réservoirs de glaise.

une sûreté de vue admirable, Le Nôtre crée, dans le parc, pour les trois façades du château, des horizons dont les beautés sont différentes. Sur la façade principale (fig. 210), le regard suit l'allée royale et va se perdre au delà du grand canal dans un lointain infini ; *au nord* (fig. 212), l'œil est amusé par l'allée d'eau et le bassin du grand jet ou du dragon qui la termine ; au midi (fig. 211), c'est, par dessus l'Orangerie et le lac des Suisses, la perspective des bois de Satory.

Tout cet ensemble était terminé en 1668 et peut se voir déjà sur le plan relevé, la même année, par *de La Pointe* et que reproduit la figure 3.

On voit que les principaux bassins sont déjà en place ; mais leur effets d'eau ne se composent que de très modestes bouillons. Nous avons raconté les humbles débuts des grandes eaux de Versailles, quand nous avons parlé de l'inauguration qu'en fit Louis XIV en avril 1666[1]. C'est cependant dans ce premier parc que le jeune Roi donna les fêtes les plus brillantes de son règne. Les premières eurent lieu du 7 au 8 mai 1664, au plus fort de la passion du Roi pour la Vallière. Félibien nous en a laissé une description détaillée intitulée *les plaisirs de l'Ile enchantée*[2] et, dans les planches qui l'accompagnent, on voit les bassins sans ornements.

Fig. 210. — L'allée royale.

Deux ans après, au commencement de 1668, les bassins du dragon (fig. 211), de l'amour lançant une flèche (fig. 213), de la sirène avaient déjà leurs groupes de bronze ou de plomb ; l'ovale reçut aussi quelques accessoires du groupe de Latone. On parle de ces embelissements dans les descriptions de la fête célèbre que le Roi donna à la cour le 16 juillet 1668, deux mois après la paix d'Aix-la-Chapelle. Dans cette fête, qui coûta plus de cent mille livres, les eaux jouèrent dans la décoration le rôle principal. Nous croyons devoir donner, d'après Félibien, la description sommaire de quelques-uns des effets d'eau créés à cette occasion ; nous suivrons donc le Roi dans la promenade

1. Voir p. 31.
2. Cette description des fêtes de 1664 fut publiée seulement en 1673. Le texte est accompagné de neuf planches.
La fête de 1668, dont il est question plus loin, a été décrite par le même auteur et publiée en 1670 ; elle est accompagnée de cinq planches. Ces documents ne doivent pas être consultés au point de vue des dates des bassins, l'auteur ayant supposé terminés des travaux qui ne devaient l'être que deux ou trois ans après la fête.

Fig. 211. — Vue de la terrasse de l'Orangerie, lac des Suisses (*Rigault*).

Fig. 212. — L'allée d'eau et la fontaine du Dragon (Is. Sylvestre).

qu'il fit à travers le nouveau parc le jour de la fête, en nous arrêtant seulement aux fontaines[1].

Vers six heures, la Cour sortit sur la terrasse, passa devant la grotte de Téthys, descendit jusqu'au rondeau du Dragon, où venaient d'être installés les figures de plomb doré; puis, suivant l'allée qui borde le mur nord du parc, se rendit au centre d'un quinconce où cinq buffets avaient été dressés autour d'un jet d'eau. Après une première collation, le Roi reprit l'allée qui borde le nord du parc jusqu'à celle qui va au bassin des Cygnes, dont il contempla les nouveaux jets, puis se dirigea vers le carrefour, où sera plus tard le bassin de Saturne. Là, un théâtre avait été monté par Vigarani; on y donna *George Dandin*, de Molière, et un ballet de Lulli. Le Roi se rendit ensuite au point où, quelques années plus tard, devait s'élever la fontaine de Flore. Sur cet emplacement avait été construit un salon octogone, du dessin de Henri Gissey. Il avait la forme d'un dôme de verdure

Fig. 213. — L'Amour lançant une flèche de *L. Lerambert* (*Le Pôtre*).

dont l'intérieur était un enchantement de jets d'eau et de lumière. Un grand rocher représentant le mont Parnasse était surmonté d'un Pégase; d'abondantes cascades retombant du sommet formaient quatre grands fleuves et allaient se répandre sur les pelouses. Huit pilastres d'angle supportaient des coquilles de marbre superposées et se renvoyaient des nappes d'eau.

De là, après une collation, la Cour gagna, deux cents pas plus loin, un rond-point où Le Vau avait élevé une salle de bal. *Il n'y a pas de salon si beau, si grand, si haut*

1. On trouvera, à la chalcographie du musée du Louvre, un plan de De la Pointe analogue à celui qui est reproduit fig. 3, mais réduit aux bosquets. Le dessinateur y a marqué les palais provisoires construits pour la fête de 1668 et indiqué en pointillé, le chemin suivi par le Roi pendant la fête.

Les installations hydrauliques dont il va être question ont été exécutées par Denis Jolly. Les comptes détaillés se trouvent aux Archives Nationales, et on y peut suivre facilement la description des travaux exécutés pour la fête.

Fig. 214. — Intérieur de la grotte avec les groupes de marbre (*Le Pôtre*).

élevé, si superbe, dit Mademoiselle de Scudéry. Les parois étaient recouvertes de marbres, porphyres, festons de fleurs. Des effets hydrauliques formaient encore le plus grand attrait de cette salle. Il y avait des statues dont les piédestaux portaient des jets d'eau, des grottes avec cascades. Au bout d'une allée, qui s'ouvrait sur un côté de la salle, était une autre grotte, avec figures dorées de dieux marins, donnant naissance à un gros bouillon d'eau qui tombait, par trois nappes, en des vasques successives et se divisait, en bas, en deux canaux à goulettes qui descendaient jusqu'à l'entrée du salon et s'y réunis-

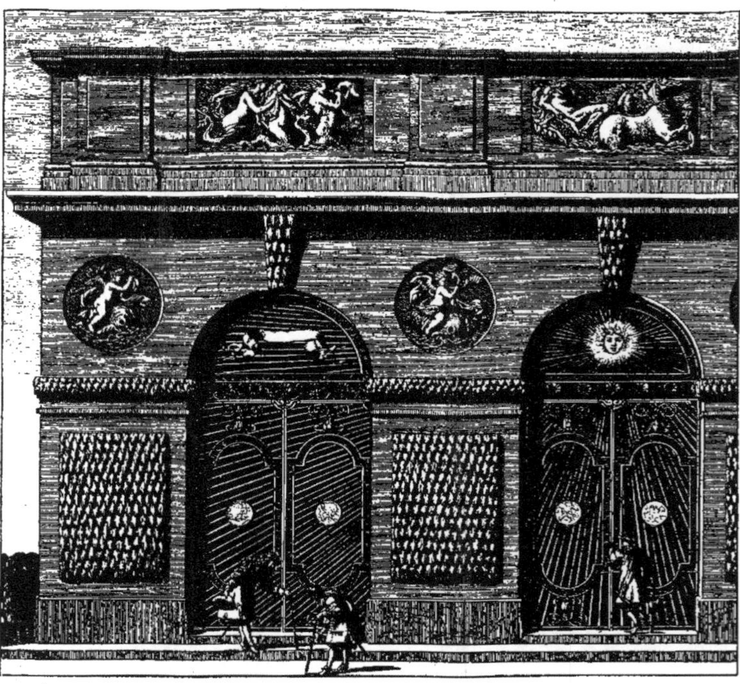

Fig. 215. — Partie de la façade extérieure de la grotte (*Le Pôtre*).

saient en un bassin. Un grand jet d'eau jaillissait dans ce bassin et, dans les autres canaux, seize autres plus petits.

La fête se termina par un immense feu d'artifice, tiré de dessus la Tour d'eau, et par une série d'illuminations ; après quoi la Cour retourna à Saint-Germain.

Plus de trois mille invités avaient assisté à cette fête restée célèbre ; parmi eux était Mlle de Scudéry, qui nous en a laissé une relation. Dans le mois qui suivit, on n'avait pas encore enlevé les pavillons provisoires montés dans les quinconces et c'est à ce moment

que La Fontaine vint visiter Versailles avec Racine, Boileau et Molière. La description
poétique qu'il a laissée de sa visite n'est pas, dit-il lui-même, *tout à fait conforme à l'état
présent des lieux ; je les ai décrits en l'état où dans deux ans on les pourra voir.* Tout le
monde connaissait les embellissements dont les bassins allaient être l'objet et les descriptions contemporaines en tiennent souvent compte comme s'ils étaient déjà exécutés.

Après les fêtes de 1668, l'ancien château de Versailles va subir, sur ses trois façades
extérieures, des agrandissements que nécessitent les séjours prolongés de la Cour. Les
mêmes artistes qui avaient embelli le château de Louis XIII sont chargés des nouveaux
travaux. La fig. 216, qu'il faut comparer avec la vue 208, montre les additions que fait
Le Vau. L'ancien château et la cour de marbre sont conservés, mais enveloppés, des trois
côtés extérieurs, de nouvelles constructions établies à l'emplacement des anciens fossés.
Ces nouvelles constructions formeront, en façade, une terrasse qui deviendra la galerie des
glaces et sur les ailes, au nord, les appartements du Roi ; au midi, ceux de la Reine.

Le parc, au contraire, n'est modifié ni dans ses dimensions, ni dans son plan ; mais
les bassins que nous connaissons vont recevoir les groupes magnifiques, lançant dans

Fig. 216. — Vue et perspective du château de Versailles avec le parterre d'eau du côté du jardin
(A. Perelle) (à gauche du château, la grotte de Téthys et, plus loin, également à gauche,
la tour d'eau).

toutes les directions des masses d'eau considérables, dont les bouillons, toujours renouvelés, donnent la vie aux perspectives créées par Le Nôtre.

Déjà, en 1668, les artistes avaient les commandes des principaux groupes dessinés
par Le Brun. Leurs sujets sont principalement tirés de la fable d'Apollon. Le Roi a conservé dans son cœur le souvenir des guerres civiles dont fut témoin son enfance ; Apollon,
terrassant le serpent Python, est pour lui le symbole qui figure l'écrasement de l'émeute.
Le bassin du Dragon, où le serpent est représenté percé de flèches, est l'un des premiers
créés [1]. Dans la suite la flatterie aime à revenir sur cette image et compare le roi vain-
queur à Apollon, au Dieu soleil. Charles Perrault nous raconte ainsi qu'il suit la conception des principaux sujets des bassins.

*Lorsque le roi eut ordonné la construction de la grotte de Versailles, je songeai que
Sa Majesté ayant pris le soleil pour sa devise... et la plupart des ornements de Versailles étant pris de la fable du soleil et d'Apollon (car on avait mis sa naissance et celle de*

1. Voir fig. 196 (frontispice), le projet complet que Le Brun fit pour ce bassin.

Diane avec Latone, leur mère, dans une des fontaines de Versailles où elle est encore ; on avait aussi mis un soleil levant dans le bassin qui est à l'extrémité du petit parc). Je songeai, dis-je, qu'à l'autre extrémité du même parc où était cette grotte (car elle a été démolie depuis), il serait bon de mettre Apollon qui va se coucher chez Téthys, après avoir fait le tour de la terre, pour représenter que le roi vient se reposer à Versailles après avoir travaillé à faire du bien à tout le monde. Je dis ma pensée à mon frère, le médecin, qui en fit le dessin, lequel a été exécuté entièrement, savoir : Apollon (fig. 214) dans la grande niche du milieu où les nymphes de Tethys le lavent et le baignent, et, dans les deux niches de côté, il représenta les quatre chevaux du soleil, deux dans chaque niche où ils sont pansés par des tritons. Lorsque le roi eut agréé ce dessin, M. Le Brun le fit en grand et le donna à exécuter, sans presque rien y changer, aux sieurs Girardon et Regnaudin, pour le groupe du milieu, et aux sieurs Gaspard Marsi et Guérin pour les deux groupes des côtés, où sont les chevaux pansés par les tritons. Mon frère fit aussi des dessins pour tous les autres ornements de cette grotte, figures, rocailles, pavé, etc. Il fit encore le dessin de la porte : c'était un soleil d'or (fig. 215) qui répandait ses rayons sur toute l'étendue des trois portes, lesquelles étaient des barres de fer peintes en vert. Il semblait que le soleil fut dans cette grotte et qu'on le vit au travers des barreaux de la porte.

Cette citation de Perrault nous dit la conception qui inspira les dessins des groupes décorant les principales pièces d'eau. Passons maintenant à l'étude particulière de chacun des bassins.

Pour la description, nous partagerons les bassins en deux groupes ; le premier comprendra les jets d'eau faisant partie des perspectives et le second se composera des rondeaux disséminés dans les bosquets. Les grandes perspectives sont, avec la terrasse : l'allée centrale avec son grand canal ; le parterre du nord que continue l'allée d'eau ; enfin, le parterre du midi avec la pièce d'eau des Suisses.

§ 2. — La Terrasse, grotte de Téthys, Parterre d'eau et combats d'animaux.

Tous les visiteurs de Versailles admirent la simplicité grandiose de la décoration de la terrasse sablée qui règne sur les trois faces du château donnant sur le Parc. L'aspect de cette terrasse fut plusieurs fois modifié.

En 1665 elle était ornée, sur la façade du château, de deux parterres de broderies et d'un rondeau avec un jet, ainsi qu'on peut le voir sur le plan de De la Pointe (fig. 3). Du côté nord, en face de l'allée d'eau, se trouvait un bassin rectangulaire dont l'ornement principal était un groupe de plomb doré exécuté par Marsy[1], qui fut placé en 1668 et représentait une sirène soutenue par un triton. La sirène jetait de l'eau par une grosse coquille qu'elle tenait à la bouche. Deux enfants, assis sur des dauphins, des accessoires de roseaux et de rocailles complétaient ce bassin, qui disparut vers 1680 [2].

Mais l'ornement le plus célèbre de la terrasse était, à cette époque, la grotte de Téthys dont nous avons déjà parlé et qui se trouvait à l'emplacement qu'occupe aujourd'hui le vestibule de la chapelle.

---

1. Les frères Gaspard (1625-1681) et Balthazar (1628-1674) Marsy étaient de Cambrai. Tous deux furent élèves de Michel Angier, de Sarrazin et de Buyster, et membres de l'Académie des Beaux-Arts. Nous verrons souvent leurs noms cités dans les travaux de sculpture et de stuc exécutés à Versailles.

2. Le bassin de la sirène se voit sur le plan (fig. 3). Il se voit également, mais sans ses groupes, au premier plan de la fig. 217 donnant la vue de la façade de la grotte.

La grotte de Téthys[1]. — La construction de la grotte de Téthys fut décidée dès le commencement des travaux d'embellissement de Versailles ; du reste, en ce temps, une grotte était le complément obligé d'un jardin d'agrément. Les premiers plans de la grotte de Versailles furent l'œuvre des Francini[2] ; ils comportaient une vaste salle dont les murs étaient couverts de rocailles et le sol orné de mosaïques avec effets d'eau cachés de tous côtés, soit pour le plaisir des yeux, soit pour mouiller les visiteurs, au gré des fontainiers ; des statues, des candélabres, des bas-reliefs, faits de coquillages, des orgues hydrauliques complétaient la décoration. En un mot, c'était la grotte classique de Florence ou de Rome, telle que nous l'avons souvent décrite. Ch. Perrault, nous a fait connaître comment il décida le roi à faire rentrer cette grotte dans le plan de décoration qui avait été adopté et qui était l'histoire d'Apollon, dont la grotte fut destinée à abriter la toilette et le repos. Les admirables groupes d'Apollon et de ses chevaux, exécutés par Girardon, Regnaudin, Tubi et Marsy, les bas-reliefs de Van Opstal transformèrent la grotte en un véritable musée et lui enlevèrent ainsi la banalité qui s'attache à une répétition.

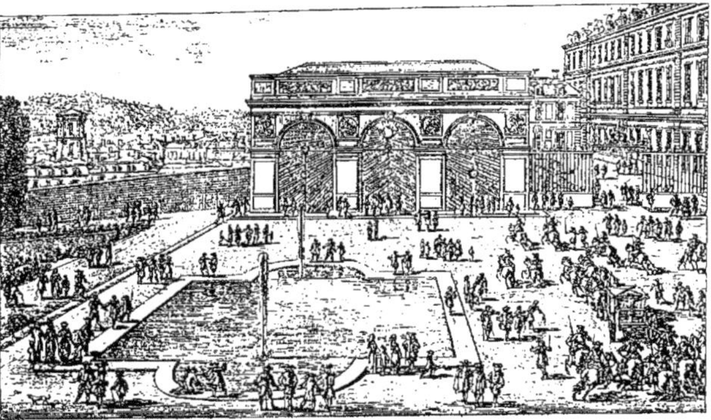

Fig. 217. — Vue de la grotte de Téthys ; au premier plan, le bassin de la sirène ;
à gauche, au second plan, la tour d'eau (*Pérelle*).

Rappelons les principales dates de la construction : Les fondations de la grotte furent commencées en 1665. C'était un bâtiment carré, percé sur la façade de trois larges baies fermées par des grilles[3] dont Perrault nous a donné la description (voir fig. 215). Dès cette année 1665 le sieur de Launay, qui venait de terminer la grotte de la ménagerie, commença les rocailles faites de pétrifications, de nacre, de corail, de croissances marines. Il les termina, en même temps que les mosaïques du pavage, en décembre 1666[4]. Les gravures de Le Pôtre et de Chauveau, datées de 1676[5], nous conservent les détails

1. Les contemporains écrivent aussi Thétis. Thétis était une belle néréide recherchée par Apollon, Téthys était l'épouse de l'Océan où tous les soirs va s'évanouir le soleil.
Le Lecteur voudra bien choisir entre les deux divinités.

2. Voir le renvoi 1 de la page 56. Les frères Francini qui travaillèrent à la grotte furent François de Grandmaison et Pierre.

3. Ces trois grilles, dont les barreaux convergents semblaient sortir d'un soleil central occupant les vantaux du milieu, étaient l'œuvre de Mathurin Breton, qui en fut payé 4.520 livres. Derrière les grilles étaient des nattes : le jour n'arrivait donc dans la grotte que par les parties circulaires du haut de ces grilles.

4. Il employa pour ce travail 7 rocailleurs et 4 manœuvres et reçut en paiement 20 mille livres environ.

5. On peut se les procurer à la chalcographie du musée du Louvre.

de ce travail important : *Le fond de la grotte était occupé par un fleuve couché, fait de mouillettes blanches, de coraux et de coquillages* (fig. 214) et dont l'urne laissait couler une nappe d'eau ; les piliers étaient ornés de sirènes, de mascarons, également de rocailles, de miroirs et de coquilles de marbre recevant de l'eau ; les lustres eux-mêmes, faits de coquillages, portaient des ajutages pour l'eau, au lieu de bougies. Au milieu de la salle était une table de jaspe, ornée en son centre d'un jet d'eau. Les orgues hydrauliques, qu'un sieur Desnots avait construites à Montmorency, furent montées en avril 1666[1]. Les célèbres statues qui faisaient le principal ornement de la grotte paraissent avoir été commandées à la même époque. Girard Van Opstal[2] fit les bas-reliefs de la façade, représentant Apollon à la fin de la journée, revenant fatigué dans son char. Ces bas-reliefs étaient en place en 1667. Les statues d'Acis et Galatée, œuvres de Baptiste Tubi le Romain[3], occupaient les niches latérales de la salle. Enfin, les groupes principaux qui étaient contre la paroi du fond de la grotte ne furent placés qu'en 1672.

Voici, d'après la légende inscrite au-dessous de la gravure d'Edelyn, la description du groupe central : *Le soleil, après avoir achevé son cours, descend chez Téthys, où six nymphes sont occupées à le servir et à lui offrir toutes sortes de rafraîchissements.* Il est de François Girardon, de Troyes[4], pour la partie centrale, et de Thomas Regnaudin, de Moulins[5] pour les nymphes du second plan. Les deux groupes latéraux, représentant chacun deux chevaux pansés par deux tritons, étaient l'un des Marsy, l'autre de Gilles Guérin[6], Parisien.

Nous avons dit que La Fontaine vint visiter le parc de Versailles, pendant l'été de 1668, avec ses amis Racine, Boileau et Molière. Sur le soir, les poètes s'arrêtèrent dans la grotte dont on fit pour eux jouer les eaux. *Les quatre amis, ne voulant pas être mouillés, prièrent celui qui leur faisait voir la grotte de réserver ce plaisir pour le bourgeois ou pour l'Allemand*[7] *et les placer en quelque coin où ils fussent à couvert de l'eau.* La Fontaine décrit ainsi qu'il suit, dans son poème de Psyché, les effets d'eau de la grotte et les orgues imitant le chant des oiseaux :

> *L'onde tient sa partie. Il se forme un concert*
> *Où Philomèle, l'eau, la flûte, enfin tout sert.*
> *Deux lustres de rocher de ces voûtes descendent,*
> *En liquide cristal leurs branches se répandent ;*
> *L'onde sert de flambeau : usage tout nouveau.*
> *L'art en mille façons a su prodiguer l'eau :*
> *D'une table de jaspe un jet part en furie*
> *Puis en perles retombe.....*

1. Ces orgues furent payées en 1672. Leur installation fut faite par Denis Jolly et les mémoires se trouvent aux archives nationales : leur lecture indique que les mouvements, roues hydrauliques, étaient identiques à ceux de Protalino que nous avons décrits p. 236.

2. Girard, Van Opstal, d'Anvers (1595-1668), membre de l'Académie.

3. Jean-Baptiste Tubi (1625-1700) vint tout jeune en France où il travailla sous la direction de Le Brun, qui fit tous les dessins de ses œuvres de sculpture. C'était un excellent praticien.

4. François Girardon, de Troyes (1628-1715), fils d'un fondeur de métaux. Il fut distingué par le chancelier Séguier, qui le plaça chez François Augier. Il travailla ensuite sous la direction de Le Brun, dont il exécuta les compositions, ce qu'avait toujours refusé de faire Le Puget.

5. Thomas Regnaudin, de Moulins (1627-1706), élève de François Augier, fut de l'Académie de peinture et de sculpture et travailla beaucoup au Louvre et à Versailles.

6. Gilles Guérin, de Paris (1606-1678), élève du statuaire Le Brun, travailla au Louvre et à beaucoup d'églises de Paris.

7. La Fontaine fait allusion aux jets qui pouvaient s'échapper *d'entre les petits cailloux qui servent de pavé et par mille trous imperceptibles.* De même, le pavage, au pourtour extérieur de la grotte, était garni d'ajutages permettant d'envoyer mille petits jets croisés pouvant en défendre l'approche. Une gravure de Pérelle montre un groupe d'étrangers contemplant la grotte et surpris par une avalanche de jets d'eau sortant d'entre les pavés. Ces farces italiennes paraissent avoir été supprimées presque immédiatement.

Voici la description des ornements des piliers :

Au haut de chaque niche un bassin répand l'onde :
Le masque la vomit de sa gorge profonde ;
Elle retombe en nappe et compose un tissu
Qu'un autre bassin rend sitôt qu'il l'a reçu...
Quand l'eau cesse et qu'on voit son cristal écoulé,
Le nacre et le corail en réparent l'absence,
Morceaux pétrifiés, coquillages, croissances,
Caprices infinis du hazard et des eaux
Reparaissent aux yeux plus brillants et plus beaux.

Au fond de la grotte La Fontaine voit le fleuve couché, versant une large nappe d'eau sur laquelle se détachera plus tard le groupe de Girardon :

Le Dieu de ces rochers, sur une urne penché,
Goûte un morne repos, en son antre couché.
L'urne verse un torrent ; tout l'antre s'en abreuve ;
L'eau retombe en glacis et fait un large fleuve.

Les statues ne seront posées dans la grotte que quatre ans après ; cependant le poète les décrit, comme si elles s'y trouvaient déjà ; c'est d'abord Acis et Galatée :

Aux deux bouts de la grotte et dans deux enfonçures
La sculpture a placé deux charmantes figures :
L'une est le jeune Acis, aussi beau que le jour.
Des accords de sa flûte inspirant de l'amour.
Debout contre le roc, une jambe croisée,
Il semble, par ses sons, attirer Galatée,
Par ses sons et peut-être aussi par sa beauté.

Puis, c'est le groupe d'Apollon, image du roi :

Ce dieu, se reposant dans ces voûtes humides,
Est assis au milieu d'un chœur de néréides.
Toutes sont des Vénus, de qui l'air gracieux
N'entre point dans son cœur et s'arrête à ses yeux :
Il n'aime que Thétis et Thétis les surpasse.

Après cette allusion à la fidélité du roi pour la reine, le poète vante la beauté de chaque naïade, puis passe aux groupes latéraux :

Les coursiers de Phœbus aux flambantes narines
Respirent l'ambroisie en des grottes voisines.
Les tritons en ont soin : l'ouvrage est si parfait
Qu'ils semblent panteler du chemin qu'ils ont fait.

La grotte était ce qu'on appellerait aujourd'hui la grande attraction du Parc ; tous les contemporains l'ont chantée. Le roi aimait à la faire visiter aux étrangers. Contre sa façade on monta quelquefois des théâtres provisoires et les trois fameuses grilles formaient comme la toile de fond du décor. Une fois terminée et ornée des sculptures qui en faisaient la beauté, elle ne resta debout que dix ans. En 1684 elle fut démolie pour permettre la construction de l'aile du nord du château. Les statues d'Acis et de Galatée, les trois groupes d'Apollon et de ses coursiers allèrent orner le bosquet des dômes nouvellement créé.

Ancien parterre d'eau. — Nous avons dit qu'au début, l'ornement de la terrasse, sur la façade du côté du château, était un simple rondeau avec deux parterres en

Fig. 220. — Le nouveau parterre d'eau (*Rigaud*).

broderie (voir plan n° 3). En 1673, tout cet ensemble fut remanié et remplacé par ce qu'on appela *un parterre d'eau* (voir fig. 216 et plan fig. 9). C'était un bassin d'un dessin analogue à celui d'un parterre en broderie, dont le gazon aurait été remplacé par de l'eau. Le plan des archives, que reproduit la fig. 9, donne la forme compliquée de ce nouveau bassin ; la fig. 216 en est une vue.

Pour que le roi pût se rendre compte de ce projet, Colbert en fit faire le modèle par Anguier, Tubi, Cucci et Caffieri. En 1673 on en commença l'exécution et tout fut terminé en juin 1674. L'ornementation hydraulique se composait de cinq grands jets qui, dans la pensée du roi, devaient marcher tout le jour, et de deux bouillons placés dans les petits bassins latéraux. Des vases de cuivre, contenant des fleurs ou des arbustes, étaient posés dans la bordure qui entourait les bassins.

Mais ce n'était pas là toute la décoration rêvée par Le Brun pour le parterre d'eau. Les historiens de Versailles[1] ont retrouvé le projet grandiose de Le Brun, qui voulait peupler ce parterre de statues de marbre, distribuées avec symétrie et représentant les quatre enlèvements, les quatre éléments, les quatre parties du monde, les quatre saisons, les quatre poèmes, les quatre tempéraments, les quatre parties du jour, etc. L'exécution de toutes ces statues dura plus de quinze années ; c'est dire qu'elles ne furent jamais placées dans le cadre que Le Brun leur avait destiné, puisque le *parterre d'eau* n'exista que neuf années.

L'aspect de cette décoration compliquée, placée dans un même plan, devait être mal compris des visiteurs du parc ; pour en goûter le charme il fallait être placé à une certaine hauteur, aux fenêtres du premier étage du château. Les descriptions assez sèches que les contemporains ont laissées de cette décoration, les transformations qu'on lui fit plusieurs fois subir montrent le peu de succès qu'elle obtint et, en effet, les terrassiers démolirent le tout, dès 1683, pour établir les deux grands bassins rectangulaires que nous voyons aujourd'hui.

Parterre d'eau actuel. — On a conservé, à l'ensemble des deux grands bassins qui ornent la terrasse et qui sont du dessin de Mansart, l'ancien nom de parterre d'eau. *Ces canaux[2] ont vingt toises de large dans œuvre, 40 de long et 700 pieds de tour. Ils sont accoudés par les coins et leurs rebords, qui sont tout de marbre, ont trois pieds d'épaisseur...[3] On dit aux ambassadeurs qu'on travaillait à des groupes de figures de bronze pour les orner ; que ces groupes devaient être d'environ 7 pieds de long et poser sur les rebords de ces canaux ; qu'on en devait mettre 12 sur chacun, savoir : deux fleuves avec leurs attributs, deux rivières et quatre nymphes accompagnées des attributs qui leur conviennent, avec quatre groupes d'enfants ; qu'au milieu de chaque canal il y aurait diverses figures pour représenter la naissance de Vénus et de Téthys ; qu'ainsi l'un de ces canaux serait appelé le canal de Téthys et l'autre le canal de Vénus ; et que ces figures devaient être accompagnées de dieux marins et de diverses sortes de poissons jetant de l'eau, le tout de bronze* (fig. 220).

Toute cette décoration du dessin de Le Brun fut exécutée, sauf les triomphes de Vénus et de Téthys, qui devaient occuper le centre des bassins. Les figures des fleuves et rivières furent confiées aux sculpteurs Coyzevox, Regnaudin, Tubi et Le Hongre, et

1. Voir l'ouvrage de M. *de Nolhac* sur la création de Versailles, et aussi la belle monographie du parterre d'eau de M. Pératé, qui se trouve dans la revue de l'histoire de Versailles, février 1899. Ne nous étendant que sur la partie qui regarde les eaux nous prions le lecteur de se reporter à ces deux publications, pour tous les détails concernant les ouvrages de sculpture, les prix qui furent payés, etc. Voir aussi la notice de M. Soulié sur le château de Versailles. Les statues qui devaient orner le parterre d'eau se trouvent dans divers endroits du parc. L'un des quatre enlèvements est au centre de la colonnade.

2. *Mercure galant* de novembre 1686, relation de la visite des ambassadeurs de Siam.

3. Voir plan fig. 16 et vue fig. 220.

celles des nymphes à Raon, Le Hongre, Magnier et Legros. Leur fonte fut exécutée par les Keller (fig. 221 et 222). Les huit groupes d'enfants furent l'œuvre de Laviron, Legros, Van Clève, Dugoulon, Granier, Maziore, Monnier, Collignon, Poultier, Buirette et Lespingola ; ils furent fondus, réparés et posés par Aubry, Bonvalet, Roger et Tombin

Fig. 221. — Un fleuve du parterre d'eau.

Fig. 222. — Une rivière du parterre d'eau.

(fig. 223 et 224)[1]. Tout cet ensemble de bronzes fut posé sur les rebords des bassins de 1683 à 1691. Quant aux triomphes qui devaient orner le centre des pièces d'eau, les modèles furent faits par Lecomte, Drouilly et Legeret, pour le bassin de Vénus, et par

Fig. 223. — Un groupe d'enfants du parterre d'eau.

Fig. 224. — Un groupe d'enfants du parterre d'eau.

Mazelines, Jouvenet et Hurtel pour le bassin de Téthys ; les modèles furent, en 1691, rangés dans la salle des Suisses, au Louvre, et depuis il n'en fut plus parlé.

Le roi Louis II de Bavière a fait construire, vers 1880, à une vingtaine de lieues de Munich, dans une île du lac Chiemsée, un château, copie textuelle de Versailles. Au

1. Ces renseignements et ceux qui suivent sont extraits de l'étude de M. A. Pératé, que nous avons déjà citée.

centre des bassins de la terrasse il a mis des groupes qui, dans sa pensée, devaient produire l'effet de ceux qui ne furent jamais placés dans les bassins de Versailles. Il nous a
semblé que leur masse nuisait à la grandeur des bassins.

Fɪɢ. 225. — Combat d'animaux du parterre d'eau (*de Mortain*).

Fɪɢ. 226. — Groupe du combat d'animaux.

Cabinets des animaux. — Les cabinets des animaux qui sont sur la terrasse, à
droite et à gauche de la descente au bassin de Latone, sont de la même époque que

les grands bassins du parterre d'eau. Commencés en 1684, ils étaient finis en 1685. Les deux cabinets sont semblables, formés de deux bassins de marbre superposés.

En avant et aux angles du bassin inférieur sont les combats d'animaux : le cabinet de gauche est orné d'un tigre terrassant un ours, et d'un limier attaquant un cerf (fig.

Fig. 227. — Groupe du combat d'animaux.

227 et 226); les deux groupes sont modelés par Houzeau. Ceux du cabinet de droite sont de Raon et Van Clève (fig. 225); ils représentent un lion dévorant un loup et un lion combattant un sanglier. Ces quatre groupes ont été fondus à l'arsenal par les Keller. La fig. 225 ne donne pas une idée de la beauté de ces cabinets. La verdure des grands

Fig. 228. — Groupe du combat d'animaux.

arbres qui les entourent, la blancheur des statues de marbre qui les encadrent, le volume d'eau de la gerbe centrale retombant en large nappe dans le bassin inférieur, les jets que les animaux combattants lancent obliquement par leurs gueules forment un spectacle qui retient longtemps l'attention charmée du visiteur.

§ 3. — L'allée royale, bassins de Latone, d'Apollon, et grand canal.

L'allée royale, qui forme la vue de la principale façade du château, est formée de la succession du parterre de Latone, du tapis vert, du rondeau d'Apollon, du grand canal et enfin de la large avenue de Villepreux. Rappelons les dates principales de son exécution. En 1661, elle est percée à travers les bois, élargie, en 1667, aux dimensions actuelles.

A son extrémité on creuse, en 1664, le grand rondeau des sources ou des cygnes, alimenté d'abord par des eaux superficielles provenant de l'emplacement de la pièce d'eau des Suisses. Ce rondeau deviendra le bassin d'Apollon quand on y aura placé le magnifique groupe de Tubi. En 1666, en tête de l'allée royale, les terrassiers aidés pour la première fois par les soldats suisses, font les déblais du *fer à cheval* et du *parterre bas*, avec l'ovale et les deux rondeaux, qui deviendront les bassins de Latone et des lézards. Enfin, les terrassements du grand canal commencèrent en 1668 et cette immense pièce d'eau fut mise, trois ans après, aux dimensions qu'elle a aujourd'hui.

Nous avons dit que l'ovale, que nous appellerons dorénavant bassin de Latone, ne reçut, en 1666, pour tout ornement que six jets et que le groupe de marbre de Latone et ses enfants, Apollon et Diane, commandé aux frères Marsy, dès 1667, ne fut mis en place qu'en 1670[1]. Il fut d'abord posé sur une masse de rochers (fig. 230). Dans un geste d'une noble simplicité, la déesse implore la protection de Jupiter contre les injures des paysans de la Licie ; tout autour, un groupe d'hommes et de femmes se métamorphosent en grenouilles, tout en continuant à lancer contre les dieux leurs imprécations sous forme de gerbes d'eau. Enveloppant ces groupes une ceinture de grenouilles, paysans déjà transformés, lance une nouvelle série de jets. Enfin deux jets latéraux plus forts que tous les autres, complètent l'ensemble hydraulique, qui offre le plus beau coup d'œil qu'on puisse imaginer.

La Fontaine, dans la première partie de *Psyché*, décrit ainsi les rampes qui mènent de la terrasse jusqu'au parterre de Latone :

> *En face d'un parterre au palais opposé*
> *Est un amphithéâtre en rampes divisé ;*
> *La descente en est douce et presque imperceptible ;*
> *Elles vont vers leur fin d'une pente insensible,*
> *D'arbrisseaux toujours verts, les bords en sont ornés.*
> *Le myrte, par qui sont les amants couronnés,*
> *Y range son feuillage en globe, en pyramide*
> *Tel jadis le taillaient les ministres d'Armide.*
> *Au haut de chaque rampe, un sphinx aux larges flancs*
> *Se laisse entortiller de fleurs par des enfants[2] ;*
> *Au bas de ce degré, Latone et ses géméaux*
> *De gens durs et grossiers font de vils animaux :*
> *Déjà les doigts de l'un en nageoires s'étendent ;*
> *L'autre en le regardant est métamorphosé ;*
> *De l'insecte et de l'homme, un autre est composé :*

1. Les parties de plomb de la décoration, paysans métamorphosés et grenouilles, étaient certainement en place en 1669.

2. Il s'agit des sphinx de marbre, exécutés par Lerambert, qui sont aujourd'hui à l'entrée du parterre du midi. Ils étaient autrefois de part et d'autre de la descente de la terrasse, vers l'allée royale. Louis Lerambert (1614-1670), peintre et sculpteur, élève de Vouet et de Sarrazin, travailla beaucoup pour le premier château de Versailles.

Fig. 230. — L'ovale ou bassin de Latone dans son premier état (Is. Sylbestre).

Son épouse le plaint d'une voix de grenouille ;
Le corps est femme encor. Tel lui-même se mouille,
Se lave, et plus il croit effacer tous ces traits,
Plus l'onde contribue à les rendre parfaits.
La scène est un bassin d'une vaste étendue,
Sur les bords cette engeance, insecte devenue,
Tâche de lancer l'eau contre les déités.

. . . .

Deux parterres ensuite entretiennent la vue,
Tous deux ont leurs fleurons d'herbe tendre et menue,
Tous deux ont un bassin qui lance ses trésors ;
Dans le centre en aigrette, en arc sur les bords,
L'eau sort du gosier de différents reptiles
Là sifflent les lézards, cousins des crocodiles [1].

Plus tard, on remania la disposition de la décoration ; le groupe de marbre de Latone fut placé sur une terrasse circulaire de marbre et les grenouilles qui étaient sur les bords du bassin furent mises à l'intérieur. La figure 231 donne cette seconde disposition.

Fig. 231. — Le groupe de Latone, disposition actuelle.

A la suite du parterre de Latone s'étend le tapis vert : il a 200 pieds de largeur et 1000 de longueur.

Le rondeau des cygnes, que dorénavant nous appellerons Bassin d'Apollon, est, avons-nous dit, au pied du tapis vert : il a 350 pieds de largeur. C'est au milieu de ce rondeau que fut monté, dans la nuit du 9 mai 1664, le palais d'Alcine, qui devait disparaître au milieu d'un feu d'artifice. Ce rondeau fut orné, en 1666, d'une gerbe d'eau importante entourée d'une infinité de plus petites, de façon à former un gros bouillon. Le groupe que nous voyons aujourd'hui, d'Apollon sur son char traîné par quatre chevaux, fut composé par Le Brun et commandé à Tubi en 1667. Il fut mis en place pendant l'été de 1670 ; les groupes de Tritons et chevaux marins qui entourent le char d'Apollon furent montés l'année suivante. (fig. 232 et 233). Toute cette décoration était en plomb et dorée. La dorure n'existe malheureusement plus, ce qui enlève au groupe sa clarté et le rend confus

---

1. Les lézards ornant ces deux rondeaux, qui encadrent le bassin de Latone, sont également des frères Marsy.

et difficile à comprendre quand il est couvert des vapeurs brillantes d'un jet d'eau de 57 pieds et de deux autres gerbes de 47 pieds de hauteur. Voici la description que La Fontaine donne du bassin d'Apollon et du canal qui lui fait suite :

> *On descend vers deux mers d'une forme nouvelle ;*
> *L'une est un rond à pans, l'autre est un grand canal,*
> *Miroirs où l'on n'a point épargné le cristal.*
> *Au milieu du premier, Phébus, sortant de l'onde,*
> *A quitté de Thétis la demeure profonde.*
> *En rayons infinis, l'eau sort de son flambeau ;*
> *On voit presque en vapeur se résoudre cette eau,*
> *Telle la chaux exhale une blanche fumée.*
> *D'atomes de cristal une nue est formée ;*
> *Et, lorsque le soleil se trouve vis à vis,*
> *Son éclat l'enrichit des couleurs de l'iris :*
> *Les coursiers de ce Dieu, commençant leur carrière,*
> *A peine ont hors de l'eau, la croupe tout entière :*
> *Cependant on les voit impatients du frein ;*
> *Ils forment la rosée en secouant leurs crins.*
> . . . .

Fig. 232. — Groupe du bassin d'Apollon vu de côté (*Du Portail*).

> *Muses, n'oublions pas à parler du canal.*
> *Cherchons des mots choisis pour peindre son cristal.*
> *Qu'il soit pur, transparent ; que cette onde argentée*
> *Loge en son moite sein la blanche Galathée,*
> *Jamais on n'a trouvé ses rives sans zéphyrs,*
> *Flore s'y rafraîchit au vent de leurs soupirs.*

Le grand canal, cette « mer » comme l'appelle La Fontaine, a la forme d'une croix ; La fig. 209 montre le canal dans son premier état. Sur le plan (fig. 11) il est achevé tel qu'il est aujourd'hui. La longueur du grand canal est de 4.700 pieds et sa largeur de 360 pieds ; à l'extrémité opposée au château, cette largeur est de 600 pieds formant ainsi une magnifique pièce d'eau. La longueur du petit bras de la croix, qui réunit les deux palais de Trianon et de la Ménagerie, est de 3.000 pieds.

La tête du canal, du côté du château, forme une grande pièce octogone, ainsi qu'on le voit sur la fig. 11 ; en 1679 on la décora de deux chevaux marins (voir fig. 233) exécutés par Tubi d'après les dessins de Le Brun ; ils lançaient des jets d'eau venant directement de l'étang de Clagny dont les eaux étaient à un niveau plus élevé que celui du canal [1].

Sur le canal on donna de nombreuses fêtes avec palais provisoires, pyramides, groupes illuminés, feux d'artifices, gondoles ornées de ceintures de lumières; elles ont fait l'objet d'intéressantes descriptions.

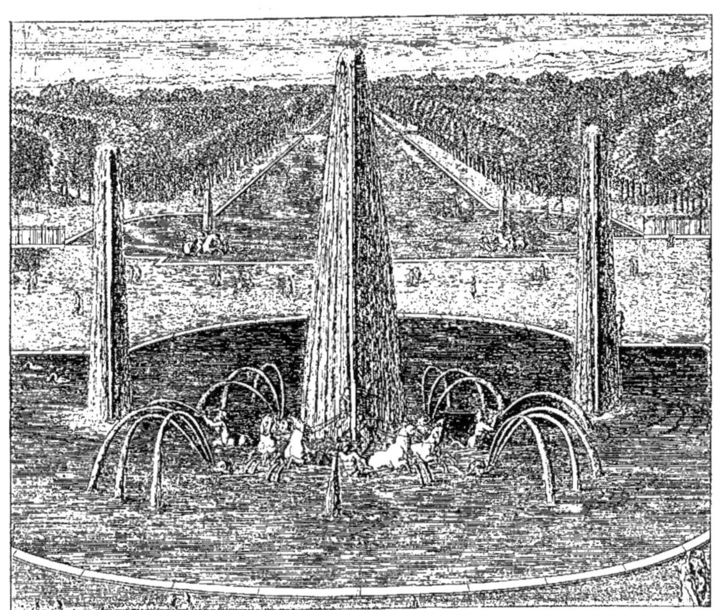

Fig. 233. — Le bassin d'Apollon. Au fond, le grand canal avec les chevaux marins qui existaient autrefois (*De Mortain*). '

§ 4. — Parterre du midi et Lac des Suisses.

Les parties du parc, sur lesquelles l'aile du midi prend sa vue, étaient mises, dès 1663, dans le premier état que nous montre le plan de De la Pointe (fig. 3).

Entre l'ancienne orangerie de Le Vau et le château, le roi eut, en 1664, son jardin à fleurs, au centre duquel était un rondeau qui reçut, au commencement de 1668, le groupe de Lerambert représentant l'amour lançant une flèche que formait un jet d'eau. On revoit sur la fig. 213, qui reproduit ce bassin, les balustres de la terrasse de l'orangerie et les pots de fleurs, réminiscence des jardins d'Italie.

1. Quand on décida la construction du grand canal, Denis Jolly, ingénieur du Roi, qui était consulté pour tout ce qui concernait les travaux hydrauliques, déclara que ce projet était irréalisable parce qu'il y avait dix pieds de pente depuis l'endroit où on devait commencer jusqu'à l'endroit où il devait finir. On voit combien la science des nivellements était peu connue.

19

Les anciennes gravures, datées de 1664, qui représentent l'orangerie de Le Vau, montrent, au premier plan, au pied des coteaux de Satory, un marais aux contours indécis. Le plan de De la Pointe (fig. 3) nous apprend que, vers 1668, on avait déjà commencé à donner au marais une forme régulière. Mais les grands travaux de la pièce d'eau des Suisses ne furent exécutés que de 1678 à 1682, en même temps que se faisaient les terrassements du bassin de Neptune et que l'on reconstruisait l'orangerie pour la mettre dans l'état où nous la voyons aujourd'hui. Ce travail fut l'œuvre du régiment des Suisses de Surbeck, qui campait alors sur le plateau de Satory. Nous avons déjà parlé de l'épidémie d'octobre[1] qui se mit parmi les troupes pendant l'exécution de ces immenses terrassements. Les déblais provenant de ce formidable travail servirent à établir la plate-forme du potager.

Le lac des Suisses[2] a 13 hectares de superficie. Il existe une légende populaire affirmant qu'il fut construit en une nuit, le roi ayant manifesté le désir de voir transformer en un magnifique lac le marais qui se trouvait devant ses fenêtres. Cette immense pièce d'eau et les bois de Satory qui l'enserrent dans leur cadre de verdure forment une admirable perspective. Le lac des Suisses est alimenté par des sources qui sortent du pied de la montagne de Satory. L'excès des eaux se rend par un aqueduc à la tête du grand canal. La fig. 211, reproduisant une estampe de Rigaud, montre la perspective de la pièce d'eau des Suisses, telle qu'elle est aujourd'hui : on voit, tout au fond, la statue du cavalier de Bernin. C'est au pied de cette statue que le bailli de Suffren, qui fut le marin le plus illustre de France, a été tué en 1788 par un courtisan. Les bassins que l'on voit sur la même gravure, devant l'orangerie et dans le parterre du Midi, sont ornés de simples jets.

§ 5. — Parterre du Nord, les Couronnes, la Pyramide, la Cascade, les Marmousets, le Dragon et Neptune.

Le parterre du Nord, qui forme la vue des grands appartements du roi, contient un grand nombre de bassins. Ce sont d'abord, dans le parterre qui est en contre-bas de la terrasse, les deux bassins semblables dits des *Couronnes* et la *Pyramide* appelée souvent le *Pot bouillant*. Faisant suite au parterre du Midi, s'étend l'*Allée d'eau* ou des *Marmousets*, en tête de laquelle est la *Cascade* ou les *Bains de Diane*. Au pied de cette allée est le rondeau du *Grand jet* ou du *Dragon* terrassé par Apollon, et enfin, en contre-bas de ce dernier bassin, s'étend la célèbre pièce d'eau de *Neptune*.

Les deux bassins des Couronnes et le rondeau du Grand jet furent les premiers exécutés.

Le bassin du Grand jet ou du Dragon, creusé en 1665, a 20 toises de diamètre ; il fut orné d'un *grand jet* en 1666 et reçut, en 1668, le groupe du Dragon, œuvre des frères Marsy. « Un dragon de bronze, dit Félibien, percé d'une flèche, semble vomir le sang par la gueule en poussant en l'air un bouillon d'eau qui retombe en pluie et couvre tout le bassin (fig. 212). » Quatre amours montés sur des cygnes et quatre dauphins complètent la décoration. Le tout était de plomb doré et disparut au xviiie siècle ; on l'a refait de nos jours en s'inspirant des anciennes estampes. Nous avons placé en frontispice (fig. 196) le projet primitif de Le Brun.

---

1. La pièce d'eau des Suisses a 350 toises de long, en y comprenant les deux parties de cercle qui la terminent, et 120 de large ; on a coutume de dire qu'elle a la même surface que le jardin des Tuileries. Ce jardin a 360 toises de long sur 190 ; si on comprend les glacis qui entourent la pièce d'eau des Suisses, elle est plus grande que les Tuileries.

2. Voir, p. 21, lettre de Mme de Sévigné.

Les rondeaux des Couronnes étaient autrefois ornés de couronnes[1], souvenirs d'une décoration analogue de l'un des bassins du château de Vaux. Les fig. 235 et 236 donnent les vues des groupes qui ont remplacé les couronnes. Ils paraissent être le commencement d'une décoration (fig. 234), dessinée par Le Brun, qui serait restée inachevée. En 1669, on ajouta, au parterre du Midi, le bassin de la Pyramide, puis, à sa suite, en contre-bas,

Fig. 234. — Le bassin de la Couronne (*Le Brun*).

la Cascade et l'Allée d'eau. Charles Perrault attribue encore à son frère Claude la conception de ces bassins. « Mon frère, dit-il, fit aussi le dessin de l'Allée d'eau qui fut entièrement exécuté. En ce temps-là le Roi laissait ordonner de toutes choses à M. Colbert, et ce ministre avait confiance en nous pour l'invention de la plupart des dessins qu'il y avait

Fig. 235. — Groupe central d'un bassin des Couronnes.

à faire. Mon frère donna aussi le dessin du bas-relief de la fontaine qui est au-dessous de la fontaine de la Pyramide (la cascade), que M. Girardon exécuta avec encore plus d'agré-

1. « Au milieu de ces bassins est une couronne fermée, soutenue par des tritons et des sirènes, le tout de bronze (plomb) doré. Du milieu de la couronne et des fleurons dont elle est ornée, il sort onze jets d'eau », Félibien

ment que le dessin n'en avait ; ce bas-relief est peut-être un des plus beaux qu'il y ait eu jusqu'alors. »

Félibien décrit ainsi ces diverses fontaines, dont les fig. 237 à 245 donnent l'aspect :

« **La fontaine de la Pyramide** (fig. 237) est ainsi nommée à cause de sa figure, car le haut est un gros vase qui sort d'un bassin soutenu par quatre écrevisses, qui servent

Fig. 236. — Groupe central d'un bassin des Couronnes.

de consoles posées dans un autre bassin plus large, porté par quatre dauphins ; ces dauphins ont la tête sur les bords d'un autre bassin, que tiennent quatre jeunes tritons, qui ont une double queue, et qui posent dans un autre bassin encore plus grand, soutenu par

Fig. 237. — La Pyramide.

quatre consoles en forme de pied de lion, et par quatre grands tritons qui semblent nager dans le grand bassin dont les bords sont de pierre et au niveau de la terre avec un rebord de gazon tout autour. Ce bassin est de figure carrée, mais arrondie des quatre côtés. Il

Fig. 239. — Les bas-reliefs du fond de la cascade, ou bains de Diane, que recouvre la nappe d'eau tombant en cascade.

reçoit toute l'eau qui tombe avec abondance, et en forme d'une grosse gerbe, du vase qui est tout au haut des bassins, d'où elle retombe successivement de l'une en l'autre comme par grandes nappes, qui forment comme autant de cloches de cristal qui s'élargissent à mesure qu'elles descendent en bas[1]. »

La Cascade. — « Proche de la pyramide, et à la tête de l'Allée d'eau qui descend à la fontaine du Dragon, est un grand bassin carré, dans lequel tombe une nappe d'eau qui couvre comme d'un voile d'argent un grand bas-relief de bronze doré où l'on voit des nymphes qui se baignent (fig. 239). A côté de ce bas-relief, il y en a d'autres qui représentent des divinités des eaux et quelques enfants. Ceux qui sont en face sont séparés par de gros masques qui jettent de l'eau par la bouche et qui ressemblent à des faunes ou à des satyres, dont on ne voit que la tête et les pieds, comme si le reste de leur corps était enfermé dans la pierre même dont le bassin est revêtu. »

Les Marmousets (fig. 240 à 245). — « En suite de ce bassin, et tout le long de l'allée, il y a deux rangs d'autres petits bassins de fontaines de différentes figures posés sur deux bandes de gazon... Dans chacun de ces bassins est un groupe de trois enfants

Fig. 240.   Fig. 241.   Fig. 242.

Les Marmousets.

qui portent d'autres bassins faits en manière de guéridons. Mais ce qui est digne d'être remarqué est l'agréable disposition de tous ces enfants, et leurs différentes actions. Car, comme de chaque côté de l'allée, il y a sept groupes de ces enfants disposés d'espace en espace, les deux premiers de ces groupes, que l'on trouve vis-à-vis l'un de l'autre, représentent de jeunes tritons qui portent de grandes coquilles en forme de bassin, pleines de corail et de divers coquillages.

« Les seconds sont trois jeunes enfants qui portent un bassin rempli de diverses sortes de fruits.

« Les troisièmes sont deux amours et, au milieu d'eux, une jeune fille. Ils soutiennent ensemble une corbeille pleine de fleurs.

« Les quatrièmes sont trois jeunes enfants qui portent un bassin rempli de fruits et appuyés sur le tronc d'un arbre.

« Les cinquièmes sont trois autres enfants appuyés contre un piédestal sur lequel est un bassin ; ils tiennent des tambours de basques, des flûtes et des flageolets.

« Les sixièmes sont trois petits satyres qui ont sur leurs têtes des corbeilles pleines de fruits.

1. La décoration de plomb de cette fontaine est l'œuvre de Girardon. Nous avons vu plus haut que les bas-reliefs de la Cascade dont il est parlé ensuite sont aussi de Girardon.

« Les septièmes, qui sont au bas de l'allée, sont de jeunes thermes, c'est-à-dire trois figures d'enfants qui n'ont que la moitié du corps au naturel ; le reste, depuis le ventre en bas, se termine en forme de piédestal.

« Tous ces divers enfants sont de bronze doré, de même que les fleurs et les fruits dont les bassins et les corbeilles sont remplis... Du milieu de chaque corbeille ou bassin, s'élève un gros jet d'eau qui baigne les fleurs et les fruits et retombe dans les bassins où sont posés les pieds des enfants. Les tapis de gazon sont garnis des deux côtés, depuis un des bassins jusqu'à l'autre, de plusieurs vases de cuivre peints et dorés, et remplis de petits arbrisseaux verts[1]. »

Ces vases de cuivre ont disparu. Les marmousets, qui étaient de plomb et portaient des coupes de fruits ou de fleurs, ont été remplacés, vers 1688, par des groupes semblables mais en bronze, surmontés de petites vasques de marbre au centre de chacune desquelles est un jet d'eau. Vers la même époque, on ajouta les huit groupes de marmousets qui sont au midi de la fontaine du Dragon. La décoration primitive fut exécutée par Lerambert.

La fig. 211 montre en perspective les premiers marmousets portant les corbeilles de fruits et de fleurs. Les fig. 240 à 246 reproduisent six groupes dans leur état actuel.

Pour terminer la description des fontaines formant la perspective de l'aile nord du château, il nous reste à parler du bassin de Neptune.

Fig. 243.　　　　Fig. 244.　　　　Fig. 245.

Les Marmousets.

Le bassin de Neptune est une des dernières créations de Le Nôtre pour Versailles. Nous voyons, sur le plan de 1674 (fig. 11), que le parc était limité derrière le rondeau du Dragon par une grille que longeait une allée de sapins et derrière laquelle s'étendait la colline où étaient construits les moulins à vent de Clagny. Le 1er mars 1678, Colbert écrivait au roi : « M. le Nostre fait faire un modelle de la nouvelle pièce d'eau pour y travailler incessamment, et ainsy j'espère, Sire, que tout ce que Votre Majesté a ordonné sera prest pour lui donner quelques plaisirs et quelque relasche après ses grandes et glorieuses conquestes. »

1. M. le Cte R. de Montesquiou a donné une jolie description en vers de l'allée d'eau :

En pente douce, en dôme vert, monte l'allée
Des marmots noirs mêlés au marbre violet.
Soixante-six bambins font un troupeau complet,
Sous vingt-deux miroirs d'eau qu'évente la feuillée.
Trois par trois assemblés sous la coupe émaillée,
Tel chasseur, tient sa pique, ou, chantre, un flageolet.
Gaines ou chèvrepieds, ils vont par triolet ;
Et, trois autres, Tritons, ont la jambe écaillée.

Louis XIV répondait de la citadelle de Gand : « Quand le modelle sera fait, il ne faut pas perdre de temps pour commencer à travailler de grossir l'ouvrage, car, pour les ornements, je serai bien ayse de voir le modelle devant qu'on y travaille. »

Les travaux commencèrent dès 1679[1], alors que le Nôtre était en Italie, et furent suivis par Mansard, qui dut changer quelques détails du projet primitif. La fig. 247 donne l'ensemble de ce premier bassin de Neptune.

Il se compose essentiellement d'un mur de soutènement de 270 mètres de longueur contre lequel vient se terminer l'immense nappe d'eau demi-circulaire. Sur le couronnement de ce mur de soutènement s'étend un canal sur le rebord duquel sont montés 22 vases de plomb, du dessin de Le Brun ; de chacun de ces vases sort une gerbe de 60 pieds de hauteur qui retombe dans des coquilles, de là, dans le canal, et enfin, par la bouche de mascarons, dans le bassin lui-même (fig. 249 et 250)[2]. Entre les vases sortent du milieu du canal autant de jets verticaux, et tout cet ensemble de 44 jets dominant la pièce d'eau

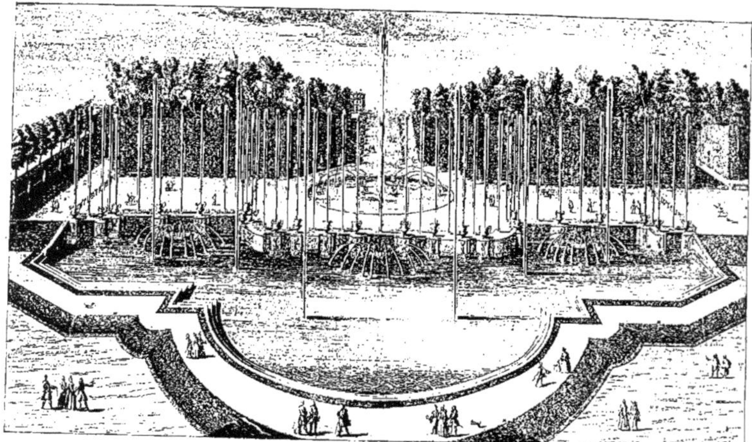

Fig. 247. — Le bassin de Neptune dans son premier état (*De Mortain*).

est d'un effet admirable, soit qu'on le regarde de face, soit qu'on le considère de côté, d'une extrémité du canal. Au pied du mur de soutènement qui forme le fond du bassin sortent trois bouillons formés de quinze jets chacun, et enfin de la grande nappe du bassin lui-même s'élèvent verticalement six grands jets[3] à 70 pieds de hauteur (fig. 248). Cet admirable travail hydraulique fut terminé en 1685 et inauguré par le roi le 17 mai. Il paraît établi que le projet comportait des groupes et des bas-reliefs qui devaient être placés le long du mur de soutènement ; le modèle du groupe central fut même confié à Houzeau

1. Les entrepreneurs des terrassements furent Dupuis, Boustrau et Loistrac ; les entrepreneurs des maçonneries furent Bailly et l'Espée. Ce dernier est le père du fameux abbé de l'Espée, fondateur de l'institution des sourds-muets.

2. Cette figure est extraite de l'intéressante étude sur le bassin de Neptune, publiée dans « Versailles illustré », par M. Alfred Leclerc.

3. Les deux jets rapprochés du centre sont doubles.

Fig. 248. — Bassin de Neptune sous Louis XV (*Rigaud*).

et Raon, et représentait Neptune et Amphithrite[1]. On estime que ce premier bassin coûta environ 200.000 livres.

Mal entretenu, le bassin de Neptune était déjà, à la fin du règne de Louis XIV, presque en ruines. Louis XV se décida à le refaire entièrement, tout en conservant ses principales dispositions, et cette réfection fut confiée à l'architecte Gabriel[2]. Le travail fut

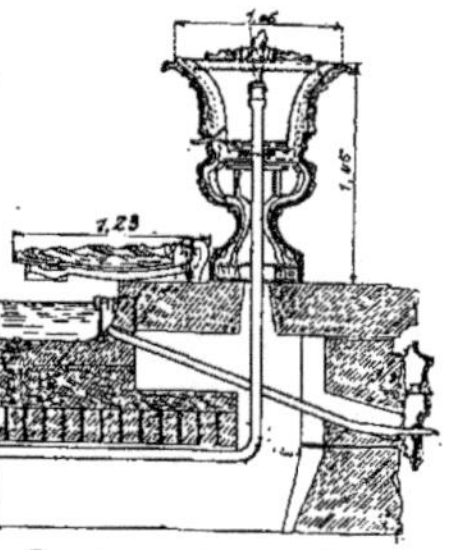

Bassin de Neptune (Canal)

Fig. 249.

exécuté de 1733 à 1736; le mur de soutènement qui forme le fond du bassin fut entièrement refait avec quelques modifications ; notamment Gabriel ajouta, aux pieds des deux murs en retour qui terminent le mur de soutènement, un piédestal que surmontèrent les dragons conduits par l'amour, modelés par Bouchardon. La réparation des coquilles et masques de plomb du mur de soutènement, ainsi que celle des 22 vases qui s'effondraient,

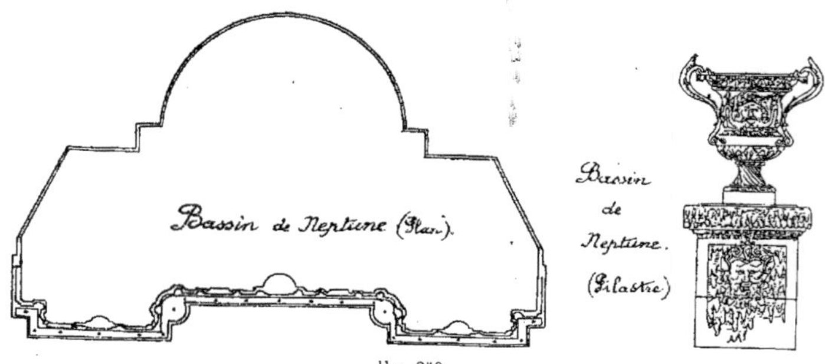

Bassin de Neptune (Plan).

Bassin de Neptune. (Pilastre)

Fig. 250.

1. D'après M. A. Leclerc, les 22 vases, les 22 masques et les 22 coquilles de plomb, placés sur ou contre le mur de soutènement, furent exécutés par Colignou, Lespingola, Foutelle, Le Gros, Raon, Magnier, Clérion, Tubi et Cornu. Le verny de bronze, qui s'appliquait au pinceau, fut posé par La Baronnière, père et fils, Chaillot et Bailly. Les modèles des sept groupes qui devaient, dans le projet primitif, être posés contre le mur de soutènement, furent exécutés par Clérion et Lespingola, Van Clève et Laviron, Cornu et Le Gros, Lespagnandel et Hardy. Le tout d'après des dessins de Le Brun. Les canalisations de plomb furent naturellement posées sous la direction de Denis.

2. Gabriel, élève de Mansard, 1667 à 1742.

par suite de la destruction par la rouille de leur ossature en fer, fut exécutée par Hardy et Rousseau. Enfin, on revint au projet primitif d'orner de groupes le mur de soutènement. En 1735, on ouvrit un concours à cet effet. Le projet présenté par Sigisbert Adam pour le groupe central l'emporta sur ses concurrents : Il représentait Neptune assis dans une conque, tenant des deux mains son trident; à sa droite, Amphitrite, le torse renversé,

Fig. 251. — Groupe central du bassin de Neptune, par S. *Adam*.

tourne la tête vers une jeune naïade qui lui présente un corail. A gauche de Neptune un triton souffle dans une trompe. Autour du groupe sont des dauphins et des monstres marins avec divers attributs. Sig. Adam s'associa avec son frère François pour l'exécution de cet immense travail[1] qui fut inauguré par le roi, le 11 août 1741, avec le plus grand succès (fig. 251). Lemoyne exécuta le groupe de droite qui représente l'Océan, assis et

Fig. 252. — L'Océan, par *Le Moyne*.

étendu sur un monstre marin, au milieu des roseaux et des poissons (fig. 252). Le groupe de gauche, dû à Bouchardon, représente Protée, fils de Neptune et de Phénice, assis et appuyé sur une licorne marine, au milieu des rochers, roseaux et poissons (fig. 253). Les

1. Sig. Adam fut reçu à l'Académie le 25 mai 1735; il mourut le 13 mai 1759. Il eut les plus grandes difficultés pour se faire payer son œuvre. Une requête qu'il adressa à ce sujet, en 1742, et où il rappelle qu'il est dans l'impossibilité de payer ses collaborateurs, montre la triste situation financière de l'artiste.

deux groupes de plomb qui décorent les pieds de la rampe, de chaque côté du bassin, sont du même artiste : ils représentent chacun un dragon marin conduit par l'amour (fig. 254) ; ils passent pour être parmi les meilleures œuvres du maître. L'ensemble de la réparation de Gabriel coûta à Louis XV 100.000 écus[1]. On voit ce nouvel état du bassin de Neptune fig. 237, dans la vue gravée par Rigaud.

Depuis ces travaux, le bassin de Neptune n'a plus été modifié, mais il dut subir encore de grosses réparations : la première eut lieu sous Louis XVI, en 1785, et fut dirigée

Fig. 253. — Protée, par *Bouchardon*.

par M. Heurtier ; la seconde fut exécutée par M. Leclerc, de 1883 à 1888, et fut presque une réfection totale. On a reproché au créateur du bassin de Neptune de n'avoir pas renversé sa composition, de façon à mettre en face du château le mur de soutènement avec ses jets et ses groupes ; le visiteur qui descend du château vers le dragon eût ainsi joui d'une plus belle perspective. Mais ce dispositif eut, suivant nous, privé le spectateur qui regarde le jeu des eaux, de la vue magnifique de l'Allée d'eau commençant par le Dragon et se terminant à la Pyramide.

Fig. 254. — Groupe latéral du bassin de Neptune, par *Bouchardon*.

Nous avons terminé la description sommaire des bassins qui ornent les perspectives qui font vis-à-vis aux trois façades du château. Il nous reste à parler des fontaines disséminées dans les bosquets du petit parc ; nous les partagerons en deux groupes, suivant qu'elles se trouvent au nord ou au sud de l'allée royale qui forme l'axe des bosquets.

1. M. Leclerc donne le poids de plomb entrant dans les divers groupes : le groupe d'Adam pèse 112.510 livres ; celui de Bouchardon, en y comprenant les dragons, pèse 73.350 livres, et enfin, celui de Lemoyne, 63.831 livres.

Les 22 vases, avec leurs coquilles, pèsent 42.300 kilog.

Le chéneau du canal du mur de soutènement pèse 51.000 kilog.

Les canalisations pèsent 95.000 kilog.

Les canalisations de plomb, qui alimentent les trois groupes du bassin de Neptune, ne présentent aucun intérêt au point de vue technique.

Frise marine, par *Le Brun*.

DIXIÈME PARTIE

LES GRANDES EAUX DE VERSAILLES — FONTAINES DES BOSQUETS

§ 1. — Bosquets de part et d'autre de l'Allée d'eau ; le Pavillon et l'arc de triomphe ; le Berceau d'eau et les Trois Fontaines.

Les bois qui forment le parc de Versailles sont partagés en compartiments par des avenues à angle droit et chacun d'eux devait recevoir, comme ornement principal, une fontaine ou un effet d'eau. Les plans, fig. 3 et 11, donnent la disposition de ces compartiments, de ces *bosquets*, laquelle a très peu varié depuis la création du parc.

Nous commencerons notre description par les fontaines des bosquets, qui sont de part et d'autre de l'Allée d'eau. Le plan, fig. 11, montre qu'en 1674, le bosquet de l'Est était occupé par la fontaine du Pavillon et celui de l'ouest par la fontaine du Berceau d'eau.

La fontaine du Pavillon (fig. 255) occupait le centre du bosquet de l'Est : « Elle est ainsi nommée, dit Félibien, à cause de quatre jets d'eau qui sortent de la gueule de quatre dauphins de bronze, qui sont aux quatre angles d'un grand bassin et qui, venant à se rassembler par le haut au gros jet du milieu, forment une espèce de pavillon.

« Ces cinq jets sont accompagnés de quatre autres qui sortent de quatre vases posés au milieu d'autant de bassins qui sont dans les quatre angles du cabinet. L'eau de ces jets va se décharger dans le bassin du milieu par quatre masques de bronze qui la vomissent dans des coquilles. »

La fontaine dite **le Berceau d'eau** (fig. 256) était une reproduction de l'Allée d'eau que nous avons décrite à propos du palais de Pratolino. « Une longue allée, dit encore Félibien, agréable par l'ombre et la fraîcheur de ses arbres, mais encore plus par une infinité de jets d'eau qui, jaillissant des deux côtés de derrière une banquette de gazon ornée de porcelaines, font un berceau d'eau, sous lequel on se promène sans en être mouillé. Aux deux bouts de cette allée, il y a deux gros vases de porcelaine d'où sortent plusieurs jets d'eau qui terminent la longueur du berceau et forment comme deux cabinets en pavillon. »

Ces deux bassins, de goût italien, devaient bientôt disparaître. En 1677, le Pavillon d'eau fut remplacé par les magnificences de l'arc de triomphe, de la composition de Le Nôtre et du dessin de Le Brun : les fig. 257 à 260 donnent une idée de ce que devint alors ce bosquet qui fut achevé vers 1683.

L'arc de triomphe forme le fond du bosquet à l'entrée duquel est « une fontaine d'une beauté surprenante [1]. La France y est figurée par une statue de bronze (plomb) doré, vêtue d'une mante royale, ayant un coq pour symbole sur son casque, et un soleil, qui est la devise du roi Louis XIV, sur son bouclier. Elle est assise sur son char posé sur des degrés de marbre blanc, environnée d'attributs et de trophées d'armes, et au milieu de deux figures, dont l'une est appuyée sur un lion et représente l'Espagne, et l'autre est

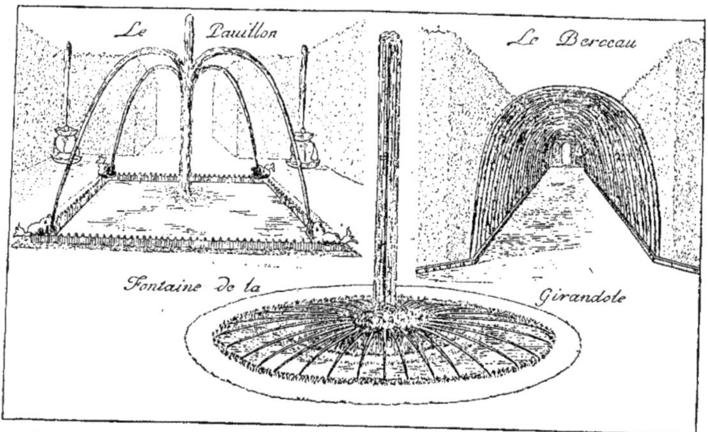

Fig. 255. — Le Pavillon.   Fig. 282. — La Girandole.   Fig. 256. — Le Berceau.

assise sur un aigle et représente l'Empire. Sur le dernier degré, il y a un dragon à trois têtes qui semble expirer. Il marque la désunion de la triple alliance. Ces figures sont de Tubi, Coyzevox et Prow (fig. 258).

« En montant vers l'arc de triomphe, on trouve, à main droite, la fontaine de la Victoire entre deux piédestaux et deux scabellons qui portent des bassins. Les piédestaux sont de marbre de Languedoc et ont, sur les faces, ainsi que tous les autres qui sont dans ce bosquet, des tables de marbre noir avec le chiffre du roi au milieu d'une guirlande de laurier. Quant aux scabellons, ils sont de marbre blanc avec des bas-reliefs d'une grande beauté.

« Dans la fontaine de la Victoire (fig. 259), celle-ci est représentée, sur un globe orné de trois fleurs de lys, entre des trophées d'armes et les attributs des quatre parties du

1. Extrait de Piganiol de la Force, 1730.

Fig. 257. — Vue d'ensemble du bosquet de l'arc de triomphe prise du groupe de la France triomphante dont on voit un jet au premier plan (*Rigaud*).

monde. Elle tient une couronne de laurier d'une main, et de l'autre une palme. Presque à ses pieds, il y a une coquille, du milieu de laquelle s'élève un jet d'eau qui, après avoir

Fig. 258. — La France triomphante (*Thomassin*).
(La vue de la fig. 257 est prise du premier degré de ce groupe mais en lui tournant le dos.)

Fig. 259. — (*Thomassin*).

passé dans la couronne et être retombé dans la même coquille, forme enfin une nappe d'eau qui se répand dans une parfaitement belle cuve carrée longue, de marbre d'Égypte, et enrichie d'ornements de métal doré. Au milieu de cette cuve s'élève un gros bouillon qui forme une seconde nappe et qui la couvre entièrement en tombant dans le bassin. Cette fontaine a été sculptée par Mazeline.

« La fontaine qui est à gauche et vis-à-vis celle que je viens de décrire, s'appelle la fontaine de la Gloire (fig. 260). Son ordonnance est la même que celle de la précédente, et ses figures sont de métal doré, d'après les dessins de Le Brun, par Coyzevox. On monte ensuite sur un petit glacis, par deux ou trois marches de marbre, et l'on trouve, de chaque côté, un banc de marbre blanc au milieu de deux scabellons de même, qui soutiennent des bassins.

« Auprès de ces bancs (fig. 257), il y a deux goulettes ou petits canaux taillés sur des tablettes de marbre blanc, qui sont interrompus par des chutes qui forment de petites cascades. Immédiatement, et assez près de l'arc de triomphe, on trouve de chaque côté

F_{IG}. 260. — Fontaine de la Gloire (*Thomassin*).

deux obélisques d'eau, de fer doré, entre deux piédestaux de marbre de Languedoc, qui soutiennent des bassins et qui sont semblables à ceux dont j'ai parlé d'abord.

« Ces obélisques sont des espèces de pyramides à jour et à trois faces, posées sur des piédestaux de marbre de Languedoc. Les encognures sont de métal doré, et le nud des faces paraît d'un beau cristal de roche par le moyen d'un tuyau montant qui est dans le milieu de l'obélisque, et dont l'eau, qui tombe des bandes de fer, posées à égale distance, forme des nappes et produit ce bel effet. Au milieu des obélisques on voit, entre deux scabellons de marbre blanc, qui portent des bassins, un buffet ou table sur laquelle on a élevé huit gradins en pyramide, qui paraissent de cristal, garni de vermeil, quand les eaux jouent, parce que le corps de chacun est formé par l'eau.

« L'arc de triomphe (fig. 257) est ensuite posé sur l'endroit le plus élevé du bosquet. Il est composé de trois portiques de fer doré, au-dessus desquels sont sept bassins d'où

20

s'élèvent autant de jets d'eau qui retombent dedans, et, de là, dans des coquilles qui sont des deux côtés et forment plusieurs nappes. Dans le milieu des portiques sont trois jets d'eau qui, étant dans des bassins élevés, forment autant de nappes. On monte à ces portiques par plusieurs degrés de marbre qui sont remplis de jets, dont l'eau retombe dans un grand bassin qui est au bas. Ce bosquet est du dessin de Le Nôtre[1]. »

L'ensemble des fontaines du bosquet de l'arc de triomphe a été restauré au XVIIIe siècle ;

Fig. 261. — Les Trois Fontaines (*De Mortain*).

aujourd'hui il n'en reste plus que quelques débris dont le principal est la fontaine de la France triomphante qui a été refaite entièrement il y a quelques années.

Les Trois Fontaines (fig. 261), qui remplacèrent le Berceau d'eau, sont de la même époque que l'arc de triomphe. Le Nôtre a ici profité, pour former une perspective, de la

1. Les parties en fer, obélisques et arc de triomphe, furent exécutées par Delobel.

pente du terrain. « Le premier bassin, dit Rigaud, tout en bas et sur le devant, est de forme octogone et jette seize jets d'eau, dont huit partent du centre et vont, en se recourbant, se terminer à l'extrémité. Les huit autres s'élèvent à 30 pieds de haut. Le second bassin est sur la première hauteur et de figure carrée. Il en sort dix jets d'eau, dont six (trois de chaque côté) forment une voûte d'eau d'une extrémité à l'autre. Les quatre autres s'élèvent verticalement de chaque angle du bassin. La hauteur où est situé ce second bassin est ornée de deux cascades fournies par l'eau de six bouillons, trois de chaque côté. Enfin le troisième bassin est rond : au centre sont 140 jets, qui forment une prodigieuse gerbe d'eau. La seconde hauteur où il est situé est ornée d'une cascade dans le milieu, fournie par six bouillons. Le tout fait un effet surprenant. »

Ces bassins sans portiques et sans sculptures ne valaient que par la disposition des lieux et l'arrangement des jets ; leur beauté naturelle était très admirée, et il est fâcheux que cette fontaine n'ait pas été rétablie.

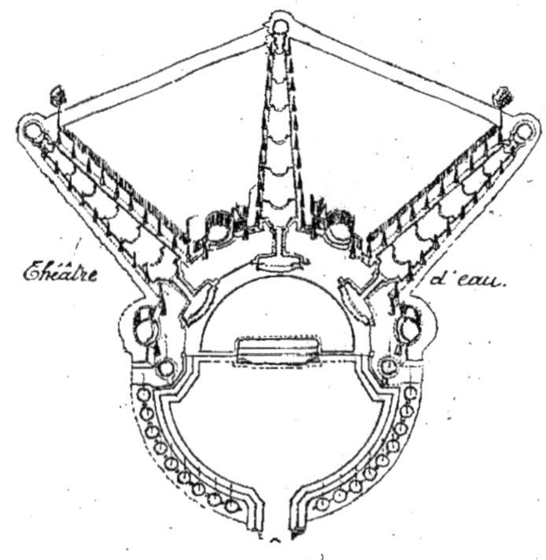

Fig. 262.

§ 2. — Fontaines des Bosquets du Nord :... Le Théâtre d'eau, le Marais et les Bains d'Apollon, le Dauphin, la Montagne d'eau, la Salle des Festins et l'Obélisque, l'Encelade, les Dômes, Cérès et Flore.

Le théâtre d'eau (fig. 263) occupait le compartiment qui fait suite au bosquet des Trois Fontaines ; il a été commencé en 1671 et fut le témoin de fêtes admirables [1] : « C'est une grande place presque ronde, dit Félibien, qui a environ 26 toises de diamètre. Elle est séparée en deux parties. La première contient un demi-cercle autour duquel sont élevées trois marches en forme de siège pour servir d'amphithéâtre, qui est environné d'allées couvertes d'ormes sur le devant et de palissades de charmes derrière. »

En 1677, on plaça, en arrière de ces trois marches, en forme de sièges, dix-huit bassins que l'on voit sur les fig. 262 et 263.

1. Lire dans Félibien la description de la fête de 1674.

Fig. 263. — Le Théâtre d'eau (*Rigaud*).

« L'autre partie, qui est élevée d'environ 3 à 4 pieds, est le théâtre. Il s'élève dans le fond par un petit talus de gazon qui laisse des passages pour les acteurs ; et, dans la palissade qui l'environne, il y a quatre grandes niches remplies de bassins de fontaines rustiquement travaillés. Dans ces bassins, il y en a d'autres plus élevés où sont assis des enfants qui se jouent les uns avec un cygne, les autres tiennent un griffon, les autres une écrevisse et les autres une lyre (fig. 264 et 265), le tout de bronze et d'où sort de l'eau en abondance. Entre ces quatre niches sont trois allées qui s'enfoncent dans le bois et forment trois perspectives d'une beauté toute nouvelle. Car le milieu de chaque allée est comme un canal de 4 à 5 toises de large, revêtu de deux côtés de divers coquillages avec un glacis de gazon qui borde les deux contre-allées qui sont terminées d'un côté par des palissades de charmes, et de l'autre, le long du canal, par des petits arbrisseaux verts, avec des pots de porcelaine pleins de fleurs d'espace en espace. Ces canaux ne sont pas remplis

Fig. 264.   Fig. 265.
Fontaines du Théâtre d'eau (*Le Brun*).

d'une eau tranquille et paisible : ce sont plusieurs cascades qui tombent les unes dans les autres et qui tirent leur source d'un grand bassin de coquillages élevé sur trois autres au bout du canal. L'eau qui en sort par grandes nappes vient enfin jusque sur le derrière du théâtre où, après avoir passé par des goulettes, elle finit dans trois bassins qui sont vis-à-vis de ces longues cascades (fig. 262 et 263).

« Il y a encore aux deux côtés du théâtre, joignant l'amphithéâtre, deux bassins d'où s'élèvent deux lances d'eau ; et du bord du théâtre tombent deux grandes nappes d'eau, l'une sur l'autre, qui le séparent de l'orchestre. Mais ce qui est le plus surprenant est la quantité de jets d'eau qui s'élèvent du milieu de ces canaux et des côtés des allées, lesquels forment une infinité de figures d'eau toutes différentes. »

Par un jeu des robinets, le fontainier pouvait, en effet, à son gré, modifier de dix façons différentes l'aspect des eaux, combinant, selon les ordres, les jets, grilles, bouillons, berceaux, lances, aigrettes, etc.

Toute une série de statues complétait la décoration de cet admirable bosquet.

Le théâtre d'eau était en ruines dès 1750. « A l'entrée de ce bosquet, dit Dargenville, est un petit bassin de plomb d'où s'élève une gerbe. On le nomme *Bassin des enfants*, parce que plusieurs enfants y sont représentés nageant. » Il paraît être, d'après M. de Nolhac, de 1714 ; on l'appelle aussi Bassin d'Antin, ce qui semble le rattacher à la surintendance du duc d'Antin [1]. Ce dernier bassin existe encore, c'est le dernier vestige du Théâtre d'eau (fig. 266).

Le Marais (fig. 267) occupait autrefois une portion du bosquet qui touche, au sud, celui du Théâtre d'eau, et dans lequel se trouvent aujourd'hui les Bains d'Apollon. Le roi recherchait les motifs pouvant servir de prétexte à la création de fontaines. « Les dames, dit Perrault, ayant remarqué que le roi y prenait plaisir, elles voulurent en donner, de leur côté, pour amuser le roi agréablement. Mme de Montespan donna le dessin de la pièce du Marais, où un arbre de bronze jette de l'eau par toutes ses feuilles de fer-blanc, et où les roseaux de même matière jettent aussi de l'eau de tous côtés. » Voici comment

Fig. 266. — Fontaine des enfants.

Félibien décrit ce bassin depuis longtemps disparu : « C'est un grand quarré d'eau, au milieu duquel est un gros arbre si ingénieusement fait qu'il paraît naturel. De l'extrémité de toutes ses branches sort une infinité de jets d'eau qui couvrent le marais. Outre ces jets il y en a encore un grand nombre d'autres qui, jaillissant des roseaux qui bordent les côtés de ce quarré, le font paraître un véritable marais. Aux quatre coins sont quatre cygnes dorés, qui semblent avoir fait leur nid dans les roseaux et qui jettent une quantité d'eau considérable. »

« Aux deux bouts de ce quarré d'eau sont deux enfoncements où l'on monte par des marches de gazon. Au milieu de chacun de ces enfoncements, il y a une grande table ovale de marbre blanc, de 12 pieds de long, soutenue par un piédestal de quatre consoles de marbre jaspé. Sur chaque table, il y a une corbeille de bronze doré remplie de fleurs au naturel, de laquelle sort un gros jet d'eau qui retombe dedans, et s'y perd sans mouiller la table, en sorte que quand on y mange, on a le plaisir de voir élever cette fontaine au milieu de tous les mets, sans que l'eau tombe dessus, ni qu'on puisse en recevoir aucune incommodité. Au milieu des allées des côtés, il y a aussi des enfoncements qui ont plus

1. Le duc d'Antin fut surintendant de 1708 à 1736. Voir p. 5, renvoi 2.

de 3 toises de profondeur, sur plus de 6 toises d'ouverture, où, sur des marches de gazon, sont élevées de longues tables de marbre blanc avec trois gradins au-dessus, de marbre blanc et rouge, en forme de crédence pour servir de buffets. Elles sont portées par quatre consoles qui finissent en pattes de lion. De ces gradins jaillissent plusieurs jets d'eau, dont la chute forme des nappes qui retombent par cascades jusques sur la table sans la mouiller ; l'eau qui sort aussi par divers ajutages forme des vases, des aiguières, des verres et des carafes, qui semblent être de cristal de roche garnis de vermeil doré. »

Ces dernières fontaines hydrauliques, dont parle Félibien, s'obtiennent aisément à l'aide de tuyaux courbes terminés par des ajutages aplatis ; les éditions italiennes du XVIe siècle, d'Héron d'Alexandrie, les décrivent avec complaisance.

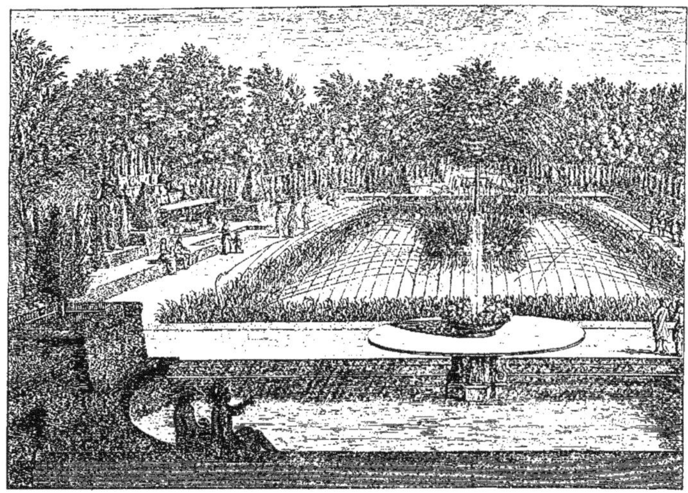

Fig. 267. — Le Marais (*Is. Sylvestre*).

Commencé en 1671, terminé en 1673, le Marais fut souvent choisi dans les fêtes comme rendez-vous pour le goûter ; il fut détruit en 1704, du vivant même de Madame de Montespan qui en avait été la créatrice [1].

Les Bains d'Apollon furent établis par Mansard à l'emplacement du Marais, en 1704. Après la destruction de la grotte de Téthys, les beaux groupes des Bains d'Apollon avaient été transportés au bosquet des Dômes où ils s'abîmaient. On les enleva pour les poser, dans l'emplacement du Marais, au fond d'une éclaircie de 12 toises de long sur 8 de large créée dans le bosquet. Le grand groupe de Girardon et ceux de Guérin et des Marsy furent placés sur des socles formant fontaines et, pour les défendre contre la pluie, on les recouvrit de riches baldaquins de plomb, portés par des colonnes.

1. 28 mai 1707, la nouvelle arrive à Marly de la mort de Madame de Montespan. Son fils, le duc d'Antin, qui s'y trouvait, s'écria en apprenant cette mort : « me voilà dégelé », voyant s'ouvrir pour lui une ère de faveurs. Nous avons dit pages 5 et 310 renvois 2 et 1 que le duc d'Antin fut peu après nommé surintendant des bâtiments du Roi.

Dans le même bosquet, Louis XV fit construire par Gabriel, en 1736, un pavillon pour l'amusement du Dauphin ; cette construction subsista une quinzaine d'années.

L'ensemble du bosquet fut entièrement transformé sous Louis XVI, de 1778 à 1779, dans le goût à la mode des jardins paysagers, sur les dessins du peintre Hubert Robert (fig. 268 et 269).

Le groupe principal de Girardon est dans une grotte qui semble pratiquée au milieu d'un immense rocher, construit en maçonnerie. La grotte est ornée de colonnes à peine dégrossies, figurant le palais de Téthys. Les groupes de chevaux, œuvres de Guérin et des Marsy, sont placés un peu plus bas. Cette disposition est d'un effet charmant, surtout pendant le jeu des eaux, quand des rivières semblent sortir de tous côtés pour tomber en cascades dans l'étang qui est au premier plan du paysage. Malheureusement, les groupes de marbre semblent trop petits pour les dimensions de la grotte et le spectateur, placé nécessairement

Fig. 268. — Le bosquet des Bains d'Apollon, disposé par *H. Robert*.

sur la rive opposée du petit étang, se trouve trop éloigné pour en pouvoir admirer les beautés.

Le **quinconce du Nord** avec la **fontaine du Dauphin** fait suite au bosquet des Bains d'Apollon. Ce bosquet était orné d'un rondeau au centre duquel était un dauphin qui jetait de l'eau. Au xviiie siècle, le dauphin avait disparu et était remplacé par une simple gerbe. Aujourd'hui le bassin lui-même n'existe plus. Autour du bassin étaient des thermes de marbre exécutés à Rome d'après les dessins du Poussin.

Le **bosquet de l'Étoile**, avec la fontaine dite de la **Montagne d'eau**, est immédiatement au nord du quinconce précédent (fig. 270). Il était percé de cinq allées aboutissant à un centre. Ces allées étaient bordées d'un treillis qui soutenait une palissade de chèvrefeuille. Il y avait des niches d'espace en espace, et par le haut une corniche, sur laquelle on voyait une infinité de pots de porcelaine remplis de diverses fleurs qui se détachaient sur le rideau de verdure des grands arbres qui leur servait de fond.

Fig. 269. — Le bosquet des Bains d'Apollon disposé par *H. Robert*.

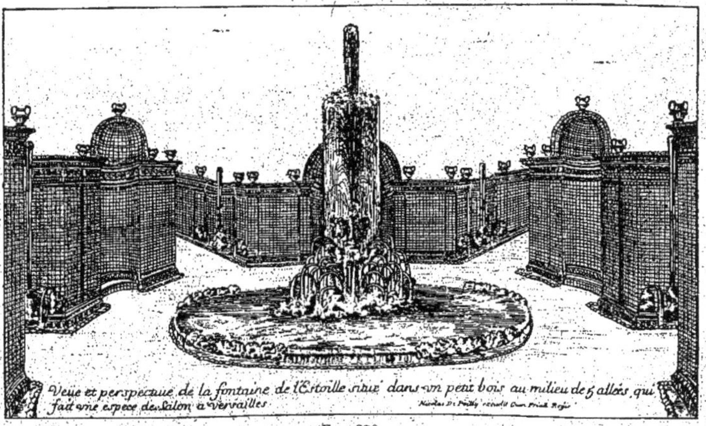

Fig. 270.

« Du bas de chaque niche, dit Félibien, s'élève un jet d'eau, et tout le long de la palissade, il y a, de chaque côté, des goulettes ou petits canaux bordés de gazon et de coquillages, avec des petites chutes ou bouillons d'eau. »

« Le lieu où ces allées se termine est une espèce de salon de figure ronde, palissadé et orné comme les allées. Entre chaque allée il y a une niche recouverte, par en haut, avec une espèce de fronton ; et au milieu du salon, un grand bassin de fontaine où retombe l'eau, qui, en jaillissant, forme comme une grosse montagne. Cette eau, qui se répand du bassin par cinq différents endroits vis-à-vis des allées, forme cinq grandes nappes qui tombent au pied du bassin.

« De ce salon on voit, au bout de chaque allée, une niche dans laquelle il y a des bassins revêtus de diverses coquilles et d'où sortent des jets d'eau du milieu de plusieurs pointes de rochers et de coquillages. Ces niches sont palissadées de chèvrefeuille et disposées de même que le salon, ayant encore devant elles, chacune deux autres fontaines dans les coins des cinq allées qui conduisent à la montagne. »

Cette charmante fontaine, construite en 1671, disparut en 1704 et le bosquet qui la contenait reprit le nom de Bosquet de l'Étoile.

La Salle des Festins ou du Conseil (fig. 271) est dans le bosquet qui fait suite, à l'ouest, au Bosquet de l'Étoile dont il vient d'être parlé. « C'est une place d'une fort grande

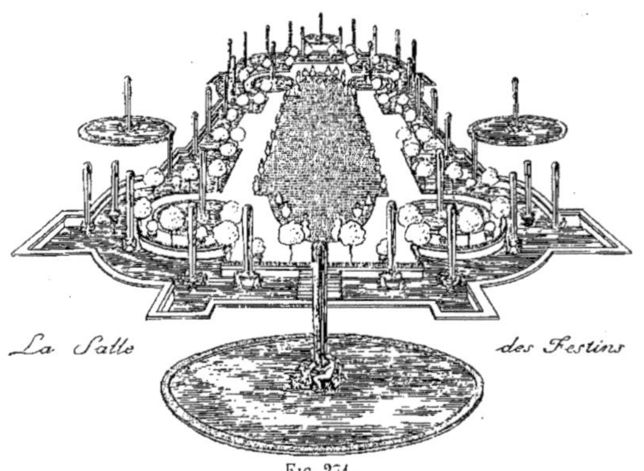

Fig. 271.

étendue, dit Félibien, environnée d'arbres et revêtue tout autour de gazon. Sa figure est plus longue que large ; elle a cinquante-cinq toises de longueur sur quarante de large. Le milieu est comme une isle entourée d'un fossé d'eau, avec des ponts qui avancent et reculent d'une manière toute particulière. Il y a, en quatre endroits de la place qui environne l'isle, quatre bassins d'eau et quatre autres aux quatre coins de l'île. De ces bassins et de plusieurs endroits des fossés, il sort 73 jets d'eau. »

La figure de Pérelle montre que les bassins furent ornés de groupes d'enfants. Ce charmant bosquet fut entièrement détruit et remanié par Mansard, en 1706, et la fontaine de l'**Obélisque** [1] fut placée en son centre. La figure 272 donne l'aspect de cette fontaine qui a été dernièrement restaurée. En voici la description d'après La Martinière.

« Dans le milieu du bassin de la Fontaine, on voit le monstrueux effet d'eau qui a bien 15 pieds de diamètre par le bas et s'élève en pointe à 75 pieds ; il forme en retombant une pyramide régulière. Cela se fait par un nombre de près de 400 ajutages de grosseurs diffé-

1. On l'appelle aussi les cent tuyaux et encore la gerbe.

rentes, dont ceux de la ceinture extérieure s'élancent environ au quart de la hauteur ; d'autres, dans l'épaisseur, se mêlant avec les premiers, s'élèvent environ aux deux tiers, et dans le milieu, d'autres gerbes s'élèvent en pointe dans le haut... Quand cela joue, il y a trois fontainiers, partagés à chaque robinet, pour régler, en les ouvrant plus ou moins, les effets de chaque partie, en sorte qu'à moins d'un vent extraordinaire....le tout retombe en figurant la forme d'un obélisque et d'une couleur blanche comme la neige. L'obélisque sort d'un grand bassin carré et, aux rampes qui sont aux quatre faces de ce carré, il y a quatre cascades dont l'eau tombe dans le fossé qui règne au pourtour. »

Le roi inaugura cette nouvelle fontaine le 25 novembre 1706.

Les **bassins** de la **Renommée** ou des **Dômes** et de l'**Encelade** sont dans le dernier bosquet ouest qui touche au bassin d'Apollon ; leur construction est de 1675.

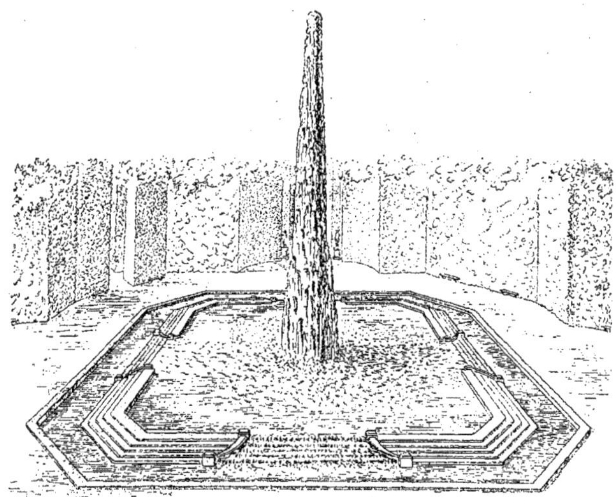

Fig. 272. — L'Obélisque.

Le *Mercure galant* décrit ainsi le **bassin d'Encelade** (fig. 274). « On voit le géant accablé sous les rochers qu'il a entassés les uns sur les autres pour escalader le ciel. Ce qui paraît d'Encelade est quatre fois plus grand que nature. Il sort de sa bouche un jet d'eau plus gros que le bras et haut de 24 pieds, et il en sort un nombre infini de petits d'entre les cailloux qui l'accablent. Outre ces jets d'eau, on en voit sortir encore de beaucoup plus gros de douze monceaux de cailloux qui sont à quelque distance de l'Encelade et qui entourent le bassin. Entre ce bassin et les berceaux de treillage, on voit encore plusieurs petits bassins de rocaille, qui sont sur un gazon en glacis et dans chacun desquels il y a un jet ».

Aujourd'hui les berceaux de verdure exécutés par Colinot, l'entourage de rocaille du bassin, les 8 petits bassins qui coupaient le glacis de gazon ont disparu. L'Encelade est des

Marsy ; il était autrefois doré, et M. de Nolhac fait observer très justement qu'aujourd'hui sa teinte grise se confond fâcheusement avec l'ensemble qui devient confus et difficile à comprendre.

La **fontaine de la Senommée** (fig. 275), placée dans un coin du même bosquet que l'Encelade, est, sinon une des plus belles, du moins une de celles où il a été dépensé le plus

Fig. 273. — Bassin de Flore, ancien état (*Is. Sylvestre*).

d'argent. Voici comment Piganiol de la Force décrit cette fontaine : « Le milieu est un bassin octogone entouré d'une balustrade dont les balustres sont de marbre blanc, et les appuis de marbre de Languedoc ; du milieu on voit sortir un bouillon de soixante et dix pieds de haut. »

« Sur la balustrade il y a une goulette ou petit canal interrompu d'espace en espace par de petits bassins en coquille, d'où sortent des bouillons d'eau qui forment de petites nappes fort agréables. »

Autour de ce bassin est une terrasse de même forme, « aussi ornée d'une balustrade, laquelle est différente de celle dont je viens de parler. Les appuis en sont de marbre blanc et sont supportés par des balustres de marbre de Languedoc ».

Fig. 274. — L'Encelade.

« Sur le socle de cette balustrade et sur les pilastres à hauteur d'appui qui en retiennent les travées, il y a quarante-quatre bas-reliefs, sur lesquels on voit les armes dont les différentes nations d'Europe se servent dans leurs combats. Ils sont de Girardon, Mazeline et Guérin » [1].

« Les principales faces du bosquet sont ornées de statues de marbre blanc, posées sur des piédestaux de même ».

1. Ces bas-reliefs passent pour une des plus belles œuvres de sculpture du parc.

Fig. 275. — Le bassin des Dômes (Rigaud).

Cette description s'applique à un nouvel état du bosquet des dômes. Tout d'abord, à la place du jet central, était une statue de la Renommée par Gaspard Marsy. Cette figure de plomb, montée sur une sphère, soufflait dans une trompette verticale un jet d'eau. En outre. les balustrades qui entouraient le bassin et la terrasse n'étaient pas en marbre, « la plus élevée de marbre blanc avec les balustres de bronze doré, la seconde tout entière de métal »[1].

Quand on démolit la grotte de Téthys, les groupes de marbre représentant les bains d'Apollon furent placés au fond de ce bosquet. Nous avons déjà dit qu'on les en retira pour les placer dans le bosquet où ils se trouvent aujourd'hui.

FIG. 276. — Bassin de Flore tel qu'il est aujourd'hui.

De part et d'autre du bassin que nous venons de décrire, Mansard[2] établit deux pavillons, appelés les **Dômes**, qui donnèrent definitivement leurs noms à la fontaine.

« Chacun de ces cabinets a quatorze ou quinze pieds de large, sur vingt de haut, et est orné de huit colonnes d'ordre ionique, dont quatre sont de marbre de Givet et quatre de marbre de Rome . »

FIG. 277. — Bassin de Cérès.

« La principale face de chaque cabinet est couronnée d'un fronton, enrichi de l'écu des armes de France, posé sur des trophées d'armes, le tout de bronze doré et fort magnifique. On a rempli les encoignures de petits pans, de trophées de bronze doré, d'or moulu,

1. Dans la restauration qui vient d'être faite du bassin des Dômes on n'a suivi ni l'une ni l'autre de ces deux descriptions.
2. Ces dômes paraissent être le premier travail de Mansard au château de Versailles. Cet architecte venait de construire pour le roi le château de Clagny.

qui représentent les armes dont se servent plusieurs nations. On en a mis de semblables entre les pilastres de dehors. Les dômes sont enrichis de plusieurs ornements de métal, et terminés par deux groupes d'enfants posés sur des trophées [1] ».

Ces dômes sont démolis ; les colonnes, frontons et motifs de métal sont conservés dans un hangar.

Nous avons terminé la description des fontaines qui ornent les bosquets du Nord ; il ne nous reste plus qu'à parler des deux bassins de Cérès et de Flore qui se trouvent dans l'allée qui sépare les bosquets.

La **fontaine de Cérès** (fig. 277), ou de l'été, fut exécutée en 1672 par Regnaudin, d'après les dessins de Le Brun, qui fit également le projet des trois autres fontaines des

Fig. 278. — Le Labyrinthe : combat d'animaux (*Séb. Leclerc*).

saisons. Cérès portant la faucille est accoudée sur des gerbes et entourée de huit jets motivés par quatre enfants et quatre gerbes de blé distribuées symétriquement dans le bassin. Du milieu s'élève une gerbe de vingt pieds de haut. Les motifs de sculpture composant ce bassin étaient dorés. Les bords, aujourd'hui en marbre mouluré, étaient autrefois ornés de gerbes de blé.

1. Les ornements de plomb des dômes sont l'œuvre de Burette, Lespingola, le Hongre, Mazeline, Ladoireau ; de nombreux débris qui en proviennent sont conservés dans les magasins.

Le **bassin de Flore** (fig. 273 et 275) ou du printemps, fut exécuté par Tubi. La déesse à demi couchée est entourée de huit gros jets d'eau et de plusieurs autres de moindre importance formant ensemble une gerbe de vingt pieds de haut. Des fleurs peintes au naturel ornaient autrefois la bordure du bassin, dans lequel les amours nageaient pour maintenir autour de la déesse une guirlande de fleurs (fig. 273). Nous verrons les deux autres bassins des saisons, Bacchus et Saturne, dans l'allée qui sépare les bosquets du Midi.

§ 3. — **Fontaines des bosquets du Midi** : *le labyrinthe, la salle de bal, l'Isle royale, les sources, la colonnade, la galerie d'eau, Bacchus et Saturne.*

Fig. 279. — Le labyrinthe : le singe roi (*Séb. Leclerc*).

Le Labyrinthe se voit déjà sur le plan de De la Pointe de 1665, mais il n'avait pas encore les 39 fontaines dont Le Nôtre devait l'embellir et qui lui donnèrent une célébrité universelle. Chaque fontaine représente une fable d'Ésope : les personnages sont de plomb et de grandeur naturelle, peints de façon à reproduire autant que possible la nature. Pour expliquer au visiteur le sujet de chaque groupe, un écriteau de bronze portait gravé un quatrain de Benserade résumant la fable.

Les plombs ont été faits de 1672 à 1673, d'après les dessins de Le Brun, par une pléiade d'artistes : Tubi, Masson, Mazeline, Le Hongre, Houzeau, Desjardins, Les Blanchard, les

21

Marsy, Regnaudin, Le Gros, Magnier, Temporini, Raon, Hutinot, Drouilly, Dopier, Errard, La Perdrix, Siebrecht, Legorel ; Temporini, en outre, a sculpté des bancs, Caffieri et Lespagandel ont exécuté des chapiteaux pour les édicules de treillages ornés des rocailles de Berthier. La peinture des plombs, selon le naturel, fut exécutée par Delare et Hermann[1].

« Je ne parle point[2] des coquillages et des ornements des bassins qui sont en grand nombre et qui forment des figures différentes, non plus que de la quantité de jets d'eau qui accompagnent ces bassins et qui sont proportionnés aux sujets qui y sont représentés. Ceux qui sont comme dans des arcades fermées dans des palissades sont à moitié couverts et environnés de feuilles et de roseaux qui jettent de l'eau. La plupart sont de fer blanc et d'autre matière propre à cet usage, aussi bien que les branches par où passe l'eau, et le tout étant peint d'un vert qui imite le naturel, passe pour une véritable verdure ; jusqu'à ce qu'on en voie sortir de l'eau ».

Tous ces détails, ainsi que les noms des artistes, montrent le soin qui fut apporté dans l'exécution de ces fontaines. On peut encore en juger aujourd'hui en visitant les nombreux débris de ces fontaines qui sont conservés dans les hangars adossés aux réservoirs de l'aile.

En entrant dans le bosquet, « on trouve deux statues ; l'une est celle d'Ésope ; elle est de Le Gros. L'autre est celle de l'Amour tenant entre ses mains un peloton de fil..., elle est de Baptiste Tubi[3]. »

Nous n'entreprendrons pas de décrire chacune de ces fontaines ; les gravures qui en sont faites par Sébastien Leclerc[4] nous en dispensent : nous avons reproduit (fig. 278, 279 et 280) les vues des fontaines inspirées par les fables des combats d'animaux, du singe roi et du loup et de la grue. La première est construite dans une charmante enceinte de treillage ; au dernier plan de la vue de la seconde fontaine on voit le sommet de la coupole de treillages qui couvrait le bassin du gouffre. Enfin, dans une des allées qui aboutissaient à la troisième fontaine on voit le bassin du milan et des oiseaux.

1. Ces citations sont faites d'après M. P. de Nolhac. On doit également lire, au sujet du labyrinthe, la belle étude publiée par M. Jehan, dans le *Versailles* illustré.

2. *Mercure galant*, 1686.

3. Voici la nomenclature de ces fontaines dans l'ordre où elle devaient être visitées.

A l'entrée Ésope et l'Amour.

I	Le duc et les oiseaux.	XXI	Le loup et la grue.
II	Le coq et la perdrix.	XXII	Le milan et les oiseaux.
III	Le coq et le renard.	XXIII	Le singe roy.
IV	Le coq et le diamant.	XXIV	Le renard et le bouc.
V	Le chat pendu et les rats.	XXV	Le conseil des rats.
VI	L'aigle et le renard.	XXVI	Les grenouilles et Jupiter.
VII	Le geay et les paons.	XXVII	Le singe et le chat.
VIII	Le coq et le coq d'Inde.	XXVIII	Le renard et les raisins.
IX	Le paon et la pie.	XXIX	L'aigle, le lapin et l'escargot.
X	Le dragon et la lime.	XXX	Le loup et le porc-épic.
XI	Le singe et ses petits.	XXXI	Le serpent à plusieurs têtes.
XII	Le combat des animaux.	XXXII	Le souriceau, le chat et le cocher.
XIII	La poule et les poussins.	XXXIII	Le milan et les colombes.
XIV	Le renard et la grue.	XXXIV	Le dauphin et le singe.
XV	La grue et le renard.	XXXV	Le renard et le corbeau.
XVI	Le paon et le rossignol.	XXXVI	Le cygne et la grue.
XVII	Le perroquet et le singe.	XXXVII	Le loup et la tête.
XVIII	Le singe juge.	XXXVIII	Le serpent et le porc-épic.
XIX	Le rat et la grenouille.	XXXIX	Le gouffre.
XX	Le lièvre et la tortue.		

4. On peut se les procurer à la chalcographie du Louvre. Il a été publié à Paris une description du Labyrinthe avec les planches de S. Leclerc. Il existe aussi une reproduction de ce travail, avec addition de personnages, qui fut publiée en Hollande.

Ces trois gravures donnent bien une idée de la décoration générale. Les animaux étaient représentés grandeur nature.

Le labyrinthe, qui avait été sous Louis XIV un des rendez-vous les plus à la mode du parc, fut remis en état par Louis XV en 1622. Louis XVI le fit détruire et le remplaça par le jardin qui fut sous la Restauration appelé bosquet *de la Reine* ; ce jardin ne renferme aucun bassin : il fut, dit-on, sous Louis XVI, la scène d'un des incidents de l'aventure du collier de la reine.

La salle de Bal se trouve dans le bosquet voisin du labyrinthe ; elle fut bâtie en 1680 et 1681 et servit souvent à des collations et à des bals (fig. 281). « Cette salle, dit

Fig. 280. — Le labyrinthe : le loup et la grue (*Séb. Leclerc*).

Piganiol de la Force, qui est du dessin de Le Nôtre, n'est proprement qu'un grand espace de figure régulière et bordé de treillage ».

« Au milieu il y a une espèce d'arène, sur laquelle on danse quand il plaît à sa Majesté d'y donner quelque fête. »

« Le reste de la salle est occupé par une cascade et par l'amphithéâtre. La cascade, composée de plusieurs bassins de coquillages, est une des plus belles qu'on puisse voir : elle est interrompue d'espace en espace par quatre goulettes de marbre de Languedoc, au haut desquelles il y a autant de vases de métal, ornés de têtes de bacchantes, de mufles de lions, de festons, etc. Ils sont de l'ouvrage de Houzeau et Masson. Au bas de ces mêmes goulettes, il y a quatre torchères de métal posées sur des socles de marbre de Languedoc. Elles sont des mêmes sculpteurs que les vases, et servent à porter des girandoles ».

« L'amphithéâtre occupe le reste du terrain. Il consiste en plusieurs rangs de sièges de gazon, et est soutenu par quatre rampes de marbre de Languedoc, au haut desquelles

Fig. 281. — La salle de bal (Rigaud).

on a mis quatre vases de métal qui représentent des bacchantes, le triomphe de Neptune et de Thétis, etc. Ils sont de Le Hongre. Au haut de cet amphithéâtre il y a plusieurs niches pratiquées dans la charmille ; dans l'une desquelles on voit un beau groupe de marbre blanc qui représente Prétextat et sa mère... Au bas de ces rampes on voit quatre

Fig. 283. — L'île royale (*Rigaud*).

torchères de même matière que les vases (plomb) et faites par le même sculpteur. Elles servent à mettre des girandoles quand on veut danser la nuit ».

M. de Nolhac nous apprend que les quatre vases posés dans le haut des cascades sont de Le Comte ; les quatre torchères au pied des cascades, ornées de têtes de folie et d'instruments de musique, sont de Le Gros et Mapon ; les quatre torchères plus petites, placées aux entrées et ornées de trophées de musique et de bacchantes, sont de Mazeline et Jouvenet.

Le **Bassin de la girandole** était au centre du quinconce du Midi qui suit immédiatement, à l'ouest, la salle de bal. Au milieu de ce rondeau était un jet entouré de jets paraboliques indiqués sur la figure 282 (page 302) ; comme pour le bassin du dauphin qui lui faisait symétrie dans le quinconce du Nord, ses effets d'eau furent, sous Louis XV, réduits à un jet central ; le bassin lui-même n'existe plus aujourd'hui.

L'Ile royale s'étendait dans les deux bosquets qui sont à l'ouest du labyrinthe. Elle tirait son nom d'une petite île qui était au milieu d'une grande pièce d'eau de 130 toises

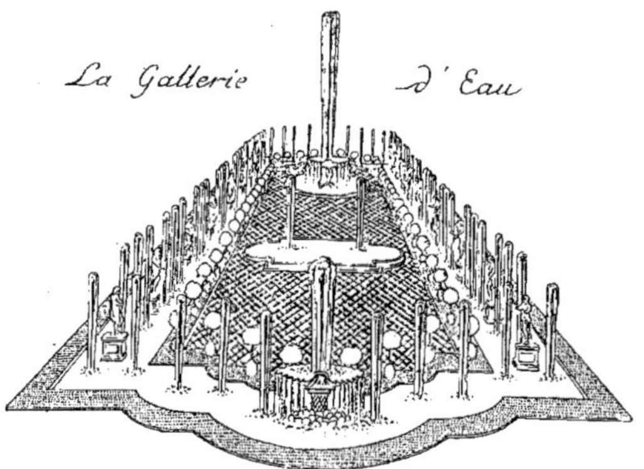

Fig. 284.

de long et de 60 de large (fig. 283). Cette petite île était environnée de 80 jets d'eau ; elle disparut vers 1686 et fut remplacée par cinq grands jets sortant du centre du bassin. La gravure de Fonbonne, exécutée d'après un dessin fait sur les lieux, en 1714, par Delamonce ne porte plus qu'un jet au centre et quatre jets sur les côtés.

A l'est de cette pièce s'étend un *miroir* ayant la même largeur et la forme générale d'un demi-cercle.

La partie circulaire est entourée d'un talus de gazon qu'on appelait autrefois un vertugadin. La correspondance de Colbert et une estampe de Perelle apprennent qu'en 1682 ce miroir fut entouré momentanément d'une vingtaine de petits bassins de pierre, en forme de coupes, au centre de chacun desquels s'élançait un jet.

Le *miroir* existe toujours, mais le *bassin de l'île royale*, desséché, a fait place aux parterres dits du *jardin du Roi* [1].

1. Ce jardin, du genre paysager, fut créé en 1817 par ordre de Louis XVIII.

La galerie d'eau et la salle des antiques ou des marronniers sont deux transformations successives d'une partie du dernier bosquet ouest, qui est contre le bassin d'Apollon.

La fig. 284 reproduit une estampe de Perelle donnant l'aspect de la *galerie d'eau* ; ce bassin existait déjà en 1680 et était peut-être la transformation d'un bassin intérieur plus simple. La galerie d'eau était formée par une terrasse rectangulaire entourée par un canal plein d'eau ; à chacune des extrémités de la terrasse était un petit château d'eau.

Dans le canal alternaient des jets d'eau et des statues antiques montées sur des socles.

Les statues antiques ou copiées de l'antique furent amenées, en 1679 et 1682, de Civita Vecchia à Paris, par deux vaisseaux placés sous la direction de Coypel et d'Errard pour ce qui concernait la partie artistique.

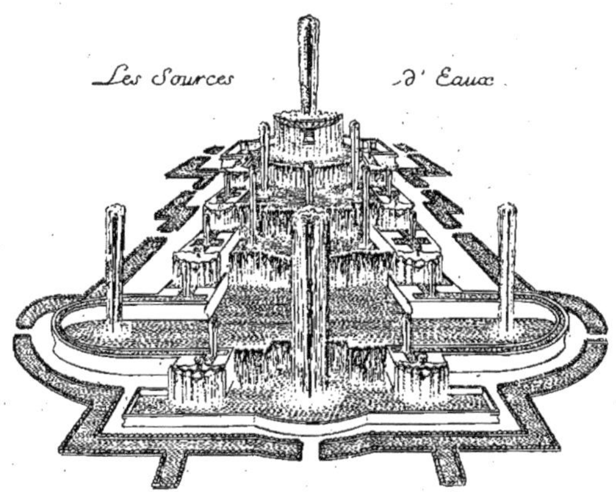

Fig. 285.

En 1704 tout cet ensemble fut transformé : le canal disparut et les jets d'eau qui l'ornaient furent remplacés par des marronniers. Contre les palissades on plaça des bustes et des statues antiques ; aux extrémités de la salle on construisit deux bassins, de forme ronde, en marbre blanc, « au milieu de chacun desquels il y a un autre bassin qui sert de piédestal à une statue antique, aussi de marbre blanc ».

La colonnade (fig. 286) placée dans le même bosquet que la salle des marronniers, est peut-être le dernier bassin qui ait été créé à Versailles au temps de Louis XIV. Il fut exécuté par Mansard en 1686.

« C'est un péristyle circulaire [1] qui a vingt-et-une toises et demi de diamètre, et qui est fermé par trente-deux colonnes d'ordre ionique, dont il y en a huit de brèche violette, douze de marbre de Languedoc, et douze de marbre bleu turquin. Elles ont vingt pouces

1. Piganiol de la Force.

de diamètre sur quatorze pieds de haut, en y comprenant les bases, qui sont antiques, et les chapiteaux, qui sont de marbre blanc à quatre faces égales. Chaque colonne répond à un pilastre de marbre de Languedoc qui est derrière et n'en est éloigné que de deux diamètres et demi. L'un et l'autre sont couronnés d'une corniche architravée qui leur sert d'entablement. Les colonnes sont reliées les unes aux autres par des arcades en plein-cintre, qui sont ornées de leurs archivoltes, avec des masques dans leurs clefs qui représentent ou des nymphes, ou des naïades, ou des sylvains ».

« Cet ouvrage est couronné par une corniche corinthienne, au-dessus de laquelle il y a un socle sur lequel sont des vases de marbre blanc terminés par des pommes de pin ».

« Les jeux et les amours en petits enfants sont représentés en bas-reliefs sur les tympans triangulaires des arcades. Ces groupes d'enfants sont de Mazière, Garnier, Coyzevox, le Hongre et Le Comte ».

« Toute cette architecture est posée dans une rigole qui reçoit l'eau qui retombe en nappe de trente-et-un bassins de marbre blanc posés sur des pieds, dont chacun est orné

Fig. 286. — La colonnade.

de trois consoles, et du milieu desquels s'élèvent des jets ou lances d'eau à la hauteur de seize pieds ».

« D'une allée sablée qui règne au pourtour de la colonnade, l'on descend par cinq degrés de marbre dans l'aire, au milieu de laquelle il y a un groupe de marbre blanc sculpté par Girardon[1], Le sujet est pris de la fable. C'est l'enlèvement de Proserpine par Pluton... »

« Le piédestal de ce groupe est de forme ronde et orné d'un bas-relief, au pourtour, qui représente une partie de la même fable. Ce grand morceau a été gravé par Gérard Audran ».

Ce bosquet est un des plus populaires. On a reproché avec raison à la colonnade d'être plutôt une œuvre d'architecture qu'un ornement pour un jardin. On pourrait faire la même observation pour les dômes et beaucoup des créations de Mansart qui, à ce point de vue, sont inférieures aux compositions de Le Nôtre et de Le Brun.

1. Ce groupe est l'un des quatre enlèvements qui devaient décorer le parterre d'eau.

Les fontaines de Bacchus et de Saturne (fig. 288 et 289), ou de l'automne et de l'hiver, ornent l'allée parallèle à l'allée royale qui sépare les bosquets du midi les uns des autres ; elle font pendant aux fontaines de Cérès et de Flore que nous avons décrites dans les bosquets du Nord.

« Le bassin de Bacchus[1] est de figure octogone, et Bacchus est au milieu, parmi plusieurs satyres et les attributs qui lui conviennent.

Fig. 288. — Bassin de Bacchus.

Cette fontaine est des Marsy, d'après les dessins de Le Brun. La gerbe de ce bassin s'élève à 19 pieds de haut. » Les bords du bassin étaient autrefois revêtus de pampres et de grappes de raisin de métal peint au naturel.

Saturne est au milieu d'un bassin de forme ronde, « environné de petits enfants qui portent les attributs qu'on a accoutumé de lui donner. »

Fig. 289. — Bassin de Saturne.

« D'une espèce de sac qu'il tient, il en tire une pierre qu'il semble devoir dévorer. Cette fontaine représente l'hiver et a été faite par Girardon, d'après les dessins de Le Brun. La gerbe de ce bassin a quinze pieds de haut ».

Les groupes des fontaines des saisons furent mis en place vers 1674 et furent dorés par La Baronnière et Bailly. Les ornements étaient peints d'après la nature. La fig. 273, relative au bassin de Flore, donne une idée de leur état ancien.

1. Piganiol de la Force.

Frise marine par *Le Brun*.

ONZIÈME PARTIE

SAINT-CLOUD, MEUDON, TRIANON ET MARLY

Il nous reste, pour terminer, à parler des fontaines des résidences royales alimentées par le service des eaux de Versailles. Elles sont, du reste, de la même époque que le château et ont été conçues et exécutées par les mêmes artistes.

§ 1. - - Trianon.

Nous avons décrit, au § 7 de la troisième partie, les travaux qui furent exécutés sous Colbert pour drainer les eaux des plateaux nord de Versailles et les amener au réservoir de Chèvreloup, qui alimentait Trianon. Quand les eaux des étangs arrivèrent aux réservoirs Gobert, ces travaux de drainage furent abandonnés et l'eau nouvelle fut envoyée directement au réservoir de Chèvreloup, par une canalisation venant du réservoir carré du parc aux cerfs [1]. Plus tard, on supprima l'intermédiaire du réservoir de Chèvreloup et on amena directement les eaux au centre même du parc de Trianon, dans le réservoir du Trèfle.

1. Voir fig. 33, p. 72. Voici la légende de cette figure ; la partie regardant le réservoir du Trèfle s'applique seule à Trianon.

1° Carré de trappes, nᵒˢ 2 et 3 conduite de 500 allant à Montbauron.

nᵒ 7 va aux réservoirs de Gobert.

2° Carré de Saclay, nᵒˢ 9 à 13 vont aux réservoirs de Gobert.

3° Réservoir carré Gobert, nᵒ 14 conduite de 500, va à Chèvreloup, au Trèfle et à l'aile.

nᵒˢ 15 et 16 vont à l'aile.

nᵒ 17 va à la caserne des gardes.

4° Réservoir long de Gobert, nᵒ 18, va à Choisy et à la ménagerie.

nᵒ 19 va au potager.

5° Réservoir nord Montbauron, nᵒˢ 22 et 22 *bis*, vont au carré de Montbauron.

6° Réservoir sud Montbauron, nᵒˢ 23 et 23 *bis*   id.

7° Carré de Montbauron, nᵒˢ 24, 25, 28 à 30, vont au château d'eau.

nᵒ 26 va à l'hospice.

8° Réservoir de Picardie, nᵒ 31, va à des concessions, à Montbauron et au palais.

9° Filtres de Picardie, 31 *ter*, va à Montbauron.

10° Château d'eau, nᵒ 32, grand jet du dragon.

nᵒˢ 33 et 33 *bis*, parterre, cabinets, bains d'Apollon.

nᵒˢ 34 à 36 vont au parterre.

Les fontaines du grand Trianon n'ont pas la magnificence de celles de Versailles. Les principales sont celles de l'Amphithéâtre, du Miroir et du Buffet.

La fontaine de l'**Amphithéâtre** est un rondeau au milieu duquel quatre nymphes à demi étendues sur un terrain rocheux cueillent des fleurs qu'elles rejettent dans un panier. Ce groupe, très gracieux, est de métal autrefois doré ; il est de Hardy ; on lui a donné le nom populaire des quatre pucelles (voir fig. 290).

La fontaine du **Miroir** ou du **Plafond** est en face du château. Elle est formée de deux bassins superposés de forme irrégulière avec une nappe descendant du bassin supérieur (fig. 293). Au centre du bassin supérieur, qui a la forme d'un demi-cercle, est un groupe d'enfants posé sur une terrasse (fig. 294) et, sur les rebords, deux dragons (fig. 295) œuvres de Hardy. La nappe inférieure, qui est la plus grande, est ornée de deux groupes d'enfants s'amusant avec des écrevisses (fig. 291 et 292). Tous ces ouvrages sont de métal autrefois doré.

Le **Buffet**, que Mansard fit construire à l'extrémité de l'une des allées, vient d'être entièrement refait à neuf par M. Marcel Lambert, architecte du Palais de Versailles. Il

Fig. 290. — Bassin de l'Amphithéâtre.

est formé, ainsi que l'indique la fig. 297, de trois gradins construits de marbre blanc et de marbre de Languedoc sur lesquels sont montés des ornements de plomb doré.

Le gradin supérieur est surmonté des figures de Neptune et d'Amphitrite soutenant une corne ; contre ces figures sont deux lions vomissant de l'eau.

Au-dessous sont deux vasques entourées de petits tritons jouant avec des écrevisses. La face du second gradin est ornée de petits bas-reliefs ; celui du milieu représente le

11° Réservoirs de l'aile, n°ˢ 37 à 38 *bis*, Neptune.
                n°ˢ 40-42 et 42 *bis*, Dragon et Neptune.
                n°ˢ 41 et 41 *bis*, Dômes, Encelade, bains d'Apollon.
12° Réservoir du Trèfle (Trianon), n° 53, parterre français, lac et habitations.
                n° 54 et 55, fer à cheval.
                n° 56, parterre haut du grand Trianon.
                n° 57, cascade de l'enfant.
                n°ˢ 58 et 58 *bis*, bassin de Laocoon et des 4 pucelles.
                n° 59, Buffet, rondeau et plafond.
                n° 60, ancienne conduite de Chèvreloup.
                n° 61, Pépinière.

triomphe de Thétis. Le gradin qui sert de base est décoré de trois vasques de marbre et de quatre mascarons en plomb. Les sculptures sont de van Clève, Mazière, Granier, Poirier, Le Lorrain et Lapierre.

Fig. 291.

Fig. 292.

Fig. 293.

Fig. 294.

Fig. 295.

Le bassin du plafond :

Fig. 291 et 292. — Groupes des écrevisses. — Fig. 293. — Plan du bassin.
Fig. 294. — Groupe d'enfants. — Fig. 295. — L'un des dragons.

Indépendamment de ces fontaines principales, le grand Trianon renferme une série de rondeaux ornés de groupes d'enfants montés sur une terrasse circulaire placée au centre de chaque bassin. Ce sont :

Fig. 296. — Rondeau à Trianon.

Dans le parterre haut, deux rondeaux ornés d'enfants avec coquillages, par Girardon.
Dans le parterre bas, un bassin octogone avec un faune couché au milieu des raisins, par Marsy.

Dans le quinconce, placé entre le parterre bas et l'amphitéâtre, un carré d'eau orné d'un enfant jouant avec une panthère.

A l'extrémité d'une allée faisant face au salon qui termine la galerie de Trianon, un rondeau orné d'un groupe de deux jeunes tritons et d'un amour soufflant dans une corne d'abondance ornée d'une couronne fleurdelisée (fig. 296).

La salle verte, entre l'amphithéâtre et la cascade, renferme deux rondeaux ornés d'amours couchés sur des fleurs.

Enfin, dans le jardin dit de l'Empereur, qui s'étend depuis l'aile droite du palais jusqu'à l'extrémité du Trianon sous bois, est un rondeau orné de deux amours tenant une tige fleurie, par Tubi.

On a placé contre le palais de Trianon, dans le jardin de l'empereur, deux fontaines qui se trouvaient autrefois à Versailles : le groupe de Silène porté par un centaure marin, qui ornait l'ancien escalier des ambassadeurs détruit sous Louis XV, et une fontaine de plomb formée de coquilles superposées surmontées d'un amour porté par un dauphin. Cette fontaine, œuvre des Marsy, ornait autrefois le théâtre d'eau.

Fig. 297. — Le buffet de Trianon.

Tout le monde connaît les lacs et rivières artificiels qui ornent les jardins paysagers du **Petit Trianon**. Ce genre, aujourd'hui encore très à la mode, avait, paraît-il, été sur le point d'être préféré par Louis XIV, sur les conseils du poète Dufresny, que l'on disait descendre de Henri IV et de la femme d'un jardinier. Il est certain que les paysages composés par Le Poussin et Claude le Lorrain sont de magnifiques modèles de jardins paysagers et prouvent que ce genre avait déjà, à cette époque, des partisans dans notre pays.

Quoi qu'il en soit, le jardin irrégulier ne pénétra à Versailles que sous Louis XVI : nous l'avons vu introduire dans le parc, aux bains d'Apollon, par le peintre Hubert Robert ; il s'installa en roi du goût du jour autour de la demeure favorite de la nouvelle reine au Petit Trianon.

Nous avons retrouvé aux Archives nationales[1] une correspondance mentionnant les plaintes de la reine au sujet de la mauvaise odeur et du manque de transparence des eaux des étangs dont on se servait pour remplir les lacs et rivières de Trianon. Un projet est

1. Carton O, 1501, liasse 1776 à 1783.

dressé en conséquence pour « conduire l'eau de la machine de Marly au jardin de la reine à Trianon ».

La dépense, avec tuyaux neufs, s'élève à 184.479 livres et, avec de vieux tuyaux, à 80.000 livres.

L'auteur du projet fait remarquer « que l'expérience a démontré que les tuyaux de fer fondu datant du règne de Louis XIV sont presque tous mal faits ; les brides n'en sont pas parallèles, elles ont beaucoup de bavures et autres défauts venus lors de la fonte par la maladresse des ouvriers du temps et, peut-être plus encore, par la grande précipitation avec laquelle les dits tuyaux ont été fondus ».

Sur la plainte, qu'outre sa mauvaise qualité, l'eau des étangs arrive au Petit Trianon en trop faible quantité, M. d'Angivillers, surintendant des bâtiments, répond une lettre assez singulière dans sa forme « Chèvreloup est un réservoir d'eau blanche, ou des étangs,

Fig. 298. — Le grand jet de Chantilly (*Pérelle*).

qui est fournie par les réservoirs Gobert. La conduite part de Gobert, vient décharger dans le réservoir de l'Opéra (réservoirs de l'aile) et, de là, va à Chèvreloup ; dans cette seconde partie elle n'a que 12 pouces.

« Il ne vient à Chèvreloup que 34 pouces d'eau : 1° parce que le diamètre est trop faible en raison du chemin à parcourir ; 2° parce que la pente est trop faible pour que l'eau vainque les résistances ; 3° parce que les prises qui ont été plus ou moins raisonnablement accordées sur la route, consomment 14 à 15 pouces. Ces prises sont pour l'abreuvoir, les bains publics, l'ermitage tenu par Mesdames qui semblent projeter d'accroître leur consommation en *se donnant un de ces petits cloaques que la folie du temps appelle rivières...* » Cette critique des jardins paysagers chers à la reine et à Mesdames, écrite par l'un des fonctionnaires les plus importants de la Couronne, était déjà un signe des temps.

Il ne fut, du reste, pas donné satisfaction à la reine au sujet des eaux du Petit Trianon.

§ 2. — Meudon, Chantilly et Liancourt.

Nous avons déjà parlé de Meudon, construit par Philibert de Lorme pour le cardinal de Lorraine, et de sa grotte chantée par Ronsard. Nous avons également décrit les sources qui fournissent les eaux à son parc. Loüis XIV se rendit propriétaire de Meudon pour le donner au grand dauphin, qui y mourut de la petite vérole. Le Nôtre en dessina le parc. La beauté des fontaines tient uniquement à la façon dont cet artiste sut les distribuer dans les allées et sur les terrasses : ce sont de simples rondeaux, avec jets, qu'il n'y a pas lieu de décrire.

Fig. 299. — Les grandes cascades de Chantilly (*Pérelle*).

Nous nous arrêterons un instant sur les eaux de Chantilly et de Liancourt parce qu'elles furent également créées par Le Nôtre, en même temps qu'il dessinait Versailles, et parce qu'on y retrouve toutes les qualités qui caractérisent le génie de ce grand homme.

Le grand Condé embellit beaucoup Chantilly qu'il aimait et ses jardins passaient pour être une des plus belles production de Le Nôtre « Le présent[1] que la nature leur a fait d'une rivière[2] qui les partage et forme dans sa naissance une cascade est une faveur inestimable par l'agrément des eaux jaillissantes qu'elle leur fournit nuit et jour ». Bossuet, dans l'oraison funèbre du grand Condé, rappelle qu'il aimait à conduire « *ses amis dans ces superbes allées au bruit de tant de jets d'eau qui ne se taisaient ni jour ni nuit* ».

1. Dezallier d'Argenville.
2. La Nouette.

Nous donnons (fig. 298 et 299) la vue des deux principaux effets d'eau, d'après Perelle : le premier est le grand jet suivi d'une cascade, le second est la grande cascade. Voici comment Dezallier d'Argenville décrit la grande cascade.

« Elle est divisée en deux parties. La première décrit d'abord une forme circulaire, avec quatre gradins de gazon et sept chandeliers. Au-dessous, on voit un bassin qui a dans son milieu un rocher, d'où sort une gerbe entourée d'un cordon de huit jets, laquelle fait quatre nappes garnies de quinze jets. Huit chandeliers fournissent, dans un bassin plus bas, dix masques placés au haut de petits pilastres à bandes de glaçons, entremêlés de parties cintrées et rocaillées qui forment six buffets, que fait jouer un masque avec deux dragons. Ce bassin a de plus treize jets. Cette première partie de la grande cascade est terminée par un bassin octogone garni de cinq jets, et placé sur un grand palier où aboutissent six allées. La seconde partie commence par deux escaliers tournans, avec quatre chandeliers, entremêlés de jets qui retombent par deux nappes dans un bassin, dont les panneaux des murs sont rocaillés, et d'où s'élèvent six jets. Cette eau forme une autre nappe dans un bassin garni de quatre jets, et sur les côtés de deux mascarons qui four-

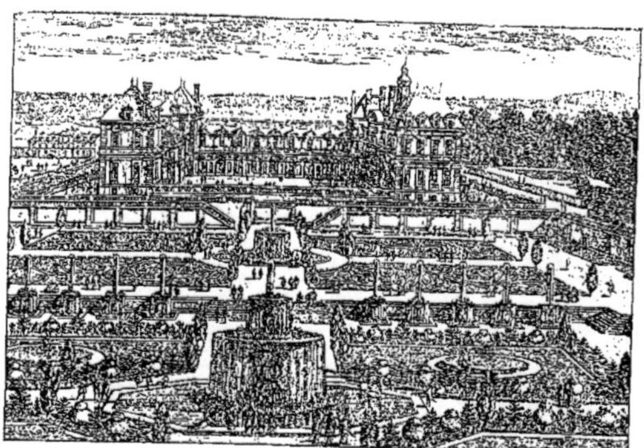

Fig. 300. — Le château de Liancourt (*Perelle*).

nissent deux rampes d'escalier, bordées de cinq chandeliers, et interrompues par quatre paliers avec un jet : au milieu sont cinq nappes, tombant dans autant de bassins garnis alternativement de soleils et de quatre jets. Toutes ces eaux se réunissent dans une première pièce où sont six jets, puis dans une seconde où il y en a quatre avec un soleil, et enfin dans un bassin cintré, accompagné de deux autres plus petits ».

Les fontaines élevées recevaient l'eau d'un réservoir dans lequel une machine refoulait l'eau. Cette machine était actionnée par une roue hydraulique.

Liancourt était un superbe château entouré d'eau, ainsi que le montre la fig. 300. La fille du maréchal de Schomberg, mariée au duc de Liancourt, l'avait fait reconstruire vers 1640 et y donna plus tard asile aux solitaires de Port-Royal pendant leur persécution. La petite rivière de la Béronnelle arrose le parc et Le Nôtre ne manqua pas d'en profiter pour distribuer une série d'effets d'eau qui égalaient en beauté les fontaines des bosquets de Versailles.

« Le parterre d'eau (fig. 300), situé au couchant, est divisé en deux parties. La première, plus élevée, renferme dans son milieu la fontaine de la perruque, consistant en un guéridon de 6 pieds de diamètre et à deux gradins. Plusieurs compartiments de fleurs

Fig. 301. — Les chandeliers de Liancourt (*Pérelle*).

l'environnent et, sur une bande de gazon qui règne dans toute sa largeur, sont posés seize chandeliers tombant en pyramide, et interrompus par un escalier de 18 pieds de large et à huit gradins couverts d'eau. La seconde partie de ce parterre est décorée d'un large

Fig. 302. — Bassin de Le Grand, à Saint-Cloud (*Rallat*).

bassin, dans lequel toutes ces eaux se précipitent avec grand bruit. Plus loin sont deux étangs de 400 pieds de long sur 100 de large, ornés d'une gerbe de 6 pieds de hauteur sur un pied d'ajutage. Cet ensemble présente à la vue une décoration vraiment théâtrale » (fig. 301).

Le grand canal, ombragé d'allées d'ormes, se terminait par une chute d'eau surmontée d'une gerbe placée au centre d'un grand bassin entouré de platanes taillés en arcades.

C'est dans ce parc, qu'au milieu d'une salle de verdure, le duc d'Estissac plaça, en 1753, la cuvette de marbre de Carrare que le cardinal de Tavannes, archevêque de Rouen, fit enlever du château de Gaillon (fig. 182).

La machine hydraulique qui fournissait le grand jet de ce bassin, était formée d'une roue verticale de 50 pieds de diamètre portant sur sa circonférence quatre-vingts canettes enlevant chacune 20 pintes d'eau. Comme cette roue faisait sa révolution en une minute, elle élevait, dans ce court espace de temps, 1.600 pintes ou 7.200 muids en 24 heures. La roue était montée sur la rivière de Brèche. Ces belles eaux jouaient nuit et jour sans arrêter.

De toutes ces merveilles il ne restait plus rien à la fin du XVIIIe siècle ; le propriétaire, sacrifiant aux idées des philosophes alors à la mode, fit arracher toutes les conduites, démolir le château et transformer le parc en un vaste champ de labour.

Fig. 303. — Les cascades de Saint-Cloud (*Rigaud*).

§ 3. — Saint-Cloud.

Nous avons déjà parlé de l'ancien château de Saint-Cloud bâti sur les rives de la Seine, qui baigne les bords de ses jardins. Louis XIV l'acheta, pour son frère, le 25 février 1658 au financier Barthélemy Hervard qui avait acquis cette terre trois ans auparavant à J.-F. de Gondi, premier archevêque de Paris. Le roi confia, en 1660, à Le Pautre et à Girard, les travaux de reconstruction du château, et, à Le Nôtre, le dessin du parc et des jardins.

Le parc de Saint-Cloud, placé en amphithéâtre avec des sources abondantes[1] qui arrivent au sommet de la colline, se prêtait admirablement à la création d'effets d'eau. Nous avons décrit[2] l'ancienne cascade : le duc d'Orléans y ajouta toute une série de bassins. La fig. 302 représente l'un des plus beaux, du dessin de Le Grand ; il est entouré d'une rampe. Mais la cascade transformée est certainement une des plus belles pièces d'eau qui existent :

1. Nous avons décrit ces sources page 89 et fig. 41. L'année même de son achat, Hervard s'était rendu propriétaire de la source de Gaiches « pour ses eaux être conduites en la maison qu'il a nouvellement acquise ».
2. Voir fig. 192.

la fig. 303, qui reproduit une estampe de Rigaud, est à comparer avec la fig. 192 qui donne,
d'après Is. Sylvestre, la vue de l'ancienne cascade.

« Un canal nourri par trois jets fournit la grande cascade; sa tête est décorée d'un
groupe en pierre fait par Adam l'aîné. C'est la jonction de la Seine et de la Marne désignées
par deux figures, l'une de fleuve et l'autre de naïade, qui ont 17 pieds de proportion. La
première est assise sur un rocher au-dessous duquel on aperçoit un antre d'où sort une
nappe d'eau. L'autre est un peu penchée et appuyée sur une urne, de laquelle il sort aussi
une nappe qui, se mêlant avec l'eau de la première, tombe dans la grande coquille du
milieu et fait jouer neuf nappes soutenues par des terrasses rocaillées. »

« Les côtés de la cascade sont fournis par deux champignons, dont l'un tombe en
moutonnant jusqu'en bas, et qui sont accompagnés de deux rangs de chandeliers.

« Entre ces nappes et ces moutons, on a pratiqué, sur la même ligne, des escaliers
entièrement recouverts d'eau, provenant d'un bassin où il y a deux gerbes, et séparés par

Fig. 304. — Le château de Marly (*Rigaud*).

deux rangs de moutons. Ces eaux, réunies dans une rigole qui règne dans le bas, font
jouer une vingtaine de masques dans un grand bassin bordé d'une rangée de chandeliers. »

« Cette partie de la cascade, qu'on nomme la haute, est du dessin de Le Pautre et
est séparée de la basse par une allée. J. H. Mansard, qui a raccordé cette nouvelle partie
avec l'ancienne, a si bien ménagé le peu d'espace qui lui restait, que la tête de cette cascade, où il a rangé trois buffets d'eau, paraît liée avec la supérieure. Ces buffets retombent
dans un grand bassin circulaire faisant nappe dans un second, celui-ci dans un troisième
et ce troisième dans un canal. Dans les intervalles et aux extrémités, il y a des dauphins
et des grenouilles qui jettent une grande abondance d'eau. Le canal a six bouillons de
chaque côté, et se termine à un grand ovale, avec deux gros jets dans les extrémités. »

« Toutes ces eaux, réunies dans deux boulingrins, y fournissent une couronne de jets
croisés et celui qui s'élève du milieu. »

« Sur la droite de cette cascade est le grand jet de 90 pieds de haut, qui tombe dans un carré d'eau de près d'un arpent d'étendue. Une pyramide et deux jets sont placés dans un bassin au-dessus [1]. »

§ 4. — Marly.

Marly était un des plus purs chefs-d'œuvre de l'art français. Il fut construit par Mansard avec la collaboration de Lassurance, pour les palais, et de Rouzé pour le dessin du parc ; mais tout se fit sous la haute direction du roi, qui examina, annota, approuva tous les plans. Commencé en 1679, au moment de la paix de Nimègue, époque de l'apogée du règne de Louis XIV, il fut terminé en 1683, alors qu'âgé de 46 ans, le roi venait d'épouser Madame de Maintenon qui en avait 49. Louis XIV vint habiter Marly pour la première fois le 15 avril 1684.

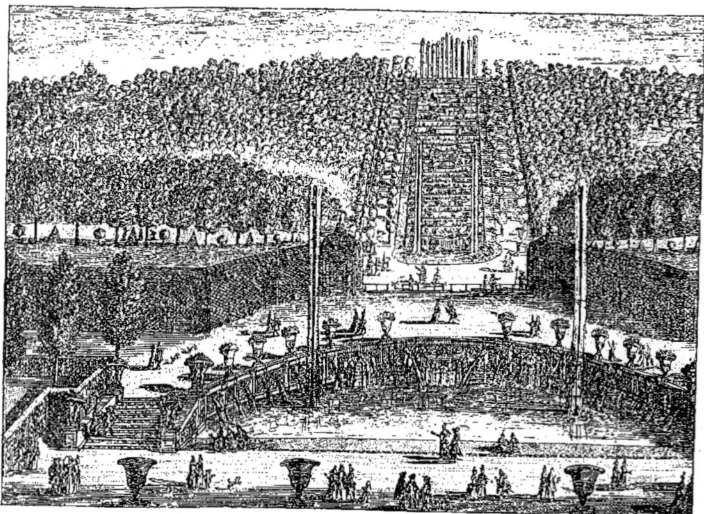

Fig. 305. — La rivière de Marly (*Pérelle*).

Le plan d'ensemble du parc avait l'aspect d'une immense percée à travers la forêt ; cette percée descendait du coteau de Louveciennes, près des réservoirs de Marly, et s'ouvrait, à l'autre extrémité, sur la vallée de la Seine avec la vue de Saint-Germain. Le château, de forme carrée et régulière (fig. 304), était construit dans cette percée, au pied de la descente rapide du coteau, sur une terrasse élevée de plusieurs degrés. La façade regardant le coteau avait la vue d'une splendide cascade dont les masses d'eau, sortant des réservoirs,

1. Dezallier d'Argenville, 1768. Voici, d'autre part, ce qu'un contemporain disait de ces cascades. « Ces cascades sont le plus riche comme le plus savant effet de l'hydraulique ; il n'est rien dans le monde qui les égale, soit par la distribution de 222 toises cubes d'eau qu'elles dépensent par heure, passant par huit soupapes dont quatre sont de 12 pouces de diamètre, deux de 10 et deux autres de 8, soit par la diversité rare et brillante qu'elles produisent depuis leur commencement jusqu'à ces rochers qui les finissent ».

tombaient jusqu'à la terrasse du château (fig. 305). La façade opposée, regardant la vallée de la Seine, avait sa vue sur une série de terrasses ornées de bassins dont les principaux étaient la fontaine des quatre gerbes, deux grandes pièces d'eau recevant l'eau des précédentes, enfin, le fameux abreuvoir et un grand rondeau.

Les douze petits palais réservés à la Cour étaient alignés symétriquement le long des bords des grandes pièces d'eau ; ils étaient réunis par des allées couvertes d'arceaux de verdure.

Fig. 306. — Les bassins de la perspective regardant la Seine (*Rigaud*).

L'entrée du château se faisait par une façade latérale, à laquelle aboutissait une avenue gagnant la route de Versailles à Saint-Germain.

Le commencement de cette avenue se voit sur la fig. 81, à la *demi-lune de la grille royale*, placée entre les réservoirs de Marly et l'aqueduc de Louveciennes.

Fig. 307. — L'abreuvoir (*Rigaud*). Cette vue est prise du même point que la fig. 306, mais en tournant le dos au château.

La fig. 54, extraite du plan de la machine de Marly, donne, renvoi 41, l'emplacement du château auquel aboutit l'avenue précédente, marquée 40.

La fig. 305 est une vue des fenêtres du château, prise en regardant la colline d'où descend la grande cascade.

La perspective (fig. 306) est obtenue en se plaçant sur la terrasse située entre les derniers bassins et l'abreuvoir, et en regardant le palais que l'on aperçoit au dernier plan. Sur chaque côté on voit les six petits châteaux alignés contre les bassins.

Enfin, la figure 307 est une vue de l'abreuvoir et du dernier rondeau, prise du même point que la précédente, mais en tournant le dos au château.

L'ensemble de ces vues donne donc bien une idée de la percée centrale où se suivaient la cascade, les châteaux et les plus beaux bassins. Nous allons donner une description sommaire de cette suite de fontaines.

La *rivière de Marly*, ou la *belle cascade* (fig. 305), se composait de soixante-trois paliers de marbre faisant autant de nappes d'eau d'une beauté sans égale. Au sommet se trouvait une *grille* de jets et, à la partie inférieure, deux autres grands jets. Au pied de la cascade était une série de bassins soutenus par des tritons, le tout de métal doré, ainsi que plusieurs groupes de sculpture; à savoir : le triomphe de Neptune et d'Amphitrite, par Coysevox, deux dragons ailés et deux groupes d'enfants.

Presque au milieu du parterre, qui était entre la *rivière* et le palais, existait un bassin en demi-lune de 37 toises de large sur 22 de long. Les effets d'eau en étaient admirables

Fig. 308. — Bassin des Muses (*Rigaud*).

et faisaient de cette pièce une des plus belles de Marly. Les bords de cette pièce étaient ornés de deux chasseurs tuant, l'un, un sanglier, l'autre un cerf; ils étaient de Coustou. Passons sur la terrasse opposée du château ayant sa vue sur la vallée de la Seine.

Cette terrasse était ornée de huit vases de marbre blanc, par Bertin. Le premier bassin, qui s'étendait au pied de cette terrasse, était la *fontaine des quatre yerbes*, entourée de vases de plomb doré.

En contre-bas de cette fontaine s'étendait la *grande pièce d'eau*, entourée d'allées et de glacis de gazon.

En descendant on rencontrait deux bassins superposés avec nappe descendant du bassin supérieur. Ces bassins étaient ornés de rocailles et de quatre groupes : la Seine et la Marne, par Coustou; la Loire et le Loiret, par Van Clève, et deux nymphes, l'une par Flamen, l'autre par Hurtrelle.

C'est après ce bassin que se trouvait la balustrade qui limitait le jardin, mais il y avait encore à la suite deux bassins placés en contre-bas et hors du parc : le *bel abreuvoir*, adossé à la terrasse surmontée par la balustrade et, enfin, un *grand rondeau* (fig. 307).

Aux deux extrémités de la balustrade, encadrant le bel abreuvoir, étaient deux grands piédestaux qui reçurent, en 1745, deux chevaux se cabrant et maintenus, le premier, par un écuyer français, le second par un écuyer américain. Ces groupes, sculptés par Coustou, sont maintenant à l'entrée des Tuileries. Les eaux du Parc se réunissaient toutes à l'abreuvoir et se déchargeaient par des nappes et trois bouillons de six pouces de sortie. De là, les eaux se rendaient, par trois conduites, au centre du rondeau qui terminait l'allée centrale et sortaient par un ajutage d'un pied de diamètre pour former la dernière gerbe.

En dehors de l'allée centrale, il y avait, sur les côtés du palais du Roi, six bassins placés, de part et d'autre, en symétrie dans des salles de verdure ombragées par des ormes. Du côté droit, le premier bassin, revêtu de carreaux de porcelaine et entouré d'une balustrade de fer doré, s'appelait *bassin des carpes*. Au centre était la statue d'*Hyppomène* courant en tenant les pommes d'or que Vénus lui avait données; cette statue était de Coustou le jeune. Du côté gauche, le bassin, placé en symétrie, était orné de la statue d'*Atalante*, de Le Pautre. Ces statues sont aujourd'hui aux Tuileries.

Fig. 309. — La cascade rustique (*Rigaud*).

Ces bassins des carpes ont joué un rôle dans l'histoire de Marly; Louis XIV s'intéressait à ces poissons. « Le roi, ne voyant pas paraître l'un deux, fit mettre le bassin à sec et, le trouvant mort, il ne voulut parler à personne ce jour-là ». Ces carpes étaient cependant d'une triste maigreur et Madame de Caylus, le faisant remarquer à Madame de Maintenon, celle-ci lui répondit : « Elles sont comme moi, elles regrettent leur bourbe. »

Le second bassin du côté droit, à la suite des bassins des carpes, était un rondeau orné d'une statue d'*Apollon*, par Coustou le jeune, auquel répondait, du côté gauche, le bassin renfermant la statue de *Daphné*, de Coustou l'aîné. Ces statues sont aujourd'hui aux Tuileries.

Enfin, à la tête du troisième bassin, du côté droit, était une statue de marbre appuyée sur une *urne d'où sortait une rivière*, œuvre renommée de Poirier. Le bassin du côté gauche était orné d'une statue de *Vénus*, sculptée par Prou.

Dans une allée parallèle à la percée centrale se trouvaient trois bassins admirables : la *salle des muses*, les *bains d'Agrippine* et la *cascade champêtre*.

La *salle des muses* était ornée de la statue d'Apollon et de celles des neuf sœurs, toutes antiques; au pied de cette salle s'étendait le grand bassin des Muses, orné de quatre naïades assises, sculptées par Hardy et Thierry. Ce bassin était entouré d'une magnifique balustrade de fer forgé (fig. 308).

La *fontaine d'Agrippine* était une cascade qui tirait son nom d'une statue de cette impératrice, la représentant assise sur un siège posé dans un bassin de fonte. Au-dessus étaient trois bassins avec des gerbes dont l'eau alimentait deux belles nappes, au niveau de l'allée.

La *cascade rustique* passait pour l'une des merveilles de Marly : au sommet de la colline était un grand bassin (fig. 309) du milieu duquel sortait une petite vasque de plomb doré, portée par trois tritons sculptés par Coustou l'aîné. A la partie supérieure de la cascade il y avait un fleuve et une naïade de marbre blanc : le fleuve, œuvre de Coustou, et la naïade de Le Moine. Les deux tablettes de la rampe de cette cascade étaient de marbre blanc, et ornées de six statues de marbre alternant avec des vases et des buires.

Fig. 310. — Le bassin des vents (*Rigaud*).

Les six figures étaient Pan, par le Lorrain, Vertumne, par Slods, l'Air, par Bertrand, l'Eau, par Thierry, Flore, par Frémin, et Pomone, par Barrois.

D'après les comptes des bâtiments, de 1679 à 1715, c'est-à-dire pendant tout le règne de Louis XIV, les dépenses du château de Marly s'élevèrent à 11.686.979 livres.

Sous la régence le château et le parc de Marly ne furent pas entretenus, et même, en 1717, le cardinal de Fleury, sur le conseil du duc de Noailles, décida de le démolir et d'en vendre les débris. On commença par les meubles, mais cette vente ne produisit rien, les ducs d'Antin et de Noailles se les étant appropriés. Le bruit de ces détournements s'étant répandu, on renonça à continuer les ventes, mais on abandonna la fameuse cascade que l'on remplaça, en 1728, par un tapis vert. Ses marbres furent donnés au curé de Saint-Sulpice.

C'est en faisant allusion à cette destruction que la Reine Marie Leczinska répondit au cardinal de Fleury, qui disait que le trône de Lorraine valait mieux pour son père que celui de Pologne : « Oui, à peu près comme un tapis de gazon vaut mieux qu'une cascade de marbre ».

En 1738, on plaça, au bas du tapis de gazon, le groupe de la Réunion de l'Océan à la Méditerranée, allégorie se rapportant au canal du Languedoc.

L'Océan est désigné par un vieillard, et la Méditerranée par une femme accompagnée d'un enfant, symbole d'une rivière. L'Océan s'appuie sur une urne placée entre lui et la Méditerranée, qui croise son bras sur le sien pour désigner le canal du Languedoc. Ce beau groupe est de Coustou le jeune (fig. 310).

Deux morceaux de Coysevox, qui ornaient l'ancienne cascade, furent placés plus bas : l'un est Neptune, irrité par la présence d'un monstre marin qui épouvante son cheval ; l'autre est Amphitrite.

Tous ces groupes ornaient le premier bassin de la *fontaine des vents* « d'où s'élèvent deux gerbes ; leur eau, réunie avec celle qui sort de l'urne des deux fleuves, fournit quatre nappes. Les murs du dernier bassin sont revêtus de pilastres de marbre, entre lesquels il y a des têtes de vents dont les jets se combattent et imitent la neige en écumant. Quatre buffets d'eau, soutenus par des tritons, forment un des ornements de ce bassin. »

On sait que Marly fut détruit pendant la Révolution. En 1793, un décret ordonna la vente des meubles de la liste civile et la suppression de la machine de Marly. Sur les réclamations de Versailles, la Convention suspendit l'exécution du décret en ce qui concernait la machine. La vente des meubles fut faite à Paris. « Nous allons, disent les représentants du peuple chargés de la vente, envoyer à Paris les meubles très riches en galons et broderies d'or et d'argent qui se trouvent dans les appartements de Capet ; ils ne se seraient jamais si bien vendus à Marly, et une partie sera nécessairement brûlée »,

Le 30 novembre 1793, les représentants du peuple détruisent toutes les canalisations d'eau. « Nous arrachons des entrailles de la terre une quantité de métaux, qui seule suffirait pour exterminer tous les satellites du tyran. »

En 1796 on vendit le château et le parc avec leurs dépendances et tout fut peu à peu démoli, jusqu'aux fondations. On fit, avec les matériaux provenant de ces destructions, d'énormes tas de pierres et de moëllons, le long de la route de Versailles, où les tombereaux des entrepreneurs de la contrée venaient, comme à une carrière, chercher ce dont ils avaient besoin pour de nouvelles constructions.

Ainsi disparut, détruit par des Français, ce chef-d'œuvre de notre art national, ce parc aussi connu dans le monde que les vergers d'Alcinoüs ou les jardins suspendus de Babylone.

> « Ce palais que les génies
> Ont orné comme un rêve et rempli d'harmonies[1] »

1. Victor Hugo.

Bassin des enfants.

Frise marine par *Le Brun*.

TABLE DES MATIÈRES

TROISIÈME PARTIE

Les étangs artificiels.

QUATRIÈME PARTIE
Première machine de Marly.

CINQUIÈME PARTIE
Les installations de Marly au XIXe siècle.

Frise marine par *Le Brun.*

TABLE DES FIGURES

MACON, PROTAT FRÈRES, IMPRIMEURS

www.ingramcontent.com/pod-product-compliance
Ingram Content Group UK Ltd.
Pitfield, Milton Keynes, MK11 3LW, UK
UKHW021846070726
13613UKWH00001B/37